문제해결과 학습 디자인

David H. Jonassen 교수님의 연구를 되돌아보며

조규락 · 조영환 편저

PROBLEM SOLVING AND LEARNING DESIGN

Essays in Honor of David H. Jonassen

학지사

추모사

조나센 선생님, 오랜만에 당신의 존함을 나지막이 불러 보며, 이 자리를 빌려 진심으로 선생님의 가르침에 감사를 드립니다. 존함에 아련한 슬픔이 묻어나는 것은 어쩔 수 없나 봅니다. 다시는 맥주잔을 기울이며 담소를 나눌 기회가 없고, 열기 가득한 생생한 토론을 할 수 없기 때문입니다. 또 새롭고 날카로운 연구 시선을 저널에서 더 이상 찾아 읽을 수 없기 때문입니다.

선생님께서 갑작스럽게 떠나시고 어느덧 몇 해가 훌쩍 흘렀습니다. 세상은 언제나처럼 바쁘기만 하고, 시간은 속절없이 빠르게 흘러만 갑니다. 하지만 그동안에도 선생님의 연구와 업적은 우리 분야를 발전시키고 있고, 많은 후학에게 끊임없는 영감을 주고 있습니다.

선생님의 지도하에 공부하고 지금은 어엿한 학자가 된 한국 제자들 몇몇이 뜻깊게 자리를 함께했습니다. 스승이셨던 선생님을 생각하고, 학자이셨던 선생님의 가르침을 이어받기 위함입니다. 이제 선생님의 필생의 연구 주제를 저희가 다시 읽어 정리하여 주석하고, 선생님의 뜻을 이을 저희의 논문 몇 편을 묶어 책으로 만들고 선생님의 이름으로 출판합니다. 하늘에서라도 저희의 책을 받아 주시고, 따끔한 질책으로 훈계하시거나 따뜻한 칭찬으로 보듬어 주십시오.

선생님을 생각하는 자리에 선생님과의 추억과 기억이 빠질 수야 없겠지요. 하여, 저마다 선생님과의 추억이 서린 에피소드를 조금씩 풀어 보았습니다.

> 선생님과의 여러 기억이 주마등처럼 떠오르지만 인상 깊었던 것 하나만 꺼내겠습니다. 서울발 부산행 KTX 안이었습니다. 선생님께서 2005년 부산 BEXCO에서 열린 국제학술대회에서 키노트 강연자로 참석하기 위해서 한국에 오셨을 때였죠. 한국이 처음이신지라 제가 선생님을 모시며 동석을 했습니다. 펜실베이니아 주립대학교에서처럼 그때도 제게 선생님의 호칭은 'Dr. Jonassen'이었습니다. KTX 안에서 몇 번이나 선생님을 그렇게 불렀는지는 모르겠습니다만, 선생님께서 이렇게

정정해 주셨습니다. “Call me my name.” 약간 당황한 제게 미소를 지으며 이유를 말씀하셨어요. 윗분이나 나이 든 사람을 부르는 호칭에도 존칭이 있다는 한국 문화를 인지하고 있다 하시며, 제가 미국에서 공부할 때는 지도를 받는 학생 신분이었기에 Dr. Jonassen이라고 불러도 괜찮았지만, 이제는 지도학생이 아니라 함께 연구하는 학자이며 동료가 되었기에 계속 그렇게 부르면 불편하다 하시더군요. 머뭇거리는 제게 “Oh, please!”라며 재촉까지 하셨습니다. 마지못해 작은 목소리로 “David?” 하고 말끝을 올렸더니만, “그래, 그거야.” 하시고 웃으시며 제 어깨를 툭 치셨지요. 그 후로 선생님과 대화할 때면 편안하게 선생님의 이름을 불렀습니다. 이 기억이 매우 강렬하게 남아 있습니다. 왜일까요? 학생을 지도하셨던 때의 엄격한 선생님의 기억 때문일 겁니다. 사실 대학원생인 저희에게 선생님은 학자로서 공부하는 자세를 지적해 주시면서 글에서 논리의 설득력이 부족할 때면 어김없이 매우 날카롭게 비판하셨던 무서운 분이셨거든요. 그때마다 정신이 번쩍 들고 마음을 다시 잡아 공부에 매진하던 때가 눈에 선합니다. 그런 선생님께서 저를 함께하는 동료라고 말씀하시며 편안하게 이름을 부르라고 하시니 말입니다. 선생님께서는 지도학생에게는 엄한 분이었지만 분명 따뜻한 감성도 소유하신 분이었음을 깨닫게 됩니다. 지금 생각해 보면 그때 격의 없이 나누던 선생님과의 대화가 무척 그립습니다. 선생님을 다시 만나 David이라고 불러 보고 싶습니다. 활짝 웃는 모습으로요. (조규락, 영남대학교)

선생님과의 첫 만남은 미국 펜실베이니아 주립대학교의 선생님 연구실에서였습니다. 아직 미국 생활이 낯설고 영어도 서툰 제게 선생님은 Lab 조교의 역할을 설명해 주셨고 교육공학 관련 연구 주제에 대해 관심을 가져 주셨습니다. 펜실베이니아에서 저는 선생님으로부터 학습 전문가로서 갖추어야 할 교수설계역량뿐 아니라 의미 구성의 주체로서 학습자가 갖추어야 할 자질을 배웠습니다. 1년 후 선생님은 미주리 대학교로 자리를 옮기셨고, 저도 선생님을 따라 학교를 옮겼습니다. 선생님이 개설한 모든 강좌를 수강하면서, 연구조교로서 저서 및 논문 작성에 필요한 자료를 정리하고 도표 또는 그림을 디자인하기도 하였습니다. 학위논문 연구 주제에 대해 논의할 때마다 선생님은 늘 제 생각을 존중해 주셨고, 짧지만 핵심적인 단어로 제 지적 활동을 자극하셨습니다. 컬럼비아 교외의 선생님 자택에서 파티를 할 때에는 거실과 서재에 걸려 있는 사진들을 보여 주시면서 당신의 과거에 대해 재미있게 설명해 주시기도 하셨지요. 학위논문 심사 후 밖에서 기다리는 제게 가장 먼저 다가와 축하한다고 안아 주셨고, 12월 추운 겨울날 학위수여식에는 청바지 차림에 박사 가운을 입고 참석하셔서 큰 웃음을 주기도 하셨습니다. 학위를 마친 후 귀국하여 한국교육과정평가원에서 근무하던 중 2005년 한국교육정보미디어학회 초청으로 우리나라를 방문하신 선생님을 모시고 원내 포럼을 개최한 적이 있습니다. 선생님 특강을 통역하면서 선생님이 얼마나 한국 문화를 존중하고 청중을 배려하는지를 깨달을 수 있었습니다. 또 포럼 후 한정식 식당에서 선생님은 능수능란한 젓가락 사용 모습과 한국 음식에 대한 깊은 조예로 참석했던 많은 사람을 놀라게 하셨습니다. 선생님을 마지막으로 뵌 것은 2010년 두 번째로 한국에 오셨을 때인 서울대학교 교육연구국제학술대회(ICER)에서였습니다. 공식적인 학술대회 행사가 끝난 다음 날, 원래는 산을 좋아하시는 선생님, 조규락 교수와 함께 셋이서 북한산 등산을 하기로 했었는데, 비가 오는 바람에 시내 여행으로 대신하고 숙소로 돌아오는 길이었죠. 그대로 헤어지기 아쉬운 마음에 근처 호프집에서 맥주를 함께 마시며 담소를 나누었습니다. 안식년 때 미국으로 올 계획이냐 물어보시며 오면 꼭 연락하라는 말씀을 끝으로 그렇게 헤어졌습니다. 바쁘다는 핑계로 제대로 연락도 못 드렸었는데 지인을 통해 들은 선생님의 부고 소식에 가슴은 먹먹해지고 아쉬움이 너무 컸습니다. 학문적으로 미성숙하고 게으른 제게 선생님은 늘 스스로를 되돌아보게 하는 거대한 거울이셨는데, 아직 선생님과 하고 싶은 일들이 많이 남았다고 생각했었는데…… 더 이상 함께할 수 없다는 생각에 지금도 마음이 너무 아픕니다. 선생님 추모 도서를 쓰면서도 선생님의 학문적 이해와 통찰을 이해하고 해석한다는 것이 제게는 커다란 짐이었습니다. 그렇지만 선생님이 아껴 주셨던 제자들이 비록 부족하지만 선생님을 기억하면서 선생님의 가르침을 미국이 아닌 이곳에서 학생들과 함께 나누기 위해 노력한다는 것을 선생님께서 아신다면 정말 기뻐하실 것이라는 생각이 듭니다. 그래서 부끄럽고 부족한 글이지만 선생님에 대한 존경과 사랑을 담아 이렇게 책으로 엮어 봅니다. 선생님, 정말 고맙고, 보고 싶습니다. (오상철, 한국교육과정평가원)

성균관대학교에 근무하다가 최근 시러큐스 대학교에서 새로운 삶을 시작한 조문흠입니다. 2003년부터 2008년까지는 미주리 대학교에서 선생님으로부터 많은 가르침을 받고 학자적 모범을 관찰할 수 있는 기회였습니다. 선생님은 항상 다양한 분야의 이론과 실제를 탐구하고 그것의 장점을 교육공학에 소개하는 일을 많이 하셨습니다. 선생님이 돌아가신 후 연구실의 많은 책이 대학원생들에게 전달되었다고 합니다. 이들은 밑줄이 그어져 있거나 메모가 남겨진 여러 분야의 많은 책을 발견하며 놀라움과 존경을 표현했다고 합니다. 선생님이 언젠가 마지막 글에서 이런 말을 남기셨습니다. "나는 인생에서 여러 가지 많은 실수를 했다. 하지만 내가 선택한 학자로서의 길은 내가 인생에서 후회하지 않는 가장 잘 선택한 길이다."라고요. 옆에서 지켜본 바, 선생님께서는 실제로 자신의 일을 즐기는 진정한 학자이셨습니다. 선생님은 제게 학자로서의 도전을 보여 주시고 격려와 사회적 지지를 아끼지 않는 스승이셨습니다. 수업시간, 개인면담시간, 이메일 등에서 선생님은 저를 포함한 많은 학생에게 긍정적 피드백을 많이 해 주셨죠. 이는 제가 계획하는 여러 새로운 연구 프로젝트를 독립적이고 주도적으로 이끌 수 있는 용기와 힘이 되었습니다. 또한 선생님은 저의 커리어에 대한 멘토이셨습니다. 교수 설계자 및 컨설턴트로 추천서를 부탁드리자 이런 말씀을 해 주셨습니다. "그동안 네가 학자가 되기를 원하는 줄 알았다. 이게 정말 원하는 거니? 정말 원하는 길이라면, 너를 지원하겠다." 이후 여러 번의 커리어 변화에도 매번 항상 아낌없는 정서적 · 사회적 지원을 해 주셨습니다. 가끔 이런 생각을 합니다. '선생님께서 지금 계셨다면, 내게 어떤 말을 들려주실까?' 늘 아낌없는 지원과 용기를 주셨던 선생님께 진심으로 감사의 마음을 전합니다. (조문흠, 시러큐스 대학교)

저는 2006년부터 2011년까지 미주리 대학교의 정보과학과 학습공학 박사과정에서 선생님께 가르침을 받았습니다. 선생님은 학문적으로 매우 엄격하셨지만, 다른 한편으로 학생들에게 많은 관심을 가지고 배려해 주셨습니다. 선생님은 산속 외딴집에 사모님과 Zoey라는 이름의 개와 함께 살고 계셨는데, 2008년 가을에 박사과정 학생들과 가족을 집으로 초대해 주셨습니다. 20여 명의 사람들이 선생님 댁에서 맥주를 마시면서 담소를 나누었던 기억이 지금도 생생합니다. 이 모임에서 선생님이 저의 첫째 딸에게 목마를 태워 주셨어요. 그때 찍은 사진이 아직도 제 연구실 한편에 자리 잡고 있습니다. 여름방학 때마다 콜로라도에 있는 별장에서 등산을 즐기셨던 것을 떠올려 볼 때 자연을 매우 좋아하셨던 것 같습니다. 그리고 학자로서 많은 사람에게 모범이 되셨고, 예순을 넘긴 나이에도 매우 활발하게 연구와 저술 활동을 하셨습니다. 제가 박사학위를 시작한 해에 캔자스 주립대학교와의 공동연구를 위해 선생님과 함께 출장을 가면서 선생님께 언제 은퇴할 계획이신지 여쭤본 적이 있습니다. 이때 선생님은 더 이상 연구 프로젝트를 하는 것이 어려워질 때 은퇴하고 싶다고 웃으면서 말씀하셨습니다. 선생님은 연구에 대한 열정이 매우 많으셨고 오랜 기간 문제의 유형과 구성주의적 학습환경에 대한 연구를 꾸준하게 하셨습니다. 미국교육학회(AERA)나 미국교육공학회(AECT)가 개최하는 학술대회에 참석하시면 항상 앞줄에 앉으셔서 발표를 경청하고 연구 아이디어를 노트에 적으시던 모습이 떠오릅니다. 마지막으로, 임종하시기 며칠 전에 주고받았던 이메일 내용이 떠오릅니다. 그때 당시 저는 박사학위를 마치고 싱가포르에서 연구원으로 있었고, 저널에 투고할 논문을 준비하기 위해 선생님께 이메일을 보냈습니다. 선생님께서는 병상에서 제게 더욱더 독립적이고 훌륭한 학자가 되기를 희망한다는 말씀을 하셨습니다. 이제는 선생님을 떠나보내야 한다는 생각에 매우 슬프지만, '거인의 어깨 위에 올라선 난쟁이'처럼 선생님의 가르침을 자양분으로 삼아 교육공학의 새로운 영역을 개척해 나가야겠다는 다짐을 합니다. 지금도 가끔 선생님을 떠올리며 이 다짐을 실천하기 위해 매일 노력하고 있습니다. 선생님의 아낌없는 사랑과 지도에 깊은 감사를 드립니다. (조영환, 서울대학교)

이처럼 선생님께서는 우리 제자들의 추억과 기억 속에 삶의 한 부분으로 함께 계십니다. 모두 가치 있고 소중한 자산입니다. 안타깝게도 이제 이 추억이 선생님을 더 이상 뵈올 수 없다는 슬픔으로 저희를 이끌고 있습니다. 하지만 더 이상 슬퍼만 하지는 않겠습니다. 선생님은 미래로 열린 길목에 등불을 비추어 주고 계시니까요. 슬픔이 아니라 미소 지으며 함께 그 등불을 따라 미래를 향해 나아가는 것이 선생님이 가르쳐 주신 깊은 은혜에 보답하는 길이 아니겠습니까? 멀리서나마 저희들의 노력을 응원해 주십시오.

다시금 선생님의 크신 은혜에 깊은 감사를 드리며, 이 책을 선생님께 바칩니다.

조규락, 오상철, 조문흠, 조영환 올림

머리말

교육공학 분야에서 Jonassen은 구성주의 학습환경과 문제해결에 대한 연구로 유명하다. 그는 1976년 노스캐롤라이나 대학교에서 교직을 시작한 이후 콜로라도 대학교, 펜실베이니아 주립대학교를 거쳐 미주리 대학교까지 많은 후학과 제자를 길러 낸, 2012년 겨울 폐암으로 임종하기 직전까지도 매우 왕성하게 연구를 수행한 진정한 학자였다. 학자로서 그의 진면목은 미국교육공학회(AECT) 발행의 『Handbook of Research on Educational Communications and Technology』의 1판(1996)과 2판(2004), 『Modeling with Technology: Mindtools for Conceptual Change』(2006), 『Learning to Solve Problems: A Handbook for Designing Problem Solving Learning Environments』(2011)와 같은 다수의 뛰어난 저서와 논문에서 잘 드러난다. 또한 초·중등교육과 고등교육의 다양한 맥락에서 구성주의 학습환경, 사례 기반 학습, 문제의 유형, 문제해결을 위한 학습활동, 인지도구로서 테크놀로지 활용 등에 대한 활발한 연구로 교육공학의 발전에 크게 기여하였다.

최근 지능정보화 사회에 대비하기 위해 창의융합형 인재를 양성하기 위한 교육개혁이 활발히 이루어지고 있는데, Jonassen의 연구는 많은 시사점을 준다. 특히 그는 학생이 스스로 지식을 구성한다는 인식론적 신념을 가지고 교사의 관점이 아니라 학생의 관점에서 교수 및 학습활동을 설계해야 한다고 주장한다. Merrill(2002)이 기존의 수업설계 이론과 모형에 공통적으로 나타나는 원리들을 종합하여 문제중심, 활성화, 시범, 적용, 통합이라는 수업의 기본 원리를 제시한 것과 달리, Jonassen(2013)은 학생들의 학습에 초점을 두고 문제해결, 유추, 모델링, 인과추론, 논증이라는 학습의 기본 원리를 제안하였다. 사후 출간된 그의 마지막 말을 들어보자.

> 수업은 가르친 결과로 학습이 이루어진다고 가정한다. 나는 구성주의자로서 수업이 실제로 학습의 차이를 얼마나 설명할 수 있는지에 대해 인식론적, 존재론

> 적, 목적론적으로 의심한다. 그렇기 때문에 나는 항상 수업보다는 학습에 더 많은 관심을 가졌고, 그 결과 학습의 기본 원리를 만들었다. …… 내 연구는 거의 항상 '무엇인가'를 아는(학습하는) 것과 '어떻게'를 아는(학습하는) 것 간의 차이에 초점을 두었다. 이는 의미론적인 차이 이상을 의미한다. 엄청나게 많은 형식교육이 학생들이 세상에 대해 학습하는 것을 돕도록 설계되었다. 어느 대학교에서나 사회학, 심리학, 생물학과 같은 이론에 대해 학습하지만, 사회학, 심리학, 생물학 등의 문제를 해결하는 것과 같이 그 일을 어떻게 하는지를 배우는 경우는 매우 드물다. 나는 문제해결, 유추, 모델링, 인과추론, 논증을 가장 유의미한 학습으로 이끄는 가장 강력한 사고방식이라고 생각한다. 이러한 활동을 통해 학생들은 인지적으로 가장 많이 참여하고 인식론적으로 생산적인 학습을 한다(Jonassen, 2013, pp. 287-288).

현재 우리나라 교육의 가장 큰 요구 중의 하나인 입시 위주의 교육과 교사 주도의 강의식 수업을 개선하기 위해서는 Jonassen이 제안한 학습의 기본 원리를 구현할 수 있는 학습환경을 체계적으로 설계하고 실행하려는 노력이 필요하다. 시험에 나오는 정답이 정해져 있는 문제를 잘 해결한다고 해서 학교 밖에서 마주치는 실제적이고 비구조화된 문제를 창의적으로 해결할 수 있을 것이라고 장담하기 어렵기 때문이다. 이제 학생들이 교과서의 지식을 단순히 암기하는 것이 아니라 실제적인 맥락 속에서 유의미한 방식으로 지식을 구성하고 창의성, 비판적 사고, 협력 등의 핵심 역량을 함양할 수 있도록 학교 교육을 개혁하는 것이 필요하다.

여전히 많은 사람이 수업장면을 비디오로 촬영해서 학생들에게 보여 주면 자동적으로 학습이 일어날 것이라는 잘못된 신념을 가지고 있다. 소위 테크놀로지에 대한 맹신이다. 이런 맹신은 첨단 테크놀로지가 교육에 들어올 때마다 심화되는 경향이 있다. 이에 대해 Jonassen의 구성주의적 관점은 4차 산업혁명시대에 첨단 테크놀로지를 교육에 어떻게 활용할 것인지 고민하는 교육자와 연구자에게 많은 시사점을 준다. 최근 무크(MOOC), 플립러닝, 학습분석 등을 통해 테크놀로지 기반의 학습활동에 대한 관심이 높아지는 이때에 그의 연구 시각은 테크놀로지가 어떤 목적으로, 어떻게 활용되고 있는지를 살펴보는 데 유용한 것이다. 그의 주장에 따르면, 미래교육에서는 학생들이 테크놀로지를 이용하여 더 깊이 생각하고 다양한 사람과 활발하게 대화할 수 있도록 돕는 학습환경을 만드는 것이 필요하다. 미국교육공학회와의 인터뷰에서 그가 한 말을 들어 보자.

> 매우 많은 사람이 학생들이 테크놀로지로부터 학습한다고 가정하거나 믿지만, 그것은 진실이 아니다. 사람들은 생각으로부터 학습하고 테크놀로지는 사람들이 더 잘 생각하도록 도울 수 있다.[1)]

저자들은 Jonassen의 주요 연구 내용을 소개하면서 미래의 새로운 연구 방향을 제시하고자 하는 목적을 갖고 뜻깊은 작업을 하기로 하였다. 이 책은 그 첫 번째 결과이다. 먼저, 저자들은 Jonassen의 주요 연구물들을 정리하고 다 함께 검토하였으며, 몇 번의 논의를 거쳐서 이 책에서 다룰 주제를 선정하였다. 또한 Jonassen의 많은 연구가 유의미 학습과 실제적인 문제해결을 위한 학습환경을 디자인하는 것에 초점을 두고 있다는 데 공감하였고, 그것을 책 제목과 책 내용에 반영하고자 하였다.

이 책은 크게 두 개의 부로 구성된다. 제1부는 'Jonassen 연구 다시 읽기'로 정하고 그의 연구를 주제별로 종합하여 교육계와 학계에 어떤 시사점을 줄 수 있는지를 논의하였다. '구성주의 학습환경' '문제의 유형과 교수설계' '논증' '사례 기반 학습' '마인드툴과 학습'이 제1부에 포함된다. 이 주제들이 다양한 Jonassen의 모든 연구를 포괄적으로 다룰 수는 없겠지만, 교육공학, 교육심리, 학습과학 등의 분야에 처음으로 입문하는 독자들이 Jonassen의 핵심적인 연구 내용을 이해하는 데 도움을 줄 것이다. 제2부는 '문제해결과 학습 디자인의 새로운 지평'으로 정하고 저자들 각자의 시각에서 Jonassen의 연구를 발전시켜 문제해결과 학습 디자인 연구의 새로운 방향을 제시하였다. 저자들은 이러한 목적을 서로 공유하면서 자유롭게 주제와 형식을 정하였다. 제2부는 '체화된 인지와 학습' '인식론적 신념과 학습환경' '협력학습을 위한 자기조절과 사회적 조절' '협력적 문제해결' '뇌과학과 학습: 학습현상의 물질적 기반' '첨단 테크놀로지와 함께하는 유의미 학습'으로 이루어진다. 이 주제들은 교육학의 지평을 넓히기 위해 새로운 주제를 열심히 탐색하는 많은 대학원생과 연구자에게 흥미를 불러일으킬 것이다.

---

1) http://members.aect.org/Foundation/Awards/jonassen.asp?meet=true 참고

지금까지 많은 사람이 Jonassen의 글을 읽고 감명을 받았으며, 자신의 연구와 주장을 뒷받침하는 주요한 근거로 삼았다. 이 책에서 소개하는 Jonassen의 연구가 더 많은 교육자, 개발자, 연구자들에게 유용한 아이디어를 제공하고 새로운 미래교육을 디자인하는 데 활용될 수 있기를 희망한다. 특히 이 책을 읽는 학생들은 Jonassen이 어떻게 자신의 연구를 발전시켜 나갔는지 유심히 살펴보고, 학문적 발전을 위해 자신이 무엇을 할 수 있을지 성찰해 볼 것을 권장한다. 우리나라 교육이 입시 위주의 교육에서 벗어나 한 발 더 앞으로 나아가는 데 이 책이 유용하게 활용될 수 있기를 간절히 희망한다.

펜실베이니아 주립대학교를 졸업한 조규락, 펜실베이니아 주립대학교에서 Jonassen을 따라 미주리 대학교로 옮겨 졸업한 오상철, 미주리 대학교를 졸업한 조문흠, 조영환은 모두 박사과정에서 Jonassen의 가르침을 받고 지금은 교육공학 교수와 연구자로 성장한 네 명의 한국인 학자이다. 저자들이 Jonassen의 학문적 성취를 이루어 가는 대학별로 포진해 있다는 것이 어찌 보면 그의 연구를 주석하는 환상의 팀일 수도 있겠다는 생각도 든다.

이름 관련 에피소드 하나. 어느 대학 교수가 농담 삼아 그랬다. "조나센 교수의 성(姓)이 '조'라서 제자들도 모두 '조'인가?" 그러고 보니 '조'나센, '조'규락, '조'문흠, '조'영환 등 우연히도 '조'가 많다. '오'상철의 '오'도 초성의 'ㅈ'이 없는 것이니까 넓게 보면 스승과 제자가 모두 다 'ㅗ'이다. 기억에 남는 서울발 부산행 KTX에서 있었던 에피소드 추가. Jonassen의 중간 이름 이니셜 H가 무엇의 약자인지 모르는 사람들이 많다. 궁금하던 터에 편저자가 은근히 물었더니, 내심 썩 공개하고 싶지는 않았다고 하면서도 슬쩍 알려 주었다. '힐마'로 발음되는 노르웨이어 'Hilmar', 북유럽 노르웨이 이민자 후손이란다. 편저자가 "그럼, 바이킹?" 하고 말했더니, "6피트 5인치가 넘는 신장으로 판단하건대, 옛날에 태어났다면 바이킹 배의 선장 정도는 하지 않았을까?" 하며 껄껄껄 웃었다.

이 책이 결실을 보기까지 감사할 분들이 있다. 무엇보다 우리의 스승이자 학자 David H. Jonassen 선생님께 추모사에서 다 전하지 못한 감사하는 마음을 다시 전하고 싶다. 그리고 바쁜 일정 속에서도 서로서로 힘이 되어 주고 책이 출간되기까지 인내심을 가지고 기다려 준 저자들에게 진심으로 감사의 마음을 전하고 싶다. 자화자찬을 본떠, 문법적으로나 화용적으로나 오류의 비판과 말장난에 불과하다는 비난을 감수하고라도 저자들이 저자들에게 하고픈 자화자감(自畫自感)이다. 끝으로, 저자들의 이런 노력을 예쁘게 책으로 엮어 지상에서 출간하고 하늘로도 보내 주신 학지사에게 감사의 마음을 전한다.

2019년 3월

편저자 조규락, 조영환

참고문헌

Merrill, M. D. (2002). First principles of instruction. *Educational Technology Research and Development, 50*(3), 43-59.

Jonassen, D. H. (Ed.). (1996). *Handbook of research on educational communications and technology*. New York: Macmillan.

Jonassen, D. H. (Ed.). (2004). *Handbook of research on educational communications and technology* (2nd ed.). Mahwah, NJ: Lawrence Erlbaum Associates.

Jonassen, D. H. (2006). *Modeling with technology: Mindtools for conceptual change*. Columbus, OH: Merrill/Prentice-Hall.

Jonassen, D. H. (2011). *Learning to solve problems: A handbook for designing problem-solving learning environments*. New York: Routledge.

Jonassen, D. H. (2013). First principles of learning. In J. M. Spector, B. B. Lockee, S. E. Smaldino, & M. C. Herring (Eds.), *Learning, problem solving, and mindtools: Essays in honor of David H. Jonassen* (pp. 287-297). New York: Routledge.

차례

PART 2
문제해결과 학습 디자인의 새로운 지평

PART 1

Jonassen 연구 다시 읽기

CHAPTER 1

구성주의 학습환경

황석원(University of Illinois at Urbana-Champaign)
조문흠(Syracuse University)

1. 서론

학교 교육의 실효성에 대한 의문은 끊임없이 제기되고 있다. 이는 학교 교육을 통해 학습자가 습득한 지식이 현실 상황에 적절하고 의미 있게 활용되지 못하기 때문이다. 우리는 교실에서 수많은 수학 공식을 공부하지만, 주차장의 넓이를 고려하여 많은 차를 주차할 수 있는 방법을 논의하는 현실적 문제에는 학교에서 배운 수학 지식을 거의 활용하지 못한다. 또한 영어 수업 시간에 많은 단어를 암기하고 문법을 배우고 긴 영어 지문을 해석하는 데 익숙하지만, 말이나 글을 통해 외국인과 자유롭게 의사표현을 하는 것은 별개의 문제라고 생각하는 경우가 많다.

Jonassen을 비롯한 많은 학자가 언급하였듯, 이러한 학교 교육의 문제는, 지식이 실제로 존재하는 맥락을 생략한 채, 학생들에게 맥락 없는 지식만을 가르치는 데 기인한다고 볼 수 있다. 실제적 지식과 학교에서 가르치는 지식은 많은 점에서 차이가 있다. 하지만 학교에서 가르치는 지식은, 맥락에 따라 달라지는 지식의 유용성, 상황에 따라 다양한 관점을 통해 적절히 절충해야 해결되는 일상 문제의 속성 그리고 문제해결에 필요한 지식 중 일부는 경험을 통하여서만 습득되는 속성 등을 충분히 반영하지 못하고 있다. 이에 대한 대안으로 Jonassen(1999)은 구성주의 학습환경 설계를 제안하였다. 구성주의 학습환경은 학습자들이 현실적 문제해결을 통해 의미 있는 지식을 만들어 가는 과정을 지원한다. 이 장에서는 Jonassen이 제시한 구성주의 학습환경 설계 모형에 대하여 알아보고, 이를 뒷받침하는 주요 이론에 대하여 간략하게 소개하고자 한다. 또한 구성주의 학습환경 설계 모형이 교수설계에 어떤 의미가 있었는지를 살펴보고, 그 시사점에 대하여 논의하도록 하겠다.

2. 구성주의 학습환경과 교수설계

구성주의 학습환경은 일상에 존재하는 비구조 문제를 학습자가 주도적으로 해결하는 과정을 통하여 학습자 스스로 의미 있는 지식을 만들 수 있도록 지원하는 학습환경을 말한다. 구성주의 학습환경 설계와 교수설계에 대한 Jonassen의 생각은 〈표 1-1〉에 제시된 논문 및 저서를 통하여 구체적으로 이해할 수 있다. 1990년대에 대다수 연구자 및 교수학습 설계자들이 행동주의 및 인지주의 관점의 학습모형을 활용하고 있을 때, Jonassen은 구성주의 학습설계라는 대안을 제시하였다. 구체적으로 설명하면, 1990년대에는 미시적 수준의 교수설계를 위해서 인지정보처리이론(cognitive information processing theory)에 기반한 Gagné의 아홉 가지 수업사태가 수업의 기본 원리로 많이 활용되었다. 또한 행동주의에 근거한 과제분석(task analysis), 행동목표(behavior objectives), 준거기반 평가(criterion-referenced testing)가 거시적 수준의 교수설계에 필수 요소로 생각되었다(Burton, Moore, & Magliaro, 2004). 하지만 Jonassen은 인지정보처리이론과 행동주의와 같은 객관주의 교수설계에 기반한 수업을 통하여 습득된 지식과 기술이 일상의 문제해결 활동에 크게 활용되지 못한다는 사실에 주목하였다(1991a, 1991b). 학습과 실천 간의 격차를 최소화하는 학습환경 설계, 즉 구성주의 학습환경 설계 모형을 제시하였다(Jonassen, 1997, 1999).

표 1-1 구성주의 학습에 관한 Jonassen의 대표 저서 목록

Hernandez-Serrano, J., Choi, I., & Jonassen, D. H. (2000). Integrating constructivism and learning technologies. In J. M. Spector & T. M. Anderson (Eds.), *Integrated and holistic perspectives on learning, instruction and technology: Understanding complexity* (pp. 103-128). Dordrecht, Netherlands: Kluwer Academic Publishers.
Jonassen, D. (2003). Using cognitive tools to represent problems. *Journal of Research on Technology in Education, 35*(3), 362-381.
Jonassen, D. H. (1991). Objectivism versus constructivism: Do we need a new philosophical paradigm? *Educational Technology Research and Development, 39*(3), 5-14.
Jonassen, D. H. (1997). Instructional design model for well-structured and ill-structured problem-solving learning outcomes. *Educational Technology Research and Development, 45*(1), 65-95.
Jonassen, D. H. (1999). Designing constructivist learning environments. In C. M. Reigeluth (Ed.), *Instructional design theories and models: A new paradigm of instructional technology, Vol. 2* (pp. 215-240). Mahwah, NJ: Lawrence Erlbaum Associates.
Jonassen, D. H. (2006). On the role of concepts in learning and instructional design. *Educational Technology Research and Development, 54*(2), 177-196.
Jonassen, D. H. (2011a). *Learning to solve problems: A handbook for designing problem-solving learning environments*. New York, NY: Routledge.
Jonassen, D. H. (2011b). Ask systems: Interrogative access to multiple ways of thinking. *Educational Technology Research and Development, 59*(1), 159-175.
Jonassen, D. H. (2011c). Supporting problem solving in PBL. *Interdisciplinary Journal of Problem-Based Learning, 5*(2), 95-119.
Jonassen, D. H., & Hung, W. (2008). All problems are not equal: Implications for PBL. *Interdisciplinary Journal of Problem-Based Learning, 2*(2), 6-28.
Jonassen, D. H., & Rohrer-Murphy, L. (1999). Activity theory as a framework for designing constructivist learning environments. *Educational Technology Research and Development, 47*(1), 61-79.
Jonassen, D., Davidson, M., Collins, M., Campbell, J., & Haag, B. B. (1995). Constructivism and computer-mediated communication in distance education. *American Journal of Distance Education, 9*(2), 7-26.
Tawfik, A., & Jonassen, D. (2013). The effects of successful versus failure-based cases on argumentation while solving decision-making problems. *Educational Technology Research and Development, 61*(3), 385-406.

1) Jonassen의 구성주의 학습환경 설계

Jonassen(1999)은 구성주의 학습환경 설계 모형에서 실제적(authentic) 문제해결을 통한 의미 있는 학습을 강조하였다. 또한 구성주의 학습환경에서 학생 중심의 학습이 일어날 수 있도록 필요한 교수지원 및 설계 원리를 여섯 가지 구성요소로 제시하였다([그림 1-1] 참고). 이 여섯 가지 구성요소는 ① 실제적이고 현실적인 문제 혹은 프로젝트(problem/project), ② 문제 이해를 지원하는 관련 사례, ③ 문제 탐구를 지원하는 정보 자원, ④ 문제 해석 및 수행을 지원하는 인지도구, ⑤ 팀 활동 및 팀 학습을 지원하는 대화 및 협력 도구, ⑥ 학습분위기를 조성하는 사회맥락적 지원을 말한다. 각 구성요소에 대한 구체적 설명은 [그림 1-1]과 같다.

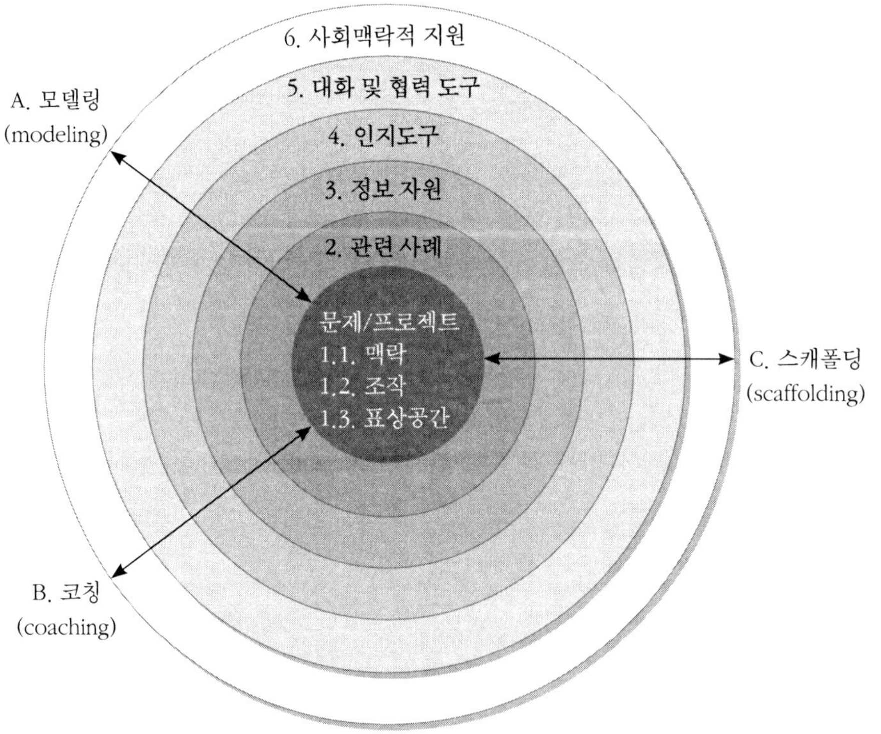

[그림 1-1] 구성주의 학습환경 설계 모형(Jonassen, 1999, p. 218)

(1) 질문/사례/프로젝트/문제

구성주의 학습환경에서 학습자들이 수행하는 과제는 흔히 질문/사례/프로젝트/문제 기반 학습으로 구현된다. 구성주의 학습환경에서 다루는 학습과제는 학습 전체를 이끌어 가는 원동력이 되기 때문에 질문/사례/프로젝트/문제(questions/case/project/problem)를 어떻게 만드느냐는 교수자에게 매우 중요한 일이다. 질문(혹은 이슈) 기반 학습은 '환경이 우선인가 혹은 경제발전이 우선인가'와 같은 의견이 양분화되어 명확한 정답이 없는 딜레마를 다루는 학습을 통하여, 개방적이고 논리적인 사고를 증진하는 데 초점이 있다. 사례 기반 학습은 의과대학 혹은 법과대학에서 주로 사용하는 방법으로 특정 환자의 치료나 법률 사례의 분석, 문제접근 및 논쟁을 통하여, 지식습득 혹은 분석적이고 고차원적 사고능력을 배양하는 것에 초점을 두고 있다. 프로젝트 기반 학습은 두 개 이상의 사례 기반 학습을 하나의 프로젝트 주제로 묶어, 학생들이 한 학기 동안 해당 과제를 해결하는 경험을 통하여 지식 및 문제해결을 위한 역량을 습득하는 데 초점이 있다. 마지막으로, 문제 기반 학습은 통합교과적 역량을 증진하기 위한 학습방법이다. 최근 Science Technology Engineering Mathematics(STEM) 교육을 중심으로 전공을 뛰어넘는 간학문적 융합 프로그램이 그 예시가 될 수 있다. 간학문적 융합 프로그램에서 학생들은 팀 활동을 통해 실제 문제를 해결하거나, 혹은 해결해야 할 문제를 찾기 위해 문제를 정의하고 정교화하는 과정을 경험하게 된다. 또한 해결 가능한 여러 가지 방법을 비교 분석 및 적용하여, 최종 해결방법을 프로토타입(prototype)과 같은 눈에 보이는 결과물로 만들어 낸다.

Jonassen은 구성주의 학습에서 학습자들이 수행하는 과제의 성격 및 종류에 따라서, 질문/사례/프로젝트/문제로 구분하였다. 하지만 이와 같은 학습방법의 구분은 명확하게 나뉘는 것이 아니라, 과제수행의 상대적 복잡성에 따라서 나뉜다. 또한 과제를 중심으로 하는 이러한 학습방법은 일상에서 접하는 비구조 문제를 해결하는 데 초점을 둔다는 공통점을 가진다. 구성주의 학습환경 설계 모형이 제시된 이후 Jonassen(2011a)은 문제의 비구조화 정도(문제의 변동성 및 과제수행의 복잡성)를 좀 더 세분화하여 알고리즘 유형에서 딜레마 유형까지 총 11개로 구분하였고, 문제 유형에 초점을 맞추어 학습환경 설계를 위한 방안을 제안하기도 하였다.

(2) 관련 사례

구성주의 학습환경에서 학습자의 과제 해석능력은 매우 중요하다. 학습자는 과제에 대한 해석을 바탕으로 학습자 스스로 문제를 정의하고, 문제해결의 범위를 구성하게 되며, 문제해결을 위한 접근방법을 선택하거나 고안하게 된다. 문제를 정의하고 해결방법을 구성하기 위해서는 학습자의 정신모형(mental model)이 중추적 역할을 한다. 정신모형은 어떤 사물이나 현상이 현실 세계에서 어떻게 작동하는지를 설명하는 사고과정을 의미하는 것으로 학습자의 인지, 추론 및 결정에 영향을 준다고 알려져 있다. 하지만 구성주의 학습방식에 익숙하지 않은 학습자에게 이러한 학습과정은 매우 도전적이다. Jonassen은 학습자 주도의 문제해결 과정에서 발생할 수 있는 인지 과부하(cognitive overload)를 최소화하고 학습자가 문제해결에 적합한 정신모형을 형성할 수 있도록, 관련 사례(related cases)를 제시할 것을 주장하였다. 교수자가 선택하거나 만든 관련 사례를 학습하면서 학습자 스스로가 정신모형을 구성하고 이를 바탕으로 문제해결의 실마리를 찾을 수 있도록 지원한다는 것이다(Wang, Jonassen, Strobel, & Cernusca, 2003).

관련 사례를 제시하는 방법으로 Jonassen은 ① 메모리 스캐폴딩(memory scaffolding) 전략과 ② 인지 유연성(cognitive flexibility) 증진 전략을 제안한다. 메모리 스캐폴딩 전략은 학습자에게 해결해야 할 문제와 유사한 상황, 해결방법 및 결과를 에피소드(episode) 형태로 제공하는 방법이다. 에피소드는 학습자가 관련 사례를 쉽게 이해 및 기억하고, 본인의 상황과 비교하여 문제해결의 필수 요소를 선별하여 정신모형을 만들 수 있는 장점이 있다. 메모리 스캐폴딩은 두 가지 방식으로 제시될 수 있는데, 그중 하나는 문제해결이 끝난 문제의 결과와 그 해결 과정을 보여 주는 방법이고, 또 다른 하나는 전문가가 자신의 문제해결 과정을 묘사하는 방법으로 나눌 수 있다. 다음으로, 인지유연성 증진 전략은 사례(cases)를 바라보는 다양한 관점, 주제, 혹은 해석을 학습자가 조사하는 방법이다. 예를 들면, 문제 및 현상을 바라보는 다양한 사람의 관점을 학습자에게 제공함으로써, 다양한 관점을 비교, 분석, 종합하여 학습자가 본인의 문제 상황에 가장 적합한 정신모형을 구성할 수 있도록 지원하는 것이다.

(3) 정보 자원

학습자는 문제에 대한 충분한 배경지식이 없기 때문에, 풍부한 관련 정보를 제공하는 것이 중요하다. 구성주의 학습환경에서 학습자가 문제해결을 위해 가설을 세우고 가설에 따라 문제해결방법을 구성하는 것은 반드시 필요한데, 이때 관련 정보를 이용하게 된다. 학습자가 문제를 탐구할 때 정보에 대한 필요성이 발생하기 때문에, 정보 은행 혹은 정보 저장소(repositories) 형태의 기능을 사용하여 학습자가 필요할 때 정보를 참조할 수 있도록 해야 한다(Jonassen, 1999).

정보는 다양한 형태로 제시될 수 있는데, 문서, 그래픽, 음성, 비디오 그리고 애니메이션과 같은 형태로 제공될 수 있다. 이때 정보는 학습자의 문제 이해 및 해결에 도움이 될 수 있는 내용으로 구성한다. 지나치게 많은 정보나 문제해결을 위한 관련성이 떨어지는 정보는 오히려 인지 과부하를 일으키거나 학습 의지 혹은 흥미를 떨어뜨리는 요인이 될 수 있음을 고려하여야 한다. 또한 하이퍼링크를 이용하여 정보를 제공할 경우에는 두 가지 요소를 고려해야 한다. 첫째, 문제해결을 위한 정보를 찾고, 해석 및 활용할 수 있는 능력이 학습자마다 다양하므로, 교수자 혹은 교수설계자는 학습자의 수준을 고려하여 관련성 및 중요성을 고민하여 정보를 선별하여, 하이퍼링크를 생성하여야 한다. 둘째, 하이퍼링크 표시가 너무 강조되면 산만할 수 있으므로, 적절한 수준에서 하이퍼링크를 표시해야 한다.

(4) 인지도구

실제적 문제해결을 위해 다양한 지식 및 기술(skills)이 복합적으로 필요하다(Jonassen, 1997). 하지만 문제의 복잡성과 생소함으로 인하여 학습자가 이를 원활히 수행하는 데 한계가 있다. 학습자의 활동을 보완하는 인지도구를 통한 스캐폴딩으로 인지 활동을 대체하거나 경감할 수 있다. 이는 곧 인지 과부하를 줄이는 역할을 한다. Jonassen(1999)은 네 가지 종류의 인지도구를 제안하였다. 인지도구는 ① 문제/과제 표상 도구(problem/task representation tools), ② 정적/동적 지식 모델링 도구(static and dynamic knowledge modeling tools), ③ 수행지원 도구(performance support tools), ④ 정보수집 도구(information gathering tools)이다.

문제/과제 표상 도구는 시각 이미지를 통하여 학습자의 문제 이해를 촉진한다(Jonassen, 2003). 시각화된 이미지는 문제와 관련된 현상 이해에 유용하다. 예를 들면, 지리적 관계망, 기후 패턴, 기후의 영향요인, 혹은 수학적 계산 및 인과관계 등을 설명할 때 사용될 수 있다. 문제/과제 표상 도구의 장점은 문제를 언어로 설명할 때 발생할 수 있는 요소 간의 복잡성을 시각화로 단순화시키고 명확하게 보여 주는 데 용이하다.

또한 정적/동적 지식 모델링 도구는 학습자가 이해하는 지식을 구체화(articulation)하는 과정을 지원한다. 정적 지식 모델링 도구의 목적은 학습자가 무엇을 알고 있는지, 그리고 알고 있는 것이 어떻게 문제와 관련되는지를 지각시키는 데 초점이 있다. 정적 지식 모델링을 위해 활용 가능한 도구로는, 관련된 지식을 정리할 수 있는 스프레드시트, 개념 간 관계망을 그릴 수 있는 마인드맵(mindmap)과 개념지도(concept map), 문제에 대한 이해를 구체화할 수 있도록 돕는 전문가 시스템(expert system) 등이 그 예가 될 수 있다(Jonassen, 2011c). 반면, 동적 지식 모델링 도구는 학습자가 본인의 지식 및 가설에 맞는 모형을 설계하고, 시뮬레이션(simulation)으로 조작하고, 결과를 분석하는 활동에 사용된다(Jonassen, 2011c). 예를 들면, 시뮬레이션에서 학습자가 모형을 선택하고, 구성요소, 인과관계 그리고 조건 등을 조작할 수 있다. 그리고 실제로 모형을 실험해 본 후, 그래프, 표, 애니메이션 등으로 결과 및 효과를 관찰하면서, 본인이 가지고 있는 지식 및 가설이 정확한지 아닌지를 동적 모델링 도구를 통하여 검증 및 수정한다.

수행지원 도구는 단순, 반복 활동을 자동화 혹은 템플릿화하여, 학습자가 문제해결에 핵심인 고차원적 인지 활동에 집중할 수 있도록 지원하는 것을 말한다. 예를 들면, 경영 시뮬레이션 형식의 구성주의 학습환경에서 판매율, 재고, 생산성을 자동 정리하여 보여 주는 스프레드시트, 판매량 계산에 사용되는 계산기 기능 그리고 기억을 보조하여 주요 정보를 기록하는 노트 기능 등이 수행지원 도구라고 할 수 있다. 이러한 수행지원 도구는 학습자가 좀 더 과제수행에 집중할 수 있도록 하여, 문제해결의 중요활동 및 학습에 초점을 둘 수 있도록 돕는 데 그 목적이 있다(Lainema & Pekka, 2003).

마지막으로, 정보수집 도구는 맞춤형 검색엔진을 제공하여, 학습자의 문제해결 활동에 부담을 줄이는 역할을 한다. 대다수의 학습자는 생소한 주제에 대한 정보검색능력이 부족하기 때문에, 검색 활동이 인지부하를 늘릴 수 있다(Jonassen, 1999). 구성주의 학습환경에서는 과제에 최적화된 검색엔진 혹은 지능형 에이전트

(intelligent agents)를 통하여, 웹상에서 학습자와 관련성이 높은 정보를 선택 및 필터링하여 제공한다. 현재 발달된 Google search 및 수많은 데이터베이스는 인지부하를 줄이는 데 긍정적 역할을 할 것으로 예상된다. 즉, 발달된 정보수집 도구는 새로운 정보를 찾고 여과해서 학습을 해야 하는 과정에서, 학습자의 인지 부하를 최소화하는 역할을 할 것으로 기대된다.

(5) 대화 및 협력 도구

구성주의 학습환경에서 문제해결은 팀에 기반하여 이루어지는 경우가 많다. 이는 혼자서 해결하기보다는 여러 사람과의 협력을 통해 문제를 해결하는 현실의 문제해결 과정을 구성주의 학습환경 설계에 반영한 결과이다. 이상적인 팀 기반 문제해결을 위해서는 팀 구성원 간 동일 수준의 지식 공유, 메타지식 그리고 사회적으로 공유된 조절(socially shared regulation)이 필요하다. 또한 문제에 대한 의사결정을 위해서도 지식 공유 및 공감대 형성은 필수이다. 팀 기반의 문제해결이 원활하게 이루어지기 위해서는 팀원 간의 대화가 원활하게 이루어져야 하며, 문제를 함께 해결할 수 있는 협력능력, 나아가 정서적 공감대 및 서로에 대한 지원이 필요하다.

팀원 간의 대화 및 상호작용을 촉진하는 도구로는 온라인 게시판, 이메일, 채팅 어플리케이션 그리고 소셜 미디어(social media) 등이 있을 수 있다. 대화 및 협력 도구(conversation and collaboration tools)를 활용하여, 학습자는 온라인 혹은 오프라인의 실천공동체(community of practices), 온라인을 매개로 한 컴퓨터 기반 협력학습(Computer Supported Collaborative Learning: CSCL) 공동체를 구성할 수 있다. 이러한 공동체는 단순히 정보를 공유하고 협력하는 것 그 이상의 의미를 가진다. 상호작용을 통하여 지식생성을 위한 사회기술(social skills) 습득과 공동의 노력으로 지식을 생성하고 공유하는 활동이 공동체 속에서 이루어진다(Hernandez-Serrano, Choi, & Jonassen, 2000).

(6) 사회맥락적 지원

사회맥락적 지원(social contextual support)은 구성주의 학습환경에 대한 교수자 및 교육 이해관계자의 깊은 이해와 진정성 있는 수용을 의미한다. Jonassen(1997)은 대부분의 실패한 구성주의 학습은 표면적 이해와 수용성 부족에서 귀인한다고 지적한다. 구성주의 학습환경이 성공적으로 구현되기 위해서는 구성원의 태도와 교육환경의 적합성이 필요하다. 하지만 사회맥락적 지원이 항상 우호적이지 않기 때문에, 교수자 및 교육 이해관계자에게 구성주의 학습환경의 특성을 이해시키고, 필요한 지원이 무엇인지를 명확히 인식시켜, 이들로부터 물리적 · 행정적 · 심리적 지원을 받아 학습환경을 설계하고 운영하는 것이 성공적인 구성주의 학습환경의 핵심이라고 할 수 있다.

2) 구성주의 학습환경 설계 모형에 영향을 준 대표적 학습이론

Jonassen의 구성주의에 대한 관점과 그가 제시한 구성주의 학습환경 설계 모형 개발에는 최소한 네 가지의 학습이론이 큰 영향을 끼친 것으로 여겨진다. 네 가지 이론은 ① 인지 유연성 이론(cognitive flexibility theory), ② 상황인지(situated cognition), ③ 인지적 도제(cognitive apprenticeship), ④ 활동이론(activity theory)이다. 이들 이론은 기존의 교수 방법이 학습자가 습득한 지식과 기술을 일상의 문제해결에 적용하기에 많은 제한점이 있다는 사실을 비판하고, 지식은 맥락의 일부임을 강조한다(Duffy & Jonassen, 1991; Jonassen, 1991a). 다시 말해, 언제 어디서나 통용되는 절대적인 지식(knowledge)은 존재하지 않고 맥락(context), 관점(perspective), 혹은 접근방식(approach)에 의해서 지식은 다른 모습으로 정의된다는 공통된 입장을 표명하고 있다. 각 이론에 대한 구체적인 설명은 다음과 같다.

(1) 인지 유연성 이론

인지 유연성 이론은 현실의 다양한 맥락에 존재하는 복잡성이 높은 비구조 문제를 해결하기 위해 필요한 고차원적 지식을 기르는 방법으로 제안되었다(Spiro, Coulson, Feltovich, & Anderson, 1988). 인지 유연성이란 급격한 상황변화에 능동적으로(spontaneously) 본인의 지식을 재구조화(restructure)하여 적응(adaptive response)하는 능력(ability)을 의미한다(Spiro & Jehng, 1990). 동일한 독감 환자이지만, 의사가 임산부와 건장한 남성 성인에게 처방을 다르게 하는 것이 그러한 예일 것이다. 즉, 동일한 문제이지만 개별 특성에 맞게 지식을 능동적으로 변형하여 해결책을 제안하는 것이다. Spiro와 그의 동료들(1988)은 기존 교육의 문제점으로 교실에서 학습한 지식을 일상의 실제 문제해결에 사용하지 못하는 것을 지적하였다. 특히 그 원인을 교수 방법에서 찾았다. 예를 들면, 교수 방법의 문제를 단순화된 지식 구조, 단편적 사례 제시, 탈맥락적 지식 습득, 연역적 학습, 추상적 지식, 유연하지 못하고 고정된 스키마(schema) 그리고 수동적 학습자로 보았다.

이를 보완하는 방법으로 인지 유연성을 제시하고, 인지 유연성을 향상시키기 위한 일곱 가지 대안적 교수 방법을 제시한다. 첫째, 지식구조를 단순화시키지 말고, 복잡한 그대로를 학습자에게 가르쳐, 학습자의 단순하고 얕은 수준의 지식 이해를 최소화한다. 둘째, 여러 가지 방법을 통해 사례를 제시하거나 동일한 사물 및 현상에 대한 다양한 관점을 제시한다. 이는 한 가지 사례로만 학습하였을 경우에 나타날 수 있는 단순화된 지식의 생성 및 편향된 시각 생성의 가능성을 줄이고, 학습자가 보다 다양하고 복잡한 측면을 생각할 수 있도록 하기 위함이다. 또한 동일 문제에 대하여 다양한 맥락, 관점(perspectives), 방향(directions)을 학습자가 볼 수 있도록 하여, 지식의 활용 시 상황성을 적극적으로 고려할 수 있도록 한다. 셋째, 사례를 기반으로 지식 및 개념을 추론하게 하는 귀납적 학습방법을 통해, 학습자 스스로 상황에 따른 지식 및 개념의 가변성을 인식하게 한다. 넷째, 실제 상황에서 마주칠 가능성이 높은 사례를 학습하게 하여, 학습자가 문제해결에 참조할 수 있는 개념적 지식을 형성할 수 있도록 지원한다. 다섯째, 다양한 사례를 기반으로 인지적 스키마를 구성하여, 상황에 유연하게 각 사례를 재구성하고 새로운 스키마를 만들어 활용할 수 있도록 한다. 여섯째, 동일한 사례를 다양한 주제와 관련짓는 정보 제시 방법으로, 개념의 인출을 창발적으로 일어나게 하여 지식의 활용성을 높이고 사고의 한계를 넓힌다. 일곱째, 학습자는 능동적으로 학습에 참여하여, 본인 상황에 유의미한 지식을 구성한다.

(2) 상황인지

상황인지는 학습을 구성하는 세 가지 요소로 ① 문화적 맥락(cultural context), ② 문제해결을 위한 과정으로의 활동, ③ 문제해결 도구로 개념적 지식(conceptual knowledge)을 정의한다(Brown, Collins, & Duguid, 1989). Brown과 그의 동료들(1989)은 학습의 파지와 전이는 지식이 실제로 통용되는 맥락에서 앎(knowing)과 행함(acting)이 동시에 이루어질 때 촉진된다고 보았다. 예를 들어, 교실에서 수많은 단어의 사전적 의미를 가르치지만, 학생들은 그러한 단어를 일상에서 쉽게 접하지 못하기 때문에 생소할 뿐만 아니라 학습의 필요성을 느끼지 못하여 쉽게 망각하게 된다. 즉, 행함이 결여되어 있기 때문에 의미 있는 학습이 될 수 없다. 설사, 특정 단어를 기억하더라도, 어떤 상황에서 그 단어가 적합한지를 모르고, 맥락별로 단어의 의미에 차이가 있기 때문에 활용 역시 쉽지 않다. 하지만 일상에서 단어를 사용하면서 자연스럽게 의미를 익히게 되면, 단어의 암기력뿐만 아니라 상황에 따른 활용도 역시 높아진다. 이는 지식이 특정 문화적 맥락에서 문제해결 활동을 위해 만들어진 도구이기 때문이다(Brown et al., 1989). 또한 지식에는 언어로 명확하게 이해될 수 없는 암묵지(tacit knowledge or connotation)가 존재하기 때문에, 지식이 만들어진 맥락 속에서 경험을 통한 학습이 필요하다. 지식이 생성된 맥락 속에서, 문제해결 활동을 통해 그것이 활용되는 상황을 이해함으로써 온전한 학습이 이루어진다. 그러므로 상황인지는 학습을 '새로운 맥락에 적응하는 문화화 과정(culturalization)'으로 정의하고, 학습활동으로 실제적 활동을 강조한다. 여기에서 실제적 활동은 해당 맥락에 속한 전문가(expert)가 일상적으로 행하는 문제해결 활동을 말하는 것으로, ① 실제적 문제와 ② 그것이 속한 맥락(context)이라는 두 가지 요소에 의해서 이루어진다.

상황인지에서는 '초보자(novice)인 학습자가 실제 환경에서 문제해결 과정을 관찰하는 기회'를 학습의 시작으로 본다(Lave & Wenger, 1991). 전문가 집단에 의해서 초보자는 문제해결 과정에 주변인으로 참여할 기회(Legitimate Peripheral Participation: LPP)를 부여받고, 관찰자에서 점차적으로 문제해결을 주도하는 중심적 역할을 가지게 되면서, 전문가가 되어 간다. 예를 들어, 양복 재단사가 되기 위해서, 초보자는 가장 단순한 양복의 마감 작업부터 점차적으로 어려운 작업을 하나씩 맡으면서, 점차적으로 고객에게 가장 적합한 옷을 만드는 모든 과정 전체를 스스로 수행하게 되는 것이다(Lave & Wenger, 1991). 주변부 활동 참여를 시작으로, 초보자는 궁극적으로 문제 간의 인과관계(casual models)와 상황인식(conceptual situations) 방법을 습득하게 되고 맥락에 적합한 해결 방안을 스스로 구성하게 된다(Brown et al., 1989). 마치 의예과부터 10년 이상의 수련을 한 전문의가 겨울철에 왼쪽 팔 안쪽의 통증을 호소하는 환자의 병력을 좀 더 상세하게 검토하여, 고혈압 이력에 주목하고, 심근경색을 의심하는 것이 그러한 예일 수 있다. 일반인 혹은 의예과 초년생(beginner)이었다면 팔 통증과 심장질환의 관계를 예측하지 못했을 것이다. 즉, 전문가 집단이 가지는 문제해결 지식 및 기술뿐만 아니라, 상황적 판단력을 가진 정신모형을 통하여 학습하게 된다. 문제해결에 필요한 역량 및 도구는 특정 전문가 집단이 현상을 바라보는 관점의 산물이기 때문에, 실제적 문제를 다루면서 초보자는 전문가 집단이 가진 문화의 주변인에서 완전한 참여자(full participant)로 이동하는 것이 상황인지에서 설명하는 학습의 정의이다(Lave & Wenger, 1991).

(3) 인지적 도제

인지적 도제는 초보자가 전문가의 관점을 효과적이면서 효율적으로 습득하는 데 초점을 두어 제안된 교수 방법이다. 전문가 관점은 상황의 특성에 따라 문제를 정의하고 해결하는 특유의 능력을 말한다. 인지적 도제는 상황인지에 기반하여 제안되었기 때문에(Brown, Collins, & Duguid, 1989), 전문가 양성 방법으로 전통적 도제(apprenticeship) 제도를 최적의 방법으로 고려한다. Collins, Brown과 Newman(1987)은 기존 도제제도의 장점을 살리고, 단점을 최소화하는 방법으로 인지적 도제를 위한 여섯 가지 교수 방법을 제안하였다. 여섯 가지 교수 방법은 ① 모델링(modeling), ② 코칭(coaching), ③ 스캐폴딩(scaffolding), ④ 구체화(articulation), ⑤ 성찰(reflection) 그리고 ⑥ 탐색(exploration)을 말하며, 이들은 다시 세 가지 영역으로 범주화할 수 있다. 우선, 모델링, 코칭 그리고 스캐폴딩은 인지적 도제의 핵심 교수 방법으로 문제해결을 위한 인지능력 및 메타인지능력 습득에 집중한다. 다음으로 명확화와 성찰은 전문가의 문제해결 활동 및 전략 사용에 중점을 두어, 이를 관찰하고 이해하는 데 그 목적이 있다. 마지막으로, 탐색은 학습자가 자율성을 가지고 문제해결 활동을 수행하게 하는 데 초점을 둔다.

모델링은 실제 전문가의 문제해결 과정을 학습자가 관찰하여 문제해결에 필요한 인지모형(conceptual model)을 형성하는 활동이다. 인지모형에서 불완전하게 이해된 부분에 대해 전문가가 피드백 혹은 힌트를 제공하여 학습자의 문제해결을 돕고 동시에 학습자 스스로 개념모형을 완성시킬 수 있도록 도와주는 것이 코칭이다. 스캐폴딩은 학습자가 전문가의 도움으로 문제해결을 하는 중, 학습자의 인지모형이 완성됨에 따라 점차적으로 도움을 제거(fading)하는 방법을 의미한다. 명확화는 학습자가 자신이 이해한 지식, 문제해결 과정 그리고 추론방법을 스스로 설명이 가능할 정도로 표현하는 활동이다. 교수자는 학습자가 결론이 도출된 근거를 질문하거나, 문제해결 활동에서 학습자가 가진 생각을 표현하게 하거나, 혹은 협동 활동을 통하여 다른 학습자에게 설명하는 과정을 통해 학습자의 명확화를 촉진할 수 있다. 성찰은 자신의 인지모형을 전문가 혹은 다른 학습자의 그것과 비교하는 교수활동이다. 비교를 위해, 각자의 문제해결 활동을 영상 등으로 기록하여, 추후에 학습자와 타인 간의 차이점을 추론하면서 성찰이 이루어지게 된다. 마지막으로 탐색은 학습자가 문제환경을 살펴보면서, 문제를 찾아 해결할 수 있도록 지원하는 교수활동이다. 학습자는 문제환경을 효과적으로 탐색하는 전략이 부족하기 때문에, 제한된 문제 및 환경을 제공하여 학습자가 점차적으로 탐색능력을 키울 수 있도록 하는 것이 본 교수 방법에서 교수자의 역할이 된다(Collins et al., 1987). 또한 초보자인 학습자가 전문가와 동일한 수준으로 실제적 과제를 다룰 수 없기 때문에, 인지적 도제는 학습자 간 협력(collaboration)과 대화(conversation)를 강조한다(Brown et al., 1989). 학습자 간 협력과 대화는 다양한 관점 수용을 통한 문제해결의 통찰, 역할분담을 통한 과제수행의 부담 감소, 학습자 간 대화를 통한 개념 및 전략의 오류 개선, 협력역량 증진 효과를 가진다. 즉, 전문가 수준의 과제를 개별 학습자가 수행하면서 발생할 수 있는 한계 및 문제를 보완하는 역할을 한다.

(4) 활동이론

활동이론에서는 '인지적 학습과정(conscious learning process)은 맥락 속의 활동으로부터 발생'한다고 본다(Jonassen & Rohrer-Murphy, 1999). 학습 및 계획과 같은 인지활동이 일어난 다음에 물리적 활동이 순차적으로 일어나는 것이 아니라, 맥락 속에서 활동과 함께 이루어진다는 관점이다. 맥락은 활동체제(activity system)라고 부르는데, 여섯 가지 요소로 구성된다. 즉, ① 활동의 행위자(subject), ② 각 행위자가 행하는 활동의 목표(object), ③ 활동을 위한 도구(tool), ④ 활동을 내재적으로 이끄는 규칙(rules), ⑤ 분업(division of labor), ⑥ 분업과 관련된 사람들 간의 관계인 공동체(community)이다. 여섯 가지 요소는 개별 목표(objective)가 존재하고, 이는 궁극적으로 자신이 속한 전체 조직의 목표(goal) 달성과 관련된다. 예를 들어, 대학교의 교수학습센터의 수업설계자가 교육공학 개론 과목 설계라는 목표를 가지고 있다고 하자. 이 상황에서 수업설계자는 자신의 도구인 학습이론을 활용하여 과목을 설계

한다. 또한 내용 전문가 및 멀티미디어 전문가들과 사전에 공유된 수업설계 모형을 통하여 분업 및 업무를 조율한다. 이러한 과정을 통하여, 교육공학 개론 과목 개발이 완료된다.

활동이론은 기존의 의식(consciousness)과 활동을 별개로 취급하는 데카르트적 사고에 반하는 기본 가정을 가지고 있다(Jonassen & Rohrer-Murphy, 1999). 독일 철학인 유물론 및 변증법에 뿌리를 두어(Jonassen, 2000), 사람의 사고와 행동은 서로 영향을 주고받는 관계로 보고, 어느 한쪽이 절대적으로 우위를 차지하거나 우선한다고 보지 않는다. 여기에 기반을 두고 활동이론은 여덟 가지를 가정한다(Jonassen & Rohrer-Murphy, 1999). 첫째, 맥락 속에서 활동을 통하여 학습이 이루어진다. 둘째, 기억 및 추론과 같은 머릿속 의식적 활동은 맥락과 상호작용하는 활동을 통하여 촉진된다. 셋째, 활동의 의도성(intentionality)은 활동 중 학습자가 현재와 목표 간의 격차를 인식했을 때, 이를 극복하기 위해서 발생한다. 넷째, 활동은 목표 지향적(object-orientedness)으로, 목표는 궁극적으로 활동 및 학습을 이끄는 원동력이 된다. 다섯째, 공동체 속의 분업, 규칙, 역할은 변증법적(dialectic) 속성을 가지기 때문에, 상황에 따라 지속적으로 변형 발전한다. 여섯째, 활동에는 공동체의 문화역사적 특성과 발달이 반영되어 있다. 일곱째, 도구가 활동을 변형(alternation) 혹은 매개(mediation)하는데, 이는 학습자의 활동 및 사고방식이 도구의 영향을 받는다는 것을 의미한다. 여덟째, 활동은 공동체 속 협력(collaboration)에 기반을 두는데, 이는 학습이 사회적 관계 속에서 이루어짐을 의미한다.

3) 교수설계에 있어서 구성주의 학습환경의 기여

객관주의에 기반한 교수설계가 대세이던 상황에서 구성주의에 바탕을 둔 교수설계는 새로운 대안으로 떠올랐다. 1990년대 많은 연구자가 기존의 교수학습방법에 대한 비판을 하고, 구체적인 대안을 제시하지 못할 때, Jonassen이 제시한 구성주의 학습환경 설계 모형은 교수설계뿐만 아니라, 교수학습을 이해하는 데 있어 실제적인 해결책을 제시하였다. Jonassen의 구성주의 학습환경 설계 모형이 교수학습방법 및 설계에 기여한 바는 최소한 다섯 가지로 요약될 수 있다. 즉, ① 구체적이고 실용적인 구성주의 학습환경 설계 모형 제안, ② 비구조화된 실제적 문제의 도입,

③ 지식구성의 기본 단위로서 '활동'의 중요성, ④ 이론에 기반을 둔 다양한 형태의 인지적 학습과정 지원, ⑤ 안내자 및 조력자로서의 교수활동 제시이다.

(1) 구체적이고 실용적인 구성주의 학습환경 설계 모형 제안

1990년대 분석(analysis)과 과정 중심의 교수(process-based instruction) 설계 모형이 대부분인 시절, Jonassen은 구성주의 학습환경을 주장했을 뿐 아니라, 실제적으로 어떻게 구성주의 학습환경을 구성해야 하는지에 대한 설계 모형까지 제시하였다. Jonassen(1991a, 1991b)은 객관주의와 구성주의 간의 차이를 명확히 하는 작업으로 구성주의 학습설계 모형의 기초를 다졌다. 존재론(ontology)과 인식론(epistemology)에 기반을 두어, 실제(reality)는 외부에 존재하는 것을 머릿속에 그대로 모방한다는 행동주의와 인지주의의 관점을 거부하고, 본인이 세계를 이해한 방식대로 의미를 부여하여 구성하는 것이라는 관점을 주장하였다. 학습 내용과 활동을 제어하고 획일적으로 학습 여부를 확인하는 객관주의 교수설계 모형은 구성주의 입장에서는 교수 학습 모형으로 적합하지 않았다. 따라서 구성주의 학습환경의 초점은 학습자가 능동적으로 의미를 만들어 내어 학습을 하는 환경 설계에 있다(Jonassen, 1991a, 1997). Jonassen은 구성주의 학습환경에 필수적으로 포함되어야 하는 여섯 가지 구성요소를 앞에서 살펴본 것처럼 구체적으로 제시하여(Jonassen, 1999), 교수자 및 교수설계자들이 유용하게 활용할 수 있는 실제적 가이드를 제시하였다.

(2) 비구조화된 실제적 문제의 도입

Jonassen은 비구조화된 문제의 해결을 중시하였다. 기존의 객관주의 교수설계가 특정 교과내용에 초점을 둔 탈맥락화된 학습설계였다면, Jonassen은 맥락과 문제 간의 상호작용에 주목하였다. 구체적으로 설명하면, Jonassen(1997)은 절대적 답과 해결책이 존재하는 퍼즐 문제(puzzle problem), 개념 및 원리를 유사한 문제에 그대로 적용할 수 있는 정구조 문제(well-structured problem) 그리고 맥락에 따라 다양한 답과 해결책이 존재하는 비구조 문제(ill-structured problem)로 나누었다. 앞에서 말한 퍼즐 문제와 정구조 문제는 인위적으로 만들어진 평가 상황에서 대면할 가능성이 큰 문제이며, 객관주의적 교수설계 모형의 초점이 되는 문제의 유형이다(Jonassen, 1997). 반면에 비구조 문제는 일상의 문제로, 교육이 관심을 가져야 할 대상이다(Jonassen, 2011c). Jonassen은 1990년대 말에 세 가지 문제 유형을 제안한 이후(Jonassen, 1997) 문제 유형을 점차 세분화하여, 그의 마지막 저서에는 문제를 크게 11개로 구분하여 교수설계에 활용될 수 있는 기반을 마련하였다(Jonassen, 2011a). 교수자 및 교수설계자가 비구조 문제를 선택하고 설계하는 데 있어서, Jonassen은 세 가지 기준을 제시하였다.

먼저, 문제 맥락(problem context)의 자세한 설명이 요구된다. 비구조 문제는 실제적 과제 환경(authentic task environment)에서 이해되고 해결될 수 있다(Jonassen, 2011c). 학습자는 맥락에 대한 설명을 읽고, 맥락분석(context analysis)을 통해 환경의 제약조건, 관련된 지식(domain knowledge) 및 기술(skills), 문제해결의 범위 그리고 문제해결 방법을 설정할 수 있어야 한다(Jonassen & Hung, 2008). 즉, 맥락은 학습자가 일상에서 경험하는 문제 상황을 구조적으로 모방하면서, 문제해결의 방향을 안내해야 한다.

또한 문제에는 제약조건(problem constraints)이 활용되어야 한다. 전문가의 실제적 과제수행은 일반적으로 제약조건 속에서 이루어지기 때문에, 학습자는 이러한 제한된 요소를 고려하여 과제를 수행해야 한다(Jonassen, 1997). 예를 들면, 프로젝트 종료 시점, 예산, 활용 가능한 자원, 결과물에 대한 질(quality) 및 성능에 대한 상세한 조건이 있을 수 있다. 또한 문제 상황의 복잡성 및 애매모호성도 포함된다. 구성주의 학습환경에서는 제약조건을 실제적 환경 요소로 추가하지만, 명확하게 표시하지 않는다. 즉, 학습자가 문제환경을 탐색하면서 제약조건을 찾고 합리적으로 정의하여야 한다(Jonassen & Hung, 2008).

마지막으로, 문제를 선정하거나 개발할 때는 학습자가 학습해야 할 중점 기술(skills)을 확정하고, 이에 맞는 문제(case)를 선정하고 개발한다(Jonassen, 2011c). 문제는 학습자에게 도전 및 흥미를 줄 수 있고, 학습자가 해결 가능한 수준으로 제공되어야 한다(Jonassen & Hung, 2008). 문제가 확정된 후에는 학습자가 문제를 해결할 수 있는지를 인과분석(casual analysis)을 통하여 검증한다(Jonassen, 1997). 교수설계자는 인과분석을 통하여 학습자가 문제를 해결하는 방법 및 문제해결에 필요한 인지활동(cognitive activities)을 예측한다. 또한 구성주의 학습환경에 포함되어야 하는 인지도구의 종류 및 방법 역시 인과분석의 결과를 바탕으로 하여 결정하게 된다.

(3) 지식구성의 기본 단위로서 '활동'의 중요성

Jonassen은 구성주의 학습환경에서 '활동'을 지식구성을 위한 가장 기본 단위로 보았다. 이는 전통적 학습에서 권위자로부터 일방적으로 지식을 전달받는 교수법과는 확연히 다르며, 학습자가 능동적으로 의미를 발견하여 지식을 구성하는 데 의미를 두고 있다. Jonassen(1999)은 학습활동을, 즉 탐색, 구체화 그리고 성찰로 나누었다. 이는 상황인지에서 말하는 교수 방법으로서의 탐색, 명확화 그리고 성찰과는 다르다. 구체적으로, 탐색은 학습자가 주체가 되어 주어진 문제를 연구하고, 유사한 사례를 검토하고, 문제해결을 위한 해결책을 찾는 활동이다. 이에 더하여 목표설정 및 목표추구가 포함된다. 명확화는 학습자가 현재 문제와 관련하여 필요한 것 혹은 현재 알고 있는 지식을 정의하고, 학습되어야 할 지식 및 기술을 주체적으로 정의하는 활동을 의미한다. 성찰은 크게 두 가지로 나뉘는데, 활동 중 성찰(reflection-in-action)과 활동에 관한 성찰(reflection-on-action)이다. 활동 중 성찰은 문제해결 효과에 대한 추론, 문제해결 수행, 결과 관찰, 정보의 수집 그리고 결론 도출 등을 하면서 인지적으로 이루어지는 성찰 활동이다. 활동에 관한 성찰은 활동을 잠시 중단 혹은 종료한 후에, 현재까지 발생한 내용을 정리 및 분석하며 추후를 계획하는 인지적 활동이다. 성찰은 명확화와 동시에 이루어진다. 탐색, 성찰 그리고 명확화는 학습자가 주도적으로 수행하는 활동이며, 학습자를 안내하기 위해 필요에 따라 교수활동이 필요하다. 즉, 구성주의에서의 교수활동은 지식을 전달하는 것이 아니라, 학습자 스스로가 지식을 발견하고 구성할 수 있도록 그 과정을 보조하는 것으로 여겨진다.

(4) 이론에 기반을 둔 다양한 형태의 인지적 학습과정 지원

Jonassen은 테크놀로지(technology)를 통한 학습자의 인지적 지식 형성 과정의 다양한 촉진방법을 연구하였다. 이는 실제적으로 테크놀로지가 학습에 어떻게 활용되며, 어떤 인지적 기능을 향상시키는지를 보여 주고 있다. 첫 번째로, Jonassen은 지식 형성(knowledge based construction)을 지원하는 방법으로 사례를 활용하였다. 학습자는 기존의 유사사례와 현재의 문제를 비교하여 문제 정의 및 해결책을 생성할 수 있는 지식을 형성하는데, 이를 사례 기반 추론(case-based reasoning)이라고 한다. 사례는 구체적 질문에 기반을 두고 전문가를 인터뷰하여 이야기 형식으로 목적, 맥락, 활동 그리고 결과를 포함하여 만들어지고(Jonassen, 2011b), 학습자의 문제해결력을 높인다(Hernandez-Serrano & Jonassen, 2003). 학습자는 사례에 기반을 둔 추론을 통하여 맥락에 대한 이해, 잠재적 해결책에 대한 예측, 문제해결 활동에 대한 정신모형 형성과 같은 지식을 구성한다. 즉, 전문가의 경험을 빌려 본인의 문제 상황에 활용한다(Wang, Jonassen, Strobel, & Cernusca, 2003).

추론 활동을 지원하는 대표적인 테크놀로지는 사례 도서관(case library)과 질문 시스템(ask systems)으로 전문가의 경험에 기반을 둔 이야기 형식으로 사례가 제작된다는 공통성을 가지고 있다(Tawfik, 2015). 하지만 질문 시스템은 이야기를 세분화하여 질의응답 형식으로 분할하여 제공함으로써, 스캐폴딩이 필요한 학습자에게 좀 더 적합한 시스템이라는 특성을 가지고 있다(Jonassen, 2011b; Tawfik, 2015). Jonassen과 그의 동료들은 테크놀로지를 활용한 수업에서 발생한 실제 사례를 현직 및 예비교사와 공유하기 위해 '사례 도서관'을 개발하였다(Wang, Jonassen, Strobel, & Cernusca, 2003). 또한 질문 시스템을 활용하였다. 질문 시스템 개발과 관련하여, Schmidt, Easter, Jonassen, Miller와 Ionas(2008)는 방사능 안전 전문가 양성을 위한 커리큘럼(curriculum)에서 사례를 텍스트, 그림, 혹은 동영상과 같은 복합적 형태로 구성하여, 학습자가 쉽게 맥락 및 문제를 이해하여 적용할 수 있도록 하였다. 하나의 이야기 단위인 사례별로 주요 질문을 만들고, 그 이야기 내부에 세부적인 내용을 하위질문으로 연결하는 형식으로 질문 시스템을 구성하였다. 질문을 선택하면 전문가의 인터뷰 내용과 관련 텍스트, 경우에 따라서는 도형 및 그림 설명이 추가되어, 학습자가 학습 중에 궁금해하는 내용을 전문가와 대화하는 형식으로 구축된 것이 특징이다(Jonassen, 2011b). 이는 질문과 사례를 연계시켜 사례 기반 추론을 촉진하는 역할을 하였을 뿐 아니라(Jonassen, 2011c), 일종의 실재감(presence)을 주는 전략을 사용하여 학습에 대한 몰입을 높여 주었다.

두 번째로, 논증 형성(argumentation based construction) 지원이다. 비구조 문제는 다양한 문제해결 방식이 존재하기 때문에, 학습자가 선택한 방식을 논리적으로 정당화하는 작업을 통하여 해결책에 대한 올바른 추론 여부를 확인할 수 있다(Jonassen, 2011c). 논증에는 일반적으로 수사학적 방법과 변증법적 방법이 존재한다(Jonassen & Cho, 2011). 수사학적 논증 방법은 해결책이 수없이 많이 존재하는 일반적인 비구조 문제에 사용되며, 화자(arguer)와 청자(audience) 간의 대화로 상대방을 설득하는 방법으로 'Toulmin의 논증 구조'가 일반적으로 사용된다. 마치 법정에서 판사 혹은 배심원에게 본인의 주장이 결점이 없음을 강조하여 설득하는 방법이다(Van de Ven, 2007). 주장(claim), 근거(ground), 주장과 근거 간에 인과관계를 추론하는 보증(warrant), 보증을 뒷받침하는 후원(backing), 주장의 범위를 제한하는 한정어(qualifier) 그리고 주장이 예외가 되는 경우를 보여 주는 반론(rebuttal)으로 논증구조가 구성된다. 구성주의 학습환경의 문제해결은 특정 조건하에서 이루어지기 때문에, 정당화하는 작업은 문제에 대하여 학습자가 가지는 기본 가정(assumption), 증거(evidences), 추론(reasoning), 해결책(proposed solution) 그리고 관련 지식수준을 명확화하는 것으로 논증(argumentation)을 통하여 이루어진다(Jonassen, 1997). 다음으로 변증법적 논증 방법은 본인이 지지하는 의견과 그렇지 않은 의견이 명확하게 존재하는 딜레마 문제에 사용된다. 정당화 작업에는 크게 세 가지 전략, 즉 반박, 통합, 혹은 가중치 전략이 사용된다(Jonassen & Cho, 2011). 반박 전략은 상대방의 주장의 허점을 공격함으로써 본인 주장의 정당성을 확보하는 방법이며, 통합 전략은 모든 주장을 변증법적으로 합쳐서 제3의 해결책을 제안하는 방법이다. 마지막으로, 가중치 전략은 각 주장의 특성을 평가하여, 문제와 관련하여 상대적으로 근거가 확실한 주장을 선택하는 방법이다.

구성주의 학습환경에서 학습자의 논증 형성은 다양한 테크놀로지를 활용하여 지원될 수 있다. 단순하게는 질문 프롬프트, 체크리스트, 혹은 템플릿으로 논증 형성을 개발할 수 있다(Jonassen, 1997). Cho와 Jonassen(2002)은 딜레마를 해결하기 위해 문제를 스캐폴딩하는 게시판을 개발하였다. Toulmin의 다섯 가지 기본 요소인 주장, 근거, 보증, 후원 그리고 반론으로 구분하여 게시물을 작성하는 방식이다. 또한 Oh와 Jonassen(2007)은 교사양성을 위한 문제해결학습 교육에서 논증 스캐폴딩을 사용하였다. 문제 정의, 가설, 해결책, 확증, 반론, 근거 그리고 정교화라는 여섯 가지 헤딩 형태로 게시판의 게시물을 분류할 수 있도록 그룹 활동을 위한 논증 게시판을 만들었다. 게시물 작성 시, 학습자가 현재 본인이 작성하려고 하는 게시물의 방향성을 잡아 주기 위해, "나는 당신의 의견에 동의하는데 왜냐하면"과 같은 문장의 첫 부분을 제공하였다. 또한 논증 작성 시 핵심 부분을 파악할 수 있도록 가이드 질문 프롬프트도 함께 제시하였다. 앞의 사례와 반대로, 원자력 과학 개론 과목에서는 초보자를 위한 논증 지원 방법을 거꾸로 접근하는 스캐폴딩이 도입되었다(Jonassen, Schmidt, Miller, & Neumeyer, 2005). 즉, 학생들이 적합한 해결책을 선다형 중에서 선택한 후, 본인의 선택을 정당화하는 근거를 구체적으로 작성하게 하는 방식이다.

(5) 안내자 및 조력자로서의 교수활동 제시

구체적 활동을 중심으로 의미 있는 지식 생성을 지원하기 위한 조력자로서의 교수자의 역할을 세 가지 교수활동으로, 즉 ① 모델링, ② 코칭, ③ 스캐폴딩을 제안하였다. 모델링, 코칭, 스캐폴딩은 학습의 주체를 학습자로 보고, 교수자는 안내자로 보고 있다. 따라서 세 가지 교수활동은 학습자의 독립적 과제수행 수준에 따라서 제공된다. 모델링은 학습자가 과제에 대한 정신모형이 없는 상황, 코칭은 과제수행에서 학습자가 더 많은 생각과 추론이 필요한 상황, 스캐폴딩은 학습자가 역량을 점차적으로 증진해야 하는 상황에서 사용된다. 즉, 학습자가 주로 학습을 주도해야 하지만 충분한 능력이 부족한 경우에, 앞에서 언급한 세 가지 교수활동은 학습을 안내하는 역할을 한다. 결과적으로 교수자는 안내자의 역할을 하게 되는 것이다.

구체적으로 설명하면, 우선 모델링은 전문가의 활동에 중점을 두고 있는 방법으로, 관찰 가능한 행동 모델링(behavior modeling)과 직접 관찰 불가능한 인지 모델링(cognitive modeling)으로 나뉜다(Jonassen, 1999). 행동 모델링은 전문가가 문제를 해결하는 과정을 묘사한 예제(worked example)로 제시한다. 인지 모델링은 문제를 해결하는 각 과정에서 전문가가 본인의 추론 활동을 언어로 표현한 것(think aloud)으로 제시한다. 모델링을 통하여, 학습자는 전문가가 '왜' 그리고 '어떻게' 그러한 행동을 하는지를 이해한다.

구성주의 학습환경에서 코칭은 동기유발, 피드백 제공 및 교정, 성찰 촉진의 역할을 한다. 코칭은 주로 프롬프트(prompts) 혹은 질문을 통하여 이루어진다. 과제수행 초기에 동기유발을 위해, 학습자의 몰입을 유발하는 문구를 담은 프롬프트를 제공한다. 학습 중에는 과제수행에 필요한 힌트, 고려사항, 협력 촉진, 관련 사례 조언, 인지도구 사용에 대한 조언이 담긴 프롬프트를 제공하거나, 혹은 수행 활동을 분석하여 적절한 행동 정보를 담은 피드백을 제공한다. 질문을 통하여 주요 단계마다 학습 및 행동에 대한 성찰을 촉진한다(Jonassen, 2011b). 또한 질문을 통하여 학습자가 오개념이 있는지를 스스로 진단하는 기회를 제공한다.

스캐폴딩은 학습자가 본인이 가진 능력 이상의 학습 및 활동을 할 수 있도록 돕는 일시적 프레임워크이다(Jonassen, 1999). 크게 두 가지 접근방법을 통하여 스캐폴딩을 제공할 수 있다. 과제의 복잡성을 줄이고, 점차적으로 증가시키는 방법이 있다. 예를 들어, 자동차를 운전하는 과제를 학습한다면, 처음에는 핸들만 조작하는 것으로 시작한다. 이후에 브레이크, 기어, 엑셀레이터, 와이퍼 등의 기능을 하나씩 추가하는 방법이다. 다음으로, 인지도구와 함께 복잡한 과제를 그대로 수행하되, 점차적으로 인지도구를 줄이는 방법이다. 예를 들면, 자동차를 운전하는 시뮬레이션에서 속도, 앞차와의 간격, 도로 상태 등을 수치화하여 대시보드로 제공하다가 점차적으로 줄여서 운전에 대한 감각을 익히도록 하는 방법이다.

3. 논의 및 시사점

Jonassen이 제시한 구성주의 학습환경은 학교 교육을 넘어 모든 교육 영역에 시사점을 제시한다. 특히 현재와 같이 교육환경이 급변하는 시점에 우리에게 제시하는 바가 크다. 우선, 교육대상 측면에서 시사점을 생각할 수 있다. 비록 많은 학교교육이 학생 위주 학습으로 변화하고 있다고 하지만, 구성주의 학습방법은 수행평가와 같이 일부 커리큘럼에서만 허용이 되고, 실제 수업은 교사 중심의 일방적 내용전달이 이루어지는 교육현장이 많다. 또한 인터넷을 통한 학습이라고 하면, 일반적으로 동영상 형식의 강의를 생각하는 경우가 대다수이다. 하지만 Jonassen(1991b)이 언급하였듯이, 주입식 교육은 학습된 지식을 일상에서 활용할 수 없는 무용한 지식으로 만들 가능성이 크다. 이런 점에서, 학교현장의 학습방법을 학습자 중심 그리고 실제적 방식의 교육으로 변경할 필요가 있다. 여기서는 구성주의 학습환경이 적용될 수 있는 영역을 구체적으로 살펴보고자 한다.

첫째, 직업진로 탐색교육을 생각할 수 있다. 학생이 진로를 탐색하기 위해서는 무엇보다 실제적인 경험이 필요하다(장현진, 정윤경, 김나라, 이건주, 2014). 하지만 직업현장의 접근성, 비용 그리고 위험성 때문에 학생들의 직접적인 직업체험이 쉽지 않다. 그렇다고 단순히 특정 직업 활동의 일부분만을 경험하거나, 과도하게 단순화시킨 업무과정을 경험하게 되면, 학생들의 올바른 진로 결정에 도움이 되지 않을 수 있다. 이를 대체할 수 있는 방법으로 구성주의 학습환경을 도입할 수 있다. 실제적

환경과 과제를 주어, 학생들이 관련 직업이 다루는 문제 상황, 이해관계자 그리고 문제 정의 및 해결이 이루어지는 모든 것을 총체적으로 경험하게 하는 것이다. 결과적으로, 해당 직업을 위해 필요한 지식 및 기술 그리고 각 직업군에서 가지는 관점을 경험할 수 있다. 이는 전문가의 관점을 경험을 통하여 습득한다는 상황인지와도 동일한 맥락이다(Brown et al., 1989).

둘째, 고등교육이 변화할 필요가 있다. 창의성 및 비판적 사고능력 향상을 위한 구성주의적 접근방법이 체계적으로 적용될 필요가 있다. 대학교에서 실시되는 다학제 간 융합교육에서 구성주의 적용 가능성이 주목받는 시점이다. 기존의 단학문적 배경으로는 일상에 필요한 창의적인 제품 및 서비스를 개발하는 데 한계가 존재한다. 이를 극복하고자, 최근 일부 대학교를 위주로 다학제에 기반을 둔 '융합형 캡스톤 디자인'이라는 과목을 개설하여 운영하고 있다. 좀 더 구체적으로 설명하면, 학문적 배경이 다른 학생들이 한 팀이 되어, 일상탐구를 통하여 현실의 문제점을 찾아내고, 문제점을 개선할 방향에 대하여 의논하고 관점을 교류하는 활동을 한다. 이 과정에서 다양한 의견 제시 및 아이디어 보완과 타당성 검토 등의 활동이 이루어진다. 최종적으로 선택된 아이디어는 학생들이 직접 시제품을 개발하여 실현 가능성을 검증받는다. 요약하면, 구성주의 학습환경에서 이루어지는 문제 정의, 해결책 구안, 해결책 선택 및 실행이라는 모든 과정이 다학제 간 융합교육 속에서 이루어지고 있다.

셋째, 성인교육 영역에도 구성주의 학습환경의 필요성이 대두된다. 특히 기존에 특정 직무를 익히는 교육을 넘어, 직원들의 판단능력 및 창의력이 강조되는 지금과 같은 상황에서는 더욱 그 필요성이 강조된다(Jacobs, 2017). 기존 교육방식과 같이 업무 지식을 학습하고, 준비된 방식을 따라서 실습하는 방식으로는 현업에서 성과를 기대하기 힘들기 때문이다. 성인 학습자에게 실제와 유사한 방식으로 문제를 해결할 수 있는 환경을 제공하고, 문제해결을 통하여 판단능력, 창의력 그리고 지식 생성 능력을 육성할 수 있다. 예를 들면, 보잉(Boeing)의 경우에는 도전기반학습(challenge based learning)을 사용하여 구성주의 학습환경의 이점을 알아보는 실험을 하였다(O'Mahony et al., 2012). 신소재의 특성을 가르치는 수업을 대신하여, 대체 가능한 비행기 동체 소재를 찾는 과제를 제공하였다. 분야별 엔지니어들은 소재와 관련된 내용을 온라인의 다양한 학습자원을 통하여 학습한 후에, 함께 모여 소재의 적합성을 본인의 전문분야별로 고려하고 토론하는 활동을 하였다. 이를 통해, 의사결정을 위한 다양한 관점의 지식이 만들어지고 생성되었다. 요약하면, 기존에 교실 수업에서 단순하게 신소재에 대한 지식을 제공하는 수준이 아니라, 실제로 해당 소재가 사용되는 현장의 적합성을 다양한 분야의 실무자들이 고민해 보고, 최적화된 소재를 발굴하고 유의점을 찾아보는 일종의 실천공동체와 같은 모습을 보여 줄 수 있는 수업방법이다.

구성주의 학습환경은 기존의 객관주의 교실 수업이 가지는 한계를 넘어, 가장 실용적으로 활용할 수 있는 지식을 생성하고 학습할 수 있도록 돕는 역할을 한다. 초중등교육에서는 경험을 통하여 현상을 이해하는 관점을 가질 수 있도록, 고등교육에서는 학문 간의 벽을 허물어 새로운 가능성을 발견할 수 있도록, 성인교육에서는 일터의 문제를 전문가 간 협력을 통한 혁신적 지식을 생성하고 전파할 수 있는 환경을 제공한다.

1) 최신 기술을 활용한 구성주의 학습환경의 개선방안 제안

그동안 구성주의는 실현 가능성과 관련하여, 비판과 의문의 대상이 되기도 하였다. 하지만 테크놀로지의 발달과 더불어 그 실현 가능성이 점차 커지고 있다. 특히 최근의 가상현실(Virtual Reality: VR) 혹은 증강현실(Augmented Reality: AR) 그리고 소셜미디어의 발전은 구성주의 학습환경의 적용 가능성을 높이고 있다.

첫째, 가상현실은 실제로 특정 환경 속에서 상호작용하고 있는 것과 같은 경험을 제공하는 컴퓨터와 사람 간의 인터페이스를 말한다. 가상현실은 구성주의 학습환경의 실제적 경험을 구현하기에 적합할 뿐만 아니라, 모델링 도구로도 활용될 수 있다. 가상현실이 줄 수 있는 장점은 최소한 두 가지이다. 하나는, 실제적 환경의 구현이다. 학습자가 실제로 문제현장에 있는 것처럼 학습환경을 만들 수 있다. 즉, 컴퓨터 환경이 아닌 실제 현장에 있는 듯한 느낌을 주어, 학습자가 학습에 몰입할 수 있는 환경을 구현한다(Fowler, 2015). 이러한 방법은 시뮬레이션, 게임 혹은 가상공간의 형태로 제공될 수 있다(Merchant, Goetz, Cifuentes, Keeney-Kennicutt, & Davis, 2014). 가상현실을 기반으로, 학습자는 문제의 인과관계를 다양한 방향에서 관찰할 수 있다. 단순히 비디오 클립 혹은 내러티브 형식으로 제공되던 관련 사례의 경우,

학습자가 가상현실을 탐구하면서 스스로 경험함으로써 사례에 대한 이해와 정신모형을 발전시키는 데 기여할 수 있다. 또 다른 하나는 가상현실을 통한 실제적 인지도구 구현이다. 기존의 2차원(2-D) 컴퓨터 화면으로 제공되던 정적/동적 지식 모델링을 3차원(3-D)으로 제공함으로써, 추상적 개념의 이해를 높일 수 있다(Merchant et al., 2014). 그리고 실제 물체 간의 상호작용 및 시간적 · 물리적 변화를 관찰할 수 있는 장점도 있다(Fowler, 2015). 기존의 단순화되어 표현된 모델링에 비하여, 모형의 복잡성을 구현할 수 있고 관찰 역시 가능하다.

여기에 더하여, 최근에 각광을 받고 있는 증강현실 테크놀로지는 가상현실을 발전시킨 것으로 실세계에 3차원을 구현한 기술이다. 증강현실은 컴퓨터 화면을 벗어나 학습자가 실제로 사물과 상호작용하는 가상의 경험을 제공하고, 위성 위치 확인 시스템(Global Positioning System: GPS)과 접목하여 공간 관련 정보를 제공할 수 있도록 구현하였다(Lee, 2012). 물리, 생물, 화학 그리고 천문학에서 학생들에게 고가의 장비 혹은 실험도구를 큰 비용이 들지 않고도 사용할 수 있는 경험을 제공한다. 박물관에서는 방문객들에게 유물의 원래 색깔 혹은 형태를 온전하게 보여 주는 역할도 한다. 일터의 직무교육과 관련하여서는 초보자가 실제 장비 조작 시 발생할 수 있는 안전상의 문제점을 극복하면서, 실제적 경험을 줄 수 있는 장점이 존재한다. 또한 증강현실에는 구성주의 학습환경에서 말하는 인지도구의 기능을 구현할 수 있다. 사물에 증강현실기기를 비추면 관련된 정보를 보여 주고 검색할 수 있도록 하는 것이 그러한 예시이다.

둘째, 소셜미디어 학습을 통한 구성주의 학습환경의 정보 도구 및 협력 도구의 구현이다. 학습자는 실제 문제를 해결하는 과정에서, 필요한 지식 및 도움을 소셜미디어를 통하여 얻을 수 있다. 예를 들어, 법과대학에서 사례연구(case study) 중에 트위터를 통하여 법의학자에게 자문을 구할 수도 있다. 또한 공대생은 유튜브에 있는 유명 토목기사의 경험담을 시청함으로써, 건축에 대한 노하우를 구할 수도 있다. 게다가 페이스북의 그룹 기능을 이용하여 문제해결을 함께하는 학습자 간의 공유공간을 만들 수도 있다. 이는 기존에 교수설계자에 의해서 사전에 계획된 정보 도구와 협력 도구의 한계를 뛰어넘을 수 있는 대안이 될 수 있다. 학습자에게는 정말 필요한 내용이지만 정보 혹은 협력 도구로 지원이 되지 않았던 내용이 제공될 수 있다. 또한 학습자들로만 제한되었던 협력공간이 외부 전문가까지 확장되는 기회 제공의 이점이 있다(Bozarth, 2010). 교수설계자 입장에서는 다양한 정보 도구 및 협력 도구를 활용할 수 있는 기회와 구성주의 학습환경의 확장성을 고려할 수 있게 되었다. 또한 전문가 시스템을 만들기 위해서 전문가를 만나고, 내용을 구성하던 방식을 탈피하여, 많은 개발비용을 절감할 수도 있는 장점이 있다.

2) 구성주의 학습환경과 관련한 미래 연구 제안

Jonassen은 구성주의 학습환경을 제안하고, 그 안에서 의미 있는 학습이 일어나기 위해 어떤 교수지원이 가능한지를 연구하였다. 지금까지 그의 연구를 바탕으로 미래의 연구에 대한 방향을 제시하고자 한다.

첫째, 사례 제시 방법에 대한 연구가 필요하다. 대부분의 연구가 문제해결의 성공사례(successful-based case)를 학습의 예시로 사용하였다(Tawfik & Jonassen, 2013). 성공사례를 통하여, 유사한 문제를 해결할 수 있는 스키마를 구성할 수 있기 때문이다. 하지만 Tawfik과 Jonassen의 연구(2013)에서 언급하듯이, 실패사례(failure-based case)의 제시로 학습자의 반대 의견 및 총체적 의견을 고려할 수 있는 능력을 습득할 수 있었다. 오히려 실패사례가 문제해결 대안을 찾을 수 있는 학습자의 능력을 길러 주었다고 볼 수 있다. 이런 점에서, 구성주의 학습환경에서 실패사례를 활용하여 학습자의 인지 유연성을 길러 주는 방법을 연구해 볼 필요가 있다.

또한 교수설계자 입장에서도 실패사례 개발을 고민할 수 있다. 기본적으로 전문가에게 실패사례를 요구하는 것은 성공사례를 말하는 것에 비하여 쉽지 않은 일이다(Tawfik, Jonassen, & Keene, 2012). 마치 우리가 본인의 성공경험을 자랑스럽게 말하지만, 실패경험에 대해서는 다른 사람과 공유하려고 하지 않는 것과 같다. 또한 전문가의 실패경험에서 유의미 학습(meaningful learning)으로 이어질 수 있는 부분을 찾는 것도 하나의 난점이다. 그런 점에서, 실패사례를 개발하기 위한 전문가와 소통방식, 그리고 실패경험에서 학습의 유의미성을 찾아낼 수 있는 방법에 대한 고민이 필요하다.

둘째, 새로운 테크놀로지의 출현과 함께 구성주의 학습환경 구현의 한계가 점차적으로 무너지고 있는 상황이다. 앞의 시사점에서 언급하였듯이, 소셜미디어의 출현으로 직접 전문가와 실시간으로 정보를 교환할 수 있게 되었다. 또한 증강현실을 구현하는 테크놀로지의 발달로 학습환경이 컴퓨터에서 벗어나 실제로 학습자가 현장에서 경험하는 듯한 환경을 구현할 수도 있게 되었다. 여기에 더하여, 최근에 구현되는 4차원(4-D) 테크놀로지는 새로운 가능성을 보여 준다. 학습자가 시각과 청각의 한계를 넘어, 촉각 및 후각의 경험도 가능하게 되었다. 이는 실제적 환경이 가지고 있는 암묵지(tacit knowledge)를 전달할 수 있게 되었다는 점에서 구성주의 환경에 적용될 가능성을 보여 주고 있다. 그리고 구성주의 학습환경으로 구현할 수 있는 교과의 한계가 없어졌다는 의미도 될 수 있다. 예를 들면, 촉각과 후각의 경험이 필요한 식품 및 의류 등과 같은 영역까지 기술적으로 구성주의 학습환경을 구현할 수 있게 된 것이다. 하지만 신기술이 구성주의 학습환경에서 어떻게 구현되어야 할지에 대한 연구는 부족하다. 이런 점에서 새로운 테크놀로지와 구성주의 학습환경 간의 관계를 접목한 연구가 진행되어야 한다.

셋째, 구성주의 학습환경을 구현하기 위한 시뮬레이션에 대한 연구이다. 학습해야 할 내용을 시뮬레이션 형식으로 생성하면, 실제적인 문제와 환경을 하나의 일관된 이야기로 구현하고 동시에 다양한 인지도구를 자연스럽게 녹일 수 있다. 예를 들면, 경영 시뮬레이션 게임에서는 실제적 문제를 해결하기 위해 마케팅, 영업, 재무 그리고 생산관리 분야의 지식을 학습 및 활용하고, 팀원 간의 협력을 통한 새로운 지식의 생성과 공유, 테크놀로지 지원을 통한 실제적 학습환경 구현 및 인지도구의 구현이 가능하다(Fortmüller, 2009; Lainema, 2009; Lainema & Pekka, 2003). 이런 시뮬레이션 방식의 구성주의 학습환경 구현은 실제적 문제를 경험하고 해결하는 데 한계가 존재하는 의학, 법학, 교육, 공학 등의 다양한 분야에서도 활용 가능하다(Horton, 2012). 예를 들면, 도시공학과 학생들은 시뮬레이션을 통하여 수십 년에 걸친 도시개발 계획을 직접 실행하면서, 발생하는 문제를 경험할 수 있다. 의과대학 학생들은 시뮬레이션을 통하여, 환자 수술 시 발생할 수 있는 다양한 이슈를 경험할 수도 있다. 또한 사범대학 학생들은 가상의 교실을 운영하면서 발생하는 교실관리의 문제를 예측할 수 있다. 그렇지만 대부분의 시뮬레이션이 교육보다는 게임 목적으로 개발되었기 때문에, 적합한 인지도구가 내재되어 있는지가 불명확하다. 그런 점에서, 각 지식 영역별로 개발되는 시뮬레이션에 적합한 인지도구를 효과적으로 접목시키는 연구가 필요하다.

넷째, 자기조절학습(self-regulated learning)이다. Jonassen(1997)이 구성주의 학습

환경에서 메타인지(metacognition)와 자기 자신에 대한 지식(self-knowledge)의 중요성을 강조했지만, 대부분의 연구가 교수활동을 지원하는 스캐폴딩과 인지도구에 초점이 있었다. 이는 처방적(prescriptive) 학문의 성격을 가지는 교육공학의 학문적 특성과도 연관성이 높다. 하지만 완벽한 학습자 중심의 학습환경을 구현하기 위해서는 자기조절학습과 구성주의 학습환경 간의 연구가 필요하다.

마지막으로, 평가에 대한 접근이다. 구성주의 학습환경에서 학습자의 평가는 일반적으로 학습결과물의 실행 가능성(viability) 혹은 학습활동의 기록으로 평가할 수 있다(Jonassen, 1997). 또한 개념지도와 같은 방법으로, 학습 이후에 학습자의 인지모형 변화로 학습 정도를 평가할 수 있다(Jonassen, 2006; Lee, Jonassen, & Teo, 2011). 평가에 대한 이러한 입장은 구성주의 학습결과물이 한 가지의 확실한 답으로 표현될 수 없고 개인마다 다양한 결과물을 가지기 때문이다. 테크놀로지 발달로 인하여 학습자를 다양한 방법으로 평가할 수 있는 다양한 방법이 제안되는 상황이다. 예를 들면, MOOCs(massive open online courses)로 지칭되는 xMOOCs에서는 학습자의 에세이를 인공지능 프로그램이 대신 평가하고 있으며, 이에 대한 신뢰도 및 정확도도 높은 상태이다. 또한 디지털 학습환경에서 학습자의 정답 및 오답의 패턴 분석, 학습활동 로그(log) 분석 그리고 빅데이터(big data) 분석 등과 같은 다양한 데이터 기록 및 분석 방법을 통하여 학습자의 학습 여부를 평가하는 활동이 이루어지고 있다. 요약하면, 테크놀로지 발달을 통하여 기존의 분석 및 평가가 불가능하던 부분이 평가될 수 있게 되었다. 구성주의 학습환경에서 발생하는 다양한 활동과 결과물을 테크놀로지를 활용하여 분석할 수 있는 방법을 연구해 볼 필요가 있다.

4. 결론

구성주의 학습환경은 탈맥락된 지식을 교과 영역별로 전달하는 기존의 교실 수업에서 학생들이 지식 및 기술을 효과적으로 습득하지 못하고 실제 문제에 활용하지 못하는 문제 상황을 해결하고자 Jonassen에 의해 제시되었다(Jonassen, 1997, 1999). 객관주의 관점의 교수설계가 대세이던 1990년대에, 기존의 교육을 비판하고, 동시에 실천적 해결책을 구성주의 학습환경 이론으로 제시한 것이다. 이후 많은 영역에서 Jonassen의 구성주의 학습환경은 적용 및 응용되어 왔다. Jonassen의 구성주의 학습은 문제 기반 학습, 프로젝트 기반 학습에 꾸준히 활용되어 왔으며, 또한 전 세계의 많은 대학에서도 별도의 수업으로 개설되어 있다. 구성주의 학습환경이 발표되고 20년이 지난 오늘에도, 구성주의 학습환경은 연구자 및 실무자에게 많은 영향을 미치고 있다. 특히 구성주의 학습환경은 창의적이고 능동적인 인재양성이라는 사회적 요구에 부응하는 학습이론이다. 21세기의 학습자는 창의적이고 능동적이기를 요구받고 있다. 이러한 요구에 학습자 스스로가 문제를 발견하고 정의하며, 문제해결 방법에 대한 결정권을 가지고, 그것을 적용하는 데 학습의 의미를 두는 구성주의 학습환경은 시대에 맞는 학습설계이론으로 여겨진다. 이러한 이유로 앞으로도 구성주의 학습환경은 계속해서 응용 및 발전될 것으로 예상된다.

참고문헌

장현진, 정윤경, 김나라, 이건주(2014). 자유학기제 학생 체험 인프라 확충 방안 연구. 세종: 한국직업능력개발원.

Bozarth, J. (2010). *Social media for trainers: Techniques for enhancing and extending learning San Francisco.* San Francisco, CA: Pfeiffer.

Brown, J. S., Collins, A., & Duguid, P. (1989). Situated cognition and the culture of learning. *Educational Researcher, 18*(1), 32-42.

Burton, J. K., Moore, D. M., & Magliaro, S. G. (2004). Behaviorism and instructional Design. In D. H. Jonassen (Ed.), *Handbook of research on educational communications and technology* (pp. 3-36). Mahwah, NJ: Lawrence Erlbaum.

Cho, K., & Jonassen, D. H. (2002). The Effects of argumentation scaffolds on argumentation and problem solving. *Educational Technology Research & Development, 50*(3), 5-22.

Collins, A., Brown, J. S., & Newman, S. E. (1987). Cognitive apprenticeship: Teaching the craft of reading, writing and mathematics. *Technical Report No. 403*. Champaign, IL: University of Illinois, Center for the Study of Reading.

Duffy, T. M., & Jonassen, D. H. (1991). Constructivism: New implications for instructional technology. *Educational Technology, 31*(5), 7-12.

Fortmüller, R. (2009). Learning through business games: Acquiring competences within virtual realities. *Simulation & Gaming, 40*(1), 68-83.

Fowler, C. (2015). Virtual reality and learning: Where is the pedagogy? *British Journal of Educational Technology, 46*(2), 412-422.

Hernandez-Serrano, J., Choi, I., & Jonassen, D. H. (2000). Integrating constructivism and learning technologies. In J. M. Spector & T. M. Anderson (Eds.), *Integrated and holistic perspectives on learning, instruction and technology: Understanding complexity* (pp. 103-128). Dordrecht, Netherlands: Kluwer Academic Publishers.

Hernandez-Serrano, J., & Jonassen, D. H. (2003). The effects of case libraries on problem solving. *Journal of Computer Assisted Learning, 19*(1), 103-14.

Horton, W. K. (2012). *E-learning by design* (2nd Edition). San Francisco, CA: Pfeiffer.

Jacobs, R. L. (2017). Knowledge work and human resource development. *Human Resource Development Review, 16*(2), 176-202.

Jonassen, D. (2003). Using cognitive tools to represent problems. *Journal of Research on Technology in Education, 35*(3), 362-381.

Jonassen, D. H. (1991a). Context is everything. *Educational Technology, 31*(6), 35-37.

Jonassen, D. H. (1991b). Objectivism versus constructivism: Do we need a new philosophical paradigm? *Educational Technology Research and Development, 39*(3), 5-14.

Jonassen, D. H. (1997). Instructional design model for well-structured and ill-structured problem-solving learning outcomes. *Educational Technology Research and Development, 45*(1), 65-95.

Jonassen, D. H. (1999). Designing constructivist learning environments. In C. M. Reigeluth (Ed.), *Instructional design theories and models: A new paradigm of instructional technology, Vol. 2* (pp. 215-240). Mahwah, NJ: Lawrence Erlbaum Associates.

Jonassen, D. H. (2000). Revisiting activity theory as a framework for designing student-centered learning environments. In D. H. Jonassen & S. M. Land (Eds.), *Theoretical foundations of learning environments* (pp. 89-121). Mahwah, NJ: Lawrence Erlbaum Associates.

Jonassen, D. H. (2006). On the role of concepts in learning and instructional design. *Educational Technology Research and Development, 54*(2), 177-196.

Jonassen, D. H. (2011a). *Learning to solve problems: A handbook for designing problem-solving learning environments*. New York, NY: Routledge.

Jonassen, D. H. (2011b). Ask systems: Interrogative access to multiple ways of thinking. *Educational Technology Research and Development, 59*(1), 159-175.

Jonassen, D. H. (2011c). Supporting problem solving in PBL. *Interdisciplinary Journal of Problem-Based Learning, 5*(2), 95-119.

Jonassen, D. H., & Cho, Y. H. (2011). Fostering argumentation while solving engineering ethics problems. *Journal of Engineering Education, 100*(4), 680-702.

Jonassen, D. H., & Hung, W. (2008). All problems are not equal: Implications for PBL. *Interdisciplinary Journal of Problem-Based Learning, 2*(2), 6-28.

Jonassen, D. H., & Ionas, I. G. (2008). Designing effective supports for causal reasoning. *Educational Technology Research and Development, 56*(3), 287-308.

Jonassen, D. H., & Kim, B. (2010). Arguing to learn and learning to argue: Design justifications and guidelines. *Educational Technology Research and Development, 58*(4), 439-457.

Jonassen, D. H., & Rohrer-Murphy, L. (1999). Activity theory as a framework for designing constructivist learning environments. *Educational Technology Research and Development, 47*(1), 61-79.

Jonassen, D. H., Schmidt, M. A., Miller, W., & Neumeyer, G. (2005). *A problem-based introduction to nuclear sciences*. Portland, OR: American Society of Engineering Education.

Jonassen, D., Davidson, M., Collins, M., Campbell, J., & Haag, B. B. (1995). Constructivism and computer-mediated communication in distance education. *American Journal of Distance Education, 9*(2), 7-26.

Lainema, T. (2009). Perspective making: Constructivism as a meaning-making structure for simulation gaming. *Simulation & Gaming, 40*(1), 48-67.

Lainema, T., & Pekka, M. (2003). Applying constructivist approach to educational business games: Case REALGAME. *Simulation & Gaming, 34*(1), 131-149.

Lave, J., & Wenger, E. (1991). *Situated learning: Legitimate peripheral participation*. Cambridge, UK: Cambridge University Press.

Lee, C. B., Jonassen, D. H., & Teo, T. (2011). The role of model building in problem solving and conceptual change. *Interactive Learning Environments, 19*(3), 247-265.

Lee, K. (2012). Augmented reality in education and training. *Techtrends: Linking Research & Practice To Improve Learning, 56*(2), 13-21.

Merchant, Z., Goetz, E. T., Cifuentes, L., Keeney-Kennicutt, W., & Davis, T. J. (2014). Effectiveness of virtual reality-based instruction on students' learning outcomes in K-12 and higher education: A meta-analysis. *Computers & Education, 70*, 29-40.

Oh, S. C., & Jonassen, D. H. (2007). Scaffolding argumentation during problem solving. *Journal of Computer Assisted Learning, 23*(2), 95-105.

O'Mahony, T. K., Vye, N. J., Bransford, J. D., Sanders, E. J., Stevens, R., Stephens, R. D., Richey, M. C., Lin, K. Y., & Soleiman, M. K. (2012). A comparison of lecture-based and challenge-based learning in a workplace setting: Course designs, patterns of interactivity, and learning outcomes. *Journal of the Learning Sciences, 21*(1), 182-206.

Schmidt, M., Easter, M., Jonassen, D., Miller, W., & Ionas, G. (2008). Preparing the twenty-first century workforce: The case of curriculum change in radiation protection education in the United States. *Journal of Vocational Education and Training, 60*(4), 423-439.

Spiro, R. J., Coulson, R. L., Feltovich, P. J., & Anderson, D. K. (1988). Cognitive flexibility theory: Advanced knowledge acquisition in ill-structured domains. *Technical Report No. 441*. Champaign, IL: University of Illinois, Center for the Study of Reading.

Spiro, R. J., & Jehng, J. C. (1990). Cognitive flexibility and hypertext: Theory and technology for the nonlinear and multidimensional traversal of complex subject matter. In D. Nix & R. J. Spiro, (Eds.), *Cognition, education, and multimedia: Exploring ideas in high technology* (pp. 163-205). Mahwah, NJ: Lawrence Erlbaum Associates.

Tawfik, A., & Jonassen, D. (2013). The effects of successful versus failure-based cases on argumentation while solving decision-making problems. *Educational Technology Research and Development, 61*(3), 385-406.

Tawfik, A. A. (2015). Case-based reasoning and educational technology. In J. M. Spector (Ed.), *The SAGE encyclopedia of educational technology* (pp. 88-89). Thousand Oak, CA: SAGE Publications, Inc.

Tawfik, A. A., Jonassen, D. H., & Keene, C. W. (2012). Why do we fall? using experiences of failure to design case libraries. *International Journal of Designs for Learning, 3*(1), 1-11.

Van de Ven, A. H. (2007). *Engaged scholarship: A guide for organizational and social research*. New York, NY: Oxford University Press.

Wang, F., Jonassen, D. H., Strobel, J., & Cernusca, D. (2003). Applications of a case library of technology integration stories for teachers. *Journal of Technology and Teacher Education, 11*(4), 529-548.

CHAPTER 2

문제의 유형과 교수설계

조영환(서울대학교)
홍서연(서울대학교)

1. 서론

우리는 살아가면서 다양한 종류의 문제에 직면하게 되고 그 문제를 어떻게 해결하는지에 따라서 각자의 삶이 달라진다. 많은 사람이 문제해결이라는 말을 들으면 교과서에 나오는 연습문제, 학교에서 보는 중간고사와 기말고사, 대학 수학능력시험 등을 머릿속에 쉽게 떠올린다. 그리고 학교를 졸업하는 순간 각종 시험으로부터 해방되는 기쁨을 느끼며 앞으로는 문제를 해결하지 않아도 된다는 착각에 빠진다. 그러나 우리가 일반적으로 생각하는 것과 달리 문제해결 활동은 단순히 학교 안에서만 이루어지는 것이 아니며 일상생활 속에서 끊임없이 이루어지고 있다. 친구의 생일 선물로 무엇을 살 것인지, 휴가철에 어디로 여행을 떠날 것인지, 저녁 식사모임에 어떤 옷을 입고 갈 것인지 등의 개인적인 문제부터 경제를 살리기 위해서 정부와 기업은 무엇을 해야 하는지와 같은 사회적인 문제까지 다양한 종류의 문제가 있다.

학교에서 해결하는 문제와 일상생활 속에서 부딪히는 문제 간에는 어떠한 차이가 있는가? 이 질문에 대해서 Jonassen을 비롯한 여러 학자가 문제의 유형을 분류하고 그 속성을 연구하였다. 학교 시험에서 주로 다루는 문제는 문제의 내용이 명확하고, 하나의 정답이 정해져 있으며, 그 문제를 효과적으로 해결하기 위한 방법이 알려져 있다는 점에서 정구조(well-structured) 문제라고 한다. 반면에, 일상생활 속에서 만나는 문제들은 무엇이 문제인지 모호하고, 정답이 없거나 다양한 해결책이 존재하며, 관점에 따라서 해결책에 대한 평가가 달라진다는 점에서 비구조(ill-structured) 문제에 속한다. 문제의 구조화 정도는 학교 안과 밖에서 이루어지는 문제해결 활동의 차이를 설명하는 데 유용하게 활용될 수 있다. 그 이외에도 문제의 복잡성, 영역 특수성, 역동성 등에 따라서 문제의 유형이 달라질 수 있다.

그런데 이처럼 다양한 종류의 문제를 유형화하고 그 속성을 분석하는 것이 교육적으로 어떤 의미를 가지는지에 대해서 의문을 가질 수 있다. 이 의문에 대해서 Jonassen(2000)은 문제를 해결하는 것과 개념이나 원리를 학습하는 것은 서로 다른 활동이기 때문에 학교에서 지식을 획득했다고 해서 반드시 문제를 해결할 수 있는 것은 아니라고 설명하였다. 그렇기 때문에 학생들의 문제해결 역량을 향상시키기 위해서는 먼저 문제의 속성을 이해하는 것이 필요하다. 교육공학 분야에서는 교사가 의도하는 학습목표에 따라서 가르치는 방법도 달라야 한다는 가정이 널리 통용되고 있다. 이 가정에 따르면, 문제의 유형에 따라서 문제해결에 필요한 역량이 달라지고 그 역량을 향상시키기 위한 교수 방법도 달라져야 할 것이다.

그리고 학습자 중심의 교육에 대한 관심이 전 세계적으로 크게 증대되고 있다. 우리나라에서 새로 개정된 교육과정에서도 창의적이고 협력적인 문제해결력을 강조하고 있으며, 많은 선진국과 국제기구에서 학습자의 능동적인 참여와 자기주도적 학습을 강조하고 있다. 문제중심학습을 비롯하여 학습자 중심 교육을 위해 제안된 다양한 모형이 가지고 있는 공통점 중의 하나는 문제를 중심으로 학습환경을 설계하는 것이다. 학생들이 협력적으로 문제를 분석하고 해결하는 것을 돕기 위해서 다양한 교수지원과 도구를 제공하는데, 이러한 지원이 효과적이기 위해서는 먼저 문제의 유형과 속성에 대한 이해가 필요하다.

문제의 유형과 속성을 이해하는 것은 문제해결력을 향상시키기 위한 학습환경을 설계하고 어떻게 가르칠 것인지를 결정하는 데 매우 중요하다. 이 장에서는 문제의 개념과 속성을 여러 측면에서 살펴보고, Jonassen이 분류한 문제의 유형과 유형별 교수설계 방법을 예시와 함께 제시하였다.

2. 문제 유형에 관한 Jonassen의 연구 종합

Jonassen은 문제의 유형에 따라서 교수설계가 달라야 한다는 가정에 기반하여 1990년대 중반부터 지속적으로 연구를 수행하였다. 이는 모든 문제 상황에 일반적으로 적용되는 문제해결 모형을 개발하고자 했던 기존 연구(Bransford & Stein, 1984; Newell & Simon, 1972)에 대한 문제의식에서 출발하였다. 〈표 2-1〉에 제시되어 있는 것처럼 초창기에는 정구조 문제와 비구조 문제 간의 차이를 비교하고, 그 차이점을 고려한 교수설계 원리와 모형을 탐색하였다. 그 이후 문제의 유형을 더 세분화하였으며, 일화형 문제, 의사결정, 결함해결, 디자인과 같은 문제를 학습자가 잘 해결할 수 있도록 하기 위해서 어떤 학습환경을 설계해야 하는지에 대한 연구를 실시하였다. 이러한 연구의 결과물은 『Learning to solve problems: An instructional design guide』와 『Learning to solve problems: A handbook for designing problem-solving learning environments』라는 두 권의 책에서 종합적으로 제시되었다. 두 권의 책은 7년이라는 시간차를 두고 출판되었는데, 그 기간 동안 문제의 유형과 교수 및 학습환경 설계에 대한 연구가 더 정교화되었다는 것을 알 수 있다. 이 중에서 첫 번째 책은 2009년에 조규락과 박은실에 의해서 『문제해결 학습: 교수설계가이드』라는 제목으로 국내에서 번역되었다. 이처럼 Jonassen의 문제 유형에 관한 연구는 10년 이상의 장기적인 계획 속에서 이루어졌으며, 논증, 모델링, 사례 기반 학습과 같은 다양한 교수학습방법이 문제 유형과 함께 논의되었다. 이 장에서는 Jonassen의 연구를 중심으로 문제의 개념과 속성, 문제의 유형, 교수학습방법에 대해서 살펴보겠다.

표 2-1 문제 유형에 관한 Jonassen의 대표 저서 목록

Hong, N. S., Jonassen, D. H., & McGee, S. (2003). Predictors of well-structured and ill-structured problem solving in an astronomy simulation. *Journal of Research in Science Teaching, 40*(1), 6-33.

Jonassen, D. H. (1997). Instructional design models for well-structured and ill-structured problem solving learning outcomes. *Educational Technology Research & Development, 45*(1), 45-94.

Jonassen, D. H. (2000). Toward a design theory of problem solving. *Educational Technology Research & Development, 48*(4), 63-85.

Jonassen, D. H. (2003). Designing research-based instruction for story problem. *Educational Psychology Review, 15*(3), 267-296.

Jonassen, D. H. (2004). *Learning to solve problems: An instructional design guide*. San Francisco, CA: Pfeiffer.

Jonassen, D. H. (2008). Instructional design as a design problem solving: An iterative process. *Educational Technology, 48*(3), 21-26.

Jonassen, D. H. (2011). *Learning to solve problems: A handbook for designing problem-solving learning environments*. New York: Routledge.

Jonassen, D. H. (2012). Designing for decision making. *Educational Technology Research & Development, 60*(2), 341-359.

Jonassen, D. H., & Hung, W. (2006). Learning to troubleshoot: A new theory-based design architecture. *Educational Psychology Review, 18*(1), 77-114.

Jonassen, D. H., & Hung, W. (2008). All problems are not equal: Implications for PBL. *Interdisciplinary Journal of Problem-Based Learning, 2*(2), 6-28.

Jonassen, D. H., Shen, D., Marra, R. M., Cho, Y. H., Lo, J. L., & Lohani, V. K. (2009). Engaging and supporting problem solving in engineering ethics. *Journal of Engineering Education, 98*(3), 235-254.

1) 문제의 개념과 속성

문제란 무엇인가? 문제라는 단어는 우리가 평소 자주 사용함에도 불구하고 관점에 따라서 다양하게 해석될 수 있다. Jonassen(2011)은 문제를 "불확실하기 때문에 점검하고 해결해야 할 질문이나 이슈"(p. 1)라고 하였다. 그리고 이러한 질문이나 이슈가 사회적 · 문화적 · 지적 측면에서 해결할 만한 가치가 있을 때 진정한 의미에서 문제로 성립된다고 주장하였다. 만약 아무도 해결의 필요성을 느끼지 못한

다면, 우리가 모른다는 이유만으로 문제라고 부르기 어려울 것이다. 문제에 관한 Jonassen의 관점을 따르면, 개인에 따라서 동일한 사안이 문제로 인식될 수도 있고 그렇지 않을 수도 있다. 예컨대, 교과서에 나오는 질문들 중에 상당수가 교사에게는 중요한 문제로 인식되지만 해결의 필요성을 느끼지 못하는 학생에게는 문제로 인식되지 않을 것이다. 학생에게는 어떻게 친구의 생일을 축하해 줄 것인지, 졸업 이후에 어떤 진로를 선택할 것인지, 휴일에 무엇을 할 것인지 등이 더 중요한 질문으로 여겨질 수 있다. 그리고 사회문화적 맥락에 따라서 남녀 간의 불평등이나 인구감소가 중요한 문제로 여겨질 수도 있고 그렇지 않을 수도 있다. 그렇기 때문에, 문제를 제대로 이해하기 위해서는 문제가 어떠한 맥락 속에 있는지를 먼저 살펴보는 것이 필요하다.

기존의 정보처리이론에서는 문제를 초기 상태와 목표 상태 간의 차이로 이야기하고 주어진 제약조건 속에서 그 차이를 줄여 나가는 과정을 문제해결로 보았다(Newell & Simon, 1972). Bransford와 Stein(1984)은 문제해결 과정을 구체적으로 IDEAL(Identify, Define, Explore, Act, Look back) 모형으로 제시하였는데, 문제를 확인하고, 정의하고, 가능한 해결책을 탐색하고, 적용하고, 그 결과를 성찰하고 평가하는 과정으로 구성된다. 정보처리이론에서는 이러한 문제해결 과정이 모든 문제에 적용 가능하다는 가정을 가지고 있다. 그러나 Jonassen(2004, 2011)은 일반적인 문제해결 모형에 대해서 의문을 제기하였다. 문제의 유형에 따라서 정보처리이론에서 가정하는 초기 상태와 목표 상태가 명확하게 존재하지 않을 수 있으며, 사람마다 목표 상태에 도달하기 위한 경로를 다르게 평가할 수 있기 때문이다. 예컨대, 우리나라 교육의 문제를 언급할 때 교육부에서는 지능정보화 사회에 필요한 창의융합 인재 양성을 목표 상태로 여기지만, 이러한 목표에 동의하지 않거나 개인의 행복을 최우선으로 생각하는 사람도 있을 것이다. 이처럼 사회적 합의를 통해서 문제를 정의하는 것이 필요한 문제와 수학 시간에 배우는 일차방정식 문제처럼 명확하게 정의되는 문제를 해결하는 방법은 서로 다를 것이다. 또한 문제를 해결하는 방식은 영역별로 서로 상이한 특성을 보이는데, 특정 분야에서의 문제해결 경험이 많은 전문가일수록 초보자와 달리 일반적인 문제해결 전략이 아니라 과거의 경험이나 영역 특수적인 지식을 활용하여 문제를 해결한다(Mayer, 1992). 이처럼 문제의 속성에 따라서 문제해결 방법이 다르다는 것은 문제를 해결하기 위해서 학습자에게 필요한 지식과 기술이 서로 다르다는 것을 의미하며, 이는 다시 문제의 유형에 따라서 교육방법이 달라져야 한다는 것을 시사한다. 그렇기 때문에 문제의 다양한 속성을 이해하고 그 속성에 기반을 두어 문제를 유형화하는 것은 학습자의 문제해결력을 향상시키는 데 있어서 매우 중요한 의미를 가진다.

Jonassen(2011)은 다양한 문제의 속성을 구조성, 맥락성, 복잡성, 역동성, 영역 특수성의 다섯 가지 측면에서 체계적으로 논의하였다. 첫째, 문제는 구조성에 따라서 정구조 문제와 비구조 문제의 연속선상에 존재한다. 초·중등학교에서 학생들이 해결하는 문제는 대부분 정구조 문제에 속하는데, 정보처리이론에서 제시한 문제의 초기 상태와 목표 상태가 명확하며 단일의 정답이 존재하고 제한된 수의 규칙을 적용하여 문제를 해결할 수 있다(Jonassen, 1997). 그렇기 때문에 교사는 지필시험에서 학생의 문제풀이 과정과 답을 보고 학생의 문제해결력을 쉽게 평가할 수 있다. 반면에, 학교 밖의 일상생활 속에서 마주치는 비구조 문제에 있어서는 문제의 구성요소가 불분명하기 때문에 무엇이 문제이고 어떤 조건을 충족시켜야 하는지 파악하기가 어려울 뿐만 아니라 다양한 해결책이 존재하거나 해결책이 전혀 존재하지 않을 수도 있다(Voss & Post, 1988). 예컨대, 미술작품을 평가한다고 했을 때 어떤 작품이 더 우수한지에 대한 판단은 개인별로 크게 달라질 수 있다. 그렇기 때문에 위대한 화가나 음악가 중에는 생전에는 거의 성공을 거두지 못하다가 사후에 많은 사람의 인정을 받은 경우가 있다.

문제의 구조성에 대한 연구에 따르면, 정구조 문제를 해결하는 것과 비구조 문제를 해결하는 것은 서로 다른 능력을 필요로 한다(박성익, 조영환, 2005; Hong, Jonassen, & McGee, 2003; Schraw, Dunkle, & Bendixen, 1995). 비구조 문제를 효과적으로 해결하기 위해서는 문제를 정의하고 해결책을 탐색하는 과정에서 더 많은 메타인지적 활동이 요구되며 여러 가지 해결책 중에 하나를 선택하기 위해서 다양한 관점에서 문제를 바라볼 수 있는 유연한 사고와 함께 논리적으로 자신의 생각을 주장할 수 있는 논증 능력이 필요하다. 또한 Schraw 등(1995)은 지식과 앎에 대한 믿음인 인식론적 신념(epistemological belief)이 정구조 문제를 해결하는 데는 큰 영향을 미치지 못하지만 비구조 문제를 해결하는 과정에서는 중요한 역할을 한다는 것을 밝혔다. 불변의 진리가 존재하고 권위자에 의해서 지식의 옳고 그름을 나눌 수 있다고 믿는 사람보다 지식의 다양성과 함께 누구나 지식을 구성할 수 있다는 점을 인정하고 새로운 증거가 모이면 과거 진리라고 믿었던 것도 변할 수 있다고 생각하는 사람이 비구조 문제를 더 잘 해결할 것이다.

둘째, 문제가 발생하는 맥락에 주목할 필요가 있다. 앞에서 언급한 정구조 문제의 경우에는 맥락의 중요성이 상대적으로 낮을 수 있으나 실생활 속에서 부딪히는 많은 문제에 있어서 맥락은 중요한 의미를 가진다(Jonassen, 2011). 예컨대, 실내건축 디자이너라면 누구나 생활하기에 편리하고 쾌적하고 효율적이며 아름다운 공간을 만들고자 할 것이다. 그런데 이러한 목적을 성취하기 위해서는 그 공간이 어떤 목적으로 사용될 것인지, 어디에 위치해 있는지, 누가 사용하는지 등의 여러 가지 맥락을 고려해야 한다. 이러한 맥락에 따라서 동일한 사람도 매우 다양한 형태로 공간을 디자인할 수 있다. 만약 어린이집의 교실과 회사 사무실을 동일하게 디자인한다면 문제를 효과적으로 해결했다고 말하기 어려울 것이다. 이처럼 맥락은 문제를 해결하는 데 있어서 매우 중요한 역할을 하는데, 이는 상황인지(situated cognition) 이론에서도 강조된다. Brown 등(1989)은 학생들이 지식을 그것이 사용되는 맥락과 분리해서 학습하는 것의 문제점을 지적하였다. 학생들이 외국어 단어를 열심히 외워서 알고 있지만 실제 외국인을 만났을 때 그 맥락에 맞게 사용하지 못하는 것이 대표적인 예일 것이다. 지식을 그것이 사용되는 맥락과 함께 학습했을 때 실제적인 문제를 효과적으로 해결할 수 있다.

셋째, 복잡성 측면에서 다양한 문제가 존재한다. 문제의 복잡성은 문제와 관련된 요소의 수와 요소들 간의 관계에 따라 달라진다. 문제를 해결하기 위해서 고려해야 하는 조건이나 정보의 수가 많고 문제해결이 여러 가지 활동으로 구성되어 있으며 그 관계가 다양하고 시간의 흐름에 따라서 역동적으로 변하는 문제일수록 더 복잡한 특성을 가진다(Jonassen, 2011). 일반적으로 비구조 문제일수록 정구조 문제에 비해서 복잡한 특성을 가질 가능성이 높지만, 항상 그런 것은 아니다. 주말에 친구들과 무엇을 할 것인지 정하는 것은 비구조 문제이지만 단순한 문제에 속한다. 그러나 친구들을 만나서 전략 시뮬레이션 게임을 한다고 했을 때 그 게임은 명확한 목표와 규칙을 가지고 있다는 점에서 정구조 문제이지만 게임에 등장하는 많은 인물과 환경적 요소를 동시에 고려해야 한다는 점에서 매우 복잡한 문제일 수 있다. 복잡성은 문제의 난이도와 밀접한 관련성을 가지는데, 문제의 복잡성이 높을수록 학생에게 어려운 문제로 인식된다. 그렇기 때문에 교사가 문제중심학습에서 학생을 위해 문제를 개발하거나 선정할 때 그 문제의 복잡성을 고려하는 것이 필요하다(Jonassen & Hung, 2008). 또한 문제의 난이도는 문제 자체의 복잡성뿐만 아니라 학생의 내용지식과 문제해결 경험의 영향을 받기 때문에 학생의 내적인 측면도 고려해야 한다. 전문가에게는 단순하게 여겨지는 문제도 초보자에게는 복잡하고 어려운 문제로 인식될 수 있다. 글쓰기를 생각해 보면 쉽게 이해할 수 있을 것이다.

넷째, 문제가 시간이나 특정 조건에 따라서 변하는 경우 역동적인 문제라고 한다. 문제의 역동성은 문제의 복잡성과 밀접한 관련성을 가지는데, 문제의 조건이 변하면 그전에 세웠던 해결안도 수정해야 되기 때문에 문제의 복잡성이 증가한다(Jonassen, 2004). 예컨대, 기업이 제품의 생산량을 결정하거나 경제부처에서 이자율을 조정하거나 개인이 주식에 투자를 할 때 지속적으로 변하는 경제상황을 고려해야 한다. 국내외의 여러 정치적 · 경제적 요인의 영향을 받아서 시간의 흐름에 따라 물가가 상승하거나 수출이 증가하거나 국내 소비가 감소할 수 있기 때문이다. 이런 경제적 문제는 종종 예상하지 못한 변수를 만나서 급격하게 변하기 때문에 신속하고 정확한 의사결정이 요구된다. 반면에, 학교에서 학생들이 해결하는 대부분의 시험문제는 매우 정적인 특성을 가지기 때문에 학교 밖에서 마주치는 역동적인 문제를 해결하는 데 필요한 역량을 향상시키는 데 제한점을 가진다.

마지막으로, 문제의 속성으로서 영역 및 맥락 특수성을 고려해야 한다. 한 영역에서 효과적인 문제해결 전략이 다른 영역에서는 효과적이지 못한 경우가 빈번하게 일어난다(Mayer, 1992). 예컨대, 과학자는 정치가나 예술가와 다른 방식으로 문제를 해결한다. 영역별로 문제해결에 필요한 지식에 차이가 있을 뿐만 아니라 문제의 속성도 서로 다르기 때문이다. 많은 학부모가 아이에게 수학문제를 많이 풀게 하면 논리적 사고력이 발달하고, 그 결과 다른 교과나 일상생활 속의 문제도 논리적으로 해결할 수 있을 것이라고 기대한다. 그러나 이러한 신념은 문제해결의 영역 특수성을 고려하지 않았다는 점에서 문제가 있다. 수학문제를 해결할 때 필요한 논리적 사고와 국어 시간에 글쓰기를 할 때 필요한 논리적 사고는 서로 다른 특성을 가지기 때문에 영역 간의 전이가 어려울 것이다. 더욱이, 동일한 수학문제라고 하더라도 학교 맥락에서 문제를 해결할 때와 일상생활에서 문제를 해결할 때 그 접근 방식이 서로 다르다(Bransford, Brown, & Cocking, 2000). 일상생활에서는 협력적으로 문제를 해결하고 계산기와 같은 도구를 사용하는 경우가 많지만, 학교에서는 다른 사람이나 도구의 도움을 받지 않고 혼자서 문제를 해결하는 경우가 많다. 또한 학교에서는 추상적인 문제를 해결하는 경우가 많지만, 일상생활에서는 구체적인 맥락이 문제해결 과정에서 중요한 역할을 한다(Lave, 1988). 이러한 맥락의 차이 때문에 문제해결 방식이 다양하게 나타난다.

문제는 다양한 속성을 가지고 있으며, 이러한 속성들은 완전히 독립적이라기보다는 상호관련성을 가지고 있다. 또한 앞에서 제시한 다섯 가지 문제의 속성 이외에도 정의적 · 사회적 측면에서 더 다양한 속성이 존재할 수 있다. 그렇기 때문에, 문제의 유형을 구분할 때 각 문제가 가지고 있는 속성을 단일의 차원이 아니라 여러 차원에서 분석하는 것이 필요하다. 다음에서는 다양한 문제의 속성에 기반을 두고 Jonassen(2004, 2011)이 제안한 11개의 문제 유형에 대해서 살펴보겠다.

2) 문제의 유형

Jonassen(2000)은 서로 다른 종류의 문제가 존재하며 각각의 문제는 서로 다른 능력과 문제해결 과정을 필요로 한다고 가정하였다. 이는 문제의 종류와 상관없이 문제해결의 과정은 원칙적으로 동일하다는 정보처리이론의 가정과 구별된다. 그렇기 때문에 문제의 유형을 세분화하고 각 유형의 문제가 어떠한 특성을 가지고 있는지 분석하는 것은 문제해결에 관한 이론을 발전시키는 데 매우 중요한 의미를 가진다. Jonassen(2011)은 총 11개의 문제 유형을 제안하였는데, 논리 문제(logic problem), 알고리즘(algorithm), 일화형 문제(story problem), 규칙사용/유도 문제(rule-using/rule-induction problem), 의사결정(decision making), 결함해결(troubleshooting), 진단-해결 문제(diagnosis-solution problem), 전략적 수행(strategic performance), 정책분석 문제(policy-analysis problem), 디자인 문제(design problem), 딜레마(dilemma)가 포함된다. 이 문제들은 문제해결에 필요한 인지과정에 있어서 차이점을 가지며, 앞쪽에 제시된 논리 문제에 가까울수록 정구조 문제에 속하고 뒤쪽에 제시된 딜레마에 가까울수록 비구조 문제에 속한다.

논리 문제는 논리적 추론을 포함한 지적인 능력을 평가하며, 추상적인 형태를 가진 경우가 많다(Jonassen, 2011). 논리 문제의 대표적인 예는 하노이 탑 문제이다. 하노이 탑 문제에서는 세 개의 막대기가 있고 왼쪽 막대기에 있는 크기가 서로 다른 세 개의 원반을 오른쪽 막대기로 모두 옮겨야 한다. 원반은 한 번에 하나씩 움직일 수 있고 작은 원반 위에 더 큰 원반을 올려놓을 수 없다는 제한조건이 있다. 문제해결을 위해서는 제한조건을 지키면서 초기 상태와 목표 상태 간의 차이를 줄이기 위한 논리적 사고가 필요하다. 이러한 과정을 정보처리이론에서는 문제 공간에서 조작자(operator)를 찾는 과정이라고 설명하였다(Newell & Simon, 1972). 그리고 과거 윈도우에서 무료로 제공한 지뢰 찾기라는 게임이 많은 학생들에게 인기를 얻었는데, 이 게임도 논리 문제에 속한다. 정사각형 버튼들로 구성된 사각형 안에서 한 개의 버튼을 누를 때마다 그 버튼을 둘러싼 여덟 개의 칸에 숨어 있는 지뢰의 수가 표시된다. 이 숫자를 가지고 추론을 해서 지뢰가 있을 것으로 의심되는 모든 곳에 깃발을 꽂아야 게임이 완료된다. 만약 잘못해서 지뢰가 숨겨져 있는 버튼을 누르면 게임이 바로 종료된다. 이러한 논리 문제는 초기 상태와 목표 상태가 분명하고 조작자와 제한조건이 정해져 있다는 점에서 대표적인 정구조 문제에 속한다.

알고리즘은 수학시간에 가장 많이 접하는 문제 유형으로서 정해진 절차를 따라서 문제를 해결한다. 예컨대, 초등학교에서 사칙연산을 가르칠 때 교사는 학생들에게 문제를 해결하는 절차를 시범을 통해 보여 주고 그 절차를 따라서 다른 연습문제를 해결하도록 한다. 이를 통해 학생들은 사칙연산 문제를 해결하는 알고리즘을 학습하고 연습을 통해 문제해결 시간을 단축시킬 수 있다. 그러나 많은 교육자들은 개념적 지식이 부족한 상태에서 알고리즘에만 의존해서 문제를 해결하는 것에 대해서 반대한다. McNeil과 Alibali(2005)는 초등학교 저학년 학생들이 "2+7+5=___"과 같은 연산문제를 개념적 이해가 부족한 상태에서 반복해서 연습할 경우 "3+8+6=___+2"와 같은 더 높은 단계의 방정식 문제를 해결하는 데 어려움을 겪는다는 것을 발견하였다. 학생들이 연산문제를 기계적으로 반복해서 연습할 경우 ① 주어진 모든 숫자를 연산에 사용해야 하고, ② 연산은 답과 동일하며, ③ 등호(=)는 총합을 의미한다는 지식을 암묵적으로 획득하게 된다. 이러한 지식을 "3+8+6=___+2"와 같이 새로운 형태의 문제에 적용할 경우 모든 숫자를 더해서 19를 답이라고 잘못 말할 가능성이 높아진다. 그렇기 때문에 학교에서 알고리즘 문제를 가르칠 때 교사는 알고리즘(절차적 지식)뿐만 아니라 그와 관련된 개념적 지식도 함께 가르치는 것이 필요하다.

일화형(문장제) 문제는 알고리즘 문제와 마찬가지로 수학과 과학 교과서에서 연습문제의 형태로 자주 등장한다. 알고리즘 문제와 달리 일화형 문제는 간단하지만 문제 상황에 관한 구체적인 사회맥락적 정보를 포함한다. 예컨대, 과학 교과서에서 "철수가 스케이트보드를 타고 언덕 쪽으로 8.5m/s의 속도로 달리고 있다. 철수와 스케이트보드의 질량이 총 80kg이라고 했을 때 운동에너지는 얼마인가? 철수가 스케이트보드를 타고 언덕을 올라갈 때 만약 마찰이 없다고 가정하면 얼마나 높이 올라갈 수 있는가?"와 같은 일화형 문제를 쉽게 찾아볼 수 있다(Jonassen, 2011). 이러한 일화형 문제를 해결하기 위해서는 일반적으로 미지수를 문자로 표시하고 문제 상황을 수식으로 만든 다음, 그 수식을 풀어서 미지수를 찾아낸다. 일화형 문제는 상황적인 맥락을 나타내는 표면적 정보(스케이트보드 타기)와 문제를 해결하는 원리(에너지 보존의 법칙)와 직접적으로 관련되는 구조적 정보로 이루어지는데, 일화형 문제로부터 수식을 만들기 위해서는 문제의 구조를 정확히 파악하는 것이 무엇보다 중요하다. Chi 등(1981)에 따르면, 물리학 문제들을 유사성에 따라서 분류하도록 하였을 때 전문가는 문제에 적용되는 추상적인 원리에 따라서 구분한 반면에, 초보자는 표면적 정보에 따라서 문제를 분류하는 경향이 강했다. 만약 일화형 문제의 구조를 제대로 표상하지 못한다면, 문제를 효과적으로 해결할 수 없을 것이다.

그런데 일화형 문제의 표면적인 정보도 문제해결에 있어서 중요한 역할을 할 수 있다. Koedinger와 Nathan(2004)은 미국 고등학생들이 일차방정식 문제를 수식으로 제시했을 때보다 일화형 문제로 제시했을 때 더 잘 해결한다는 것을 발견하였다. 이 연구의 결과는 일화형 문제가 수식으로 표현된 문제보다 더 어려울 것이라는 일반인의 예상과 다르다. 학생들이 일화형 문제를 더 잘 해결할 수 있었던 이유 중의 하나는 학생들이 일화형 문제의 구체적인 맥락으로부터 상황모형(situation model)을 구성하고 실세계의 지식을 활용함으로써 수식을 만들어서 답을 구하는 것과 다른 방식으로 문제를 해결할 수 있었기 때문이다. 또 다른 이유는 학생들이 일차방정식을 언어로 표현할 때보다 수식으로 표현했을 때 그 의미를 이해하는 데 있어서 더 많은 어려움을 겪기 때문이다(Koedinger & Nathan, 2004). 이런 점에서 일화형 문제의 구조적 특성뿐만 아니라 표면적 정보도 문제해결에 유용하게 활용될 수 있다.

규칙사용/유도 문제는 분명한 목적을 가지고 있으며 동시에 다양한 규칙과 해결방안이 적용될 수 있다. Jonassen(2000)은 규칙사용/유도 문제의 대표적인 예로 인터넷 검색을 들고 있다. 인터넷 검색의 목적은 짧은 시간에 원하는 정보를 찾는 것이다. 이 목적을 달성하기 위해서 검색엔진을 선택하고, 다양한 검색어를 입력하고, 검색한 정보가 유용한지 혹은 믿을 만한지를 평가해야 한다. 효과적인 인터넷 검색을 위해서는 검색 전략을 계획하고 적용한 다음에 원하는 정보를 찾았는지 지속적으로 점검하고 전략을 수정하는 것과 같은 규칙을 적용하는 것이 필요하다. 또한 주어진 규칙을 적용하는 문제뿐만 아니라 경험으로부터 귀납적으로 규칙을 찾도록 하는 문제도 있다. Kuhn과 Katz(2009)는 초등학생에게 데이터베이스를 이용하여 서로 다른 나라의 지진발생 위험도를 비교하도록 하고 그 원인을 찾도록 하였다. 학생들이 데이터베이스에서 토양의 종류, S파의 속도, 수질 상태, 뱀의 활동, 가스 수준을 선택하면 그에 따른 지진의 위험도를 도시명과 함께 보여 주었다. 학생들은 여러 도시의 지진 위험도를 비교하면서 어떤 요인이 지진에 영향을 미치는지에 관한 규칙을 귀납적으로 찾았다.

의사결정 문제는 일상생활에서 가장 많이 마주치는 문제들 중 하나이다. 어떤 자동차를 살 것인가? 어느 대학에 진학할 것인가? 누구를 대표로 선출할 것인가? 어느 회사에 투자를 할 것인가? 저녁식사를 어디에서 할 것인가? 이러한 질문들은 모두 여러 개의 해결안 중에서 가장 유익하거나 만족스러운 결과를 낼 수 있는 것을 선택하도록 하는 의사결정 문제이다. 의사결정을 위해서 다른 사람이 제공한 선택지 중에서 하나를 고르거나, 제안된 해결안에 대한 찬성 혹은 반대의 의견을 말하거나, 주어진 자료로부터 이상적인 해결안을 만들어야 한다. 최적의 의사결정을 위해서는 각 해결안의 장단점을 분석하고 어느 해결안이 가장 큰 이익을 가져올 것인지 혹은 가장 적은 손실을 가져올 것인지를 합리적으로 분석하는 것이 필요하다. 그러나 실제 상황에서는 사람들이 불확실성을 가지고 자신의 경험과 지식에 기반하여 의사결정을 내리기 때문에 합리적으로 보이지 않는 결정을 내리는 경우가 자주 있다(Kahneman & Tversky, 1982). 또한 의사결정을 내릴 때 자세한 수량 정보에 의존하여 분석적으로 판단하기보다는 의미를 담고 있는 핵심 정보(gist)를 가지고 직관적으로 판단하는 경우가 많이 있다(Reyna, 2012).

결함해결 문제는 기계나 시스템이 정상적으로 작동하지 않을 때 그 원인을 분석하고 결함을 발견하여 고치거나 다른 요소로 대체해야 하는 문제이다. 어느 날 갑자기 인터넷 연결이 안 된다고 했을 때 컴퓨터 부품에 고장이 났는지, 악성코드나 바이러스로 인해 운영체제에 오류가 발생했는지, 인터넷 제공업체에 문제가 있는지 등을 점검하여 결함을 찾고 해결하는 것이 필요하다. 만약 모뎀과 전원을 연결하는 전선에 고장이 났다면 그 전선을 수리하거나 새로운 부품으로 교체해야 한다. 이러한 문제를 해결하기 위해서는 먼저 시스템에 대한 충분한 이해가 있어야 하며, 결함을 찾기 위해서 어떤 정보를 수집하고 분석해야 하는지와 결함을 어떻게 해결할 것인지에 대한 지식이 필요하다. 과거 경험이 많을수록 여러 가지 요인 중에서 무엇 때문에 시스템이 정상적으로 작동하지 않는지를 효율적으로 찾을 수 있다.

진단-해결 문제는 시스템의 결함을 찾는다는 점에서 결함해결 문제와 매우 유사하다. 그러나 결함해결 문제에서는 명확한 해결안이 있기 때문에 결함을 찾는 것으로 문제가 쉽게 해결되지만, 진단-해결 문제에서는 다양한 해결안이 존재하고 무엇이 최적의 해결안인지를 정하는 데 어려움이 있다. 예컨대, 병원에서 환자를 진단하여 병의 원인을 찾고 그 병을 치료하기 위해서 약을 처방하거나 수술을 하는 것은 전형적인 진단-해결 문제에 속한다. 만약 복합적인 요인에 의해서 병이 발생하였거나 기존의 환자들과 다른 형태의 증상을 보인다면 병을 치료하는 방법을 정하는 데 있어서 의사마다 의견이 다양할 수 있다. 진단-해결 문제는 1970년대부터 의과대학의 수업을 개선하기 위해서 도입된 문제중심학습에서 많이 활용되고 있다. 의과대학과 간호대학의 문제중심학습에서는 〈표 2-2〉에 제시된 것과 같은 진단-해결 문제 상황을 제시하고 학습자들이 환자의 의료기록과 검사결과 등을 참조하여 협력적으로 병을 진단하고 치료방법을 정하도록 한다.

전략적 수행 문제에서는 많은 경우 제한된 시간 안에 여러 가지 전술적 행동을 통해 역동적으로 변화하는 복잡하고 비구조 문제를 해결해야 한다. 예컨대, 화재를 진

표 2-2 진단-해결 문제 시나리오(채민정, 2016 수정)

당신은 A 대학교 응급실 2년차 레지던트로 당직을 맡고 있다. 심한 호흡곤란으로 33세 여자 김미정 님이 응급실에 남편과 함께 내원하였다. 김미정 님은 유년 시절부터 천식 과거력이 있었으며, 작년에 심한 호흡곤란, 천식발작으로 본원 응급실을 자주 방문한 병력이 있고, 최근 추워진 날씨로 상부 호흡기 감염이 있었다. 그녀는 정신은 맑으나 얼굴이 창백하며 숨을 잘 쉬지 못하여 극도로 불안해하고 있다. 손을 목에 대고 있으며 심한 발한 증상을 보인다. 또한 말을 제대로 못하고 짧은 단어로 겨우 본인 상태를 이야기하고 있다. 호흡 시 쌕쌕거리는 천명음이 심하게 들리고 있다. 또한 호흡 시 등을 굽혀서 앞으로 수그리며 어깨가 오르락내리락하고 있다. V/S은 T: 36.7℃, P: 110, R:38, BP: 140/90mmHg였으며, SpO2: 84%이다.

압하는 소방관, 축구팀을 이끄는 감독, 전쟁터에서 군대를 움직이는 지휘관 등은 전략적 수행 문제를 해결하기 위해서 신속하고 정확한 판단을 내려야 한다. 전략적 목표를 성취하기 위해서는 이미 알려져 있는 몇몇 전술을 사용할 수도 있으나, 전문가들은 문제 상황의 변화에 따라서 즉흥적으로 새로운 전술을 만들어 냄으로써 보다 효과적으로 전략적 수행 문제를 해결한다(Jonassen, 2011). 예컨대, 축구경기에서 훌륭한 공격수는 역동적으로 변하는 상황 속에서 상대편 선수들이 예상하지 못한 방식으로 공격을 하여 팀을 승리로 이끈다. 그리고 전략적 수행 문제의 결과에 따라서 많은 사람이 중대한 영향을 받을 수 있다. 2009년 1월에 미국의 US Airways 항공사 소속 비행기가 뉴욕을 출발해서 얼마 지나지 않아서 새떼와 충돌하여 비행기 엔진이 둘 다 멈추는 사건이 발생하였다. 비행기의 고도가 낮아서 인근의 다른 공항에 착륙하는 것이 불가능한 상황에서 기장은 위험을 감수하고 허드슨 강에 비상착륙을 함으로써 150여 명의 승객과 승무원의 목숨을 모두 살릴 수 있었다. 반면에, 우리나라에서 2014년 4월 청해진해운 소속의 세월호가 인천에서 제주도로 가는 중간에 뒤집어져서 침몰한 사건이 발생하였는데, 세월호의 선장과 선원들은 승객들에게 퇴선 명령을 내리지 않고 객실에서 기다리라는 안내방송을 하고 무책임하게 자신들만 배에서 탈출함으로써 고등학생을 포함한 300여 명의 승객이 사망하였다. 이 두 사례는 전략적 수행 문제의 중요성을 보여 줄 뿐만 아니라 전략적 수행 문제에 관한 체계적인 교육이 필요하다는 점을 시사한다.

정책분석 문제는 전략적 수행 문제와 마찬가지로 복잡하고 비구조화된 문제의 속성을 가지고 있으나 시간적 압박은 비교적 적은 편이다. 신문이나 뉴스를 통해 우리나라 가계부채가 급격히 상승하는 것을 어떻게 막을 수 있을지, 지능정보화 사회를 대비하여 초·중등학교 교육과정을 어떻게 바꿔야 하는지, 병원 서비스의 질을 높이기 위해서 의료민영화를 도입할 것인지, 평화통일을 위해서 북한, 중국, 러시아, 미국, 일본과 어떤 협상을 해야 하는지 등의 정책분석 문제를 쉽게 접할 수 있다. 정책분석 문제를 해결하는 것이 어려운 이유 중의 하나는 문제에 대한 이해관계자들의 신념과 의견이 서로 대립하기 때문이다(Jonassen, 2011). 그렇기 때문에 정책분석 문제를 해결하기 위해서 정부나 국회에서는 공청회를 열어서 다양한 의견을 수렴하고 사회적인 합의를 이끌어 내기 위해서 노력한다. 또한 이를 위해서는 정책을 평가할 기준을 정하는 것이 필요하다. 평가 기준에는 비용, 효과성, 효율성, 공평성, 위험도, 행정적 용이성 등이 포함될 수 있으며, 이러한 기준에 따라서 다양한 정책이 가져올 결과를 평가하고 비교하는 것이 필요하다.

디자인 문제는 매우 복잡하고 비구조 문제로서 공학, 건축, 예술, 교육 등의 다양한 분야에서 산출물, 창작물, 과정, 시스템, 모형, 활동 등을 디자인하는 것이 필요하다. 디자인 문제를 해결하기 위해서 사람들은 주어진 조건 속에서 자신의 신념에 따라서 지속적으로 의사결정을 해야 한다(Jonassen, 2011). 여러 번의 디자인 의사결정 과정을 거치면서 간단한 디자인 아이디어가 상세한 프로토타입과 최종 산출물로 발전하게 된다. 디자인 문제의 목표는 최적의 해결안을 찾는 것이 아니라 디자이너 자신이나 고객이 만족할 만한 해결안을 찾는 데 있으며, 그러한 해결안을 찾을 때까지 반복적으로 디자인에 관한 의사결정을 내려야 한다. 이 과정에서 디자이너는 산출물의 유용성, 심미성, 사용 편의성, 독창성 등의 기준과 함께 시간, 비용, 도구, 인력 등의 제한 요소를 고려해야 한다. 그리고 기존의 제품을 개선하기 위해 디자인을 할 수도 있지만, 과거에 존재하지 않았던 새로운 제품을 창의적으로 디자인하는 것도 필요하다. 예컨대, 2007년에 출시된 아이폰은 기존의 핸드폰이나 전화기와 구별되는 매우 독창적인 특성을 가지고 있었고, 애플사는 창의적 디자인을 통해 높은 부가가치를 창출하였다. 최근 우리나라 초 · 중등학교에서 이루어지고 있는 창의융합 인재 양성을 위한 교육개혁에서도 창의적 디자인은 많은 주목을 받고 있다(옥미례, 조영환, 허선영, 2016).

마지막으로, 딜레마는 많은 사람들을 만족시키는 단일의 해결안이 존재하지 않는다는 점에서 매우 복잡하고 예측이 불가능한 문제이다. 사람들은 사회적 · 윤리적 딜레마에 대해서 양립할 수 없는 매우 상반된 관점을 가지고 있기 때문에 한쪽의 의견을 따르면 다른 쪽의 반대에 직면하게 된다. 예컨대, 줄기세포 연구를 통해서 불치병을 치료할 수 있는 신약을 개발할 수 있는 반면에, 사람의 배아를 사용한다는 점에서 인간의 존엄성을 해칠 우려가 있다. 낙태, 동성애, 댐 건설에 대한 토론도 모두를 만족시키는 단일 해결안을 찾기 어려운 딜레마 문제에 속한다. 딜레마는 학생들이 다양한 관점에서 문제를 이해하고 자신의 주장을 논리적으로 설명하고 반대 주장에 대해서 반박을 하거나 제3의 대안을 만들도록 돕는 데 유용하게 활용될 수 있다(Jonassen & Cho, 2011). 많은 학생이 자신의 주장만 생각하고 다른 사람의 관점에서 문제를 바라보는 데 소홀하다는 점에서 딜레마에 관한 논증활동은 유의미한 학습경험을 제공할 것이다.

Jonassen(2011)은 앞에서 제시한 11개의 문제 유형을 더 이상 수정할 필요가 없는 최종 산출물로 생각하기보다는 발달과정에 있는 모형으로 보는 것이 더 바람직하다고 하였다. 즉, 향후 연구를 통해서 문제의 유형들이 수정되거나 보완될 수 있다. 그리고 모든 문제가 서로 독립적인 관계를 가지는 것은 아니며, 몇몇 문제는 서로 유사한 부분을 가진다. 예컨대, 진단–해결, 정책분석, 디자인 문제와 같이 복잡한 문제를 해결하기 위해서는 지속적으로 의사결정을 하는 것이 필요하다(Jonassen, 2011). 그런 점에서 의사결정 문제는 다른 유형의 문제들과 밀접한 관련성을 가진다.

3) 문제 유형에 따른 교수학습방법

Jonassen(2011)은 문제의 유형에 따라서 교수학습방법이 달라져야 한다는 가정하에 교수설계원리와 사례를 제시하였다. 초기에는 정구조 문제와 비구조 문제에 관한 교수설계원리가 어떻게 달라야 하는지를 제시하였고(Jonassen, 1997), 점차 문제의 유형을 세분화하면서 각 문제별로 적합한 교수학습방법을 제안하였다. 먼저, 정구조 문제해결을 지원하기 위한 교수설계원리를 살펴보면, 다음과 같다.

- 1단계: 문제해결에 필요한 개념, 원리, 절차를 제시하거나 복습한다.
- 2단계: 문제 영역의 개념 혹은 인과 모형을 제시한다.
- 3단계: 예제(worked example)를 통해 문제해결 과정을 모델링한다.
- 4단계: 연습문제를 제공한다.
- 5단계: 해결책을 찾는 것을 지원한다.
- 6단계: 문제 상태와 해결책에 대해서 성찰한다.

이러한 교수설계원리는 정구조 문제를 해결하는 과정(문제 표상, 해결책 검색, 해결책 수행)에 기반하여 도출되었다. 이 원리들은 다양한 형태의 정구조 문제에 적용될 수 있지만, 이 장에서는 Jonassen(2003)이 주로 연구한 일화형 문제에 초점을 두고 구체적인 교수학습방법을 살펴보겠다.

학생들이 일화형 문제를 해결할 수 있도록 돕기 위해서 많은 교사가 문제해결 절차를 보여 주는 예제를 제공한다. 인지부하 이론에 따르면, 예제는 문제해결에 관한 지식을 획득하는 데 매우 효과적이다(Sweller & Cooper, 1985). 사람들이 많은 정보를 동시에 처리하지 못하는 이유는 작업기억(working memory)의 용량이 제한적이기 때문이다. 만약 학생들에게 예제를 제공하지 않고 문제를 해결하도록 하면 지식을 획득하는 것과 무관한 활동을 위해서 작업기억을 불필요하게 많이 사용할 우려가 있다. 반면에, 예제를 공부하도록 하면 문제해결에 필요한 절차적 지식을 획득하는 데 주의를 기울일 수 있으므로 더 효과적으로 학습이 이루어진다. 이러한 주장에 기반하여 예제로부터 효과적으로 학습하는 것을 돕기 위한 여러 방안이 연구되었다. 예컨대, Catrambone(1995)은 학생들이 예제 문제의 하위목표에 주의를 기울이도록 하위목표에 따라 문제해결 단계를 구분하고 제목을 붙이는 것이 문제해결의 전이를 돕는다고 하였다.

Jonassen(2011)은 예제를 이용한 교육을 할 때 많은 주의가 필요하다고 하였다. 예제는 주로 문제를 해결하는 절차에 초점을 두는데, 일화형 문제해결을 위해서는 문제에 대한 개념적 이해가 필요하기 때문이다. 일화형 문제가 예제와 유사한 표면적 특성을 가지고 있는 경우에는 예제로부터 학습한 지식을 쉽게 전이할 수 있지만, 예제를 학습한 이후 얼마간 시간이 지나서 표면적 특성이 상이한 문제를 해결할 때 개념적 이해가 부족하다면 전이를 하기 어려울 것이다. 이러한 예제의 제한점을 보완하고 일화형 문제에 대한 개념적 이해를 돕기 위한 노력이 필요하다. Jonassen(2011)은 일화형 문제에 대한 개념적 이해를 돕기 위해서 문제의 구조를 시각적으로 표상한 모형을 학생들에게 주고 문제의 요소를 모형에서 찾아서 비교하고 분석할 것을 제안하였다. 또한 단일 예제를 주는 것보다 구조가 동일하지만 표면적 특성이 상이한 두 문제의 예제를 주고 문제해결 과정의 공통점을 찾도록 하는 유추적 부호화(analogical encoding)가 전이를 촉진할 수 있다(박성익, 조영환, 2005; Gentner, Loewenstein, & Thompson, 2003). 유추적 부호화를 통해서 문제의 구조에 대한 지식을 효과적으로 획득할 수 있을 뿐만 아니라 표면적 특성이 다르더라도 구조가 동일하면 같은 방식으로 문제를 해결할 수 있다는 점을 학습할 수 있다.

선행연구에 기반해서 Jonassen(2003)은 일화형 문제해결을 돕는 인지도구를 제안하였다. [그림 2-1]에 제시된 것처럼 일화형 문제에 대한 표상을 돕기 위해서 상황 모형과 구조 모형을 제공하였다. 상황 모형은 문제를 실제적인 맥락 속에서 이해하는 것을 돕기 위해서 시각자료로 제공되는데, 동영상이나 애니메이션을 이용할 수도 있다. 그리고 구조 모형은 학생들이 문제를 표면적 특성이 아니라 구조에 따라서 표상하는 것을 돕는다. 학생들이 일화형 문제의 유형(예: 에너지 보존)을 메뉴에서 선택하면 그 문제의 개념적 이해를 돕기 위한 구조 모형이 나타나고 학생들은 구조 모형의 각 요소에 들어갈 내용을 결정한다. 또한 이 도구는 구조 모형으로부터 공식을 가져온 다음, 계산기를 이용하여 방정식 문제를 풀 수 있도록 돕는다. 이처럼 일화형 문제를 다양하게 표상하도록 도움으로써 문제에 대한 깊이 있는 이해와 전이를 촉진할 수 있다.

정구조 문제와 비구조 문제를 해결하는 과정이 서로 다르기 때문에 비구조 문제해결을 지원하기 위한 수업도 달라야 한다. 그럼에도 불구하고, 정구조 문제와 비교해서 비구조 문제에 대한 교육연구는 상대적으로 부족한 편이다. Jonassen은 이 점에 주목하여 의사결정, 결함해결, 디자인 등의 비구조 문제에 대한 연구를 중점적으로 실시하였다. 먼저, Jonassen(1997)은 비구조 문제를 해결하는 과정(문제 공간과 맥락적 제한조건 명료화, 이해관계자의 서로 다른 관점 확인, 가능한 해결안 생성, 논증을

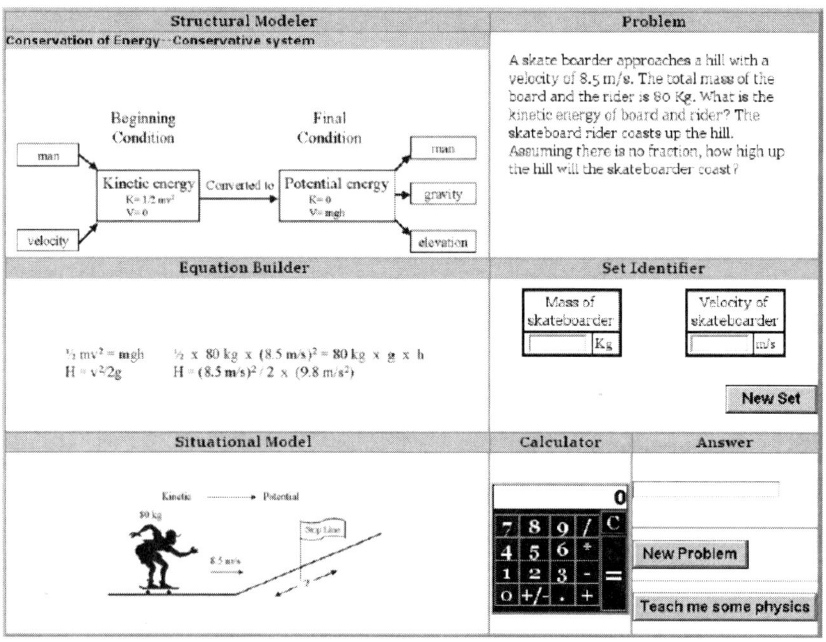

[그림 2-1] 일화형 문제해결 지원도구(Jonassen, 2003, p. 291)

통해 해결안 평가, 문제 공간과 해결안 점검, 해결안 실행과 점검)을 분석하고, 그에 따라서 다음의 여섯 가지 교수설계 원리를 제안하였다.

- 1단계: 문제의 맥락을 명확히 한다.
- 2단계: 문제해결을 위해 고려해야 할 조건을 제시한다.
- 3단계: 학습자를 위한 사례를 선정하고 개발한다.
- 4단계: 문제에 대한 다양한 관점을 이해하도록 자원을 제공한다.
- 5단계: 논증을 지원한다.
- 6단계: 문제해결안을 평가한다.

비구조 문제해결을 지원하는 방법은 문제의 유형에 따라서 다양하지만, 여기에서는 사례, 논증, 모델링을 중심으로 간략히 살펴보겠다. 이 전략들은 다양한 유형의 비구조 문제에 적용될 수 있으며, Jonassen의 주된 관심 주제이기도 하였다. Jonassen(2013)은 문제해결과 함께 유추(사례 기반 추론), 모델링, 인과추론, 논증을 학습의 제1원칙들이라고 하였으며, 유의미 학습에 가장 큰 영향을 미치는 요인이라고 하였다.

비구조 문제해결 학습을 위해서 사례는 다양한 방식으로 활용될 수 있다. 사례는 실제적인 문제로 사용될 수도 있고, 문제해결을 돕는 자원으로 활용될 수도 있으며, 학습자가 직접 사례를 개발하도록 할 수도 있다(Jonassen, 2006). 그중에서도 초보 학습자의 부족한 경험과 지식을 보완하기 위해서 다른 사람의 문제해결 사례를 제공하는 경우가 많이 있다. Kolodner(1997)는 사람들이 새로운 문제에 직면했을 때 그 문제와 가장 유사한 사례를 기억에서 인출하여 새로운 문제를 해결하기 위해 재사용한다고 하였다. 이를 사례 기반 추론(case-based reasoning)이라고 하는데, 과거의 문제해결 경험은 색인을 가지고 사례 도서관(case library)이라고 부르는 기억 속에 저장되었다가 필요할 때 인출된다. 이때 사례의 색인을 어떻게 하는지에 따라서 새로운 문제와 가장 유사한 사례가 쉽게 인출될 수도 있고 그렇지 않을 수도 있다. 사례의 색인은 문제의 종류, 맥락 정보, 해결안, 결과, 교훈 등을 포함한다. 경험이 부족한 초보 학습자들을 위해서 사례 도서관을 데이터베이스로 만들어서 제공하게 되면, 학습자들이 직접 경험을 하지 않더라도 비구조 문제해결을 위해 필요한 사례를 검색하여 활용할 수 있다. Jonassen 등(2003)은 교사들이 수업을 디자인하는 문제를 돕기 위해서 KITE(Knowledge Innovation for Technology in Education)라는 사례 도서관 데이터베이스를 개발하였다. 이 사례 도서관을 만들기 위해서 1,000명 이상의 교사들로부터 테크놀로지를 활용한 수업에 관한 성공사례와 실패사례를 수집하였다. 교사들은 수업을 준비하기 위해서 KITE에 접속하여 자신의 수업과 가장 유사한 사례를 검색하고 이 사례를 수업에 적용할 수 있을지를 평가하였다.

의사결정 문제, 디자인 문제, 딜레마와 같은 비구조 문제의 경우에는 정답이 하나가 아니기 때문에 여러 개의 해결안 중에서 어느 것을 선택할 것인지에 관한 논증이 필요하다(Cho & Jonassen, 2003). 논증에 있어서는 자신의 주장을 만들고 그 주장을 지지하는 증거와 근거를 제시하는 것뿐만 아니라 자신의 주장과 상반되는 반론을 고려해서 반박을 하거나 주장과 반론을 종합하여 새로운 해결안을 도출하는 것이 중요하다. 그럼에도 불구하고, 많은 학습자가 자신의 주장만을 고려하고 다른 관점에서 반론을 생각하는 데 어려움을 겪는다(Jonassen & Cho, 2011). 논증을 촉진하기 위해서 Oh와 Jonassen(2007)은 학습자가 온라인 토론 게시판에 글을 작성하기 전에 먼저 글의 종류(예: 문제확인, 해결안, 증거, 반박)를 선택하도록 하고, 글의 종류에 따라서 시작하는 말을 다르게 제시하였다. 연구자가 미리 정해 놓은 논증의 범주를 선택하도록 함으로써 온라인 토론의 내용을 개선할 수 있었다. 또한 Jonassen 등(2009)은 공학윤리 문제에 관한 논증 생성을 돕기 위해서 온라인 학습환경에서 문제에 등장하는 이해관계자들의 다양한 관점과 공학윤리에 대한 정보와 함께 주장, 근거, 반론 등에 대한 안내질문을 제공하였다. 이러한 교수지원은 학습자들이 다양한 관점에서 문제를 해석하고 자신과 상반되는 의견을 자세히 검토함으로써 설득력 있는 논증을 만들 수 있도록 돕는다.

마지막으로, 정책분석 문제처럼 복잡하고 비구조 문제를 해결하는 데 있어서 문제의 구성요소들 간의 관계를 모형으로 만드는 것이 도움이 된다(Jonassen, 2011). 스텔라(Stella)와 같은 시스템 모델링 도구를 이용하여 정책분석 문제의 요소들 간의 복잡하고 역동적인 관계를 모형으로 나타내고, 특정 요소를 추가하거나 제거함으로써 모형에 어떤 변화가 발생하는지를 확인할 수 있다. 예컨대, 대학입시 제도를 변경했을 때 그로 인해서 어떤 요소들이 영향을 받을지를 모델링을 통해 파악할 수 있으며, 그 결과 사교육비 지출이 얼마나 감소할 것인지를 예측할 수 있다. 학습자는 모형에 포함된 요소들의 수치를 변경함으로써 결과가 어떻게 달라지는지를 표나 그래프로 관찰할 수 있고, 그 자료를 수집하여 모형이 얼마나 타당한지 평가할 수 있다. 반복적인 모델링을 통해서 타당하고 정교한 모형을 만든다면 정책분석 문제의 해결안이 어떤 결과를 가져올 것인지를 더 잘 예측할 수 있다. 이렇게 모형으로부터 도출된 시뮬레이션 결과는 정책분석 문제에 대한 해결안을 지지하거나 반대하는 증거로 사용될 수 있으며, 여러 가지 대안 중에서 최적의 해결안을 선택하는 데 도움을 줄 것이다.

3. 논의 및 시사점

문제의 유형에 대한 Jonassen의 연구는 우리나라 학교 교육에 많은 시사점을 가진다. 먼저, 학교 교육에서 우리가 어떠한 문제를 중점적으로 다루고 있는지 되돌아보아야 한다. 최근 교육부에서 창의융합 인재 양성을 강조하고 있지만 교과서나 대학수학능력시험에 나오는 문제는 대부분 정구조 문제이고 복잡성과 역동성이 부족하다. 또한 실제적인 맥락과 동떨어진 문제가 많기 때문에 학습자의 흥미를 촉진하고 학습내용을 학교 밖의 문제해결에 전이시키는 데 한계를 가진다. 장성민과 민병곤(2016)은 대학수학능력시험 국어 작문 영역의 선다형 문제 점수와 의견 제시형 글쓰기를 평가한 점수 간의 상관관계가 .471로 높지 않다는 것을 발견하였다. 작문 시험과 달리 글쓰기는 정답이 정해져 있지 않은 비구조 문제이며 독자를 생각하면서 만족스러울 때까지 반복적으로 글을 수정해야 한다는 점에서 디자인 문제로 볼 수 있다(Jonassen, 2011). 작문 시험과 글쓰기는 서로 다른 문제의 속성을 가지고 있으며 문제해결에 필요한 능력에도 차이가 있기 때문에 둘 중에서 어느 하나를 잘한다고 해서 나머지 하나도 잘할 것이라고 속단하기 어렵다. 그렇기 때문에 입시 위주의 교육은 선다형 시험문제를 잘 해결할 수 있는 학생을 기르는 데 효과적일 수는 있으나 일상생활과 직장에서 필요로 하는 역량을 향상시키는 데에는 많은 제한점을 가진다. Jonassen이 제안한 문제의 유형 중에서 현재 학교 교육에서 잘 다루어지고 있지 않은 문제가 무엇인지 점검하고 학생들이 실제적인 맥락에서 문제를 해결할 수 있는 역량을 향상시키기 위해 교육과정과 평가방법을 개선하는 것이 필요하다.

그리고 문제의 유형에 따라서 교수학습방법이 달라야 한다는 점에 주목해야 한다. 단순한 정구조 문제를 해결하는 데 효과적인 교수학습방법을 복잡한 비구조 문제에 적용한다면 그 효과를 장담하기 어렵다. 예컨대, 일화형 문제를 해결하는 데 예제가 효과적이라는 연구 결과는 많지만, 비구조 문제에 적용된 경우는 매우 드물다. 오히려 디자인, 정책분석, 전략적 수행 등의 문제를 해결할 때는 다른 사람들의 문제해결 경험을 사례의 형태로 제공하는 것이 바람직하다(Jonassen, 2006). 예제와 달리 사례는 이야기 형식으로 구성되며 문제의 조건이 실제적 맥락과 함께 제공되고 의사결정에 따라서 문제 상황이 어떻게 변하는지 보여 주기 때문에 비구조 문제를 해결하는 데 효과적이다. 김정아(2015)는 간호대학생을 대상으로 임상 문제에 관한 사례 기반 학습을 6주간 실시한 결과, 강의식 수업을 실시한 통제집단에 비해서 문제해결력과 내적 동기가 유의미하게 향상되는 것을 발견하였다. 그리고 사례 기반 학습 이외에도 실제적이고 비구조 문제해결을 지원하기 위한 모델링, 논증, 메타인지 스캐폴딩 등에 관한 연구가 점차 증가하고 있다(김주연, 박효선, 임규연, 2015; 백종호, 정대홍, 조영환, 2016; 변현정, 서윤경, 최효선, 2016). 과거 교수학습방법과 교육공학에 관한 많은 연구가 교과서와 시험에 나오는 정구조 문제에 초점을 두고 있었다는 점에서 향후 일상생활 속에서 마주치는 다양하고 실제적인 문제에 관한 교육 연구가 더 활발하게 이루어져야 한다.

최근에 등장하는 첨단 테크놀로지가 문제해결 학습에 크게 기여할 수 있다. Jonassen은 문제의 속성을 유형별로 분석한 다음, 각 문제에 적합한 소프트웨어를 개발하였다. 예컨대, 일화형 문제에 대한 개념적 · 상황적 표상을 돕기 위한 지원 도구를 개발하였고(Jonassen, 2003), 교사들의 수업설계를 지원하기 위해 사례 도서관(KITE)을 개발하였으며(Jonassen et al., 2003), 결함해결 문제에 관한 시뮬레이션 도구를 개발하여 학습자가 결함의 원인을 예측하고 점검해 볼 수 있도록 하였다(Jonassen & Hung, 2006). 이와 마찬가지로 첨단 테크놀로지의 어포던스(affordance)를 실제적인 문제해결 학습을 위해 적극적으로 활용하는 것이 필요하다. 예컨대, 조영환 등(2015)은 3차원 가상세계를 이용하여 예비교사들에게 가상의 교실환경을 제공하고 초등학생과 교사 아바타를 이용하여 학교폭력에 관한 전략적 수행 문제를 해결하도록 하였다. 3차원 가상세계는 물리적 · 사회적 실재감을 높여 줌으로써 학습자가 실제적인 맥락 속에서 교사뿐만 아니라 학교폭력 가해학생, 피해학생의 입장을 이해하고 공감할 수 있도록 도왔다. 예비교사들은 3차원 가상세계에서 역할놀이를 통해 학교폭력 해결안을 적용하고 그 결과를 성찰할 수 있었다. 그리고 최정원(2015)은 초등학생에게 E-textiles를 이용하여 밤길의 안전한 보행을 위한 발광체를 디자인하도록 하였다. 학생들은 발광체에 관한 디자인 아이디어를 E-textiles로 구현하기 위해서 직물에 마이크로프로세서와 입출력장치를 부착하고 회로를 만들었으며 장치들의 동작을 제어하기 위한 프로그래밍을 하였다. E-textiles를 만드는 과정을 통해 학생들은 실제적인 디자인 활동에 적극적으로 참여하였고 창의적 문제해결력을 향상시킬 수 있었다. 이처럼 첨단 테크놀로지를 이용하여 문제해결 학습을 촉진하기 위해서는 먼저 테크놀로지의 어떠한 특성이 문제해결에 도움이 되는지 고려해야 한다(이 책의 11장 참고).

향후 Jonassen이 수행한 문제의 유형과 교수설계에 관한 연구를 더욱더 발전시키기 위한 노력이 필요하다. 앞에서 살펴본 연구들에 기반하여 문제의 유형과 속성, 문제해결 과정에 관한 추후연구를 수행하는 것이 필요하다. Jonassen(2011)은 11개의 문제 유형을 문제해결에 필요한 인지과정의 유사성을 중심으로 분류하였다. 그러나 동일한 유형의 문제라고 하더라도 영역에 따라서 큰 차이를 보일 수 있다. 예컨대, 기업에서 신상품을 개발하는 것과 예술가가 새로운 작품을 준비하는 것을 모두 디자인 문제로 분류할 수 있으나, 디자인 문제를 해결하는 과정과 산출물을 평가하는 기준은 영역별로 서로 상이할 수 있다. 상품을 개발할 때는 그 상품의 유용성과 고객의 만족도에 초점을 두고 구성원들 간의 분업이 자주 이루어지는 반면에, 예술작품을 만들 때는 작품의 독창성과 예술가의 만족도가 더 중요하며 예술가가 독립적으로 문제를 해결하는 경우가 많이 있다. 그렇기 때문에 문제의 유형을 더 정교화하기 위해서 동일한 유형의 문제가 서로 다른 영역에서 어떻게 해결되는지를 비교하는 연구가 필요하다.

또한 문제해결의 다양한 측면에 관한 연구가 필요하다. Jonassen은 주로 문제해결의 인지적 측면에 초점을 두었기 때문에 지식의 표상, 정신모형, 사례 기반 추론, 인과추론, 유추적 부호화 등에 관한 이론에 기반하여 문제해결을 위한 학습환경을 연구하였다. 문제해결에 대한 깊이 있는 이해를 위해서 인지적 측면뿐만 아니라 감성적 · 사회적 측면에 대한 연구가 더 활발하게 이루어질 필요가 있다. 선행연구에 따르면, 학습자의 불안, 두려움, 분노와 같은 부정적 감성(emotion)은 다양한 방식으로 문제를 표상하고 창의적으로 문제를 해결하는 데 방해가 된다(Meyer & Turner, 2002). 또한 감성은 의사결정 문제를 표상하고 관련 지식을 인출하여 문제를 해결하는 데 중요한 영향을 미치기 때문에 감성 상태에 따라서 위험을 추구하는 행동이 증가하거나 감소할 수 있다(Rivers, Reyna, & Mills, 2008). 이처럼 문제해결에 있어서 감성의 역할이 중요함에도 불구하고 교육현장에서 자기보고식 설문지로 감성을 타당하게 측정하는 데 어려움이 있다. 최근에는 이러한 어려움을 극복하기 위해서 뇌전도, 심박변이, 피부전기반응과 같은 생리정보와 얼굴표정, 음성, 자세와 같은 행동정보를 이용하여 감성을 효과적으로 측정하는 테크놀로지가 점차 증가하고 있다(이창윤, 조영환, 홍훈기, 2015). 향후 이러한 테크놀로지를 활용하여 문제해결 과정에서 긍정적·부정적 감성이 어떻게 변하는지와 그러한 감성이 문제해결에 어떻게 영향을 미치는지에 관한 연구를 수행하는 것이 필요하다.

그리고 문제해결의 사회적 측면에 대한 연구가 더 활발히 이루어질 필요가 있다. 문제중심학습이나 프로젝트 기반 학습에서 개인적으로 뛰어난 문제해결력을 가진 학습자도 조별 과제에서 높은 성취도를 보이지 않는 경우가 있다. Barron(2003)은 6학년 학생들에게 실제적인 수학문제를 비디오로 제공하고 협력적으로 문제를 해결하도록 했을 때 개별 학생들의 사전 성취도와 해결안에 관한 아이디어를 얼마나 많이 생성했는지가 협력적 문제해결 결과에 유의미한 영향을 미치지 못한다는 것을 발견하였다. 오히려 학습자들이 다른 조원들과 어떻게 상호작용하는지가 협력적 문제해결 결과에 큰 영향을 미쳤다. 그리고 Postmes 등(2001)은 조원들이 공유하는 규범(norm)이 협력적 문제해결에 있어서 중요한 역할을 한다는 것을 발견하였다. 의견 일치를 중요시하는 조에서는 조원들이 서로 공유하고 있는 정보에만 초점을 둠으로써 독립적이고 비판적인 사고를 중요시하는 조에 비해서 잘못된 의사결정을 내릴 가능성이 높다. 이러한 연구들은 협력적 문제해결이 개인 혼자서 문제를 해결하는 것과 다른 측면을 가지고 있다는 것을 보여 준다. 기존의 많은 문제해결 연구가 개인에 초점을 두었다면, 앞으로는 여러 사람이 협력적으로 문제를 해결하는 과정에 대한 연구가 더 많이 이루어져야 한다(이 책의 8장과 9장 참고). 그리고 최근에 SNS(social network service)를 통해 온라인 상호작용이 급격히 증가하고 있다는 점에서 협력적 문제해결을 촉진하는 테크놀로지 기반의 학습환경 설계에 대한 연구가 더 활발하게 이루어질 필요가 있다.

4. 결론

Jonassen은 Karl Popper의 책 제목이기도 한 "삶은 문제해결의 연속이다(All life is problem solving)."라는 말을 자주 인용하였다. 이는 문제해결이 학교 안에서만 이루어지는 것이 아니라 우리의 생활 속에서 끊임없이 이루어지고 있다는 것을 의미한다. 테크놀로지의 급속한 발달로 과거에 경험하지 못했던 새로운 문제가 지속적으로 등장하는 지능정보화 사회에서 문제해결력은 매우 중요한 교육목표가 될 것이다. Voogt와 Roblin(2012)에 따르면, OECD를 비롯한 많은 국제기구와 선진국에서 문제해결력을 주요한 21세기 역량으로 고려하고 있다. 우리나라에서도 교육과정을 개편하여 창의적으로 문제를 해결할 수 있는 융합인재를 양성하기 위해 노력하고 있다.

문제해결력 향상을 위한 교육개혁을 실시하는 데 있어서 Jonassen의 연구는 많은 시사점을 준다. 문제 유형에 따라 문제해결 과정이 다르고 문제해결에 필요한 지식과 기술도 다르다는 연구 결과는 학교에서 시험문제를 잘 해결하는 학생이 실생활의 문제를 잘 해결하지 못하는 이유를 설명해 준다. 입시 위주의 교육에서 학생들은 정구조 선다형 문제를 혼자서 해결하는 데 익숙한 반면에, 다른 사람과 함께 도구를 사용하여 정답이 없는 비구조 문제를 해결하는 경험은 매우 부족하다. 이처럼 문제의 속성과 문제를 해결하는 맥락이 서로 다를 경우, 학교에서 배운 지식을 학교 밖의 문제를 해결하는 데 전이하기 어렵다(박성익, 조영환, 2005). 그렇기 때문에 학생들이 일상생활 속에서 마주치는 실제적이고 복잡하고 비구조화된 문제를 효과적으로 해결할 수 있도록 체계적인 교육이 실시되어야 한다.

또한 Jonassen은 문제의 유형에 따른 교수학습방법을 다양하게 제안하였다. 모든 유형의 문제에 대한 학습환경이 개발된 것은 아니지만, 몇몇 예로부터 문제해결을 지원하기 위한 학습환경을 어떻게 설계해야 할 것인지에 대한 교훈을 얻을 수 있다. 인공지능을 비롯한 새로운 테크놀로지의 등장으로 인해서 문제해결 학습환경을 더 효과적으로 설계할 수 있을 것이다. 그러나 첨단 테크놀로지가 사용된다고 해서 문제해결을 위한 유의미 학습이 보장되는 것은 아니다. Jonassen의 연구에서 알 수 있듯이 문제의 속성과 문제해결 과정에 대한 이론적 탐색에 기반을 두고 학습환경을 설계하는 것이 필요하다. 앞으로 문제해결의 인지적 측면뿐만 아니라 감성적 · 사회적 측면에 대한 연구에 기반하여 테크놀로지 기반의 문제해결 학습환경을 더 체계적으로 설계하는 연구가 이루어져야 할 것이다.

참고문헌

김정아(2015). 사례기반학습의 적용에 따른 간호대학생의 문제해결력, 내적 동기와 수업 만족도의 차이. **교육방법연구**, 27(1), 21-37.

김주연, 박효선, 임규연(2015). 창의적 사고기법을 활용한 문제해결학습에서 스캐폴딩 유형이 문제해결력과 성취도에 미치는 영향. **교육정보미디어연구**, 21(1), 111-136.

박성익, 조영환(2005). 문제의 구조화수준과 표면유사성이 유추전이에 미치는 효과. **아시아교육연구**, 6(2), 71-94.

백종호, 정대홍, 조영환(2016). 과학탐구와 디자인 융합교육 프로그램 개발: 부력의 원리와 수영복 만들기. **현장과학교육**, 10(2), 182-194.

변현정, 서윤경, 최효선(2016). 비구조 과제에서 질문기법의 활용이 대학생의 문제해결과 메타인지전략의 전이에 미치는 영향. **학습자중심교과교육연구**, 16(6), 645-671.

옥미례, 조영환, 허선영(2016). 초등 디자인 교육에서 동료평가를 위한 학습자 지원전략 개발 및 적용. **교육과학연구**, 47(2), 23-52.

이창윤, 조영환, 홍훈기(2015). 감성측정 테크놀로지의 교육적 활용방안 탐색. **한국콘텐츠학회논문지**, 15(8), 625-641.

장성민, 민병곤(2016). 대학수학능력시험 "국어" 작문 영역 평가의 타당성 검토: 선다형 점수와 수행형 점수의 상관관계를 중심으로. **작문연구**, 29, 163-209.

조영환, 황매향, 김윤강, 김명섭, 홍서연(2015). 3차원 가상세계를 활용한 학교폭력 문제해결 활동의 효과와 개선점: 활동이론을 적용하여. **교육과학연구**, 46(4), 71-97.

채민정(2016). 문제중심학습을 적용한 시뮬레이션 교육이 간호학생의 학습태도, 문제해결과정 및 임상수행능력에 미치는 효과. **학습자중심교과교육연구**, 16(4), 793-816.

최정원(2015). 초등학생의 창의적 문제해결력 향상을 위한 E-textiles를 활용한 STEAM 교육의 효과. **교원교육**, 31(3), 105-119.

Barron, B. (2003). When smart groups fail. *The Journal of the Learning Sciences, 12*, 307-

359.

Bransford, J. D., Brown, A. L., & Cocking, R. R. (Eds.). (2000). *How people learn: Brain, mind, experience, and school.* Washington, DC: National Academy Press.

Bransford, J., & Stein, B. S. (1984). *The IDEAL problem solver: A guide or improving thinking, learning, and creativity.* New York, NY: Freeman.

Brown, J. S., Collins, A., & Duguid, P. (1989). Situated cognition and the culture of learning. *Educational Researcher, 18*(1), 32-42.

Catrambone, R. (1995). Aiding subgoal learning: Effects on transfer. *Journal of Educational Psychology, 87*(1), 5-17.

Chi, M. T. H., Feltovich, P. J., & Glaser, R. (1981). Categorization and representation of physics problems by experts and novices. *Cognitive Science, 5*, 121-152.

Cho, K. L., & Jonassen, D. H. (2003). The effects of argumentation scaffolds on argumentation and problem solving. *Educational Technology Research & Development, 50*(3), 5-22.

Gentner, D., Loewenstein, J., & Thompson, L. (2003). Learning and transfer: A general role for analogical encoding. *Journal of Educational Psychology, 95*(2), 393-408.

Hong, N. S., Jonassen, D. H., & McGee, S. (2003). Predictors of well-structured and ill-structured problem solving in an astronomy simulation. *Journal of Research in Science Teaching, 40*(1), 6-33.

Jonassen, D. H. (1997). Instructional design models for well-structured and ill-structured problem solving learning outcomes. *Educational Technology Research & Development, 45*(1), 45-94.

Jonassen, D. H. (2000). Toward a design theory of problem solving. *Educational Technology Research & Development, 48*(4), 63-85.

Jonassen, D. H. (2003). Designing research-based instruction for story problem. *Educational Psychology Review, 15*(3), 267-296.

Jonassen, D. H. (2004). *Learning to solve problems: An instructional design guide*. San Francisco, CA: Pfeiffer.

Jonassen, D. H. (2006). Typology of case-based learning: The content, form, and function of cases. *Educational Technology, 46*(4), 11-15.

Jonassen, D. H. (2008). Instructional design as a design problem solving: An iterative process. Educational Technology, 48(3), 21-26.

Jonassen, D. H. (2009). 문제해결 학습: 교수설계가이드 *(Learning to solve problems: An instructional design guide).* (조규락, 박은실 공역). 서울: 학지사. (원저는 2004년에 출판).

Jonassen, D. H. (2011). *Learning to solve problems: A handbook for designing problem-solving learning environments*. New York, NY: Routledge.

Jonassen, D. H. (2012). Designing for decision making. *Educational Technology Research & Development, 60*(2), 341-359.

Jonassen, D. H. (2013). First principles of learning. In J. M. Spector, B. B. Lockee, S. E. Smaldino, & M. C. Herring (Eds.), *Learning, problem solving, and mindtools: Essays in honor of David H. Jonassen* (pp. 287-297). New York: Routledge.

Jonassen, D. H., & Cho, Y. H. (2011). Fostering argumentation while solving engineering ethics problems. *Journal of Engineering Education, 100*(4), 680-702.

Jonassen, D. H., & Hernandez-Serrano, J. (2002). Case-based reasoning and instructional design: Using stories to support problem solving. *Educational Technology Research & Development, 50*(2), 65-77.

Jonassen, D. H., & Hung, W. (2006). Learning to troubleshoot: A new theory-based design architecture. *Educational Psychology Review, 18*(1), 77-114.

Jonassen, D. H., & Hung, W. (2008). All problems are not equal: Implications for PBL. *Interdisciplinary Journal of Problem-Based Learning, 2*(2), 6-28.

Jonassen, D. H., Shen, D., Marra, R. M., Cho, Y. H., Lo, J. L., & Lohani, V. K. (2009). Engaging and supporting problem solving in engineering ethics. *Journal of Engineering Education, 98*(3), 235-254.

Jonassen, D. H., Wang, F. K., Strobel, J., & Cernusca, D. (2003). Application of a case library of technology integration stories for teachers. *Journal of Technology and Teacher Education, 11*(4), 547-566.

Kahneman, D. F., & Tversky, A. (1982). On the psychology of prediction. In D. Kahneman, P. Slovic, & A. Tversky (Eds.), *Judgment under uncertainty: Heuristics and biases* (pp. 48-68). Cambridge: Cambridge University Press.

Koedinger, K. R., & Nathan, M. J. (2004). The real story behind story problems: Effects of representations on quantitative reasoning. *The Journal of the Learning Sciences, 13*(2), 129-164.

Kolodner, J. L. (1997). Educational implications of analogy: A view from case-based reasoning. *American Psychologist, 52*(1), 57-66.

Kuhn, D., & Katz, J. (2009). Are self-explanations always beneficial? *Journal of Experimental Child Psychology, 103*, 386-394.

Lave, J. (1988). *Cognition in practice: Mind, mathematics, and culture in everyday life*. Cambridge: Cambridge University Press.

Mayer, R. E. (1992). *Thinking, problem solving, cognition* (2nd ed.). New York, NY: Freeman.

McNeil, N. M., & Alibali, M. W. (2005). Why won't you change your mind? Knowledge of operational patterns hinders learning and performance on equations. *Child Development, 76*(4), 883-899.

Meyer, D., & Turner, J. (2002). Discovering emotion in classroom motivation research. *Educational Psychologist, 37*(2), 107-114.

Newell, A., & Simon, H. (1972). *Human problem solving*. Upper Saddle River, NJ: Prentice Hall.

Oh, S. C., & Jonassen, D. H. (2007). Scaffolding argumentation during problem solving. *Journal of Computer Assisted Learning, 23*(2), 95-105.

Postmes, T., Spears, R., & Cihangir, S. (2001). Quality of decision making and group norms. *Journal of Personality and Social Psychology, 80*(6), 918-930.

Reyna, V. F. (2012). A new intuitionism: Meaning, memory, and development in Fuzzy-Trace Theory. *Judgment and Decision Making, 7*(3), 332-359.

Rivers, S. E., Reyna, V. F., & Mills, B. (2008). Risk taking under the influence: A fuzzy-trace theory of emotion in adolescence. *Developmental Review, 28*, 107-144.

Schraw, G., Dunkle, M. E., & Bendixen, L. D. (1995). Cognitive processes in well-defined and ill-defined problem solving. *Applied Cognitive Psychology, 9*(6), 523-538.

Sweller, J., & Cooper, G. A. (1985). The use of worked examples as a substitute for problem solving in learning algebra. *Cognition and Instruction, 2*(1), 59-89.

Voogt, J., & Roblin, N. P. (2012). A comparative analysis of international frameworks for 21st century competences: Implications for national curriculum policies. *Journal of Curriculum Studies, 44*(3), 299-321.

Voss, J. F., & Post, T. A. (1988). On the solving of ill-structured problems. In M. T. H. Chi, R. Glaser, & M. J. Farr (Eds.), *The nature of expertise* (pp. 261-285). Hillsdale, NJ: Lawrence Erlbaum Associates.

CHAPTER 3

논증

조규락(영남대학교)

1. 서론

Argumentation은 Jonassen의 문제해결 이론체계에서 핵심적인 위치를 차지하는 개념이다. 문제해결 관련 주요 저작마다 거의 빠짐없이 등장하는 이유이다. 이 장에서는 Jonassen의 문제해결 이론체계에 내재되어 있는 argumentation의 의미를 깊게 이해하고자 한다.

하지만 우선 argumentation의 우리말 표현을 찾는 것이 급선무이다. argumentation은 우리말에서 다양하게 번역될 수 있는 단어이기 때문이다. 따라서 번역 과정에서 영어와 우리말의 차이 때문에 발생하는 오해, 유사한 용어들 사이에서 발생하는 오해가 없어야 한다. 철학과 같은 다른 학문분야에서는 '논변'으로 사용되는 것이 보이고, 우리 학문인 교육(공)학에서는 '논증'으로 사용되고 있는 것처럼 학계마다 우리말 표현이 조금씩 다르다. 필자가 영어학자도 국어학자도 아니기 때문에 영어의 어원을 추적하여 분석하거나, '논변'과 '논증'이 갖고 있는 유사한 우리말의 차이점을 세밀하게 파악할 능력은 못 되지만 국어사전을 통해서 알아보면, 분명한 것은 argumentation 안에 '옳고 그름을 밝히는' 의미가 있다는 점이다. 그렇다면, '옳고 그름을 밝히는' 과정이나 방법으로 필수적인 것이 무엇인지 알아내는 것이 argumentation의 의미를 가장 잘 드러낼 것이다. '논변'이나 '논증' 두 단어 모두 이 뜻을 가지고 있다. 다만, 두 단어의 차이점이라면 초점을 어디에 두느냐에 있는 것으로 보이는데, 논변은 '辯'이라는 '말'이나 '의견' 또는 '진술하고' '말하는' 것에 있고, 논증은 '證'이라는 '근거'나 '이유'에 더 초점이 있는 것으로 보인다. Jonassen의 제자로서 그의 수업을 수강한 경험이 있는 필자가 두 개의 단어에서 골라야 한다면, '근거'나 '이유'의 논증을 선택하고자 한다. 근거나 이유를 들어서 옳고 그름을 밝히는 것이 Jonassen이 나타내고자 했던 argumentation의 의미를 더 잘 드러내기 때문이다. 말솜씨와 언변이 뛰어난 것이 아니라 자신의 의견이 기대고 있는 근거와 이유가 더욱 중요하다는 뜻이다. 따라서 이 장에서 사용되는 argumentation의 우리말 표현은 '논증'이다.

우리는 언제 어느 상황에서 논증하는가? 일반적으로 다른 누군가와 열심히 토론을 하면서 상대방에게 내 의견을 피력하거나, 상대방을 설득하려는 상황이다. 이런 상황은 여럿이 모여 복잡하고 비구조적인 문제해결을 시도할 때 나타난다. Jonassen(2004)에 따르면, "어떤 종류의 문제라도 그것을 해결하기 위해서는 학습자가 전제를 진술해야 하며, 증거로 그 전제를 뒷받침하는 논증을 해야 한다" (Jonassen, 2004: Jonassen, 2009, p. 183에서 재인용). 이 진술은 문제해결에는 논증의 과정이 포함되어 있다는 것을 내포하고 있다. 즉, 논증은 문제해결 상황에서 등장하며 문제해결을 위해서 논증이 필요한 것이다.

Jonassen은 논증 이해의 중요성을 간과하지 않았다. 논증은 그에게 작게는 문제를 해결하는 수단이며, 문제해결학습의 필수적인 인지적 기술이고, 문제해결능력을 평가하는 강력한 방법이기도 하지만, 크게는 의미형성이라는 사회구성주의적 개념과도 연결된다(Jonassen, 2004, 2011). 한 줄로 간단히 요약하면, argumentation은 그에게 문제해결을 위한 필수불가결한 요소들 중의 하나이다. 때문에 다양한 분야의 문제해결 상황에서 그는 argumentation의 역할과 효과를 연구하였고, 그것의 중요성을 역설하고 있다.

이 장의 목적은 Jonassen의 문제해결 이론체계에 내재되어 있는 논증을 심층적으로 이해하는 것이다. 구체적으로는 그가 자신의 이론체계에서 사용하고 있는 논증의 다원적 의미가 무엇인지를 탐색해 보고자 한다.

2. Jonassen 연구 다시 읽기: 논증의 다원적 의미

Jonassen은 많은 학자와 교육자가 교육과 학습 상황에서 문제해결의 중요성을 언급하고 있지만, 정작 문제해결과 문제해결을 향상시킬 수 있는 교수설계와 체제에 대해서는 체계적인 연구가 수행되지 않았고, 연구 성과도 미미하다고 밝힌다. 교수방법적 측면에서도 정답을 찾는 문제, 실제적인 맥락이 유리된 문제 등을 교수자가 풀어 주고 학습자는 이를 보고 따라 하는 방식으로 진행되어, 학습자가 그 수업을 통해 유의미한 학습결과를 습득하는 것이 어렵다고 비판한다. 시기적으로 1990년대 중반부터 시작된 문제와 문제해결에 대한 Jonassen의 연구는 이런 비판적 문제의식에 바탕을 두고 이루어졌다. 이후 약 20년이 채 되지 않는 기간 동안 문제의 개념과 속성, 문제의 유형(problem typology), 문제해결을 위한 교수학습방법 등등 그의 핵심적인 연구 성과가 속속 발표되었다.

논증은 Jonassen의 문제해결 이론체계에서 필수적으로 등장하는 개념이다. 특히 비구조 문제의 해결에 필수적이다. 문제의 성격에 따른 분류에서 비구조 문제는 정구조 문제와는 달리 상대적으로 어려우며, 복잡하고, 정답이 여러 개이거나 존재하지 않는다. 그런데 우리가 삶을 누리고 있는 일상생활에서 부딪치는 문제들이 바로 비구조 문제들이다. 예컨대, 우리 가족 첫 해외여행은 어디로 할까? 예산을 아끼자는 아내의 생각과 첫 해외여행이니 많은 것을 보고 좋은 것을 먹자는 남편의 생각이 다르고 큰아들과 작은딸의 선호도가 다르다면 어떻게 이 문제를 풀어야 할까? 모두가 각기 다른 이유로 반대하는 일에 대해 그들을 어떻게 설득해야 할까? 이런 문제들은 딱히 정답도 없어서 적절한 논리와 근거를 통해 자신의 입장을 설명해야 한다. 그런데 이런 능력, 이런 문제해결력은 쉽게 획득될 수 있는 것이 아니다. 따라서 학습자가 수업을 통해, 학교 교육을 통해 향상시켜야 할 것이 있다면, 이런 비구조 문제를 해결할 수 있는 능력, 즉 논증 기술이 필요한 것이다.

앞으로 살펴보겠지만, Jonassen은 논증을 비구조 문제해결과 관련하여 단 하나의 단일 의미로만 파악하지 않았다. 제일 중요한 것은 물론 논증이 문제해결에 필수적인 인지 기술이지만, 학습자의 문제해결능력을 알 수 있는 평가방법이기도 하며, 학습결과로서 문제해결력을 이루는 요소이기도 하다. 또한 Jonassen의 인식론적 배경인 사회구성주의를 반영하는 절차나 실천의 모습이 되기도 한다. 〈표 3-1〉은 논증에 대한 그의 아이디어를 살펴볼 수 있는 학술지 및 저서 목록이다.

표 3-1 논증에 관한 Jonassen의 대표 학술지 및 저서 목록

Carr, C., & Jonassen, D. H. (2000, Feb.). *The effect of computer-supported collaborative argumentation (CSCA) on argumentation skills in second year law students: A dissertation study*. AECT, Long Beach, CA.

Cho, K. L., & Jonassen, D. H. (2002). The effects of argumentation scaffolds on argumentation and problem solving. *Educational Technology Research and Development, 50*(3), 5-22.

Cho, Y. H., Lee, J., & Jonassen, D. H. (2009, Oct.). *Effects of collaborative argumentation and epistemological understanding in online peer questioning. Association for Educational Communications and Technology*. American Educational Research Association, Louisville, KY.

Howland, J. L., Jonassen, D. H., & Marra, R. M. (2012). *Meaningful learning with technology*. Boston, MA: Pearson.

Jonassen, D. H. (1992). Evaluating constructivist learning. In T. M. Duffy & D. H. Jonassen (Eds.), *Constructivism and the technology of instruction: A conversation*. Hillsdale, NJ: Lawrence Erlbaum Associates.

Jonassen, D. H. (1996). *Computers in the classroom: Mindtools for ciritical thinking* (1st ed.). Englewood Cliffs, NJ: Prentice-Hall.

Jonassen, D. H. (2000). *Computers as mindtools for schools: Engaging critical thinking* (2nd ed.). Upper Saddle River, NJ: Prentice-Hall.

Jonassen, D. H. (2004). *Learning to solve problems: An instructional design guide*. San Francisco, CA: John Wiley & Sons.

Jonassen, D. H. (2004, Jul.). *Scaffolding argumentation online*. Faculty of Education and Social Work, University of Sydney, Sydney, NSW, Australia.

Jonassen, D. H. (2005, Apr.). *Scaffolding argumentation*. American Educational Research Association, Montreal, Quebec, Canada.

Jonassen, D. H. (2006). *Modeling with technology: Mindtools for conceptual change* (3rd ed.). Upper Saddle River, NJ: Pearson.

Jonassen, D. H. (2009, Apr.). *The role of argumentation in instructional design*. American Educational Research Association, San Diego, CA.

Jonassen, D. H. (2011). *Learning to solve problems: A handbook for designing problem-solving learning environments*. New York: Routledge.

Jonassen, D. H. (2011, Nov.). *The role of argumentation in problem solving*. Association for Educational Communications and Technology, Jacksonville, FL.

Jonassen, D. H. (2013). First principles of learning. In J. M. Spector, B. B. Lockee, S. E. Smaldino, & M. C. Herring (Eds.), *Learning, problem solving, and mindtools: Essays in honor of David H. Jonassen* (pp. 287-297). New York, NY: Routledge.

Jonassen, D. H., & Cho, Y. H. (2011). Fostering argumentation while solving engineering ethics problems. *Journal of Engineering Education, 100*(4), 1-23.

Jonassen, D. H., Cho., Y. H., Kwon, K., Henry, H., Easter, M., & Shen, D. (2009). Evaluating vs. constructing arguments. *Journal of Engineering Education, 98*(3), 235-254.

Jonassen, D. H., & Kim, B. (2010). Arguing to learn and learning to argue: Design justifications and guidelines. *Educational Technology: Research and Development, 58*(4), 439-457.

Jonassen, D. H., & Li, T. C. (1995, Apr.). *Modeling vs. coaching of argumentation in case-based learning environments*. American Educational Research Association, San Francisco, CA.

Jonassen, D. H., & Li, T. C. (1996, Apr.). *Modeling argumentation and reasoning in a case-based learning environment*. American Educational Research Association, New York, NY.

Jonassen, D. H., & Oh, S. (2005, Apr.). *Scaffolding argumentation during problem solving*. American Educational Research Association, Montreal, Quebec, Canada.

Jonassen, D. H., Schmidt, M. A., Kwon, K. B., Henry, H., & Easter, M. (2009, Oct.). *Solving ethical dilemmas through argumentation*. Association for Educational Communications and Technology, Louisville, KY.

Kommers, P. A. M., Jonassen, D. H., & Mayes, J. T. (1992). *Cognitive tools for learning*. New York, NY: Springer-Verlag.

Li, T., Jonassen, D. H., & Lambert, C. (1995, Feb.). *Modeling vs. coaching of argumentation in a case-based learning environment*. Association for Educational Communications and Technology, Anaheim, CA.

Oh, S. C., & Jonassen, D. H. (2007). Scaffolding argumentation during problem solving. *Journal of Computer Assisted Learning, 23*(2), 95- 105.

Tan, S. C., Turgeon, A. J., & Jonassen, D. H. (2001). Develop critical thinking in group problem solving through computer-supported collaborative argumentation: A case study. *Journal of Natural Resources and Life Sciences Education, 30*, 97-103.

Tawfik, A., & Jonassen, D. H. (2013). The effects of successful versus failure-based cases on argumentation while solving decision-making problems. *Educational Technology Research & Development, 61*(3), 385-406.

1) 문제해결에서 필수적 인지 기술

어떤 학자는 논증을 양립 불가한 입장을 결합하기 위해 두 명 이상의 사람이 벌이는 상호작용이라고 보다 구체적으로 표현하였지만(Willard, 1989), 논증을 일상생활에서 발생하는 인간 상호작용의 한 모습이라고 파악하는 것이 일반적이다. Jonassen은 이런 일반적 견해를 수용한 것뿐만 아니라 보다 적극적으로 논증을 문제해결학습에서 필수적 인지 기술의 하나로 보았다. 논증은 질문이나 쟁점, 토론에서 발생하는 문제를 해결하는 수단의 역할을 한다는 것이다. 문제의 성격이나 구조에 따라 문제해결 과정은 사람들과 공동체에서 그리고/또한 다양한 맥락과 언어들 사이에서 발생하는 복잡한 상호작용을 수반하기 때문이다.

Jonassen의 논증에 대한 연구 성과와 이론을 이해하기 위해서는 그의 연구에서 자주 등장하는 두 명의 학자를 눈여겨볼 필요가 있다. 첫 번째는 Kuhn(1991, 1993)으로 논증을 사고의 한 형태로서 보고 의사결정이 내려지는 순간마다 발생한다고 주장한 학자이다. 그에 따르면, 사람들의 믿음, 판단과 결론 전반에 논증적 사고가 함축되어 있어서 사람들의 의사결정에 영향을 미친다고 한다. 때문에 사람들이 논증적 사고를 잘하는지, 어떻게 하는지를 살펴볼 필요가 있다고 주장한다. 또한 Kuhn에게 있어서 논증은 추론의 형태로 문제해결, 판단과 결정, 아이디어와 신념을 조직하는 지적 능력이기도 하다. Kuhn의 논증적 사고의 중요성을 바탕으로 하여, 사람을 교수학습 상황에 있는 학습자로 대치하고 논증을 지적 능력으로서 학습자가 배워야 할 인지 기술로 본다면, 어째서 Jonassen의 논증에 대한 생각과 입장이 Kuhn의 이론에서 영향받았는지 이해하기 쉽다.

두 번째는 논증모형을 제시한 Toulmin(1958)이라는 학자이다. Toulmin에 따르면, 말하는 사람은 논증을 통해 자신의 입장 또는 자신의 견해에 대해 참뜻을 분명히 한다고 하면서 논증을 주장과 추론이 상호 연결된 일련의 결과로 보았다. 주장을 세우고 그 주장에 대한 정당성을 인정받기 위해 이유와 증거를 대는 추론의 연속적 과정이 논증이라는 것이다. 따라서 그의 논증모형은 주장이 정당성을 인정받기 위해 갖추어야 할 요소로 구성되어 있다(조규락, 2002). Jonassen도 Toulmin과 같은 입장을 견지한다. 즉, 논증이란 연속적 추론을 통해 자신의 주장의 정당성을 인정받아 다른 누군가를 확신시키거나 설득하는 작업이라는 것이다. 누군가를 확신시키거나 설득하는 작업으로서의 이런 논증은 논증을 수사적(rhetorical) 관점에서 파악한 것이며, 연설문과 논설문의 작성과 같은 담화나 이야기에서 등장하는 설득적 의사소통(persuasive communication)의 한 형태로 볼 수 있다.

[그림 3-1]은 Toulmin(1958)의 저서에서 제시된 논증모형을 그대로 가져왔다. Jonassen(2011, p. 327)의 책에 나오는 논증모형은 Toulmin의 원래의 논증모형을 법(legal) 논증을 예시로 사용하면서 수정한 것이다. Toulmin의 모형에 따르면, 논증은 5개의 요소들이 주장을 위해 연속적으로 이어진 과정이다. '주장'은 주장하는 사람이 자신의 견해를 밝히는 진술로서, 그는 증거나 사실과 같은 '근거'를 가져와 이 주장을 옹호한다. 이때 그 근거는 일반적 규칙이나 원리들인 '보증'에 의하여 뒷받침되며, 그 보증은 보증이 받아들일 수 있는지를 밝혀 주는 구체적인 데이터나 사례를 포함하는 '후원'이 다시 뒷받침해 준다. '한정어'는 그 주장이 어느 정도 확신을 갖고 있는가를 나타내는 것으로 '대체적으로' '아마도' '확실히'와 같은 말들이며, '반론'은 주장에 대한 반박으로 보증들의 적절치 못한 상황이나 조건들을 보여 주는 역할을 한다. 주장하는 사람이 자신의 주장에 대한 반론을 제시함으로써 자신의 주장의 범위와 한계를 명확히 보여 줄 수 있다. 이해를 돕기 위해 경제학 논증의 예시를 [그림 3-2]에 제시하였다(Cho, 2001; Cho & Jonassen, 2002).

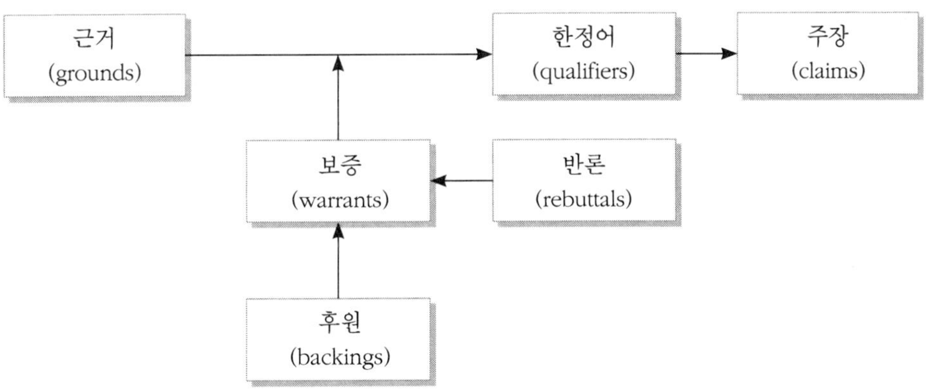

[그림 3-1] Toulmin의 논증모형

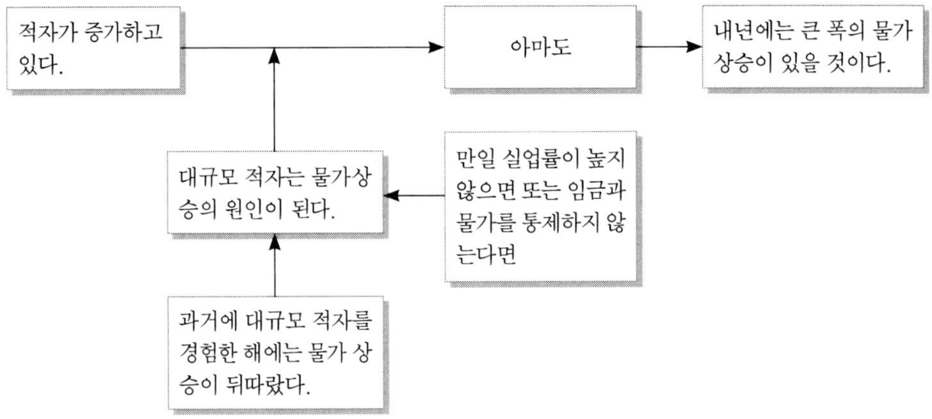

[그림 3-2] Toulmin의 논증모형의 예시(경제학)

Jonassen의 논증에 대한 연구 성과는 수사적 관점에서 그치지 않았다. 그가 더 크게 관심을 가지고 있는 관점은 논증의 변증법적(dialectical) 관점이다. 이 관점은 사람들 간의 토론을 규정하고 우수한 결정을 생산하는 것을 목적으로 한다. 다른 사람과의 의견의 차이점을 발견하고 해소하는 것이다. 경우에 따라서는 수사적 관점처럼 반대자를 설득하는 것이 목적이 될 수도 있지만, 여러 의견이나 주장들 중에서 논쟁과 토론을 통해 더 우수한 해결안을 도출하거나 타협점을 찾는 것이 중요하다. 따라서 변증법적 관점에서 우수한 논증은 최고의 의사결정을 위한 체계적인 상호작용(예: 비판적 토론, 논쟁 등)에서 비롯된다. Jonassen은 이 점에서 수사적 관점보다 변증법적 관점이 문제해결에 더 잘 적용된다고 보았다.

특히 변증법적 관점은 비구조 문제를 해결하는 데 더 적절하다. 도덕적 딜레마, 윤리적 문제 등과 같은 비구조 문제는 모두 합의할 수 있는 특정한 하나만의 해결안이 없거나, 해결안에 도달하는 명백한 수단이나 단계가 없는 문제이다(Jonassen, 1997). 이때의 문제해결은 구성원들의 토론과 같은 상호작용을 통하지 않고는 가능하지 않다. 경쟁하는 여러 의견 중에서 어느 것을 해결안으로 선택할지 결정하는 이 과정은 필수적으로 논증의 과정이 개입될 수밖에 없는 것이다. 즉, 다른 의견이 아닌 특정한 의견 A를 선택한 적절한 근거와 이유 및 정당성 제시, 또한 다른 의견을 반대하는 적절한 근거와 이유 등이 토론 과정에서 드러나야 하기 때문이다. 여러 의견 중에서 설득과 양보 및 타협을 통하여 받아들일 수 있는 최선의 해결안을 선택하고 결정하는 것이다. 따라서 특히 비구조 문제해결은 문제 자체의 성격에 대한 이해력과 그 문제에 대한 다양한 여러 해결안 혹은 서로 반대되는 의견에 대한 서로 상이한 개념화를 요구하며, 토론 과정에서 상이한 개념화를 뒷받침해 주는 논증을 하는 것이 필수적이다. 논증 기술이 문제해결에서 학습자의 수행을 예측하는 데 유의미한 변인이 되는 것이다.

2) 학습결과

Jonassen(2004)에 따르면, 학습은 사람들이 생활하는 곳이라면 그곳이 어떤 문화와 어떤 사회조직에서든지 관계없이 어디서나 발생하는 것이며, 사회 발전뿐만 아니라 생존에도 필수적인 요소이다. 학습능력이 없었다면 새로운 것을 알지 못하고 기존의 것도 후대에 전달할 수 없다. 학습을 통해 필요한 지식과 기술을 습득하고, 후대에 전달하여 사회가 유지되고 문화를 이룰 수 있는 것이다. 학습이 중요하기 때문에, 학습을 목적으로 하는 교육에 대해 국가와 사회는 법적인 정당성을 확보하려는 법과 제도를 제정하고, 학습과 교육을 담당할 기관을 설립한다. 이제 학습과 교육기관은 국가와 사회적으로 중요한 역할을 수행하고 있다. 이런 이유로 거의 모든 문화에서 교육제도와 법, 학교라는 사회성을 갖춘 공공기관이 발견된다.

한편, 우리들이 살고 있는 거의 모든 맥락에서 해결책이 필요한 피할 수 없는 문제들이 수없이 발생하고 있다. 환경문제, 교통문제, 정치적 · 경제적 · 윤리적 문제 등 그 내용과 성격에 따라 매우 상이한 다양한 문제들이 존재한다. 이 중에서 어떤 문제들은 해결책을 마련하는 것이 어렵지 않고, 그 해결책을 문제해결에 적용하는 것이 큰 이슈가 아닌 것들이지만, 어떤 문제들은 반대로 해결책이 아예 없거나 있더라도 문제해결에 적용하는 것이 매우 어렵거나 도전적인 것들도 존재한다. 후자의 문제들은 많은 토의와 사회적 합의가 요구되는 것이기 때문에 해결안의 도출이나 적용이 훨씬 힘들 것이다. 이를 해결하려는 우리의 노력은 사회적 발전과 생존에 필수적이다.

어느 사회, 어느 문화에 관계없이 발전과 생존에 중요한 것이 학습이고, 어느 사회나 어느 문화에서도 해결해야 할 문제가 끊임없이 발생한다면, 학습이 문제해결을 목표로 삼는 것, 학습을 통해 학습자의 문제해결력 향상을 목표로 삼는 것, 이를 통해 학습자를 더 우수한 문제해결자로 기르는 것은 학교라는 교육기관이 추구해야 할 합리적인 목표이며 목적이다. 그리고 동일 선상에서 학습자가 문제해결의 기술을 습득하는 것을 목적으로 하는 학습활동들은 학교의 교육과정 속에 지속적으로 포함되어야 하고 교수학습과정에서 중요한 부분이 되어야 한다. 즉, 문제해결력은 학습활동을 통해 학습자가 학교의 교육과정에서 개발하고 습득해야 하는 매우 중요한 학습결과(learning outcome)인 것이다.

학습결과로서 문제해결력의 중요성은 Jonassen과 Tessmer(1996/1997)에서 잘 드러난다. 이들은 기존의 전통적인 분류법(taxonomy)이 유의미한 학습과 유리된 지적 기술에 주로 초점을 두었다고 비판하면서 학습결과 중심의 새로운 분류법을 제시하였다. 이 분류법 안에서 문제해결력은 교수설계를 할 때 기대하는 학습결과로서 고차원적 사고 기술(higher-order thinking skill)의 하나로 소개된다. Anderson 등(2001)은 그 유명한 Bloom 등(1956)의 과거 교육목표분류학(지식, 이해, 적용, 분석, 종합, 평가)을 최근에 개정한 새 분류법에서 고차원적 사고 기술이라고 할 수 있는 '평가하다'와 '창안하다'에 해당하는 것이 문제해결력이라고 하였다.

이처럼 문제해결과 문제해결력이 교육과정 안에서 학습결과로서 중요한 위치를 차지한다면, 앞서 진술한 것과 같이, 문제해결에 필수적인 논증 기술은 학습자가 학습활동을 통해 습득해야 하는 기술이며, 자체로 학습결과의 한 부분이라고 할 수 있다. 왜냐하면 논증의 과정이 문제해결에 포함되어 있기 때문이다. 즉, 문제해결력을 습득했다면 논증 기술 역시 습득된다는 것이다. 논증 기술을 습득했는데, 특히 비구조 문제해결력을 습득하지 못했다는 것은 성립하기 어렵다. 논증 기술과 비구조 문제해결력은 함께 가는 것이다. 이때 Toulmin(1958)과 Toulmin, Rieke와 Janik(1984)의 논증모형은 학교에서 논증 기술을 향상시킬 때 유용할 것이다. 학습자는 이 논증모형을 사용하여 자신의 논증 구조를 시각적으로 표상하는 것이 가능하기 때문이다.

3) 문제해결안 지원 수단과 논증 테크놀로지

일반적인 문제해결 모형에서 문제해결의 단계는 문제 확인, 해결안 탐색, 해결안 시도, 해결안 점검의 과정을 거친다. Jonassen(2004)은 이런 일반적 문제해결 단계에서 가장 문제가 되는 것이 해결안 탐색이라고 보았다. 해결안이 도출되어야 시도도 할 수 있고 점검도 할 수 있기 때문이다. 특히 해결안을 시도하고 점검하는 것에 비용이 많이 들거나 위험할 수도 있다. 이것이 바로 Jonassen이 문제해결안 탐색을 지원하는 방법으로 시뮬레이션과 논증으로 제시하였던 이유이다. 그에게 논증은 시뮬레이션과 함께 문제해결안 지원을 위한 수단인 것이다.[1] 앞 절에서 Jonassen에게 논증이 문제해결의 필수적인 인지 기술이며 중요한 학습결과라는 것을 밝혔다. 이는 학습자가 논증 기술을 습득하도록 촉진하는 교수학습설계가 필요하다는 것을 뜻한다. 그리고 이 습득된 논증 기술은 문제해결 과정 속에서 문제해결안 탐색 단계에 도움이 되는 것이다.

문제해결안 탐색과 관련해서 교수설계자로서 Jonassen은 논증 테크놀로지를 통해 논증 기술을 스캐폴딩 하는 것에 초점을 두었다. 그의 지난 연구를 보면, 테크놀로지와 도구에 대한 연구 성과들이 상당하다. 인지도구(cognitive tools), 마인드툴(mindtools)이 대표적인 예이다. 그는 구성주의적 시각에서 테크놀로지를 매체(media)가 아니라 도구(tool)로 사용해야 한다고 주장하여, 학습자들로 하여금 테크놀로지를 직접 활용하면서 유의미 학습을 이끌어 낼 수 있다고 하였다. 즉, 학습자들이 학습 중에 테크놀로지를 인지도구 또는 마인드툴로써 활용하여 문제해결을 하도록 만들라는 것이다.

논증 테크놀로지의 구체적 모습은 초창 연구시기에는 인지도구였고, 중반과 후반 연구시기에는 마인드툴이라 불리는 마음도구였다. 인지도구는 학생들의 기억의 부담을 덜어 주고 추상적 개념들을 체계적 또는 구조적으로 표상하거나 또는 시각화하여 줌으로써 고차원적 인지활동에 시간과 주의를 더 기울일 수 있게 도와주는 도구이다(Kommers, Jonassen, & Mayes, 1992; Lajoie & Derry, 1993). Jonassen(1996, 2000, 2006)은 인지도구의 개념을 더욱 구체화하여 마음도구라고 일컬어지는 마인드툴이라고 명명하여, 개념 변화와 유의미 학습을 위해 학습내용에 대한 모형을 구성할 때 사용되는 테크놀로지로 개념화하였다. 마인드툴에는 Excel과 같은 스프레

1) 시뮬레이션은 실제로 실행하기 어려운 것을 행하는 모의실험이다. 어떤 주어진 문제를 해결하기 위하여 위험하거나 재정 비용이 많이 소모되는 해결안을 직접 시도할 수는 없기 때문에 시뮬레이션은 좋은 대안이 될 수 있다. 이 장이 Jonassen 연구에서 논증을 이해하는 것이 목적이기 때문에 시뮬레이션에 대한 자세한 설명은 제외한다.

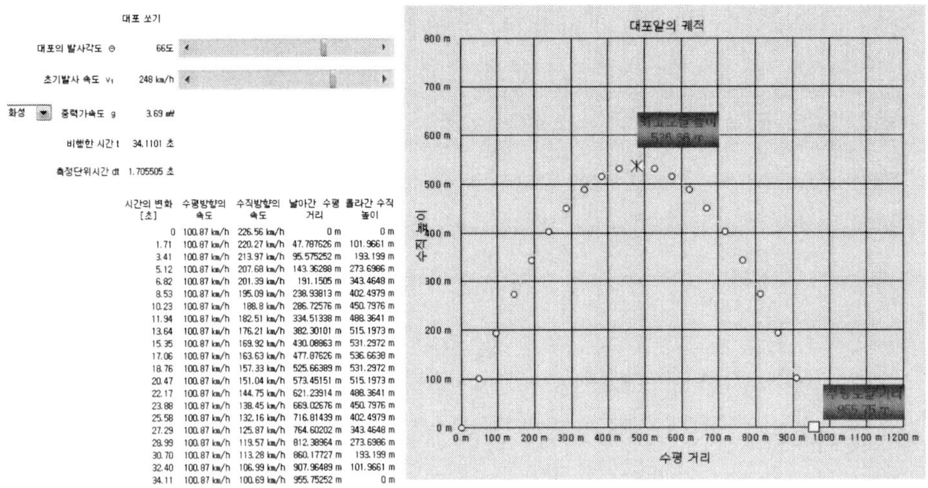

[그림 3-3] Excel을 마인드툴로 이용하여 행성별 중력과 포물선 운동의 관계 파악[2)]

드시트 프로그램, Access와 같은 데이터베이스 프로그램, Inspiration과 같은 개념 지도 프로그램을 포함하여, 전문가 시스템, 하이퍼미디어, 컴퓨터 매개 커뮤니케이션, 시뮬레이션, 마이크로월드를 망라한다. 이 프로그램들은 학습현장에서 학습자가 쉽게 접할 수 있는 것들로 큰 재정 부담 없이 수업 중에 이용할 수 있다.

4) 문제해결능력의 평가 방법

Jonassen(1992, 2004)은 문제해결능력이나 문제해결안의 효과성을 평가하는 쉽고도 효율적인 방법으로도 논증을 제안하고 있다. 학습자에게 자신의 해결안을 정당화하도록 요구하라는 것이다. 이는 실질적으로 학습자로 하여금 자신이 선택한 문제해결안의 타당성을 보여 주는 논증을 구성하게 만드는 것이다. 그리고 구성된 논증을 평가함으로써 학습자의 문제해결능력이 향상되었는지를 파악할 수 있다.

그러면 학습자는 자신의 문제해결안의 타당성을 보여 주는 논증을 어떻게 구성하고, 교수자는 이를 어떻게 평가할 수 있을까? 만일 학습자에게 과제의 일부로서

---

2) 필자가 우리나라 대학생과 교육대학원생을 대상으로 수업에서 마인드툴을 활용한 예시이다.

에세이나 리포트를 제출하도록 했다면, 학습자가 작성한 에세이나 리포트의 내용을 논증의 구성요소를 통해 평가하는 것이 가능하다. 학습자는 자신의 에세이나 리포트의 내용을 작성할 때 Toulmin(1958)의 논증모형을 인지적으로 고려하면서 문장 내용을 논증 구조에 맞추어 쓸 수 있다. 만일 학습자에게 명시적 과제 제출을 요구하는 것이 아니라 문제를 협력적으로 해결하는 과정 중의 내용으로 평가하려고 하면, 학습자들이 토론 내용을 녹음하여 전사한 후에 논증의 구성요소를 평가할 수 있으며, 만일 협력적 문제해결 과정에서 온라인이나 모바일 도구, 예컨대 웹 게시판, 이메일, 메신저, SNS, 카카오톡 등을 활용하여 토론을 실시했다면, 이 토론 내용은 데이터베이스에 저장되기 때문에 이를 다운로드하여 평가할 수 있다.

교수자가 학습자를 논증 구조의 요소를 통해 평가하려 할 때, 학습자가 작성한 문장을 아이디어 단위(idea unit)로 분해하고 이를 사전에 만들어 놓은 코딩스킴(coding scheme)이나 루브릭(rubric)에 따라 점수로 환산하는 작업이 요청된다. 즉, 담화분석(discourse analysis)이나 프로토콜 분석(protocol analysis)을 실시하는 것이다(Jonassen, 2011). 예를 들어, Cho(2001), Cho와 Jonassen(2002)은 Toulmin(1958)의 논증모형을 부호화하여 학습자들이 문제를 해결하는 동안 실시된 온라인 토론 메시지 내용을 분석하였다. 앞 절에서 밝힌 바와 같이 Toulmin의 논증모형은 주장, 근거, 보증, 후원, 반론의 논증 요소로 구성되어 있으므로 토론 메시지의 내용은 이 5개의 부호화된 논증 요소를 통해 계량적으로 평가한 것이다. Jonassen(2004)은 논증을 통해 문제해결능력을 평가하는 구체적인 절차와 방법을 제시하고 있다.

한 가지 주의할 것이 있다. 여기서 언급하고자 하는 것은 논증을 평가하는 방법이 아니라 문제해결능력의 평가 방법으로서의 논증을 말하고 있다는 점이다. 전자는 후자 안에 포함되기 때문에 굳이 구분할 필요가 없을지도 모른다. 논증을 통해 문제해결능력을 평가하려면, 논증이 잘되어 있는지를 평가해야 하기 때문이다. Jonassen은 그의 저서나 논문에서 이 두 가지를 명시적으로 구분하여 사용하지는 않았다.

5) 사회구성주의적 개념

구성주의자에게 논증은 당연한 기본 전제이거나 논리적 가정에 속한다고 보아야 한다. 구성주의가 말하는 지식 구성의 과정에서 논증은 핵심적인 역할을 담당하기 때문이다. 따라서 Jonassen은 구성주의 학자이므로 논증이 중요한 구성주의적 개념으로 다루어진 것은 필연적 귀결이다.

구성주의자로서 Jonassen의 면모는 1991년의 논문인 「Objectivism vs. constructivism: Do we need a new paradigm?」과 1992년에 Duffy와 공동 편집으로 출간한 『Constructivism and the technology of instruction: A conversation』에 잘 드러난다. 같은 책에서 Reigeluth(1992)는 Jonassen을 다른 학자들(Bednar, Duffy, Cunningham, Perry 등)과 더불어 학습과 학습설계에 대한 구성주의의 열렬한 복음 전도사라고까지 칭했으니 더 말할 필요조차 없다. 구성주의의 핵심 주장은 실제가 객관적인 존재가 아니라 개인의 경험에 기초하여 구성되거나 혹은 적어도 해석된다는 것이다. 우리는 외부 세상을 어느 정도 다르게 인식하는 것이다. 구성주의의 관심은 대상과 사건을 해석하는 개인의 경험, 정신구조, 믿음으로부터 어떻게 지식을 구성하는가이다(Jonassen, 1991, 1992).

이러한 구성주의적 시각은 학습을 체계적으로 설명하고자 하는 학습이론일 수 없고 지식의 성격을 탐구하는 철학의 한 분파로서의 인식론일 뿐이라는 비판론도 있었고(조영태, 2001; 최정임, 1998; Dick, 1992; Driscoll, 2000), 학습이론으로 간주할 수도 있다는 옹호론도 있었다(조규락, 2003). 현재는 구성주의가 인식론이냐 학습이론이냐 하는 논쟁은 찾아보기 어렵다. 그런 구별이나 논쟁이 중요하지 않아서가 아니라 실제적인 맥락에서 큰 의미가 별로 없기 때문으로 보인다. 인식론이든 학습이론이든 구성주의의 사상은 학습과 교육적 환경에서 학습자 활동 중심의 교육에 이론적 배경이 된 것이다. 구성주의가 인식론을 넘어서 학습이론의 하나가 되어 학계에서 완전히 수용되었는지는 아직도 확실하지 않다. 그러나 확실한 것은 구성주의가 제시하는 학습이 교수자 중심의 전통적 의미의 학습과는 많이 다르다는 것이며, 정체성 논쟁과 관계없이 교수학습의 현장은 구성주의적 시각을 적용하는 것에 열의를 쏟고 있다는 점이다.

일반적으로 알려진 전통적 의미에서의 학습은 객관적인 지식을 습득하는 것인데 비하여, 구성주의는 지식의 객관성과 보편성을 부정하는 상대주의 철학적 시각을 가지고 있기 때문에 구성주의에서의 학습은 자신의 지적 경험에 대한 의미를 형성하는 과정으로 설명된다. 지식은 이런 지적 경험을 해석한 산물이며, 학습자에 의하여 적극적으로 의미가 부여된 결과라는 것이다. 그러나 구성주의가 극단적 상대주의로 가 버려 회의론에 빠진 것은 아니다. 회의론이란 개인이 해석하고 의미를 부여한 산물이 지식이라면, 지식은 개개인마다 다를 것이기 때문에 개인 상호 간의 지식은 공유될 수 없고, 대화 자체도 불가능하다는 것을 내포한다. 대신에 구성주의는 간주관성(inter-subjectivity)의 기반에서 지식의 공유가 가능하다고 본다. 그리고 지식의 공유가 가능하기 위해서는 사회적 교섭이 필요하다.

Jonassen의 논증은 특히 이 사회적 교섭 과정에서 발휘된다. 즉, 학습자들이 지식의 사회적 상호구성에 참여해서 학습할 때 논증이 중요한 역할을 하는 것이다. Jonassen(2011)은 성찰적 상호작용이 지식의 사회적 상호구성에 관계한다고 하면서 학습은 이런 성찰적 상호작용을 통해야 한다고 말하고 있다. 따라서 증거를 찾고 평가함으로써 타당한 설명이나 주장을 만드는 논증의 기회가 없으면 의미형성의 실패, 즉 학습이 실패한다. 이런 논증은 과학의 본질적 구성요소이며 과학자들의 기본적 사고 활동인 것이다(Kuhn, 1991, 1993). 그에게는 성찰적 상호작용 안에서 자신의 주장을 근거와 이유로 정당화하는 논증이 가정되어 있는 것이다.

논증은 성찰적 상호작용, 사회적 교섭뿐만 아니라 구성주의 학습환경 설계의 여러 원리와도 관련을 갖는다. 다음에 나열된 목록은 구성주의 학습환경 설계 원리의 대표적인 것들을 요약한 것이다. 논증이 직접적으로 포함되어 있는 원리들에는 사회적 교섭, 다양한 관점, 협력학습 등에서 볼 수 있다. 학생들이 가져오는 다양한 관점은 토의 과정을 거치면서 의견을 서로 교환하게 되는데, 이때 자연스럽게 논증의 과정이 펼쳐지게 된다는 점은 어렵지 않게 유추할 수 있다.

- 지식 재생산이 아닌 지식 구성
- 지식에 대한 자기인식과 주인의식
- 자발적 참여와 자기주도학습
- 참된 과제(혹은 실제적 과제; authentic tasks)
- 관련 상황과 맥락의존

- 성찰적 사고
- 다양한 관점
- 토의가 포함된 협력학습
- 사회적 교섭

3. 논의 및 시사점

1) 문제와 문제해결

Jonassen의 논증에 대한 연구 성과와 시사점을 이해하기 위해서는 문제와 문제해결의 이해가 선결되어야 한다. 그의 연구에서 논증과 문제해결은 그가 분류한 문제의 유형[3]에서 핵심이기 때문이다. 먼저, 문제의 일반적 정의부터 살펴볼 필요가 있다. 다음은 학문적 연구의 맥락에서 사용되는 '문제'의 일반적 정의이다.

> 누군가가 어떤 것을 원하지만 그것을 얻기 위하여 수행해야 할 일련의 행위들을 즉각적으로 알지 못할 때 그 개인은 문제에 직면한다(Newell & Simon, 1972, p. 72).

> 현재 있는 곳과 가고자 하는 곳 사이의 차이(gap)가 있는데 그 차이를 줄일 수 있는 방법을 어떻게 찾아야 할지 모를 때 문제가 발생한다(Hayes, 1980, p. i).

이러한 정의 방식은 상태(state)를 기반으로 한다. 현재 있는 곳도 하나의 상태이며, 어떤 것을 원하는 것과 가고자 하는 곳도 또 다른 하나의 상태이다. 구체적으로 현재는 시작 상태, 원하는 것이나 가고자 하는 곳은 목표 상태이다. 그리고 이 두 개의 상태 중간에 방해물이 존재한다. 문제는 중간에 가로막은 방해물 때문에 시작 상태에서 목표 상태가 되지 못하고, 시작 상태에서 목표 상태로 도달할 수 없는 경우

3) 문제의 유형에 대한 자세하고 구체적인 Jonassen의 연구는 이 책 제2장을 참고 바란다.

이다. 수학적으로 이를 표현하기 위해 시작 상태를 I, 목표 상태를 G로 놓으면, 문제(P)는 G 마이너스 I, 즉 P=G−I이며, G와 I의 차이가 방해물, 즉 해결해야 할 문제가 되는 것이다. 결국 문제해결은 '목표 상태로 도달할 수 있는 방법을 가로막는 방해물' 또는 차이를 제거하는 것이다. 그리고 문제해결 과정은 방해물 제거 방법을 찾아서 그것을 제거하는 과정이 된다('문제해결 경로 탐색'이라고 부른다). 이처럼 상태를 기반으로 하는 문제의 정의는 널리 알려져 있다.

그런데 이러한 방식의 정의는 문제와 그 문제해결에 대해 사람의 개인차에 따른 상대적인 의미를 내포한다. 문제에 접하는 사람마다 그것이 문제로 인식될 수도 문제가 아닌 것으로 인식될 수 있는 논리적 가정이 있기 때문이다. 누군가에게 목표 상태의 도달을 가로막는 방해물이 다른 누군가에게는 전혀 방해물이 아닐 수 있다. 이때 그 다른 누군가에게는 그것이 문제가 아니다. 다시 말해, 문제는 방해물 제거 방법을 모르는 사람에게만 문제로 인식되는 것이지 방해물 제거방법을 아는 사람에게는 문제로서 인식조차 되지 않는다. 이는 동일한 문제로 보일지라도 그것을 직면한 사람의 사전지식, 과거 경험 등에 따라 누군가에게는 문제가 되는데, 다른 누군가에게는 문제가 되지 않는다는 것을 뜻한다. 문제가 모두에게 객관적이지 않은 것이다.

그러나 이런 방식의 문제와 문제해결의 정의는 문제 자체의 본성으로 문제와 문제해결을 정의 내린 것이 아니다. 이런 방식의 정의에서 문제해결은 문제 자체가 가지고 있는 속성을 회피하거나 부수적인 것으로 취급한다. 이렇게 되면 문제해결은 전적으로 개인차에 의한 것이 된다. 문제 자체의 속성이 문제해결 과정의 핵심 관심사가 되는 것이 아니라, 대신에 문제해결 경로 탐색의 과정, 즉 방해물 제거에만 주된 초점을 두는 것이다. 문제와 문제해결에 대한 Jonassen의 문제의식과 그에 따른 연구 성과인 문제의 유형은 특히 문제 자체가 지닌 속성(구조성, 맥락성, 복잡성, 역동성, 영역 특수성)을 잘 부각시키고 있다.

2) 논증과 문제해결

논증은 Jonassen이 문제의 속성과 문제 유형을 제시하면서 점차 중요한 요소로 등장하게 된다. 문제 유형에서 제시한 문제의 속성에서 그 속성 때문에 논증의 형태가 달라질 수 있음을 보여 주고 있다. 특히 영역 특수성은 서로 상이한 학문 분야 혹은 기술 분야에서 체계적으로 축적되고 다듬어져 온 지식과 논리에 의한 논증이 필요하다. 사회과학 분야의 문제해결을 위해 동원되는 지식과 논리에 의한 논증은 자연과학 분야의 문제해결을 위해 동원되는 지식과 논리에 의한 논증과는 다른 것이다.

더욱이 Jonassen의 논증을 이해하기 위해서는, 그가 지적하고 있는 상황맥락 안에서 살펴보아야 한다. 이 상황맥락의 차이 안에서 논증은 의미를 갖기 때문이다. 다시 말해, 논증이 실제로 유의미하게 작동되는 순간은 사람들이 문제에 직면했을 때, 문제의 다양한 속성을 파악하고 그것을 해결하려는 상황인 것이다. 상황맥락의 차이는 문제를 해결하려는 사람의 인지적 노력에서 발현되는 논증에 영향을 미친다.

이를 보다 확실히 하기 위해, 실생활 사태에서 사용하는 문제의 사례와 논증의 관계를 살펴보자. 이때 문제가 무슨 뜻으로 사용되는지는 그 상황의 맥락에 달려 있다. 사람들은 매우 다양한 맥락에서 여러 의미로 '문제'라는 단어를 사용한다. 다음은 실생활에서 나타날 수 있는 일반적인 문제의 예시들이다.

① 중간고사를 치르고 나서 학생이 묻는다. "수학문제 5번의 답이 뭐야?"
② 기말고사를 앞두고 학생이 묻는다. "너, 이번 수학문제, 자신 있어?"
③ 기말고사가 끝나고 학생들이 말한다. "이번 기말고사에서 출제된 수학문제는 정말 문제가 있어. 넌 어떻게 생각해?"
④ 대학생들이 대화한다. "우리나라는 정말 정치가 문제다! 안 그래?"
⑤ 회사에 다니는 친구가 묻는다. "혹시 너, 다니는 직장에서 무슨 문제가 있어?" 혹은 병원을 찾은 환자가 의사에게 묻는다. "선생님, 제게 무슨 문제가 있나요?"
⑥ 어느 누군가가 탄식하며 혼자 말을 한다. "아! 그 자가 문제의 인물이었군."
⑦ 교사가 학생을 꾸짖는다. "너는 정말 문제아군!"
⑧ 기업의 CEO가 말한다. "그래, 역시 사람이 문제야. 잘못 채용하면 다 망칠 수 있어."
⑨ 친구가 말한다. "신문에서 그 사람의 여자문제를 1면 톱기사로 실었어."

사람들은 각 사태마다 동일한 단어인 '문제'를 사용하고 있지만 그 실제 의미는 맥락에 따라 다르게 나타난다. ①은 교과목 수학에서 출제된 '시험문제'라는 뜻으로 사용되었고, ②는 각 수학문제가 아니라 '수학시험'의 동일한 뜻이며, ③에서 앞의 수학문제는 시험문제인 반면에, 뒤의 문제는 '잘못된 것'이라는 뜻이다. ④에서 대학생들은 우리나라 정치의 '잘못된 점'을 대화하고 있으며, ⑤에서는 둘 다 불안한 마음의 '걱정거리'를 뜻한다. ⑥는 '논쟁거리의 사람'이나 '성가시게 구는 사람'으로 해석되며, ⑦는 '지도하기 힘든 말썽 피우는' 학생을 문제아라 표현한 것이고, ⑧에서의 문제는 '중요한' 요인을 말하고 있다. ⑨에서는 '관련된 사건이나 일'을 뜻한다.

문제의 의미가 실생활의 사태에 따라 매우 다양하게 사용되는 것처럼, 실생활의 사태에서 문제해결의 의미도 마찬가지로 다양하다. 앞의 예에서 문제가 '시험문제'라면 문제해결은 시험문제를 푸는 것이며, '잘못된 것'이라면 그 잘못된 것을 고치거나 수정하는 것이고, '걱정거리'면 그것을 해소하는 것이 문제해결이 된다. '논쟁거리'나 '성가신 것'의 의미로 문제가 사용되었다면, 문제해결은 회피하는 것이거나 어쩔 수 없더라도 받아들이는 것이다. 앞의 ⑧처럼 문제가 '중요한' 요인이라면 기업이 요구하는 인재를 채용하는 것이 문제해결이며, ⑨처럼 문제가 '관련된 사건이나 일'이라면 문제해결은 신문이 그 문제를 들추지 말았어야 했다거나 독자에게 사과해야 한다거나 여자문제를 안고 있는 그 사람이 사과해야 한다는 것이 될 것이다. 적어도 분명한 사실은 실생활 사태에서 문제해결은 문제가 그러했던 것처럼 문제가 사용되는 맥락에 달려 있다는 점이다.

이 중에서 어떤 문제들은 논증을 요구하지 않는 개인적 의사표현인 것으로 굳이 문제라고 표현하지 않아도 된다. 이런 문제들은 굳이 상대방에게 해결안이 무엇인지를 얻기 위해 제기한 것이 아니다. 특정한 해결안이 요구되지 않기 때문이다. 그러나 어떤 문제들은 말하는 사람이 이유와 근거를 제시해야만 정당한 문제제기가 되는 것도 있다. 듣는 사람이 그렇게 간주한 이유와 근거를 대도록 요구할 수 있기 때문이다. 또 말하는 사람이 요구함으로써 듣는 사람이 해결안을 제시하기 위해서 이유와 근거를 제시해야 하는 문제도 있다. 이런 문제들은 화자(話者)나 청자(聽者)의 문제제기나 문제해결에서의 논증을 필요로 한다. 이처럼 실생활의 사태는 문제라는 개념이 사용되는 맥락이 다양하고, 다양한 맥락만큼이나 의미의 해석도 다양하며, 논증을 요구하는 맥락도 항상 동일하지 않음을 알 수 있다. 따라서 적어도 실생활 사태에서 문제라고 한다면, 그 문제와 관련된 논증은 별개로 존재하기보다는 바늘과 실의 관계처럼 함께 존재한다. 문제 안에 논증이 포함되어 있는 것이다.

논증과 문제해결이 중요한 이유는 우리가 학습자를 교육하는 이유가 되기 때문이다. Jonassen이 직접 밝힌 것처럼 인간의 역사는 직면한 다양한 문제해결의 역사이며, 개인의 삶은 작고 사소한 문제부터 크고 어려운 문제까지 해결해야 할 문제들로 가득 차 있다. 우리 삶의 질은 직면하는 문제를 얼마나 잘 해결하느냐에 달려 있다. 당연히 우리의 후속 세대가 갖추어야 하고 학습자가 습득하기 바라는 교육의 목표는 문제해결능력이다. 그러나 삶에서 부딪히는 중요한 문제들은 논증이라는 기술을 요구하는 복잡한 문제들이다. 문제가 복잡할수록 논증 기술은 문제해결에 필수적이다.

3) 전문가와 논증

어느 한 분야의 전문가는 그 분야에 대한 지식과 경험이 풍부하다. 초보자와는 달리 전문가의 지식은 구조적이고 체계적으로 잘 짜여 있으며, 그 지식과 관련된 여러 문제 상황에 대한 다양한 해결 성공과 해결 실패의 경험도 가지고 있다. 수년 동안 지식의 구조성을 체계화시키고 경험을 축적해 가면서 전문성이 쌓이면, 초보자나 일반인에게 어렵게 보이는 문제일지라도 문제로조차 인식되지 않는 경우가 많다. 전문가에게는 그 문제해결 과정의 절차가 확고히 자리 잡고 있기 때문이다. 따라서 전문가는 그가 속한 분야에서 발생하는 다양한 문제의 해결방법을 잘 알고 있는 사람이기도 하다. 전문가다운 모습은 실제로 직면한 문제를 해결하는 것에만 있지 않고, 문제해결 과정에서 논증 구조를 이용하여 다른 사람을 설득하는 것에도 있다. 문제를 다루는 인식주체의 인지적 적용이며 절차인 논증은 전문가의 판단과 타인을 이해시키는 데 필요한 합리적 근거와 이유를 제공하기 때문이다.

논증은 영역지식(domain knowledge)의 체계성에 바탕을 두고 있으며, 영역지식과 독립적으로 따로 존재하는 것이 아니다(김선연, 조규락, 2008). 비록 [그림 3-1]과 [그림 3-2]의 Toulmin(1958)의 논증 구조를 보면 마치 영역지식과는 별개로 논증을 이루는 요소들이 존재하는 것처럼 보이지만, 이는 어디까지나 개념적인 모습일 뿐이지 실제로 논증할 때 이런 논증의 요소들이 영역지식과 분리되어 논증이 이루어질 수는 없다. 설득적이고 우수한 논증을 하기 위해서는 영역지식을 동원하지 않고는 가능하지 않다는 뜻이다. 따라서 논증을 잘한다는 것은 체계적인 영역지식을 풍부히 소유하고 있음을 의미한다. 그러나 논증을 이루는 요소에 영역지식을 실을 수 없다면, 풍부하고 체계적인 영역지식의 소유가 반드시 우수한 논증을 보장하지는 않는다.

이렇게 보면 전문가도 두 가지로 구분할 수 있다. 하나는 풍부하고 체계적인 영역지식을 소유하여 직면한 문제를 잘 해결하지만 다른 사람을 설득하는 논증에는 약한 전문가를 말한다. 이때 논증은 문제와 관련된 풍부하고 체계적인 영역지식 자체가 아니라 그것을 다른 사람들에게 설명하고 이해시키기 위해 사용되는 기술적(technical)인 기교나 능력이다. 예컨대, 말을 조리 있게 하거나 쉬운 예를 사용하거나 쉽게 흥분하지 않고 상대방의 이야기를 듣고 반박할 수 있는 능력들과 상통한다. 지식과 연구 측면에서는 탁월하지만 일반 대중들을 설득시키는 데에는 소질이 없는 전문가들을 어렵지 않게 찾을 수 있다. 물론 이 어떤 기교도 영역지식이 없다면 전문가라고 불리지 않는다. 또 하나의 전문가는 문제해결뿐만 아니라 다른 사람을 설득하는 논증에도 강한 전문가이다. 이런 전문가는 체계적인 영역지식을 조리 있게 설명하고, 실생활에서 접할 수 있는 사건이나 역사적 사실을 영역지식에 연결하여 쉬운 예시를 잘 제시한다.

4) 논증 스캐폴드와 논증 시각화

Jonassen의 논증에 대한 업적은 학습자들의 논증 기술을 향상시키는 방법을 구안하는 데 도움을 줄 수 있다. 특히 문제해결활동들이 e-러닝, MOOC(Massive Open Online Course)와 같은 온라인상에서 원격으로 벌어지는 현재는 더욱 중요한 사항이 되었다. 논증 기술은 어떤 문제해결에 대해 둘 이상이 서로 협력하며 때로는 치열한 논박이 일어나는 설득 과정의 상황 속에서 향상되는 것인데 면대면이 아닌 환경에서는 이런 설득 과정의 상황이 쉽게 발생하지 않기 때문이다.

Jonassen의 영향을 받은 여러 학자가 이러한 온라인 학습환경에서 논증 기술을 향상시킬 수 있는 방법으로 Jonassen의 논증 테크놀로지 사용을 제안하였다. 특히 컴퓨터 네트워크 기반의 인지도구가 인지전략의 하나로서 논증 기술 향상을 위한 스캐폴드를 제시할 수 있다는 것이다. 그의 인지도구, 마인드툴은 학습 상황에서 논증을 스캐폴딩할 때 구체적으로 어떻게 테크놀로지를 사용해야 하는지 잘 보여 준다. 그러나 Jonassen의 마인드툴은 반드시 온라인상에서만 해당되는 테크놀로지가 아니다. 이 중에서 어떤 것들은 온라인 상에서, 어떤 것들은 오프라인 상에서 충분히 마인드툴로 활용함으로써 논증을 스캐폴딩할 수 있다.

20세기 말에는 컴퓨터 지원 협력 논증(Computer-Supported Collaborative Argumentation: 이하 CSCA) 프로그램이라는 새로운 인지도구가 등장하여 컴퓨터 통신망에서 학습자들이 토론을 하면서 협력적인 논증을 가능케 하였다(Buckingham Shum et al., 1997; Kirschner, Buckingham Shum, & Carr, 2003; Suthers, 1998). 협력적인 논증은 그래픽을 이용함으로써 구현되었다. 그래픽 중심의 논증 스캐폴드는 마인드맵이나 개념지도처럼 주장과 근거, 근거와 사례, 사례와 이론 등 논증 요소들 사이의 관계를 노드와 링크를 이용하여 명시적으로 시각화하여 보여 주었다. CSCA는 Toulmin의 논증모형을 나타낸 [그림 3-4]를 컴퓨터 화면에서 구현한 것뿐만 아니라 토론과 논증에 참여하는 원격의 학습자들이 동일한 화면을 보면서 논증의 구조를 변화시킬 수 있었다. 즉, 자신의 논증을 다른 사람에게 보여 줄 수 있는 것이다.

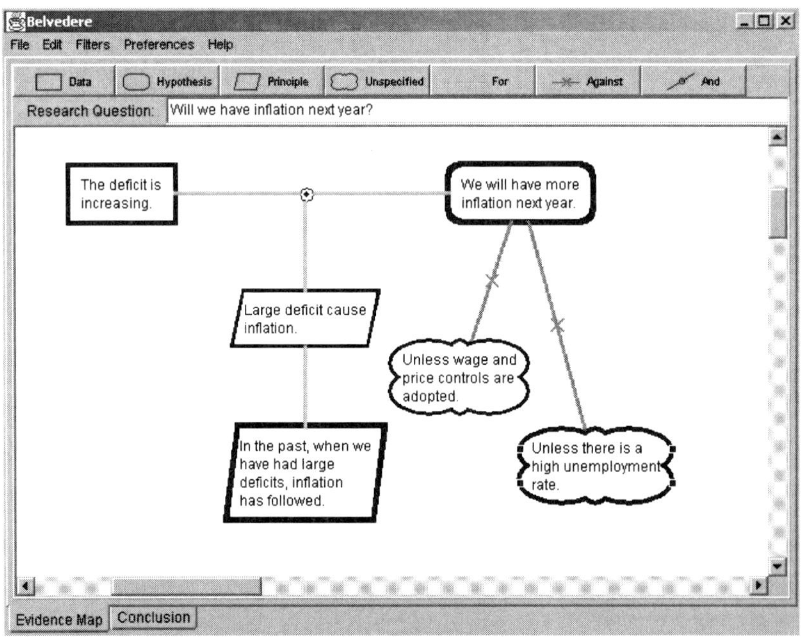

[그림 3-4] CSCA 프로그램인 Belvedere로 구현한 논증의 모습

동시에 옆 화면에는 실시간으로 자신의 의견을 글로 올릴 수 있었다. CSCA를 통해 시각화된 논증의 구조를 제시함으로써 학습자들은 전체 논증의 구조를 용이하게 파악하고 쉽게 조작할 수 있게 된 것이다. 이제 학습자들은 논증을 시각적으로 표현하고 논증의 형태를 인식하며, 새로운 관계를 발견하게 된다(Goldenberg, 1995). Veerman, Andriessen과 Kanselaar(1999), Jonassen의 제자인 Tan(2000), 조규락(2002)의 연구와 Carr(1999)는 CSCA 도구가 논증 기술을 향상시키는 데 도움을 줄 수 있다는 점을 밝혔다.

4. 결론

삶 자체가 문제해결의 과정이라고 할 수 있다. 우리의 삶은 언제나 비구조 문제에 직면해 있으며, 이를 어떻게 해결하는가는 우리 삶에 중대한 영향을 미친다. 법과 규칙, 질서와 윤리 등등 역사적으로 비추어 봐서도 직면한 문제와 이에 대한 해결은 사회의 발전을 이끌어 왔다. 논증은 이런 비구조 문제해결에서 핵심적인 요소이며, 문제해결력 향상을 위해 학교에서 습득하고 향상시켜야 하는 기술이다. 학습의 역할이, 다시 말해 학습을 통해 학습자가 길러야 하는 학습결과가 문제해결력이라면 이를 위해 논증은 필수 항목이다.

여기에는 간과할 수 없는 중요한 측면이 존재한다. 논증이 벌어지는 기본 맥락으로서 문제 자체와 문제의 성격 그리고 문제의 유형이다. Jonassen의 논증에 대한 연구는 이 기본 맥락 안에서 중요한 의미를 갖는다. 왜냐하면 이 기본 맥락들이 상이할 때, 실제 나타나는 논증의 모습도 달라지기 때문이다. 어떤 문제를 해결하느냐에 따라 드러나는 논증의 모습이 다른 것이다. 또한 Jonassen은 논증이 학습자의 지식구성 활동에 적극적으로 이용되기를 바랐다. 학습현상에 관심을 갖는 구성주의 학자로서 지식구성 활동의 구체적 모습이 비구조 문제를 해결하는 활동을 하거나 그 문제해결활동을 위한 인지적 지원과정으로 보았기 때문이다. 다양한 교과와 상황에 따른 논증 연구를 기대해 본다.

참고문헌

김선연, 조규락(2008). 비구조 문제해결에 영향을 미치는 개인차 변인들의 관계 분석. **교육공학연구, 24(3)**, 125-157.

조규락(2002). 논증 스캐폴드와 문제의 유형이 논증의 질, 문제해결 성취도 및 집단의 효과성에 미치는 효과. **교육공학연구, 18(3)**, 55-82.

조규락(2003). 구성주의 기반의 학습이론 탐구. **교육공학연구, 19(3)**, 3-40.

조규락(2009). 역자서문: 새롭게 문제해결을 시작하며. Jonassen, D. H. **문제해결 학습: 교수설계가이드** (*Learning to solve problems: An instructional design guide*). (조규락, 박은실 공역). 서울: 학지사. (원저는 2004년에 출판).

조영태(2001). 구성주의와 교육공학: 비판적 검토. **교육공학연구, 17(1)**, 7-35.

최정임(1998). 구성주의연구의 이해: '객관주의와 구성주의: 대립에서 대화로'를 읽고. **교육공학연구, 14(3)**, 385-400.

Anderson, L. W., Krathwohl, D. R., Airasian, P. W., Cruikshank, K. A., Mayer, R. E., Pintrich, P. R., Raths, J., & Wittrock, M. C. (Eds.). (2005). **교육과정, 수업, 평가를 위한 새로운 분류학: Bloom 교육목표분류학의 개정** *(A taxonomy for learning, teaching, and assessment: A revision of Blooms's taxonomy of educational objectives)*. (강현석, 강이철, 권대훈, 박영무, 이원희, 조영남, 주동범, 최호성 공역). 서울: 아카데미프레스. (원저는 2001년에 출판).

Bloom, B. S., Englehart, M. D., Furst, E. J., Hill, W. H., & Krathwohl, D. R. (1956). *Taxonomy of educational objectives: The classification of educational goals: Handbook I. The cognitive domain*. New York: Longman.

Buckingham Shum, S. J., MacLean, A., Bellotti, V. M. E., & Hammond, N. V. (1997). Graphical argumentation and design cognition. *Human-Computer Interaction, 12*, 267-300.

Carr, C. S. (1999). The effect of computer-supported collaborative argumentation (CSCA) on argumentation skills in second-year law students. Unpublished doctoral dissertation. The Pennsylvania State University, Pennsylvania.

Cho, K. L. (2001). *The effects of argumentation scaffolds on argumentation and problem solving in an online collaborative group problem-solving environments*. Unpublished doctoral dissertation. The Pennsylvania State University, Pennsylvania.

Cho, K. L., & Jonassen, D. H. (2002). The effects of argumentation scaffolds on argumentation and problem solving. *Educational Technology: Research and Development, 50(3)*, 5-22.

Dick, W. (1992). An instructional design's view of constructivism. In T. Duffy & D. H. Jonassen (Eds.), *Constructivism and the technology of instruction: A conversation* (pp. 91-98). Hillsdale, NJ: Lawrence Erlbaum Associates.

Driscoll, M. P. (2000). *Psychology of Learning for instruction* (2nd ed.). Needham Heights, MA: Allyn & Bacon.

Duffy, T. M., & Jonassen, D. H. (1992). Constructivism: New implications for instructional technology. In T. M. Duffy & D. H. Jonassen (Eds.), *Constructivism and the technology of instruction: A conversation*. Hillsdale, NJ: Lawrence Erlbaum Associates.

Goldenberg, E. P. (1995). Multiple representations: A vehicle for understanding. In D. Perkins, J. Schwartz, M. West, & W. Wiske (Eds.), *Software goes to school: Teaching for understanding with new technologies* (pp. 155-171). New York, NY: Oxford University Press.

Hayes, J. (1980). *The complete problem solver*. Philadelphia: The Franklin Institute Press.

Jonassen, D. H. (1991). Objectivism vs. constructivism: Do we need a new philosophical paradigm? *Educational Technology: Research and Development, 39*(3), 5-14.

Jonassen, D. H. (1992). Evaluating constuctivistic learning. In T. M. Duffy & D. H. Jonassen (Eds.), *Constructivism and the technology of instruction*. Hillsdale, NJ: Lawrence Erlbaum Associates.

Jonassen, D. H. (1996). *Computers in the classroom: Mindtools for critical thinking* (1st ed.). Englewood Cliffs, NJ: Prentice-Hall.

Jonassen, D. H. (1997). Instructional design models for well-structured and ill-structured problem-solving learning outcomes. *Educational Technology: Research and Development, 45*(1), 65-94.

Jonassen, D. H. (2000). *Computers as mindtools for schools: Engaging critical thinking* (2nd Ed.). Upper Saddle River, NJ: Prentice-Hall.

Jonassen, D. H. (2004). *Learning to solve problems: An instructional design guide*. San Francisco, CA: John Wiley & Sons.

Jonassen, D. H. (2006). *Modeling with technology: Mindtools for conceptual change* (3rd ed.). Upper Saddle River, NJ: Pearson.

Jonassen, D. H. (2009). **문제해결 학습: 교수설계가이드** (*Learning to solve problems: An instructional design guide*). (조규락, 박은실 공역). 서울: 학지사. (원저는 2004년에 출판).

Jonassen, D. H. (2011). *Learning to solve problems: A handbook for designing problem-solving learning environments*. New York: Routledge.

Jonassen, D. H., & Tessmer, M. (1996/1997). An outcomes-based taxonomy for instructional systems design, evaluation, and research. *Training Research Journal, 2*, 11-46.

Kirschner, P. A., Buckingham Shum, S. J., & Carr, C. S. (Eds.) (2003). *Visualizing argumentation: Software tools for collaborative and educational sense-making*. London: Springer-Verlag.

Kommers, P. A. M., Jonassen, D. H., & Mayes, J. T. (1992). *Cognitive tools for learning*. Berlin, Germany: Springer-Verlag.

Kuhn, D. (1991). *The skills of argument*. Cambridge, UK: Cambridge University Press.

Kuhn, D. (1993). Science as argument: Implications for teaching and learning scientific thinking. *Science Education, 77*(3), 319-337.

Lajoie, S. P., & Derry, S. J. (Eds.). (1993). *Computers as cognitive tools*. Hillsdale, NJ: Lawrence Erlbaum Associates.

Newell, A., & Simon, H. (1972). *Human problem solving*. Upper Saddle River, NJ: Prentice Hall.

Reigeluth, C. M. (1992). Reflections on the implications of constructivism for educational technology. In T. M. Duffy & D. H. Jonassen (Eds.), *Constructivism and the technology of instruction: A conversation* (pp. 149-156). Hillsdale, NJ: Lawrence Erlbaum Associates.

Suthers, D. (1998). *Representations for scaffolding collaborative inquiry on ill-structured problems*. Paper presented at the 1998 AERA Annual Meeting, San Diego, California.

Tan, S. C. (2000). Supporting collaborative problem solving through computer-supported collaborative argumentation. Unpublished doctoral dissertation. The Pennsylvania State University, Pennsylvania.

Toulmin, S. (1958). *The uses of argument*. Cambridge, UK: Cambridge University Press.

Toulmin, S. E., Rieke, R. D., & Janik, A. (1984). *An introduction to reasoning* (2nd ed.). New York, NY: Macmillan.

Veerman, A. L., Andriessen, J. E. B., & Kanselaar, G. (1999, Dec.). *Collaborative learning through computer-mediated argumentation*. Paper presented at the conference on Computer Supported Collaborative Learning (CSCL 99), San Francisco, California.

Willard, C. A. (1989). *A theory of argumentation*. Tuscaloosa, AL: The University of Alabama Press.

CHAPTER 4

사례 기반 학습

조영환(서울대학교)
허선영(서울대학교)

1. 서론

일상생활 속에서 새로운 문제에 직면했을 때 많은 사람은 자신의 과거 경험을 떠올리거나 다른 사람의 이야기에 의존하여 문제를 해결한다. 오늘날 취업난을 겪고 있는 많은 대학생이 자신이 희망하는 기업이나 공공기관에 취업한 선배들의 이야기에 귀를 기울인다. 그리고 가족 중의 한 명이 예상하지 못한 질병에 걸리면 인터넷에서 그와 유사한 경험을 한 다른 사람의 이야기를 찾아보고 도움을 얻는다. 만약 어떤 사람이 과거에 동일한 문제를 경험한 적이 있다면, 자신의 경험을 기반으로 하여 앞으로 무엇을 할 것인지를 효과적으로 결정할 수 있을 것이다.

일상생활뿐만 아니라 법학, 경영학, 의학처럼 고도의 전문성이 요구되는 분야에서도 초보자의 문제해결을 돕기 위해서 과거에 있었던 실제적인 문제와 해결책을 이야기 형태로 제공한다. 특히 학습자가 직접 문제를 해결하는 것이 어려운 상황에서 다른 사람의 사례를 체계적으로 분석하는 것은 문제해결력 향상에 큰 도움이 된다. 성공적인 사례로부터 효과적인 해결책에 대한 지식을 얻을 수 있을 뿐만 아니라 다른 사람의 실패경험으로부터 유사한 문제를 해결할 때 무엇을 조심해야 하는지에 대한 교훈을 얻을 수 있다.

우리는 새로운 문제를 해결할 때 자신이나 다른 사람의 구체적인 문제해결 경험에 기반하여 해결책을 탐색하는데, 이를 사례 기반 추론(case-based reasoning)이라고 부른다. Kolodner(1993)는 사람들이 새로운 문제에 직면했을 때 기억으로부터 그와 가장 유사한 사례를 인출하여 새로운 문제 상황을 이해하고 그 문제에 적합하게 과거의 해결책을 수정하여 적용한다고 하였다. Jonassen과 Hernandez-Serrano(2002)는 경험이 부족한 초보 학습자의 문제해결을 돕기 위해서 사례를 제공하는 것이 필요하다고 하였다. 예컨대, 학습자가 자신의 문제와 가장 유사한 사례를 인터넷에서 쉽게 검색할 수 있도록 사례 도서관(case library)을 제공함으로써 문제해결을 효과적으로 지원할 수 있다.

이 장에서는 사례의 개념과 유형을 사례 기반 추론 이론과 함께 살펴보고 사례가 교육현장에서 어떻게 활용될 수 있는지를 구체적인 예와 함께 제시하고자 한다. Jonassen(2006b)에 따르면, 사례는 문제해결을 도울 뿐만 아니라 실제적인 문제로 사용되기도 한다. 그런데 사례가 문제로 사용되는 것과 관련해서는 '문제의 유형과 교수설계(제2장)'에서 상세히 다루기 때문에 이 장에서는 Jonassen의 연구를 중심으로 사례가 문제해결에 어떻게 활용될 수 있는지를 중점적으로 다룬다. 마지막으로, 우리나라 맥락에서 사례 기반 학습의 시사점을 논의하고 향후 연구를 제안하겠다.

2. 사례 기반 학습에 관한 Jonassen의 연구 종합

Jonassen(2011b)은 사례를 문제해결 학습환경의 주요한 구성요소(building block)로 보았다. Jonassen은 다양한 종류의 문제해결 과정에서 사례 기반 추론이 매우 중요한 역할을 한다는 점에 주목하고 학습활동에서 사례를 적극적으로 활용할 것을 주장하였다. 다양한 분야의 전문가들은 새로운 문제를 해결할 때 교과서에 나오는 일반적인 원리나 지침에 의존하기보다는 과거의 경험 중에서 가장 유사한 사례를 기억 속에서 찾아 추론을 한다. 그 결과, 전문가는 초보자에 비해서 실제적인 문제를 더 짧은 시간에 효과적으로 해결할 수 있다. 그렇기 때문에 학교 교육에서도 문제해결 학습활동을 촉진하기 위해서 사례를 적극적으로 활용하는 것이 필요하다. 교수자는 학습자에게 문제를 사례의 형태로 제공할 수 있을 뿐만 아니라 문제해결을 돕기 위해 사례를 다양한 방식으로 활용할 수 있다.

Jonassen(2006b)은 사례의 유형을 그 기능에 따라서 분류하고 각 유형의 사례가 문제해결학습을 위해 어떻게 활용될 수 있는지를 연구하였다. 연구자에 따라서 사례 기반 학습을 다양한 의미로 사용하고 있는 것처럼 사례 기반 학습의 내용이나 방식에 대해서도 다양한 견해가 존재한다. 이와 관련해서 Jonassen(2006b)은 사례의 내용이나 형태에 대해서 논의하기 전에 먼저 사례를 그 기능에 따라 분류할 것을 제안하였다. 교수자가 사례를 어떠한 용도로 사용할 것인지를 먼저 결정한 다음에 교수학습 맥락에 맞게 사례의 내용과 형태를 자유롭게 정할 수 있기 때문이다. 학습목표 혹은 문제의 본질에 따라서 사례의 기능이 서로 다를 수 있다는 가정하

표 4-1 사례 기반 학습에 관한 Jonassen의 대표 저서 목록

Hernandez-Serrano, J., & Jonassen, D. H. (2003). The effects of case libraries on problem solving. *Journal of Computer Assisted Learning, 19*(1), 103-114.

Jonassen, D. H. (2006a). Facilitating case reuse during problem solving. *Technology, Instruction, Cognition, and Learning, 3*, 51-62.

Jonassen, D. H. (2006b). Typology of case-based learning: The content, form, and function of cases. *Educational Technology, 46*(4), 11-15.

Jonassen, D. H., & Erdelez, S. (2005). Teachers'perceptions about usability of a case library. *Journal of Computing in Teacher Education, 22*(2), 67-74.

Jonassen, D. H., & Hernandez-Serrano, J. (2002). Case-based reasoning and instructional design: Using stories to support problem solving. *Educational Technology Research and Development, 50*(2), 65-77.

Jonassen, D. H., Wang, F. K., Strobel, J., & Cernusca, D. (2003). Application of a case library of technology integration stories for teachers. *Journal of Technology and Teacher Education, 11*(4), 529-548.

Strobel, J., Jonassen, D. H., & Ionas, I. G. (2008). The evolution of a collaborative authoring system for non-linear hypertext: A design-based research study. *Computers and Education, 51*, 67-85.

Tawfik, A., & Jonassen, D. (2013). The effects of successful versus failure-based cases on argumentation while solving decision-making problems. *Educational Technology Research and Development, 61*(3), 385-406.

에 Jonassen은 다양한 유형의 사례 기반 학습을 탐색하였다. 사례 기반 학습에 관한 Jonassen의 대표 저서는 〈표 4-1〉과 같다.

1) 사례의 개념과 유형

사례의 사전적 의미는 실제로 일어난 일의 예이다. 그러나 Kolodner 등(2004)은 사례를 경험의 해석이라고 정의함으로써 사례가 단순한 예 이상의 의미를 가지는 것으로 보았다. 교육 분야에서는 실제로 있었던 사건이나 개인의 경험을 개념, 원리, 절차 등의 학습내용에 초점을 두고 재구조화하여 사례로 활용하는 경우가 많이 있다. 사례의 구성요소에는 문제 상황, 행위자와 목적, 일련의 사건, 해결안, 실행 결과, 결과에 대한 해석 등이 포함된다(Kolodner et al., 2004). 사례의 각 요소와 요소들 간의 관계에 대한 설명이 충분할수록 학습자의 문제해결을 돕는 데 유용하다. 예컨대, 성공적인 해결안이 다른 문제 상황에서도 효과적일지를 예측하기 위해서는 그 해결안이 왜 성공적이었는지에 대한 설명이 사례 속에 포함되어야 한다. 그렇지 않다면, 사례를 실제적인 문제해결에 적용하는 데 어려움을 겪을 것이다. 즉, 사례 기반 학습을 촉진하기 위해서는 사례로부터 무엇을 배울 수 있는지를 사례와 함께 제시하는 것이 필요하다.

[그림 4-1]에 제시된 것처럼 일반적으로 사례는 이야기 형식을 가진다. 이야기는 인간이 자신의 경험에 의미를 부여하고 다른 사람과 그 경험을 공유하는 가장 오래되고 자연스러운 방식이다(Jonassen & Hernandez-Serrano, 2002). 비록 학교 교육에서는 논리적이고 과학적인 설명문이 더 중요하게 여겨지나 일상생활에서 문제를 해결하거나 토론을 할 때는 자신이나 다른 사람의 경험을 이야기 형태로 말하는 경우가 많이 있다(Lave, 1988). 이야기는 과학적 설명에 비해서 더 직관적이고 쉽게 이해할 수 있다는 장점이 있기 때문에 건축가, 공학자, 상담가 등은 자신의 행동을 설명하기 위해서 이야기를 자주 사용한다(Schön, 1993). 또한 자신의 경험을 이야기 형태로 다른 사람과 공유함으로써 공동체 구성원들과 친밀감을 형성하고 자신의 정체성을 발달시킬 수 있다.

사례는 하나의 긴 이야기 형태로 제시되는 경우가 많은데, 학습자의 인지적 부담을 줄이고 학습효과를 높이기 위해서 사례의 구성요소를 의미 단위로 구분할 수도 있다. Kolodner 등(2004)은 대학생들이 자신의 디자인 경험을 사례로 개발하거나 다른 사람의 사례를 분석할 때 문제, 해결안, 근거, 기준, 결과 등의 의미 단위로 구분하도록 하였다. 임영택과 류완영(2009)은 이야기 형태의 사례를 의미론적으로 재구성하여 학습자에게 제공하면 문제해결력과 추론능력이 향상되는 것을 발견하였다. 초보 학습자의 경우 사례의 구조적 특성보다는 표면적 특성에 더 초점을 두는

초등학교 4학년인 승호는 같은 학년의 재혁이 때문에 등교 거부를 했다. 3학년 때부터 같은 반이었던 재혁이가 자신을 변태라고 소문을 내어 아이들 앞에서 자신을 놀리고 괴롭혔다는 것이 등교 거부의 이유였다. 사건의 시작은 3학년 때부터였다. 3학년 때 같은 반, 짝이었던 둘 사이는 같은 자리에서 앉으면서부터 갈등이 있었다. 계속 다리를 떨며 앉아 있는 재혁이가 불편했던 승호는 재혁이의 다리를 가리키며 그만 떨라고 했고, 이러한 지적에 재혁이는 승호가 계속 자신의 중요한 부분(성기)을 쳐다보고 손가락으로 가리키는 변태라고 반 아이들에게 소문을 냈다. 승호만 보이면 자신의 중요한 부위를 손으로 가리는 행위를 하며 "변태가 본다"라고 놀리고 도망쳤던 것이다. 처음에는 한 명의 장난이려니 했지만 갈수록 심해지고 변태라고 놀리는 친구들로 인해 내성적이고 조용한 성격의 승호는 큰 스트레스 속에서 힘들게 3학년을 마치고 4학년으로 올라갔다.

승호는 4학년이 되면서 같은 반도 아니고 친구들도 달라졌으니 그런 일이 없을 것이라 생각했다. 학기 초에 아무 일도 없이 지나갔지만 5월이 되자 아이들 사이에서 다시 승호를 변태라고 부르는 일이 잦아졌고, 급기야 재혁이가 또 친구들 앞에서 변태라고 하며 아이들에게 중요한 부위를 가리라며 소리치고 도망가는 일이 일어났다. 담임선생님은 재혁이를 불러다가 승호의 입장이 되어 생각해 보라며 여러 번 혼냈지만, 다른 아이들이 놀리는 것은 막을 수 없었다. 그때그때 재혁이를 불러다가 혼내는 방법만으로는 승호를 도와줄 수 없다고 생각한 승호의 담임선생님은 4학년 선생님들에게 도움을 요청했다. 승호를 놀리는 행동이 4학년 전체에 퍼지면서 승호 담임선생님의 힘만으로는 해결하기가 어려워졌기 때문이다.

승호의 담임선생님은 먼저 각 반 담임선생님들과 함께 4학년 전체 아이들이 재혁이가 승호를 놀리는 행동에 대해서 얼마나 알고 있고, 그러한 행동에 어떻게 대처하고 있는지 파악했다. 대부분의 남자아이들은 다들 4학년 짱인 재혁이가 승호를 왜 그렇게 놀리는지 그 이유는 알지 못한 채, 그냥 재혁이가 하는 대로 따라 한다고 했다. 때로는 재혁이가 승호를 놀리라고 시키기도 하고, 몇 번 놀리다 보니 승호가 울거나 피하는 모습이 재밌어서

계속하게 되었다고 말했다. 여자아이들은 도대체 왜 변태라고 놀리는지 이해할 수 없다며, 그런 말을 듣는 것도 기분이 나쁘다고 했다. 그러나 재혁이가 짱이기 때문에 복잡하고 귀찮은 일이 생길까 봐 그냥 모른 척하고 있었다고 말했다. 몇몇 아이는 계속 당하기만 하는 승호가 불쌍하다며 재혁이랑 그 무리들이 그냥 멀리 전학 가 버렸으면 좋겠다고 말하기도 했다.

상황을 구체적으로 파악한 4학년 선생님들은 생각보다 심각하다고 생각했고, 학교폭력 담당 인성부장님과 상의해서 학교폭력 관련 프로그램을 진행하기로 했다. 우선, 서로를 배려하는 태도를 위해서 서로에게 존댓말을 사용하게 하였다. 처음에는 아이들 모두 킥킥대며 웃었지만, 점차 존댓말에 익숙해져 갔다. 두 번째로, 아이들 모두에게 재혁이와 승호만의 문제가 아니라 전체의 문제라는 것을 설명하고, 좀 더 서로를 이해하고 배려할 수 있는 활동을 4학년 모두가 할 수 있도록 했다. 학교폭력과 관련된 다큐멘터리를 보여주면서 학교폭력이 얼마나 무서운 일이며 큰 범죄가 될 수 있는지에 관해서 스스로 느끼고, 영상 속 학생들의 입장에 공감할 수 있는 기회를 만들었다. 또한 매주 수요일을 애플(사과)데이로 지정하여 잘못한 친구에게 사과의 편지를 쓰고 화해하도록 했다. 특히 승호의 담임선생님은 다른 아이들보다 조금 더 배려심이 많고 아이들에게 인기도 많은 재상이에게 노트를 한 권 주면서 매일 승호의 일상을 지켜보고 승호에게 칭찬을 한 가지씩 해 준 뒤 느낌을 써 보라고 했다. 또한 재혁이의 담임선생님은 상담을 통해 재혁이가 아직 어린 초등학생인데도 매일 늦게 들어오시는 부모님 때문에 동네 PC방에 가서 근처 중학교를 다니는 불량한 학생들과 어울린다는 사실을 알게 되었다. 부모님이 퇴근하실 때까지 좀 더 안전한 공간에서 보살핌을 받을 수 있도록 학교 내에 있는 보육교실 프로그램에 등록하여 지낼 수 있도록 하였다.

한 달쯤 지나고 나자 4학년 분위기는 많이 달라졌다. 짱이었던 재혁이가 가장 많이 변했다. 훨씬 온순해지고, 함부로 장난치지 않았다. 재혁이의 태도가 변하자 다른 4학년 아이들도 따라서 변했다. 특정한 학생을 놀리거나 폭력적인 장난을 치면서 즐거워하던 모습은 사라지고, 서로 존댓말을 사용하면서 배려하는 모습이 늘었다. 더 이상 놀림을 받지 않게 되자 등교를 거부하던 승호도 학교에 잘 나오게 되었다. 특히 반에서 가장 인기 많은 재상이가 매일 한 가지씩 자신을 칭찬해 주자, 점점 자신감도 생겼고, 다른 아이들과도 잘 어울렸다. 학교 가는 것을 거부하던 승호를 바라보던 부모님도 걱정을 덜었다며 담임선생님에게 고마워했다.

[그림 4-1] 이야기 형태의 사례

경향이 있기 때문에 사례에 포함된 개념이나 원리를 학습자가 쉽게 이해할 수 있도록 사례를 조직함으로써 사례 기반 학습의 효과를 증진시킬 수 있다.

그리고 최근에는 사례를 더 생생하고 구체적인 방식으로 전달하기 위해 멀티미디어 기술을 자주 활용한다. 동영상은 사례에 관한 다양하고 풍부한 정보를 실제적인 맥락과 함께 제공하기 때문에 학습자의 흥미를 유발하고 사례에 관한 깊이 있는 이해를 도울 수 있다. Choi 등(2008)은 치과대학 학생들을 대상으로 온라인 학습환경에서 수술과정을 동영상으로 보여 주었다. 그리고 주요한 의사결정이 이루어지는 장면에서 전문가의 설명을 듣고, 교과서의 내용과 환자에 관한 정보를 참조한 다음 동영상 사례를 분석하도록 하였다. 교사교육에서도 동영상 사례가 자주 활용되는데, 교사들이 각자 자신의 수업 장면을 비디오로 촬영한 다음, 다른 교사들과 협력적으로 성찰하는 데 활용할 수 있다(Van Es & Sherin, 2008). Cho와 Huang(2014)은 경험이 부족한 예비교사들을 대상으로 어린 학생들이 수학문제를 해결하는 모습과 우수 교사의 학습자 중심 수업을 동영상 사례로 제공하고 온라인에서 성찰을 하도록 하였다. 이처럼 동영상 사례를 교사교육에 활용할 경우 복잡한 수업 장면에서 어느 부분에 주의를 기울여야 하는지와 관찰한 내용을 어떻게 해석해야 하는지에 관한 전문성을 계발할 수 있다. 이는 텍스트 형태의 사례로부터 학습하기 어려운 역량이다.

교육 분야에서 사례는 다양한 방식으로 활용된다. Jonassen(2006b)은 문제해결을 위해 사례를 어떻게 활용할 수 있는지를 중심으로 사례의 유형을 크게 다섯 가지로 분류하였다. 사례의 유형에는 ① 예시로서의 사례, ② 유추(사례 기반 추론)를 위한 사례, ③ 사례연구, ④ 문제로서의 사례, ⑤ 학습자가 구성한 사례가 있다. 앞에서 뒤로 갈수록 학습자가 사례 기반 학습에 참여하는 수준이 더 높아진다. 예컨대, 학습자는 주어진 예시를 적용하여 문제를 해결하는 것보다 자신의 경험을 사례로 만들 때 더 주도적인 역할을 수행한다. 그리고 2011년에 출판된 『Learning to solve problems: A handbook for designing problem-solving learning environments』에서 Jonassen(2011b)은 사례를 ① 문제, ② 정구조 문제(well-structured problem)의 예제, ③ 비구조 문제(ill-structured problem)의 예시(사례연구), ④ 유추, ⑤ 사전 경험(사례 기반 추론), ⑥ 대안적 관점, ⑦ 시뮬레이션으로 더 상세하게 구분하였다. 이러한 사례의 유형들은 독립적이라기보다는 서로 밀접한 관련성을 가진다. 예컨대, 비구조 문제의 예시로서 개발된 사례를 사전 경험을 지원하거나 대안적 관점을 제시하는 데 사용할 수도 있다. 이는 Jonassen이 사례의 내용이나 형식에 초점을 두기보다는 수업에서 사례를 어떻게 활용하는지에 더 많은 관심을 가졌다는 것을 보여 준다.

사례를 수업에 어떻게 활용할 것인지를 결정하기 위해서는 먼저 사례가 문제해결 과정에서 어떠한 역할을 하는지에 대한 이해가 필요하다. 새로운 문제를 해결하기 위해서 추상적인 이론이나 규칙에 의존할 수도 있지만 과거의 유사한 문제해결 경험을 떠올려서 해결안을 찾는 경우가 자주 있다. 후자의 경우를 사례 기반 추론이라고 하는데, 문제해결에서 사례가 어떠한 역할을 하는지를 설명하는 대표적인 모형이다.

2) 사례 기반 추론

사례 기반 추론은 유추 추론(analogical reasoning)의 한 종류로서 사람들이 실제적인 맥락에서 과거의 경험을 기반으로 하여 문제 상황을 이해하고 해결안을 생성하는 것을 설명하는 모형이다(조규락, 2002; Kolodner et al., 2004). 인지(cognition)에 관한 전통적인 이론들이 추상적인 지식과 규칙을 강조하는 데 반해서, 사례 기반 추론은 경험을 표상하는 구체적인 사례를 중심으로 기억과 학습을 설명한다. 교육 분야에서는 문제해결을 촉진하는 방안으로 사례 기반 추론에 관한 연구가 수행되고 있으며, 컴퓨터과학 분야에서는 기존의 전문가 시스템을 대신하여 실제 전문가처럼 과거의 경험에 기반하여 추론을 하는 인공지능 시스템을 개발하는 데 사례 기반 추론이 활용되고 있다.

사례 기반 추론에 따르면, 사람들이 새로운 상황에 직면하면 과거의 경험을 떠올리고 그 경험에 기반해서 상황을 설명하거나 미래에 일어날 일을 예측한다. 그리고 새로운 경험으로부터 학습한 내용은 기억 속에 저장되었다가 다음에 그와 유사한 상황을 만났을 때 다시 문제해결을 위해 유용하게 활용된다. 예컨대, 2015년에 메르스 감염이 국내에서 급속히 확산되면서 국민들 사이에 큰 불안감이 조성되었는데, 이러한 경험을 분석함으로써 앞으로 메르스와 유사한 전염병이 국내에 유입되었을 때 과거의 경험을 기반으로 하여 바이러스의 확산을 조기에 차단할 수 있다. 이러한 예는 우리 주변에서도 쉽게 찾을 수 있다. 손님을 초대해서 저녁식사를 준비하거나 친구들과 휴가계획을 세울 때 많은 사람들이 과거에 즐거웠던 경험을 떠올려서 그와 유사한 계획을 세운다. 만약 열심히 계획을 세웠다가 실패한 경험이 있다면 그 경험을 떠올려서 실패를 반복하지 않도록 노력할 것이다. 이처럼 사람들은 지속적으로 자신의 경험을 사례의 형태로 기억 속에 축적하고 그 경험을 기반으로 하여 새로운 상황을 설명하거나 문제를 해결한다.

사례 기반 추론을 이해하기 위해서는 먼저 사람들의 경험이 기억 속에 어떤 형태로 저장되는지를 이해하는 것이 필요하다. Schank(1982)의 역동적 기억(dynamic memory) 이론을 기반으로 하여 개발된 사례 기반 추론 모형에서는 일반화된 에피소드(generalized episode) 아래에 특정한 속성을 공유하는 구체적인 사례들이 기억을 구성한다고 가정한다. 일반화된 에피소드 아래에 있는 사례들이 공유하는 속성을 규준(norm)이라고 하며, 색인(index)을 통해 사례들을 서로 구분한다. 학습자가 새로운 경험을 하면 그 경험과 가장 유사한 속성을 가진 일반화된 에피소드를 찾고 그 아래에 구체적인 사례의 형태로 경험을 저장한다. 사례를 기억 속에 저장하는 과정에서 두 개의 사례가 동일한 색인을 가지고 있다면 자동으로 일반화된 에피소드가 생성되고 그 아래에서 두 사례를 구별하기 위한 색인이 만들어진다(Aamodt & Plaza, 1994). 이처럼 새로운 경험을 통해 기억의 구조가 역동적으로 변화하고 이를 통해 학습이 이루어진다.

새로운 사례를 기억에 저장할 때와 마찬가지로 기억 속에 있는 사례를 인출할 때도 사람들은 자신이 직면한 문제 상황과 가장 많은 공통점을 가지고 있는 일반화된 에피소드를 찾고 추가적인 정보를 이용하여 그 아래에 있는 사례들 중에서 가장 유사한 사례를 찾는다. 이때 규준이나 색인에 오류가 있다면 문제 상황에 적합한 사례를 효과적으로 찾기 어려울 것이다. 그렇기 때문에 사례를 기억 속에 어떻게 저장하는지에 따라서 그 사례를 필요할 때 인출하여 사용할 수 있는지가 달라진다. 사례를 효과적으로 저장하는 방법 중에 하나는 경험의 의미를 해석하여 미래에 적용 가능한 교훈을 도출하고 언제 그 교훈이 유용하게 활용될 수 있는지를 예측해 보는 것이다(Kolodner et al., 2004). 이러한 활동을 통해서 사례 속의 해결안이 왜 효과적인지 혹은 효과적이지 않은지와 언제 그 해결안을 적용할 수 있는지 등에 대한 정보를 색인의 형태로 사례와 함께 저장할 수 있다. 사례의 색인이 잘 구성되어 있다면 문제 상황에서 사례를 인출하여 재사용할 가능성이 높아진다.

사람들의 기억 속에 있는 사례들이 마치 도서관에 책이 모여 있는 것처럼 구성되어 있다는 점에서 사례 도서관이라는 용어를 사용하기도 한다(Kolodner et al., 2004). 사례 기반 추론을 위해서는 사례 도서관 안에 검색 가능한 사례가 많이 저장되어 있어야 한다. 한 분야에서 다양한 경험을 쌓은 전문가는 사례 도서관에 축적된 사례들을 활용하여 효과적으로 문제를 해결할 수 있다. 반면에, 경험이 부족한 초보자의 경우에는 사례 도서관에 저장된 사례의 수가 적기 때문에 새로운 문제와 유사

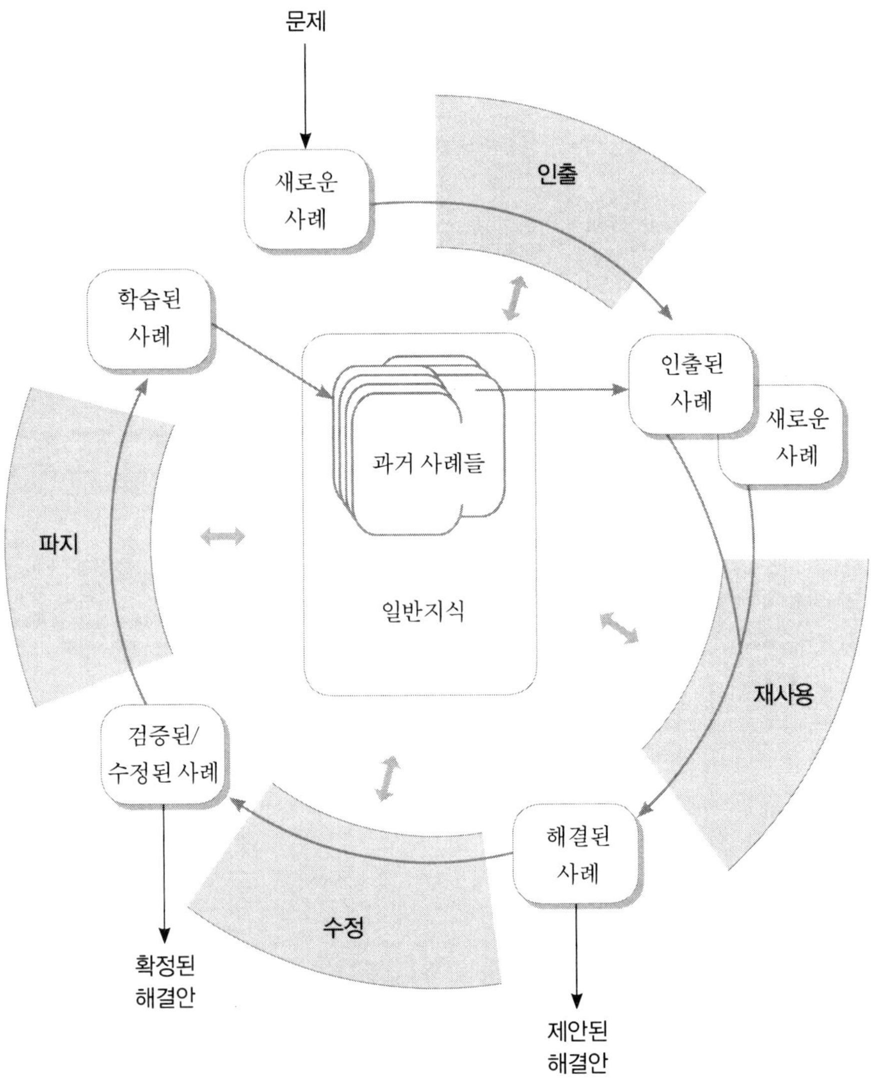

[그림 4-2] 사례 기반 추론 과정(Aamodt & Plaza, 1994, p. 45)

한 사례를 찾는 데 많은 어려움을 겪는다. 초보자가 사례 기반 추론을 원활하게 수행하기 위해서는 자신의 경험뿐만 아니라 다른 사람의 경험으로부터 사례를 축적하기 위해 노력해야 한다. 예컨대, 초보교사는 경험이 많은 교사가 학급을 어떻게 운영하는지에 관한 다양한 경험담을 듣고 기억하였다가 자신의 교실에 학교폭력과 같은 문제가 발생하였을 때 가장 유사한 사례를 찾아서 적용할 수 있다. 비록 자신의 경험에 비해서 부족한 점이 있겠지만, 다른 사람의 성공 혹은 실패 경험을 지속적으로 분석하고 미래에 적용 가능한 교훈을 도출한다면 짧은 시간 안에 문제해결력을 향상시킬 수 있을 것이다.

Aamodt와 Plaza(1994)는 사례 기반 추론의 과정을 네 단계로 설명하였다. [그림 4-2]에 제시되어 있는 것처럼 사례 기반 추론은 크게 인출, 재사용, 수정, 파지의 단계를 거친다. 새로운 문제에 직면하면 그것과 가장 유사한 과거의 사례를 기억에서 인출하게 된다. 과거의 사례를 효과적으로 인출하기 위해서는 먼저 새로운 문제가 어떠한 특성을 가지고 있는지를 잘 표상해야 한다(Kolodner, 1997). 문제와 가장 유사한 사례를 찾으면, 그 사례 속의 해결안과 관련 정보를 문제해결을 위해 재사용한다. 과거의 사례가 문제와 완벽하게 일치하지 않을 수 있기 때문에 둘 사이의 차이점을 충분히 고려하여 해결안이나 문제해결 방법을 도출하는 것이 필요하다. 사례를 재사용한 결과, 문제를 효과적으로 해결할 수도 있으나, 그렇지 않은 경우에는 사례로부터 도출된 해결안이 왜 실패했는지를 분석하고 해결안을 수정하여 문제에 다시 적용해야 한다. 이러한 과정을 반복하는 과정에서 미래의 문제해결에 도움이 될 만한 경험을 기억 속에 파지한다. 목적을 성취하는 데 성공적인 경험뿐만 아니라 실패한 경험도 사례 도서관에 저장이 되며, 새로운 사례가 저장되는 과정에서 기존 사례들의 구조가 역동적으로 변할 수 있다.

사례 기반 추론 모형은 문제해결과 학습에 관한 많은 시사점을 가지며 사례 기반 학습을 설계하는 데 이론적 틀을 제공한다. Kolodner(1997)는 사례 기반 추론이 가지는 시사점을 다음과 같이 제시하였다. 첫째, 사례를 획득하거나 색인을 만드는 과정에서 학습이 일어나기 때문에 학습을 위한 경험이 매우 중요하다. 둘째, 과거의 사례를 새로운 상황에 적용하는 과정에서 실패를 경험한다면 과거의 상황을 재해석하는 기회를 가질 수 있다. 셋째, 문제해결안을 그 결과와 함께 평가함으로써 과거 사례들과 구별되는 방식으로 색인을 할 수 있고 미래에 재사용할 가능성이 높아진다. 넷째, 실패경험은 무엇을 학습하는 것이 필요한지를 생각하도록 동기를 부여한다. 다섯째, 지식과 경험이 성장할수록 사례에 대한 색인을 더 잘할 수 있다. 마지막으로, 경험을 잘 분석할수록 사례의 색인을 잘 만들고 필요할 때 사례에 잘 접근할 수 있으며 학습도 효과적으로 이루어진다. 이러한 시사점을 종합하면, 학교에서 학생들에게 다양한 상황에서 문제를 해결하는 기회를 제공할 뿐만 아니라 문제해결 과정에서 자신의 과거 경험을 재사용하고 성공 및 실패 경험에 대해서 성찰하고 교훈을 얻을 수 있도록 돕는 것이 필요하다.

3) 사례를 활용한 수업

사례 기반 추론과 같은 학습이론과 모형에 기반하여 수업에서 사례를 어떻게 활용할 것인지에 대한 다양한 방안이 제시되고 있다. 특히 Jonassen(2006b, 2011b)은 문제해결 학습환경에서 사례가 어떠한 기능을 할 수 있는지에 초점을 두고 사례 기반 학습의 유형을 구분하였다. 그중에서 문제해결을 위해 다양한 사례를 자료로 제공하는 방법과 학습자에게 특정 사례를 주고 체계적으로 분석하도록 하는 방법이 대표적인 사례 기반 학습으로 알려져 있다. 전자의 경우, 학습자들이 자신이 해결하고자 하는 문제와 가장 유사한 사례를 찾아서 사례에 적용된 해결책을 새로운 문제에 적용할 수 있도록 돕는다. 즉, 사례 기반 추론을 촉진하는 효과가 있는데, Jonassen은 이와 관련해서 사례 도서관을 개발하여 온라인으로 제공하는 연구를 수행하였다(Hernandez-Serrano & Jonassen, 2003; Jonassen et al., 2003). 후자의 경우, 대표적인 예로 사례연구가 있으며, 구체적인 사례로부터 일반적인 원리를 도출하고 이론과 실천을 연결하는 데 효과적이다(Carlson & Schodt, 1995). 다양한 사례를 분석하고 서로 비교함으로써 정교한 지식을 획득할 수 있고 학습한 내용을 새로운 문제를 해결하는 데 효과적으로 전이할 수 있다(Gentner, Loewenstein, & Thompson, 2003). Jonassen(2006a)은 사례를 분석할 때 학습자들이 표면적 특성이 아니라 구조적 특성에 초점을 두고 일반적인 원리와 전략에 대한 지식을 생성할 수 있도록 지원하는 방법을 제시하였다.

앞에서 언급한 것처럼 사례 도서관은 인간의 기억을 비유적으로 지칭할 때 사용되는 용어인데, 경험이 부족한 초보자를 위해서 다른 사람들의 경험을 사례의 형태로 저장하고 학습자가 필요한 사례를 검색할 수 있도록 만든 데이터베이스도 사례 도서관이라고 부른다. 한 사람의 머릿속에 있는 기억을 다른 사람과 공유하는 것은 불가능하거나 매우 어렵지만, 디지털 형태로 개발된 사례는 인터넷을 통해 여러 사람과 손쉽게 공유되고 초보자에게 부족한 전문성과 경험을 보완할 수 있다. 더욱이 많은 사람이 자신의 경험을 사례의 형태로 만들어서 데이터베이스에 저장하고 공유한다면, 사례 도서관은 어떤 전문가보다도 더 많은 경험을 보유할 수 있다. 학습자들은 사례 도서관을 통해 다양한 사례를 접하면서 전문가와 다른 학습자들이 어떻게 문제를 해결했는지 파악하고 자신이 직면한 문제를 해결하는 데 유용하게 활용할 수 있다. 사례 도서관은 다양한 사람들의 관점과 경험을 학습자에게 제공해 주기 때문에 학습자가 문제의 복잡성을 이해하는 데 큰 도움이 된다.

Hernandez-Serrano와 Jonassen(2003)은 사례 도서관의 효과를 검증하기 위해서 문제해결 과정에서 사례를 제공받은 집단을 사례와 동일한 내용을 포함한 설명문을 제공받은 비교집단과 사례와 무관하게 교과서에서 무작위로 선택한 내용을 제공받은 통제집단과 비교하였다. 이 연구에 참여한 대학생들은 식료품 회사에서 두 개의 냉동 파스타 제품을 미국 시장에서 판매하는 것과 관련된 비구조화되고 복잡한 문제를 해결하였다. 연구자들은 식품개발 분야의 전문가들에게 유사한 문제를 해결한 경험을 이야기하도록 함으로써 24개의 사례를 개발하였다. 이 사례들은 웹사이트를 통해 제공되었으며, 학생들은 자신이 원하는 사례를 자유롭게 선택해서 문제해결에 활용할 수 있었다. 사례 도서관을 제공받은 집단은 사후검사에서 사례 문제를 해결하는 선택형 문항에서 다른 두 집단보다 더 높은 점수를 획득하였다. 그리고 학생들은 구체적인 사례를 자신의 경험과 연결해서 손쉽게 이해할 수 있었으며, 설명문보다 더 쉽게 기억하고 회상할 수 있었다고 응답하였다. 그럼에도 불구하고, 몇몇 학생은 사례와 문제의 맥락이 서로 다르다는 점에서 둘 간의 연관성을 찾는 데 어려움을 겪었다.

문제해결을 돕기 위해서 성공적인 사례를 제공하는 경우가 많은데, 다른 사람의 실패경험도 문제해결에 도움이 된다는 연구 결과가 있다. Tawfik와 Jonassen(2013)은 사례 도서관에서 실패사례를 제공하는 것이 성공사례를 제공하는 것과 비교해서 문제해결에 어떠한 효과가 있는지 조사하였다. 대학생들은 신입사원을 채용하는 것과 관련된 실제적인 의사결정 문제를 해결하는 과정에서 5개의 성공 혹은 실

표 4-2 사례 개발을 위한 면담 질문(Tawfik & Jonassen, 2013)

범주	면담 질문
문제, 상황, 주제	• 신입사원 고용과 관련된 성공(혹은 실패) 이야기를 말씀해 주십시오. • 방금 말한 이야기 안에 어떤 개념(지표)이 포함되어 있습니까? • 그 맥락 안에 어떤 목표, 하위목표, 의도가 있습니까? • 이야기한 맥락 속에 어떤 제한점이 있습니까?
해결안	• 문제를 해결하기 위해 어떤 해결안을 만들었습니까? • 제안된 해결안을 정당화하는 근거는 무엇입니까? • 선택하지는 않았지만 적용 가능한 대안에는 어떤 것이 있습니까? • 적절하지 않아서 선택하지 않은 대안에는 어떤 것이 있습니까?
결과	• 그 해결안이 왜 성공적이었습니까(혹은 적절하지 않았습니까)? • 만약 실패한다면, 어떤 수정 전략을 사용할 수 있습니까?

패 사례를 제공받았다. 이 사례들은 경영 분야의 전문가들과의 면담을 통해서 개발되었으며, 면담을 할 때 사례에 대한 색인이 잘 이루어질 수 있도록 〈표 4-2〉와 같이 질문을 구성하였다. 색인은 사례를 인출하는 단서가 되기 때문에 사례를 개발할 때부터 색인을 염두에 두는 것이 필요하다. Tawfik와 Jonassen(2013)은 학생들이 작성한 논증의 질을 평가하였는데, 실패사례를 제공받은 집단이 성공사례를 제공받은 집단보다 더 정교한 논증을 만들었으며 자신의 주장에 대한 반론을 더 깊이 있게 고려하였다. 실패사례를 통해서 문제해결의 결과가 처음의 기대와 다를 수 있다는 점을 학습함으로써 더 다양한 관점에서 문제를 바라보고 자신이 제안하는 해결안이 실패할 경우를 고려했을 것이다. 그리고 실패사례를 분석하면서 처음에 제시된 해결안에 대한 근거가 어떤 점에서 문제가 있었고, 복잡한 문제 상황에서 어떤 점이 간과되었으며, 인과관계에 대한 가정을 어떻게 수정해야 하는지 등을 성찰할 수 있다. 이 결과는 실패경험을 통해 새로운 학습이 이루어진다는 Kolodner(1997)의 주장과도 일맥상통한다.

앞의 두 연구는 사례의 효과에 초점을 두고 문제해결을 돕기 위해서 교수자가 직접 사례를 제공하였다. 수업 맥락에서는 이러한 접근이 효과적일 수 있으나, 학교 밖의 실제적인 맥락에서는 학습자들이 다양한 문제 상황에 직면하기 때문에 문제와 밀접하게 관련된 사례를 미리 정하기 어렵다. 학습자들이 실제적인 맥락에서 직면하는 문제를 해결할 수 있도록 돕기 위해서는 학습자들이 사례 도서관에서 자신의 문제와 가장 유사한 사례를 검색할 수 있도록 지원하는 시스템이 필요하다(Jonassen & Hernandez-Serrano, 2002). 사례 기반 추론에 관한 설명에서 언급한 것처럼 문제해결에 유용한 사례를 효과적으로 인출하기 위해서는 학습자의 필요를 반영하여 색인을 구성하고 사례를 저장할 때 적절한 색인을 부여해야 한다. 또한 사례 도서관에 이미 저장되어 있는 사례의 경우에도 새로운 문제 상황에 대해서 색인을 수정하거나 추가하는 것이 필요하다.

Kolodner 등(2004)은 학생들이 문제해결에 필요한 사례를 검색하고 활용할 수 있도록 사례 도서관을 개발하였다. 예컨대, Archie−2라는 시스템은 공공 도서관의 설계와 관련된 건축가들의 경험을 사례의 형태로 저장한다. 새로운 공공 도서관이나 다른 형태의 공공시설을 설계할 때 Archie−2에 저장된 사례들은 학습자나 설계자가 문제를 해결하는 데 유용하게 활용될 수 있다. 또한 Dasgupta와 Kolodner(2009)는 학습자들이 창의적으로 디자인 문제를 해결할 수 있도록 지원하기 위해서 사례 도서관을 개발하였다. 이 사례 도서관에는 전문가가 공예품이나 상품을 디자인하

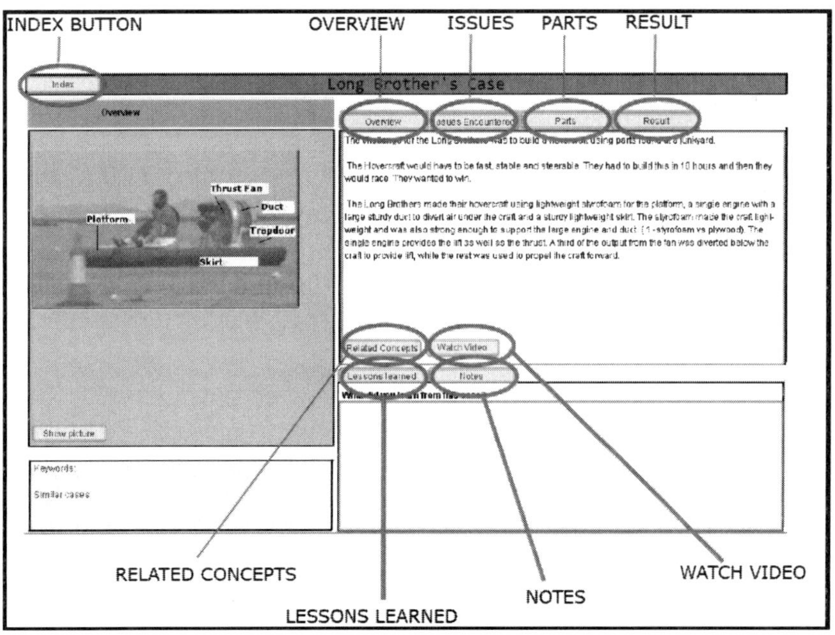

[그림 4−3] 디자인 사례의 예시(Dasgupta & Kolodner, 2009)

는 과정에 대한 사례가 저장되어 있다. [그림 4-3]에 제시된 것처럼 각 사례는 디자이너가 어떤 목표를 가졌고, 어떤 문제에 직면했으며, 디자인을 위해서 어떤 결정을 내렸는지에 대한 설명과 함께 디자인 과정과 결과물에 대한 비디오, 사진, 텍스트를 포함하였다. 학습자는 사례 도서관을 활용하여 협력적으로 디자인하면서 디자인과 관련된 결정들을 성공적으로 수행할 수 있었고, 문제해결 활동에 몰입할 수 있었다. 이러한 과정을 통해 학습자들은 문제해결을 위한 결과물을 창의적으로 디자인할 수 있었다.

Jonassen은 동료들과 함께 KITE(Knowledge Innovation for Technology in Education)라는 프로젝트를 통해 사범대학 학생들과 테크놀로지 활용 경험이 부족한 교사를 위한 온라인 사례 도서관을 개발하였다(Jonassen & Erdelez, 2005; Jonassen et al., 2003). 사례를 수집하기 위해서 테크놀로지를 수업에 활용한 경험이 있는 교사들을 대상으로 구조화된 면담을 실시하였다. 다른 교사들의 성공 혹은 실패 경험으로부터 교훈을 얻을 수 있도록 돕는 데 초점을 두고 테크놀로지를 활용한 수업의 맥락(학교, 교과, 학년, 교사의 경력 등)과 함께 교사가 어떤 테크놀로지를 무슨 목적에서 어떻게 활용했는지를 질문하였다. 그리고 테크놀로지를 활용한 수업이 어떤 점에서 성공적이었는지, 어떤 어려움을 겪었는지, 어떤 교훈을 얻었는지 등을 질문하였다. 연구자들은 면담 내용 중에서 사례로서 가치가 있는 것들을 선별한 다음, 〈표 4-3〉에 제시된 색인을 부여하였다(Jonassen et al., 2003). 색인별로 값들(values)을 가지는데, 목표라는 색인은 정보검색, 멀티미디어 프로그램 만들기, 글쓰기, 연습 등의 값을 가지고, 사용한 테크놀로지는 그래픽 계산기, 사진기, 스프레드시트, 인터넷 등의

표 4-3 테크놀로지 활용 수업 사례의 색인(Jonassen et al., 2003)

범주	색인
일반적 맥락	교사 경력, 교사의 테크놀로지 경험/기술, 학교 종류, 학교 위치, 연결망, 테크놀로지 자원의 위치, 학생들의 사회경제적 지위
이야기 맥락	학년, 교과목, 코스
목적	목표, 의도한 학습결과의 수준, 기준(교육과정)
활동	사용한 테크놀로지, 테크놀로지를 사용한 이유, 활동의 본질, 도움과 지원, 교사의 역할, 학생의 역할
결과	관찰, 학습 평가, 교훈

값을 포함한다. 이러한 색인을 이용하여 학습자는 자신이 원하는 사례를 KITE 사례 도서관에서 검색할 수 있다. 예컨대, 5학년을 선택하고 과학 교과를 선택한 다음에 탐구 활동이라는 검색어를 넣으면 KITE 검색엔진은 주어진 조건과 가장 유사한 사례들을 관련성이 높은 순서대로 제시해 준다. 사례는 교사의 이야기를 면담 형태로 제시하였으며, 각 색인에 대한 교사의 응답이 포함되었다.

경험이 부족한 교사나 사범대학 학생은 수업계획서를 작성하기 전에 KITE 사례 도서관에서 자신과 유사한 상황에서 테크놀로지를 수업에 활용한 사례를 검색하고 어떤 전략이 효과적인지, 어떤 어려움이 있는지, 왜 효과가 있는지 혹은 없는지 등에 대한 정보를 얻을 수 있다. Jonassen과 Erdelez(2005)는 대학원 강의를 수강하는 교사들에게 KITE 사례 도서관을 이용하여 테크놀로지를 활용한 수업계획서를 작성하고 학습자료를 개발하도록 하였다. 교사들은 다른 교사들의 실제적인 경험을 배울 수 있다는 점에서 KITE 사례 도서관을 긍정적으로 평가하였으며, 몇몇 교사는 자신의 수업계획서를 작성할 때 사례의 내용을 직접 가져오거나 수정해서 사용하였다. 전반적으로 긍정적인 반응이 많았으나, 사례의 수가 적어서 자신이 원하는 사례를 찾기 어렵다거나 사례 속에 그림이나 정보가 불충분하다는 의견이 있었으며, 사례 도서관을 생소하게 느끼는 교사도 있었다. 이런 제한점을 보완하기 위해서 사례 도서관을 처음 사용하는 교사들을 위한 사전교육을 실시하고, Dasgupta와 Kolodner(2009)가 개발한 사례 도서관처럼 사진이나 동영상을 이용하여 면담 내용을 보완하는 것이 필요하다. 또한 학습자가 사례를 활용하여 테크놀로지 기반의 수업을 실시한 다음에 자신의 경험을 KITE 사례 도서관에 자발적으로 저장할 수 있도록 하는 방안을 찾아야 한다. 가능한 한 많은 사례를 축적할수록 사례 도서관의 유용성이 높아진다. 물론, 학습자가 수많은 사례 중에서 원하는 사례를 효과적으로 찾을 수 있도록 검색엔진도 함께 발전해야 할 것이다.

사례 도서관에 관한 선행연구들은 학습자에게 문제해결에 필요한 사례를 제공하는 데 초점을 두었다. 그러나 사례를 제공받더라도 사례에 포함된 원리나 전략을 파악하는 데 어려움을 겪을 수 있다. 더욱이, 초보자일수록 사례의 표면적 특성에 주의를 기울이는 경향이 있기 때문에 학습한 원리를 다른 맥락의 문제에 적용할 때 어려움을 겪는다(Gentner et al., 2003). 효과적으로 사례를 분석하기 위해서 학습자는 사례에 나타난 정보를 통해 문제 상황을 파악하고, 문제와 관련성이 낮거나 중요하지 않은 정보를 제외하고, 문제해결을 위해 중요하지만 사례에 제시되지 않은 내용을 추론하고, 증거들을 결론과 통합하여 해결안에 대한 논증을 만들어야 한다(Ellet, 2007).

사례연구에서는 사례로부터 효과적으로 학습하는 것을 돕기 위해서 안내질문을 제공하고 그 질문에 대해서 응답을 하도록 하는 경우가 많이 있다(손지영, 여승수, 2016). 예컨대, 사례 분석을 촉진하기 위해서 '어떠한 문제 상황이 일어났는가?' '이 사례의 주된 문제 요소들은 무엇인가?' '왜 이러한 문제가 일어난 것인가?' '앞으로 어떤 결과가 일어날 것이라고 생각하는가?' '문제를 해결하는 가장 좋은 방법은 무엇인가?' '당신은 이러한 사례를 앞으로 어떻게 다룰 것인가?'와 같은 안내질문을 제공할 수 있다. 이러한 안내질문을 받은 학습자는 문제해결 과정에 주의를 기울이고 체계적으로 사례를 분석할 수 있다. 안내질문 이외에도 사례 분석을 지원하는 다양한 방법이 존재하는데, Jonassen(2006a)은 질문하기, 언어 프로토콜 분석하기, 구조적으로 맵핑하기(structure mapping)라는 세 가지 방법을 학습자의 활동으로 제시하였다. 이 방법들은 사례연구에서 다른 사람들이 어떻게 문제를 해결했는지를 분석하는 데 유용하게 활용될 수 있다.

첫째, 사례 분석을 지원하기 위해서 사례와 관련된 질문들을 메뉴로 제시하고 학생들이 질문을 선택함으로써 원하는 정보를 얻도록 할 수 있다. 이러한 시스템을 질문 시스템이라고 부르는데, 사례 속의 문제와 해결안에 대해서 전문가나 교사에게 질문을 하는 것과 같은 효과를 얻을 수 있다(Jonassen, 2011a). 질문은 고차적 사고와 추론에 있어서 매우 중요한 역할을 하며 질문의 양과 질은 학습결과에 유의미한 영향을 미친다. 질문의 종류는 다양한데, 개념이나 특성에 대한 질문은 상대적으로 짧게 답할 수 있지만, 원인과 결과, 목적과 방법에 관한 질문은 깊은 추론과 설명을 요구한다(Graesser & Person, 1994). 전자보다 후자의 질문을 많이 할수록 고차적 사고가 촉진되고 학습결과가 향상될 수 있다(Cho, Lee, & Jonassen, 2011). 학습자들이 사례에 관한 중요한 질문을 하도록 돕기 위해서 Jonassen(2011b)은 [그림 4-4]에 제시된 것과 같은 질문 시스템을 개발하였다. 이 연구에서 학습자들은 방사능 누출을 점검하는 것과 관련된 시나리오를 읽고 그와 관련된 질문을 왼쪽에 있는 메뉴에서 선택함으로써 전문가의 대답을 얻을 수 있다. 이는 하나의 사례를 질문에 따라서 여러 개의 부분으로 구분하고 학습자가 질문을 선택할 때마다 사례의 일부분을 제시해

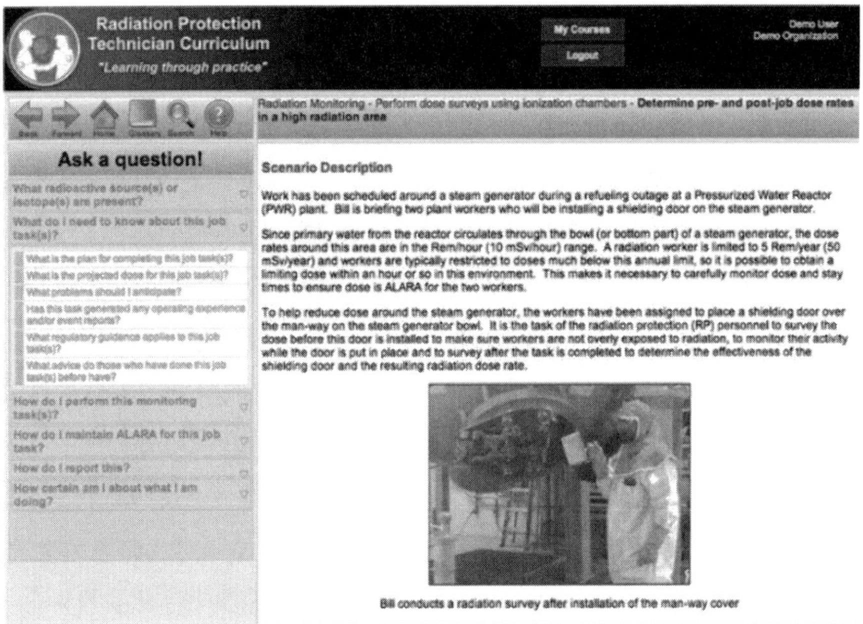

[그림 4-4] 방사능 점검 사례와 질문(Jonassen, 2011a, p. 162)

주는 것으로 이해할 수 있다. 사례와 질문을 만들기 위해서 Jonassen(2011b)은 경험이 많은 방사선 보호 기술자들과의 면담을 통해 전문가들이 특정 문제 상황에서 스스로 어떤 질문을 하고 어떻게 반응하는지를 조사하였다. 그렇기 때문에 학습자는 질문 시스템에서 적절한 질문을 선택함으로써 실제적인 문제 상황에서 전문가처럼 생각하는 법을 배울 수 있다.

둘째, 효과적인 사례 기반 학습을 위해서 전문가가 문제를 해결하는 과정을 보여주는 언어 프로토콜을 분석하도록 할 수 있다. 언어 프로토콜 분석은 전문가나 초보자가 문제를 해결하는 과정에서 자신의 생각을 모두 소리 내어 말하도록 하고 그 내용을 미리 정해진 코딩스킴(coding scheme)에 따라서 분석함으로써 문제해결 과정을 조사하는 데 사용되는 연구 방법이다. 예컨대, 박성익과 조영환(2005)은 사례로부터 학습한 원리를 새로운 문제에 전이하는 과정을 조사하기 위해서 학생들이 전이 문제를 해결할 때 소리 내어 생각하기(think aloud) 기법을 이용하여 언어 프로토콜을 수집하고 문제 확인, 문제표상, 자원문제 접근, 일반지식 접근, 해결책 생성, 해결과정 점검, 해결책 평가, 해결책 작성의 코딩스킴을 이용하여 분석하였다. 코딩스킴은 이론과 선행연구를 기반으로 하여 개발되고 문제의 종류나 영역에 따라서 코딩의 내용도 달라질 수 있다. Jonassen(2006a)은 이처럼 연구자들이 사용하는 언어 프로토콜 분석방법을 학습자가 사례를 분석할 때 적용하면 효과적일 것이라고 주장하였다. 코딩스킴을 이용하여 언어 프로토콜을 분석한다면, 그 과정에서 전문가의 문제해결 과정이 어떤 특징을 가지는지를 스스로 설명하는 효과가 있을 것이다. 자기 설명(self-explanation)은 예시나 사례를 깊이 있게 이해하는 데 중요한 역할을 한다(Chi et al., 1989; Cho & Lee, 2013). 예컨대, 신문사의 논설위원이 사설을 쓰는 과정에서 어떤 생각을 하는지에 관한 언어 프로토콜을 분석한다면, 논증 형태의 글을 어떻게 준비하고, 글을 쓰는 과정에서 무엇을 점검하고 주의를 기울여야 하는지 등에 관한 자기 설명을 통해 글쓰기를 깊이 있게 이해할 수 있을 것이다. 이렇게 학습한 내용은 학습자가 새로운 주제에 관한 글을 쓸 때 효과적으로 적용될 수 있다. 전문가의 언어 프로토콜이 아니라 일반적인 이야기 형태의 사례를 사용하는 경우에도 학습자에게 코딩스킴을 이용하여 사례 속의 문제해결 과정이나 전략을 분석하도록 한다면, 사례의 구조적인 특성을 파악하고 일반적인 원리와 구체적인 사례를 연결시키는 데 효과적일 것이다.

마지막으로, Jonassen(2006a)은 사례를 구조적으로 맵핑하는 방법을 제안하였다. 유추 추론을 하기 위해서는 과거에 학습한 사례와 새로운 문제가 구조적으로 동일하다는 것을 인식해야 한다(Gentner & Markman, 1997). 사례와 문제에 나오는 배경이나 등장인물과 같은 표면적인 요소들이 동일하더라도 구조가 상이하다면 사례의 해결안을 새로운 문제에 적용하는 것은 부적절하다. 반대로, 표면적 요소들이 상이하더라도 구조가 동일하다면 사례에 나오는 해결안을 새로운 문제에 효과적으로 적용할 수 있다. Jonassen(2006a)은 학습자들이 사례의 구조적 특성을 효과적으로 분석할 수 있도록 사례 속에 나오는 요소들 간의 관계를 시각화하는 방법을 제안하였다. 예컨대, 한 사례 속에 나오는 요소들 간의 인과관계를 영향 다이어그램(influence diagram)으로 나타내고 다른 사례의 영향 다이어그램과 비교하도록 할 수 있다. 문제를 해결하는 데 있어서 인과관계에 대한 추론이 주요한 역할을 하기 때문에 영향 다이어그램으로 사례의 구조를 표상하는 것이 효과적일 것이다(임영택, 류완영, 2009). Gentner 등(2003)은 표면적 특성은 상이하지만 구조가 동일한 사례들을 서로 비교하여 공통점을 찾도록 하는 유추적 부호화(analogical encoding)가 학습에 효과적이라는 것을 발견하였다. 더욱이, 두 사례 중에서 한 사례의 구조를 시각적으로 표상해서 제시하고 학습자가 예시를 보면서 다른 사례의 구조를 시각적으로 표상하도록 안내를 했을 때 유추적 부호화의 효과가 증가하였다. 사례의 구조를 시각적으로 표상하고 서로 비교하도록 하는 것은 학습자가 사례의 표면적 특성보다 구조에 더 많은 주의를 기울이도록 함으로써 사례 기반 학습의 효과를 증진시킬 수 있다.

3. 논의 및 시사점

문제해결 상황에서 문제와 밀접한 관련성이 있는 사례를 제공하고 사례 기반 추론을 지원하는 것은 유의미 학습을 위해서 중요하다. Jonassen과 동료들은 사례와 설명문의 효과를 비교하거나 성공사례와 실패사례가 문제해결에 미치는 효과를 조사하고, 학습자가 자신이 직면한 문제와 유사한 사례를 인터넷에서 검색할 수 있도록 사례 도서관을 개발하고, 사례의 핵심 내용을 파악할 수 있도록 사례 분석을 지원하는 방안을 탐색하였다. 이러한 연구들은 우리나라의 교육연구와 실천에 많은 함의를 제공한다.

사례 기반 학습에 관한 국내 연구들을 살펴보면, 사례 기반 학습이 문제해결과 과제수행에 긍정적인 영향을 미친다는 연구 결과가 보고되었다. 사례 기반 학습은 학습자들이 문제를 분석하고 해결안을 도출하는 과정을 촉진하고 인지적 · 사회적 문제해결력을 향상시키는 데 효과적이며 과제수행에 관한 자기효능감을 향상시키는 것으로 나타났다(김서희, 정선영, 2016; 박성희, 2011; 손지영, 여승수, 2016). 그리고 학습자들은 사례 기반 학습이 강의식 수업에 비해서 그룹 활동을 통해 학습자의 참여를 촉진하고, 자기주도적으로 학습하고 생각할 수 있는 기회를 더 많이 제공하는 것으로 인식하였다(지예림, 정현미, 2014). 곽호숙과 장신호(2009)는 초등학생을 대상으로 과학적 지식과 실세계의 경험을 서로 연결시키기 위해 수업에서 사례를 활용했는데, 학생들의 문제해결력과 동기 및 참여도가 향상되었다.

그러나 Jonassen(2006b)의 지적처럼 국내 연구자들도 사례 기반 학습이라는 용어를 서로 다른 의미로 사용하는 경우가 많이 있다. 사례의 기능을 중심으로 보았을 때 윤수정(2006)은 교육심리학의 고전적 조건화와 같은 주요 학습개념에 대한 예시로서 Pavlov의 개 실험과 같은 사례를 제공하였다. 반면에, 임영택과 류완영(2009)은 보험회사의 구상채권관리와 관련된 70여 개의 사례를 실무자와 함께 개발하여 데이터베이스로 제공하고 학습자들이 사례를 검색할 수 있도록 함으로써 사례 기반 추론을 촉진하였다. 그리고 지예림과 정현미(2014)는 현직 교사들의 수업연구보고서와 수업지도안을 활용하여 사례를 개발하고 학습자가 안내 질문에 따라서 사례를 분석하고 다른 학습자와 논의를 하도록 하였는데, 사례연구와 유사하다. 그 이외에도 사례가 문제로 제시되는 경우가 있다. 김서희와 정선영(2016)은 교수설계와 관련된 문제 상황을 사례로 제시하고 학습자가 사례 속의 문제를 분석하고 목표를 설정한 다음, 그룹 활동을 통해서 해결책을 작성하도록 하였다. 이처럼 사례 기반 학습이라는 용어가 다양한 의미로 사용되고 있기 때문에 사례 기반 학습이 강의식 수업보다 효과적이라는 주장을 단순하게 받아들이기보다는 사례 기반 학습에서 사례가 어떠한 기능을 하는지 주의를 기울여야 한다. 이 점에서 Jonassen(2006b, 2011b)이 제시한 사례의 기능에 따른 분류를 고려하여 사례 기반 학습을 설계하고 그 효과를 검증하는 것이 필요하다.

Jonassen(2006b)이 제안한 사례 기반 학습의 유형 중에서 학습자가 사례를 만드는 활동에 대한 국내 연구가 많이 부족한 편이다. Strobel, Jonassen과 Ionas(2008)는 인지 유연성 이론(cognitive flexibility theory)을 기반으로 하여 종교에 관한 실제적인 사례를 여러 관점에서 이해할 수 있도록 돕는 하이퍼텍스트 시스템을 개발하였다. 그러나 연구자들의 기대와 달리 학습자들은 사례를 여러 관점에서 서로 비교하고 깊이 있게 이해하는 데 많은 어려움을 겪었다. 학습자의 수동적인 역할에서 문제점을 발견한 Strobel 등(2008)은 학습자가 자신의 관점과 사례를 추가하고 하이퍼텍스트를 서로 연결할 수 있도록 시스템을 수정하였다. 이처럼 학습자가 자신의 경험과 생각을 사례의 형태로 공유할 수 있도록 함으로써 사례 기반 학습에 대한 능동적 참여와 유의미 학습이 증진되었다.

그러나 학습자에게 자신의 경험을 사례로 만들도록 할 경우, 많은 학습자가 사례를 작성하는 데 어려움을 겪을 수 있다. 이런 문제점을 해소하기 위해서 Kolodner 등(2004)은 사례 작성을 체계적으로 지원해 주는 도구를 개발하였다. 사례를 작성할 때 가장 중요한 점은 학습자가 자신의 문제해결 경험을 성찰하고 새로 학습한 내용을 구체적이고 명확하게 기술하는 것이다. 이를 돕기 위해서 〈표 4-2〉에 제시된 사례 개발을 위한 면담 질문을 학습자에게 제공하고 각 질문에 대해서 답하도록 할 수 있다. 사례 작성을 돕기 위해서 Kolodner 등(2004)은 학습자들이 디자인 프로젝트와 관련하여 어떤 문제에 직면했는지, 어떤 해결안들을 고려했는지, 그중에서 특정 해결안을 왜 선택했는지, 무슨 교훈을 얻었는지 등의 질문에 답을 하도록 하였다. 그리고 각 질문에 대한 답을 작성할 때 예시를 제공해 줌으로써 사례 작성을 도울 수 있으며, 학습자가 작성한 사례를 다른 학습자와 공유하고 토론이나 동료리뷰를 통해 협력적으로 지식을 구성할 수 있도록 도울 수 있다. 학습자가 자신의 경험을 사례로 공유하도록 할 경우 보다 적극적인 참여를 기대할 수 있으며, 사례들을 서로 비교하고 토론하는 과정에서 다른 문제 상황에 전이 가능한 지식을 구성할 수 있다. 향후 학습자들이 협력적으로 사례를 구성할 수 있도록 지원하는 학습환경에 관한 연구가 더 활발하게 이루어질 필요가 있다.

Jonassen과 동료들은 학습자에게 사례 도서관을 제공함으로써 문제해결을 위한 사례 기반 추론을 지원하였다(Hernandez-Serrano & Jonassen, 2003; Jonassen & Erdelez, 2005; Tawfik & Jonassen, 2013). KITE 사례 도서관에 필요한 사례를 개발하기 위해서 Jonassen과 Erdelez(2005)는 테크놀로지를 수업에 활용한 경험이 많은 교사들을 면담하고 그 내용을 사례 도서관의 색인에 따라 재구성하였다. 그런데 이러한 사례 도서관의 제한점 중의 하나는 지속적으로 새로운 사례를 수집하여 추가하는 것이 어렵다는 것이다. 사례 도서관을 위한 인적 · 물적 지원이 감소되거나 중단되더라도 새롭고 다양한 사례가 지속적으로 축적되도록 하는 방법을 찾는 것이 필요하다. 그중의 한 가지 방법은 급속히 발달하고 있는 SNS(Social Network Service)를 활용하여 일반인들이 자발적으로 자신의 문제해결 경험을 사례의 형태로 공유하도록 하는 것이다. 많은 온라인 커뮤니티에서 자신들이 관심을 가지고 있는 이슈에 관한 정보와 경험을 자발적으로 공유하고 있다. 예컨대, 미국에서 운영되고 있는 PatientsLikeMe(PLM; http://www.patientslikeme.com)라는 온라인 커뮤니티의 경우, 환자들이 자신의 건강자료를 자발적으로 공유하고 자신과 유사한 질병을 가진 사람들과 치료 경험과 병원에 대한 정보를 서로 공유한다. 만약 질병치료에 관한 사례 도서관을 개발한다면, PLM과 같은 온라인 커뮤니티에서 구성원들에 의해 자발적으로 공유되는 성공적인 혹은 그렇지 않은 다양한 치료 경험을 사례로 축적하는 방법을 고려해 볼 수 있다. 이처럼 다수의 개인이 지적인 방식으로 단체 행동을 하는 것을 집단지성(collective intelligence)이라고 하는데(Malone & Bernstein, 2015), 다양한 개인의 토론과 참여로 운영되는 온라인 백과사전인 위키피디아(Wikipedia)가 그 대표적인 예이다. 일반인들이 자발적으로 공유하는 문제해결 사례는 연구자들이 전문가로부터 수집하는 사례에 비해서 비체계적이고 잘못된 정보가 포함되어 있을 수 있기 때문에 이런 문제점을 최소화하고 공동으로 사례 도서관을 만드는 과정에서 집단지성이 발현될 수 있도록 하는 방안을 모색하는 것이 필요하다.

4. 결론

이야기는 인류 문명이 발달하면서 전 세대가 후손에게 지혜를 전달하는 가장 오래된 방식 중의 하나이다(Jonassen & Hernandez-Serrano, 2002). 조상들로부터 내려오는 이야기를 현실의 문제를 해결하는 데 적용하면서 과거의 실수를 되풀이하지 않고 역사가 발전할 수 있었다. 그만큼 이야기는 우리에게 매우 친숙하며 지식을 전달하는 방법으로서 유용하다. 일상생활 속에서 우리는 끊임없이 자신의 과거 경험이나 다른 사람의 이야기에 기반하여 문제를 해결하고 있으며, 법관, 의사, 건축가와 같은 전문가들도 일반적인 지식뿐만 아니라 구체적인 사례에 기반하여 주요한 결정을 내리는 경우가 많다. 그렇기 때문에 사례 기반 학습은 실제적인 문제해결을 촉진하는 데 매우 주요한 역할을 한다. Jonassen(2011b)도 문제해결 학습환경을 설계하는 데 있어서 사례의 중요성을 여러 차례 강조하였다.

사례 기반 학습의 이론적 배경으로는 사례 기반 추론이 대표적이다. 사례 기반 추론에서는 사람들이 자신의 경험을 어떠한 형태로 기억 속에 저장하는지와 새로운 문제에 직면했을 때 어떻게 기억을 인출하여 문제해결을 위해 사용하는지를 설명한다(Kolodner, 1997). 사례 기반 추론을 효과적으로 수행하기 위해서는 과거의 문제해결 경험을 색인을 통해 기억 속에 잘 저장하는 것이 필요하다. 학습자가 자신의 경험을 되돌아보고 그 의미를 해석하는 과정에서 사례에 관한 색인이 이루어진다. 만약 동일한 경험을 한 두 사람 중에서 한 사람은 자신의 경험을 사전 경험과 비교하며 깊이 있게 성찰을 하였고 다른 한 사람은 아무런 성찰을 하지 않고 지나쳤다면, 두 사람이 과거의 경험과 구조적으로 유사한 문제를 새로운 맥락에서 마주쳤을 때 전자가 후자보다 더 효과적으로 과거의 경험을 인출하여 문제를 해결할 수 있다. 이러한 사실은 최근 우리나라 초·중등학교에서 활발하게 이루어지는 창의체험 활동에 많은 시사점을 제공한다. 학생들이 학교 밖의 박물관, 과학전시관, 지역사회 등을 탐방하고 진로교육 차원에서 다양한 기관을 방문하여 체험을 하는 것이 그 자체로도 중요한 의미를 가지지만, 이러한 교육활동이 학생들에게 더 유의미하도록 만들기 위해서는 반드시 성찰과 토론이 체험과 연계되어야 한다. 즉, 학생들이 자신의 경험을 미래에 활용 가능한 사례의 형태로 기억 속에 잘 저장할 수 있도록 도와야 한다.

사례 기반 학습에서 사례는 다양한 용도로 사용될 수 있다(Jonassen, 2006b). 학교에서는 문제해결을 지원하기 위한 자료로서 다양한 사례를 제공할 수도 있고, 일반적인 지식을 도출하기 위한 분석의 대상으로 사례를 활용하기도 한다. 또한 학습자가 해결해야 할 실제적인 문제로 사례를 제공할 수도 있으며, 학습자가 직접 자신의 문제해결 경험을 사례로 작성하도록 지원할 수도 있다. 교사는 이처럼 다양한 사례의 기능을 고려하여 사례 기반 학습을 설계하는 것이 필요하다. 각 사례의 기능에 따라서 서로 다른 형태의 사례 기반 학습을 설계할 수 있을 뿐만 아니라 한 수업에서 둘 이상의 목적을 위해 사례를 활용하는 것도 가능할 것이다. 예컨대, 다른 사람의 문제해결 사례를 분석하는 사례연구를 먼저 실시한 다음에 사례를 문제로 제공하고 학습자들이 협력적으로 해결하도록 할 수 있다. 사례문제를 해결할 때 사례 도서관을 제공해 줄 수도 있으며, 문제해결을 끝마친 다음에 학습자에게 자신의 경험을 사례로 작성하도록 할 수도 있다. 유의미 학습을 위해서 사례를 어떻게 활용하는 것이 보다 효과적인지에 대한 지속적인 연구가 필요하다.

참고문헌

곽호숙, 장신호(2009). 과학 문제 해결력 촉진을 위한 사례 기반 학습 프로그램의 효과. **초등과학교육, 28**(3), 340-351.

김서희, 정선영(2016). 사례기반학습이 인지적 문제해결력과 사회적 문제해결력에 미치는 영향. **학습자중심교과교육연구, 16**(2), 963-985.

박성익, 조영환(2005). 문제의 구조화수준과 표면유사성이 유추전이에 미치는 효과. **아시아교육연구, 6**(2), 71-94.

박성희(2011). 멀티미디어 사례기반학습이 예비교사의 비판적 사고 성향과 수행능력에 미치는 효과. **컴퓨터교육학회논문지, 14**(5), 19-28.

손지영, 여승수(2016). 사례기반학습이 통합교육에 대한 예비교사의 인식과 교사 효능감에 미치는 영향. **학습장애연구, 13**(1), 151-173.

윤수정(2006). 웹기반 사례중심학습환경에서 사례제시방식, 메타인지가 개념이해, 문제해결에 주는 효과. **교육방법연구, 18**(2), 201-219.

임영택, 류완영(2009). 온라인 사례기반학습에서 사례의 구성방식과 추론활동 지원도구의 제공에 따른 효과 분석. **교육정보미디어연구, 15**(2), 109-131.

조규락(2002). 사례기반 추론을 통한 지식 공유 및 문제 해결. **교육정보방송연구, 8**(4), 33-64.

조영환, 황매향, 김윤강, 김명섭, 홍서연(2015). 3차원 가상세계를 활용한 학교폭력 문제해결 활동의 효과와 개선점: 활동이론을 적용하여. **교육과학연구, 46**(4), 71-97.

지예림, 정현미(2014). 대학 수업에서 사례기반학습이 과제성취도와 학습만족도에 미치는 영향. **학습자중심교과교육연구, 14**(9), 243-265.

Aamodt, A., & Plaza, E. (1994). Case-based reasoning: Foundational issues, methodological variations, and system approaches. *AI communications, 7*(1), 39-59.

Carlson, J. A., & Schodt, D. W. (1995). Beyond the lecture: Case teaching and the learning of economic theory. *The Journal of Economic Education, 26*(1), 17-28.

Chi, M. T. H., Bassok, M., Lewis, M. W., Reimann, P., & Glaser, R. (1989). Self-explanations: How students study and use examples in learning to solve problems. *Cognitive Science, 13*(2), 145-182.

Cho, Y. H., & Huang, Y. (2014). Exploring the links between pre-service teachers' beliefs and video-based reflection in wikis. *Computers in Human Behavior, 35*, 39-53.

Cho, Y. H., & Lee, S. E. (2013). The role of co-explanation and self-explanation in learning from design examples of PowerPoint presentation slides. *Computers & Education, 69*, 400-407.

Cho, Y. H., Lee, J., & Jonassen, D. H. (2011). The role of tasks and epistemological beliefs in online peer questioning. *Computers & Education, 56*, 112-126.

Choi, I., Lee, S. J., & Jung, J. W. (2008). Designing multimedia case-based instruction accommodating students' diverse learning styles. *Journal of Educational Multimedia and Hypermedia, 17*(1), 5-25.

Dasgupta, C., & Kolodner, J. L. (2009, October). Designing case libraries to encourage creative design. Paper presented at the Seventh ACM Conference on Creativity and Cognition, New York.

Ellet, W. (2007). *The case study handbook: How to read, discuss, and write persuasively about cases*. Boston: Harvard Business Press.

Gentner, D., & Markman, A. B. (1997). Structure mapping in analogy and similarity. *American Psychologist, 52*(1), 45-56.

Gentner, D., Loewenstein, J., & Thompson, L. (2003). Learning and transfer: A general role for analogical encoding. *Journal of Educational Psychology, 95*(2), 393-408.

Graesser, A. C., & Person, N. K. (1994). Question asking during tutoring. *American Educational Research Journal, 31*(1), 104-137.

Hernandez-Serrano, J., & Jonassen, D. H. (2003). The effects of case libraries on problem solving. *Journal of Computer Assisted Learning, 19*(1), 103-114.

Jonassen, D. H. (2006a). Facilitating case reuse during problem solving. *Technology, Instruction, Cognition, and Learning, 3*, 51-62.

Jonassen, D. H. (2006b). Typology of case-based learning: The content, form, and function of cases. *Educational Technology, 46*(4), 11-15.

Jonassen, D. H. (2011a). Ask Systems: Interrogative access to multiple ways of thinking. *Educational Technology Research and Development, 59*(1), 159-175.

Jonassen, D. H. (2011b). *Learning to solve problems: A handbook for designing problem-solving learning environments*. New York, NY: Routledge.

Jonassen, D. H., & Erdelez, S. (2005). Teachers' perceptions about usability of a case library. *Journal of Computing in Teacher Education, 22*(2), 67-74.

Jonassen, D. H., & Hernandez-Serrano, J. (2002). Case-based reasoning and instructional design: Using stories to support problem solving. *Educational Technology Research and Development, 50*(2), 65-77.

Jonassen, D. H., Wang, F. K., Strobel, J., & Cernusca, D. (2003). Applications of a case library of technology integration stories for teachers. *Journal of Technology and Teacher Education, 11*(4), 529-548.

Kolodner, J. L. (1993, November). Understanding creativity: A case-based approach. In *European Workshop on Case-Based Reasoning* (pp. 1-20). Berlin: Springer Berlin Heidelberg.

Kolodner, J. L. (1997). Educational implications of analogy: A view from case-based reasoning. *American Psychologist, 52*(1), 57-66.

Kolodner, J. L., Owensby, J. N., & Guzdial, M. (2004). Case-based learning aids. In D. H. Jonassen (Ed.), *Handbook of research on educational communications and technology* (2nd ed., pp. 829-861). Mahwah, NJ: Lawrence Erlbaum Associates.

Lave, J. (1988). *Cognition in practice: Mind, mathematics and culture in everyday life*. New York: Cambridge University Press.

Malone, T. W., & Bernstein, M. (2015). *Collective Intelligence Handbook*. Cambridge, MA: MIT Press.

Schank, R. C. (1982). *Dynamic memory: A theory of learning in computers and people*. New York: Cambridge University Press.

Schön, D. A. (1993). *The reflective practitioner-How professionals think in action*. New York: Basic Books.

Strobel, J., Jonassen, D. H., & Ionas, I. G. (2008). The evolution of a collaborative authoring system for non-linear hypertext: A design-based research study. *Computers & Education, 51*, 67-85.

Tawfik, A., & Jonassen, D. (2013). The effects of successful versus failure-based cases on argumentation while solving decision-making problems. *Educational Technology Research and Development, 61*(3), 385-406.

Van Es, E. A., & Sherin, M. G. (2008). Mathematics teachers' "learning to notice" in the context of a video club. *Teaching and Teacher Education, 24*(2), 244-276.

CHAPTER 5

마인드툴과 학습

오상철(한국교육과정평가원)
이현경(한국외국어대학교)

1. 서론

인간은 테크놀로지가 아닌 자신의 사고를 통해 학습한다. 테크놀로지가 학습자의 사고를 촉진시킬 수 있도록 활용될 때 학습자의 학습이 이루어진다. 테크놀로지의 교육적 활용에 대한 많은 연구는 학습자가 테크놀로지로부터 배우기(learning from technologies)보다 테크놀로지와 함께 배우기(learning with technologies)를 강조한다. 즉, 학습자가 테크놀로지를 하나의 학습도구로 보고 자신의 정신모형(mental model)을 외현화하고, 지식을 구성하며, 경험을 성찰하는 활동에 적절하게 테크놀로지를 활용할 때 유의미한 학습이 이루어진다(Howland, Jonassen, & Marra, 2012). 예를 들면, 학습자가 지식의 시각적 표현을 지원하는 컴퓨터 테크놀로지를 활용하여 자신이 알고 있는 지식을 겉으로 드러냄으로써 자신의 사고 과정에 대한 반성적 성찰 기회를 가질 수 있다. 학습자는 드러난 지식을 동료 학습자와 공유하고 협력적 과제 수행을 통해 공동의 지식 구성 활동에 참여할 수도 있다. 학습 상황에서 발생하는 복잡한 인지적 과제를 시각적으로 표현하는 컴퓨터 테크놀로지를 활용하여 학습자는 관련 지식 영역에 대한 개념적 이해뿐만 아니라 내용지식을 이해할 수 있다. 따라서 지식의 시각적 표현을 지원하는 컴퓨터 테크놀로지는 학습자가 지식 구성요소들 간의 관계를 이해하고, 자신의 지식에 대한 정신 활동을 외면화하는 데 주요한 역할을 함으로써 학습자의 학습을 발생시키는 기반이 된다.

이처럼 학습지원 도구로서 테크놀로지의 중요성을 강조하면서 Jonassen(1997)은 학습자가 학습과정에서 자신이 알고 있는 지식을 표상하고자 할 때 자신이 학습한 내용에 대해 사고할 수 있도록 도와주는 컴퓨터 응용 프로그램을 마인드툴(mindtools)이라고 정의하였다. 마인드툴은 학습자가 문제를 해결할 때 도움을 제공하는 학습지원도구로서 학습자가 자신의 내적 인지과정을 외현화하는 것을 도와준다. 또한 마인드툴은 실생활과 학습 상황에서 문제해결에 필요한 다양한 관련 사례를 경험하고 문제해결 과정을 성찰할 수 있는 기회를 제공한다. 따라서 마인드툴은 기계 또는 시스템이 아니라 학습자가 학습과정에서 사용하는 학습도구이다.

마인드툴은 학습자 스스로 학습을 구성한다는 구성주의적 관점에 기반을 두고 있다. 따라서 마인드툴은 학습자의 학습을 도와주는 역할을 수행한다. 즉, 마인드툴은 학습자가 학습과정에서 의식적으로 사고할 수 있도록 스캐폴딩을 제공해 줌으로써 학습자의 학습을 촉진시킨다. 마인드툴은 학습자의 활동을 지원하는 도구이기 때문에 학습자는 자신의 학습활동에 맞게 마인드툴을 선택적으로 활용할 수 있다. 즉, 마인드툴은 도구 그 자체가 중요한 것이 아니라 학습자가 의도하는 학습활동을 수행하는 데 도움을 주는 학습지원도구로서의 의미가 크다. 마인드툴은 학습자의 사고를 확장하기 위해 사용되는 공학적 도구이자 학습자가 과제를 쉽게 해결할 수 있도록 도움을 제공해 준다. 이처럼 마인드툴은 학습자의 문제해결 과정에서 학습자의 정신적 노력을 도와주는 도구로서 스캐폴딩을 제공해 준다. 학습자가 마인드툴을 이용할 때 학습자는 더 깊이 있게 사고하게 되며 더 의미 있는 학습에 참여하게 된다. 따라서 마인드툴은 학습자를 위한 지적 동반자의 역할을 수행하고, 학습자가 정보를 재인식하고 판단하는 데 도움을 준다(Jonassen, 1999). 결국 마인드툴은 학습자가 자신의 무한한 학습 잠재력을 표상하여 지적 능력인 사고를 확장시킬 수 있도록 학습자의 지적 활동을 도와주는 개념적인 학습지원도구이다.

이 장에서는 먼저 Jonassen이 제안한 마인드툴의 개념과 특성을 살펴본 후 마인드툴의 유형과 유형별 학습 활용 사례를 제시하고자 한다. 또한 마인드툴 활용 관련 연구 결과를 분석한 후 마인드툴의 학습 활용을 위한 실천적 시사점을 도출하고자 한다.

2. 마인드툴에 관한 Jonassen의 연구 종합

Jonassen은 초·중등학교 교사들을 대상으로 마인드툴이 어떻게 학습의 구성주의적 관점에 부합하는지에 관해 설명하는 세 권의 책을 저술하였다. 첫 번째 책은 『Computers in the classroom: Mindtools for critical thinking』(1996)으로, 이 책에서는 암기를 위해 가르치는 대신 비판적 사고와 문제해결을 지원하는 구성주의적 활동들로 학습자를 이끄는 마인드툴을 소개하였다. 이어서 두 번째 책인 『Computers as mindtools for schools: Engaging critical thinking』(2000)이 발간되었다. 마인드툴 관련 Jonassen의 저서 제1, 2판은 마인드툴을 학습도구로서 학습자가 비판적으로 사고하고 고차적 문제해결에 따른 인지 과부하를 줄여 줄 뿐 아니라 학습과정에 스캐폴딩을 제공해 줄 수 있는 도구로서의 의미를 강조하고 있다. 이후 세 번째 책인 『Modeling with technology: Mindtools for conceptual change』(2006)에서 Jonassen은 개념 변화(conceptual change)를 촉진하기 위해 마인드툴의 사용을 권장하였다. Jonassen의 세 번째 책(2006)은 조규락과 오상철에 의해 『컴퓨터 테크놀로지 활용 모델링: 개념 변화를 위한 마인드툴』(2007)이라는 제목으로 국내에서 번역되었다.

Jonassen은 이전의 도서와는 달리 저자 스스로 학습과 테크놀로지에 대한 개념 구조가 변화하였음을 선언하면서 테크놀로지 활용 학습에서 유의미한 학습은 목적의식을 가진 학습으로 개념 개입, 개념 변화를 지원하는 방법과 전략을 요구하는 데 이를 위한 가장 효과적인 전략이 모델링, 즉 모형 구성이며, 마인드툴의 역할을 개념 변화를 위한 모델링 도구라고 주장하였다(Jonassen, 2006). 마인드툴의 사용은 학습자의 개념 변화를 촉진하는 데 있으며, 개념 변화는 학습자가 사용하고 있는 개념에 대한 이해와 개념적 틀을 변화시킬 때 발생한다. 개념 변화의 정도와 유형은 학습자의 선수지식, 개인차, 학습내용의 유용성, 학습 상황에 따라 다르게 나타나는데, Jonassen은 개념 변화를 이끄는 인지적이고 사회적인 활동들을 촉진하는 가장 강력한 전략으로 마인드툴을 이용한 학습자의 모델링을 제안하였다. 모델링은 학습자의 개념 변화를 위한 학습자의 의도적이고 목적의식적인 활동이다. 즉, 모델링은 학습자가 개념적으로 자신의 선개념을 성찰하는 과정으로 개념 변화를 위한 기반이다. 이 과정에서 마인드툴은 학습자가 자신의 정신모형을 외현화하고 그 과정에서 형성된 모형을 조작할 수 있는 공간과 기회를 제공해 줌으로써 학습자의 개념 변화를 지원하게 된다(Jonassen, 2006). Jonassen에 따르면 모형은 학습자가 시각적 표현을 통해 하나의 구성체(그의 구성요소들과 그들 간의 연관성)의 정신적 관념을 표면화할 수 있는 마인드툴의 산출물이다.

Jonassen은 "자신이 알고 있다고 생각하는 것에 대한 모형을 만들 수 없다면, 그것을 제대로 알고 있다고 할 수 없다."라고 하면서 모델링의 대상을 영역 지식, 시스템과 개체군, 문제, 경험 및 이야기, 사고 방법으로 구분하였다. 즉, 학습자는 마인드툴을 활용하여 영역 지식과 그 지식을 조직하고 있는 시스템, 해결하고자 하는 문제, 학생들 자신의 경험과 이야기 그리고 자신들의 사고하는 방법을 모델링하면서 학습경험을 조절하고 학습과정을 성찰하게 된다. 모델링 대상 영역별로 현상을 모델링할 때 사용할 수 있는 도구로 Jonassen은 아홉 가지의 마인드툴(데이터베이스, 개념지도, 스프레드시트, 전문가 시스템, 시스템 모델링 도구, 교수형 에이전트와 직접 조작 환경, 시각화 도구, 하이퍼미디어, 구조화된 컴퓨터 컨퍼런스)을 제시하였다. 학습자는 아홉 가지 유형의 마인드툴을 모델링 과정을 통해 자신의 개념들을 내외적 표상체제로 나타내고 지식에 대한 선개념을 규명하고 개념에 대한 인식론적 신념을 변화시킴으로써 개념 변화를 이끌어 낼 수 있다.

이 절에서는 Jonassen의 연구를 중심으로 마인드툴의 개념과 특성, 마인드툴의 유형, 교수학습에서 마인드툴의 활용에 대해서 살펴보겠다.

표 5-1 마인드툴에 관한 Jonassen의 대표 저서 목록

Jonassen, D. H. (1996). *Computers in the classroom: Mindtools for critical thinking.* Columbus, OH: Merrill/Prentice-Hall.
Jonassen, D. H. (2000). *Computers as mindtools for schools: Engaging critical thinking* (2nd ed.). Upper Saddle River, NJ: Prentice Hall.
Jonassen, D. H. (2006). *Modeling with technology: Mindtools for conceptual change* (3rd ed.). Upper Saddle River, NJ: Prentice Hall.
Jonassen, D. H., Beissner, K., & Yacci, M. A. (1993). *Structural knowledge: Techniques for representing, assessing, and acquiring structural knowledge.* Hillsdale, NJ: Lawrence Erlbaum Associates Inc.
Jonassen, D. H., & Carr, C. (2000). Mindtools: Affording multiple knowledge representations for learning. In S. Lajoie (Ed.), *Computers as cognitive tools Volume II: No more walls* (pp. 165-196). NJ: Lawrence Erlbaum Associates Inc.
Jonassen, D. H., Carr, C., & Yueh, H. P. (1998). Computers as mindtools for engaging learners in critical thinking. *Tech Trends, 43*(2), 24-32.
Jonassen, D. H., Erkens, G., Kanselaar, G., & Jaspers, J. (2007). Visualization of participation: Does it contribute to successful computer-supported collaborative learning? *Computers and Education, 49*(4), 1037-1065.
Jonassen, D. H., Peck, K. L., & Wilson, B. G. (1999). *Learning with technology: A constructivist perspective.* Upper Saddle River, NJ: Prentice Hall.
Jonassen, D. H., & Reeves, T. C. (1996). Learning with technology: Using computers as cognitive tools. In D. H. Jonassen (Ed.), *Handbook of research for educational communications and technology* (pp. 693-719). NY: Macmillan.

1) 마인드툴의 개념과 특성

마인드툴이란 컴퓨터 기반의 도구이며 학습자들로 하여금 자신들이 알고 있는 것을 표상할 수 있도록 개조되었거나 개발된 학습환경이다(Jonassen, 2000). 마인드툴은 인지적 테크놀로지(Pea, 1985), 마인드 테크놀로지(Salomon, Perkins, & Globerson, 1991), 인지도구(Jonassen & Reeves, 1996; Lajoie, 2000)의 의미와도 유사하게 사용된다. 마인드툴은 학습자가 비판적 사고와 고차적 문제해결학습활동에 참여하고 촉진시킬 수 있는 인지적 동반자 기능을 수행하도록 활용되거나 개발된 컴퓨터 기반 도구 또는 학습환경을 의미한다(Jonassen, 2000, p. 9). 이 개념을 단순히

학습 상황에만 적용하지 않고 업무 수행자의 지식 집약적 상황에 적용하여 직무를 수행하는 데 활용할 수 있는 컴퓨터 기술 활용 지적 동반자로서 확장시킬 수 있다.

Jonassen(2000, p. 10)에 따르면, 마인드툴은 다음과 같은 특징을 갖는다. 첫째, 마인드툴은 사용자가 정확하고 빠른 속도로 인간 정신의 한계를 뛰어넘는 것을 가능하게 하는 인지적 확장과 재조직화를 제공한다. 둘째, 마인드툴은 일반화가 가능하며 인지적 과정을 촉진시킬 수 있는 다양한 상황과 영역에서 활용될 수 있다. 셋째, 마인드툴은 사용자가 자신에 대해 사고하고 개념 간의 새로운 연결을 만들며 새로운 지식을 만드는 비판적 사고를 가능하게 한다. 넷째, 마인드툴은 일의 진행 과정을 학습하는 데 지적인 파트너의 역할을 수행한다. 다섯째, 마인드툴은 개념이다. 즉, 마인드툴은 ICT, 테크놀로지, 학습환경, 의도적이고 사건적인 학습활동에 대해 사고하는 방식이다. 마인드툴을 통해 사용자는 자신들이 알고 있는 것을 재현하고, 조작하며, 성찰하게 된다.

마인드툴은 인지과정에 참여하고 인지과정을 촉진시키도록 의도적으로 개발된 컴퓨터 기반 도구이기 때문에 인지도구로 볼 수 있다. 학습자가 학습하는 내용에 대해 목적의식적으로 사고하고 학습과정에서 도움을 얻기 위해 마인드툴을 적절하게 사용한다면, 마인드툴은 학습자의 학습과 의미 구성을 촉진시킬 수 있다. 즉, 학습자는 학습하는 내용에 대해 자신의 학습과정을 반영하는 구조적 지식을 형성하게 된다(Jonassen, 2006). 또한 마인드툴은 학습자가 정보 또는 지식에 대한 개념적 이해를 표상하는 활동에 참여함으로써 지식 구성에 능동적으로 참여할 수 있는 기회를 제공한다(Jonassen, 1996). 마인드툴은 컴퓨터(또는 다른 테크놀로지, 환경 및 활동) 사용에 대한 구성주의적 접근을 대표하기 때문에 마인드툴을 사용할 때 지식은 교수자에 의하여 제공되는 것이 아니라 학습자에 의하여 구성된다. 마인드툴은 학습자가 자료를 재현하고, 문제해결환경에서 개념 간 관계를 이해하고, 지식을 유연하게 회상하고 응용할 수 있는 추상적 정신 표상을 만들도록 도와주는 도구이며 메타인지와 문제해결 과정에 대한 모니터링이 가능하도록 설계된다. 따라서 학습자가 의도적이고 유의미한 방식으로 정보를 처리하고, 정보를 선수지식과 통합하며, 그 결과 유연하고 쉽게 접근할 수 있는 정신 표상을 만드는 데 유용하게 사용될 수 있다.

Jonassen(2000)은 마인드툴이 학습자의 유의미한 학습을 촉진하며, 지식 구성을 지원하고, 성찰적 사고를 가능하게 하며, 사고과정에 스캐폴딩을 제공하는 인지적인 협력 도구라고 하였다. 유의미한 학습에서 학습자는 환경과 상호작용하여 학습 환경 내에 대상물을 조작하고 조작한 결과를 관찰하며, 현상을 해석하는 적극적 참여자이다. 또한 학습자는 새로운 경험을 기존의 지식과 통합시키거나 재해석하며 학습과정에서 관찰한 현상이나 개념을 설명하기 위해 정신모형을 구성한다. 아울러 학습자는 학습목표를 정교화하며 학습내용 및 학습전략을 스스로 결정하는 목적의식을 가진 의도적 활동에 참여하며, 학습과제 또한 사례와 실제적 문제처럼 학습자가 실제 생활에서 경험하는 문제를 해결할 수 있도록 유의미한 학습경험을 제공할 수 있도록 설계된다. 유의미한 학습에서 학습자는 학습과제를 동료들과 함께 이해하고 협력과 조정을 통해 해결한다(Jonassen, Peck, & Wilson, 1999).

마인드툴은 학습자의 지식 구성을 위한 도구이다. 구성주의 인식론에 따르면, 지식은 인식 주체와 별도로 존재하는 대신 자신의 경험을 해석한 산물이자 인간에 의해 의미가 부여되고 구성된다고 본다. 철학적 인식론으로서의 구성주의는 인간이 경험으로부터 지식을 어떻게 구성하고 자신의 개별적 지식 모형을 만드는지에 관심을 갖는다. 학습이론으로서 구성주의는 지식을 구성하는 주체는 개인인 학습자이며, 학습자는 특정 맥락 속에서 개인들과 상호작용하는 사회적 경험을 통해 지식을 구성하며, 사용하고자 하는 지식의 실제 세계의 맥락을 중심으로 의미를 부여한다고 본다. 따라서 학습자는 외부 권위자로부터 지식을 전달받는 것이 아니라 자신의 경험, 신념, 지식을 바탕으로 새로운 현상을 설명하고, 해석하며, 결과를 예측하는 과정을 통해 지식을 구성함으로써 유의미하게 학습한다. 또한 학습자는 교사, 동료 학습자 그리고 외부의 분산된 인지와의 사회적 상호작용을 통해 협력적으로 지식을 구성하기도 한다. 마인드툴은 학습자의 지식 구성 과정에서 학습자의 문제 이해를 시각화하여 지식 표상을 지원할 뿐 아니라 학습자가 이해하고 있는 지식을 정교화하는 과정을 지원한다(Jonassen, 2003).

마인드툴은 학습자의 반성적 사고를 지원하는 도구이다. Dewey는 반성적 사고를 통해 인간은 기계적 행위나 충동적 행위를 지성적 행위로 바꿀 수 있으며, 반성적 사고 과정 그 자체가 문제해결이자 경험을 재구성하는 과정이라고 하였다(노진호, 2002). Schön은 실천 행위에서의 반성을 개념화하여 인간이 일상 속에서 행위를 통해 앎을 경험하게 되는데 행위의 결과가 예측대로 일어나지 않을 때 행위에 대해 숙고하는 과정에서 실천 행위에서의 반성적 사고가 발생한다고 하였다. 따라서 반성적 사고는 인간의 사고와 행위의 상호과정 자체에 대한 사고이다. 학습자는 학습과정에서 자신의 행위뿐 아니라 학습에 대한 신념과 지식 등 전반에 대해 반성하는 경험을 한다. 마인드툴은 학습자가 새로운 지식 표상을 구성하고 기존의 지식을 수정하는 과정을 통해 지식 구성 활동에 참여할 수 있도록 도와준다(Norman, 1993). 따라서 마인드툴은 학습자의 지식 구성을 지원해 주는 반성적 사고를 가능하게 하는 반성적 사고 지원 도구이다(Jonassen, 2003).

마인드툴은 인지적 협력 파트너이다. 인지도구는 학습자가 문제의 복잡성, 기억 및 사고의 한계 등으로 문제해결에 어려움을 겪을 때 학습자의 인지 과부하를 줄이는 역할을 한다(Pea, 1985). 학습자가 인지도구를 활용하여 학습하는 경우 학습자는 비생산적인 과제를 인지도구에 맡기고 학습에서 중요하고 의미 있는 학습활동에 능동적으로 참여할 수 있다. 마인드툴은 학습자가 정보를 효율적으로 처리할 수 있도록 지원한다. 따라서 학습자의 인지 부담을 분담할 인지적 파트너로서 분산 인지(distributed cognition)의 기능을 수행한다. 분산 인지는 학습자의 인지가 내면 세계, 주변 인물, 외부의 상징적 · 물리적 환경에 분산되어 있다는 개념으로 학습자가 학습과정에서 인공물, 도표와 같은 표상 또는 컴퓨터 인터페이스 등에 분산되어 있는 다양한 유형의 인지를 적절하게 사용함으로써 학습자의 효과적 인지활동 참여를 지원한다(Pea, 1993). 따라서 마인드툴은 컴퓨터 테크놀로지에 분산되어 있는 인지를 학습자가 주도적으로 활용하면서 학습과정에서 인지적 책무성에 대한 분담을 가능하도록 한다(Jonassen, 2003).

마인드툴은 사고과정 스캐폴딩 도구이다. 마인드툴은 학습자의 근접발달영역에서 학습자의 사고와 추론에 대한 스캐폴딩을 제공한다. 마인드툴은 상징적 테크놀로지를 활용하여 학습자의 인지를 기능적으로 재구조화하는 역할을 수행한다(Pea, 1985). 마인드툴은 학습자의 지식을 표상하는 방식을 근본적으로 재구조화하는 새로운 추론에 학습자가 참여할 수 있도록 지원한다(Jonassen, 2003). 학습자의 추론 방식이 기존의 근접발달영역 내에 있으면 새로운 추론 방식은 내재화되며, 마인드툴은 학습자에게 인지적 스캐폴딩을 구조화된 외적 표상 체제로 제공한다.

한편, Jonassen(2006)은 학습자의 비판적 사고 제고를 위한 인지도구로서의 마인드툴에 대한 개념화에서 학습에서 모델링을 통한 학습자의 개념 변화를 위한 도구로 마인드툴의 개념을 확장시키고 있다. 모형은 개인이 외부 표상 체제를 사용함으로써 표현되는 상호작용을 제어하는 요소, 관계, 작동 및 규칙으로 구성된 일종의 개념 체제이다(Lesh & Doerr, 2003). 학습자는 자기 내면에 자신의 이해를 표상하기 위해 도식, 방정식, 또는 관계도와 같은 표상매체를 활용한다. 즉, 학습자는 내면적으로 정신모형을 구성하며, 이를 외재적으로 표상하는 외재적 모형 또한 구성한다. 정신모형은 외재적 모형 구성에 필요한 자료를 제공하며, 외재적 모형은 개념 변화를 위한 도구를 제공함으로써 정신모형을 조절한다(Nersessian, 1999). 마인드툴은 학습자의 정신모형을 조절하는 데 영향을 미치는 일종의 모델링 도구로서 학습자 스스로 모형을 구성하고 모형을 수정하는 과정을 통해 개념을 변화시킬 수 있도록 인지적 도움을 제공한다.

Jonassen(2006)은 개념 변화에서 학습자가 기존 모형을 사용하는 것보다 학습자 스스로 모형을 구성하는 것이 학습에 더 효과적이며 유의미하다고 하였다. 학습자는 문제를 해결하거나 복잡한 개념적 질문의 답을 찾을 때 현상에 대한 학습자의 정신모형을 구성한 후 자신의 모형을 활용하여 결과를 예측하고 추론한 후 정신모형을 수정하고 정교화한다. 학습자는 모형 구성을 통해 지식 구성 활동에 주도적으로 참여하며 모형의 정교화 과정에서 개념 변화를 가져오고, 그 결과 유의미한 학습을 경험하게 된다. 모형 구성, 즉 모델링이 학습에 유의미한 이유를 Jonassen(2006, pp. 14-15)은 다음과 같이 제시하고 있다.

- 모형 구성은 자연적인 인지 현상이다. 인간은 미지의 현상에 마주쳤을 때 본성적으로 현상에 대한 개인 이론이나 모형들을 구성한다.
- 모델링은 본질적으로 구성주의적이다. 학습자는 현상에 대한 개인적 표상을 구성한다.
- 모델링은 가설 검증, 판독, 추론 및 다른 중요한 인지 기술들을 지원한다.
- 모델링은 학습자들로 하여금 과학적 추론의 인지적 기반이 되는 인과관계 추론을 정교화하도록 한다.
- 모델링은 개념적으로 인지과정 촉진 활동에 참여하는 가장 좋은 실행 방법으로 개념 변화의 유력한 예언변인이다.
- 모델링은 정신모형을 외현화한 인지적 인공물을 구성하도록 한다.
- 학습자는 스스로 모형을 구성함으로써 지식을 자신의 것으로 소유한다. 학습

자의 지식 소유는 의미 구성과 지식 구성에 중요한 역할을 수행한다.

- 모델링은 인식론적 신념의 발달에 도움을 준다. 모형들을 비교하고 평가하면서 대안 모형이 가능하며 모형 구성 활동이 경쟁 모형을 검사하는 데 사용될 수 있다는 것을 이해하게 된다(Lehrer & Schauble, 2003).
- 모델링 도구는 학습자의 정신의 한계, 즉 기억, 사고 또는 문제해결에 대한 한계를 초월할 수 있도록 도와준다(Pea, 1985).

2) 마인드툴의 유형

마인드툴의 활용은 교사나 교과서에서 얻은 정보를 그대로 표현하기보다는 학습자의 인지구조를 바탕으로 학습자 스스로 정보를 창출해 내는 학습을 위해 컴퓨터를 활용하는 것에 초점을 두고 있다. 즉, 마인드툴은 학습자가 자기 고유의 지식을 설계함으로써 자기 고유 영역의 실상을 구성하는 데 도움을 주는 인지 성찰 및 증폭 도구인 것이다(Jonassen, 2000). 다양한 현상에 대해 학습자가 내면적인 정신모형을 구성하는 것은 서로 다른 사고 활동에 참여하는 것이다. 다양한 현상을 모델링하기 위해 다양한 도구를 사용해야 한다(Jonassen, 2000, 2006). 앞에서 기술한 것처럼 Jonassen(2006)은 모델링 대상을 영역 지식, 시스템과 개체군, 문제, 경험 및 이야기, 사고방법으로 구분한 아홉 가지의 마인드툴을 모델링 대상의 특성에 맞게 활용하도록 제안하고 있는데, 이 절에서는 모델링 대상별로 활용 가능한 대표적 마인드툴에 대해 기술하고자 한다. 즉, 영역 지식 모델링에는 의미망을 활용한 개념지도, 시스템 모델링에는 시스템 모델링 도구, 문제 모델링에는 스프레드시트, 경험 및 이야기 모델링에는 데이터베이스, 인지 시뮬레이션 형성을 통한 사고의 모델링에는 전문가 시스템, 그리고 직접적으로 모델링 도구는 아니지만 온라인 학습환경에서 학습자가 언어적 상호 토론을 통해 문제를 해결할 때 학습자의 사고 및 토론 과정 구조화에 도움을 제공하는 구조화된 토론 지원 도구에 대해 기술하고자 한다.

(1) 영역 지식 모델링과 개념지도

영역 지식은 학습자가 학습을 안내하는 절차적 지식을 활용하기 위한 기본 전제조건이자 핵심조건이다(Jonassen, 2006). 지금까지 대부분의 영역 지식에 대한 학습은 미래 활용 가능한 상황을 고려하지 않아 지식의 활용보다 지식 영역 내 지식의 구조와 구성요소 학습에 초점을 두고 있었다. 그러나 학습자가 지식을 활용하지도 않은 상태에서 지식을 획득하려는 시도는 영역 지식을 불명확하고 불완전하게 이해하는 것으로 이는 곧 학습을 간섭하거나 방해한다(Alexander & Judy, 1988). 따라서 영역 지식 실제 맥락에서 적용되지 않고 획득된 영역 지식은 무의미하다. 영역 지식을 모델링하는 데 마인드툴은 지식 활용 가능성을 고려한 영역 지식의 구조화를 가능하게 한다. 또한 마인드툴은 학습내용을 정리하고, 요약하며, 예와 유사사례 등을 활용할 수 있도록 도와줌으로써 학습자가 영역 지식을 이해하고 정교화하며 개인적 의미를 부여하도록 한다. 이처럼 마인드툴은 영역 지식 모델링을 가능하도록 하는데, 학습자는 영역 지식 모델링을 통해 학습내용을 더 잘 이해하며 이해한 내용을 장기간 기억할 수 있으며 향후 영역 지식 내용과 유사한 문제에 직면했을 때 효율적으로 정신모형을 구성할 수 있다.

영역 지식 모델링에 활용할 수 있는 효과적인 마인드툴로 의미망을 활용한 개념지도가 있다. 개념지도로 알려진 의미망은 인간이 마음속으로 소유한 지식구조를 나타내는 개념들과 그 상호관련성에 대한 공간적인 표상이다(Jonassen, Beissner, & Yacci, 1993). 이러한 지식구조들은 또한 인지적 구조, 개념적 지식, 구조적 지식 및 의미망으로 알려져 있다. 기억 속의 의미망과 그것을 표상하는 지도는 링크(관련성에 대한 진술)로 연결되어 있는 노드(개념 또는 아이디어)로 구성된다. 컴퓨터 기반의 의미망에서 노드는 정보 구역으로서 표현되며 링크는 선으로 나타난다. 개념지도는 인간의 정신(mind) 속에 있는 지식구조를 개념과 그 개념들 간의 상호관련성을 표현하는 연결어로 표현한다. 즉, 개념에 해당되는 단어가 들어 있는 사각형과 이들 개념 간의 관계를 기술한 연결어를 중간에 있는 선분을 이용하여 위계적인 그래프 형태로 표현하는 것이다(Novak & Cañas, 2006). 개념과 개념 간의 관계로 이루어진 지식을 시각적으로 표현하는 개념지도는 대체로 주요 개념이 최상단 혹은 중앙에 위치한다. 개념지도는 개념들 간의 교차 연결, 사건(event) 또는 대상의 구체적인 예시를 포함하며, 개념과 그 연결어를 합치면 하나의 명제(proposition) 형태의 완전한 문장이 된다. 개념과 개념을 연결하는 연결어(linking words)는 동사(verb)를 사용하여 짧고 쉽게 이해할 수 있도록 기술하며, 어떤 형태의 관계든지 설명이 가능해야 한다. 이 경우 개념과 연결어를 결합하면 하나의 완전한 명제를 포함한 문장이 되도록 연결어를 사용해야 한다. 바로 이 점에서 개념지도는 개념 간의 관계를 여러 갈래로 나누어 시각적으로 조직화된 형태를 보여 주는 마인드맵과 차이가 있다.

개념지도는 교수학습 상황에서 학습자의 사전지식(prior knowledge)을 진단하기 위한 도구, 학습자의 지식 형성 과정을 시각적으로 표현함으로써 학습자 스스로 자신의 지식구조를 객관화하여 반성할 수 있는 기회를 제공하며, 공동의 개념지도 작성 과정을 통해 협력적인 문제해결에 도움을 제공할 수 있다. 특히 컴퓨터 테크놀로지를 활용한 개념지도 작성 도구(concept mapping tools)는 학습자가 쉽게 개념지도를 작성할 수 있도록 지원하는 다양한 기능을 제공해 준다. 현재 많은 개념지도 작성 도구들이 나와 있지만, 그중에서 실제 교수학습 현장에서 효과적으로 사용할 수 있는 도구를 소개한다면, Cmap과 Compendium 등을 들 수 있다.

Cmap은 IHMC(Institute for Human Machine Cognition)에 의해 개발되었다. Cmap의 개발 목적은 일련의 위계적 개념을 통해 인간의 생각, 사고와 의견을 지도로 표현하는 데 있다. Cmap은 매우 간단한 인터페이스를 가지고 있으며 화면(display)상의 어느 지점에서든지 더블 클릭만 하면 쉽게 새로운 개념을 만들 수 있다. 이미지, URL, 동영상, 텍스트, 숫자, 표, 오디오 등 다양한 형태로 학습자가 표현하고자 하는 개념을 시각화할 수 있다. 개념 간의 관계를 표현하기 위해 화살표를 끌어다 개념과 개념을 연결한 후, 그 위에 설명을 입력할 수 있다. 학습자 개인의 개념지도 작성뿐만 아니라 조별 모임 혹은 공동 작업 과정을 통해 온라인에서 실시간으로 협동적 개념지도 작성이 가능하다. 더불어 Cmap은 개념지도 작성 과정에서 게시판을 활용한 온라인 토론을 실시하여 개념지도의 내용과 디자인을 함께 공동으로 토의할 수 있도록 설계되어 있다. 즉, Cmap은 협력적인 학습활동을 지원하는데, 학습자가 만든 개념지도를 CmapServer에 저장하여 동료 학습자들과 공유할 수 있으며, 채팅, 게시판 등을 사용하여 공동의 개념지도를 구성할 수 있다. IHMC는 개념지도를 처음으로 개발한 Novak의 개념지도에 대한 개념을 Cmap을 사용하여 개념지도로 개발하였고, 개발한 개념지도를 웹사이트에서 [그림 5-1]과 같이 제공하고 있다. [그림 5-1]에서 알 수 있는 바와 같이 '개념지도에 대한 개념지도'는 개념지도가 무엇인지, 개념지도와 관련된 개념들이 서로 어떻게 연결되어 있는지, 개념지도가 어떤 역할을 하며 학습과정에 어떻게 사용될 수 있는지를 일목요연하게 보여 주고 있다.

한편, Compendium은 1993년 Verizon 연구실에서 처음 개발한 후, 영국의 개방

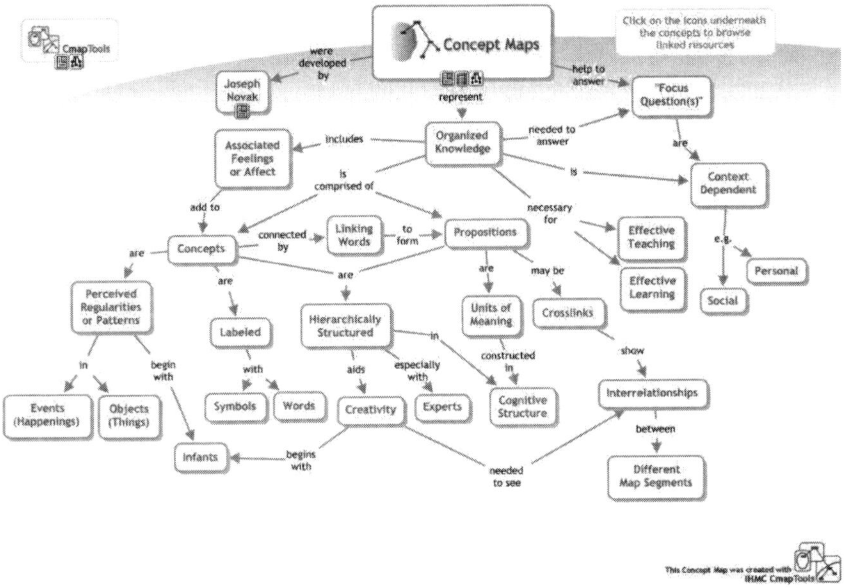

[그림 5-1] CMAP 활용 개념지도에 대한 개념지도(http://cmap.ihmc.us)

대학(Open University)의 KMI(Knowledge Media Institute)가 지속적으로 개발을 진행하고 있다. Compendium은 하이퍼텍스트 활용 개념지도 작성 도구로서, 문제해결이 요구되는 문제 상황을 모델링하거나, 토론 과정에서 토론자의 주장과 토론 진행 과정을 그림으로 표현하는 데 활용할 수 있다. 또한 개인 혹은 집단이 새로운 아이디어, 목표, 시나리오 등을 개발하는 데 사용될 수 있다. Compendium은 다른 개념지도 작성 도구들과 마찬가지로 다양한 포맷을 활용하여 개념지도 작성이 가능하며, 개념지도 관련 파일과 외부 자료들을 자동적으로 개념지도에 포함시킬 수도 있다. Compendium은 정보를 목록화하여 정렬시킬 수 있으며 다양한 형태의 노드를 제공하고 있다. 질문(question), 사고(idea), 찬성(pro), 반대(con), 참조(reference), 노트(note), 의사결정(decision), 리스트(list) 등의 노드를 사용하여 개념지도 작성과 관련된 정보를 목록화할 수 있다. 이와 같은 목록화는 개념지도 학습자가 개념지도를 쉽게 구조화하는 데 도움을 줄 뿐만 아니라 개념지도를 활용한 토론 과정에서 학습자들이 개념지도를 쉽게 이해할 수 있도록 도와준다. 또한 일련의 태그(tag)를 활용하여 새로운 분류가 가능하도록 지원하고 있다. Compendium 사용자들은 새로운 사고를 만들고 개념지도 작성 과정에서 질문, 가정, 주장, 반박, 동의 등에 대해 더

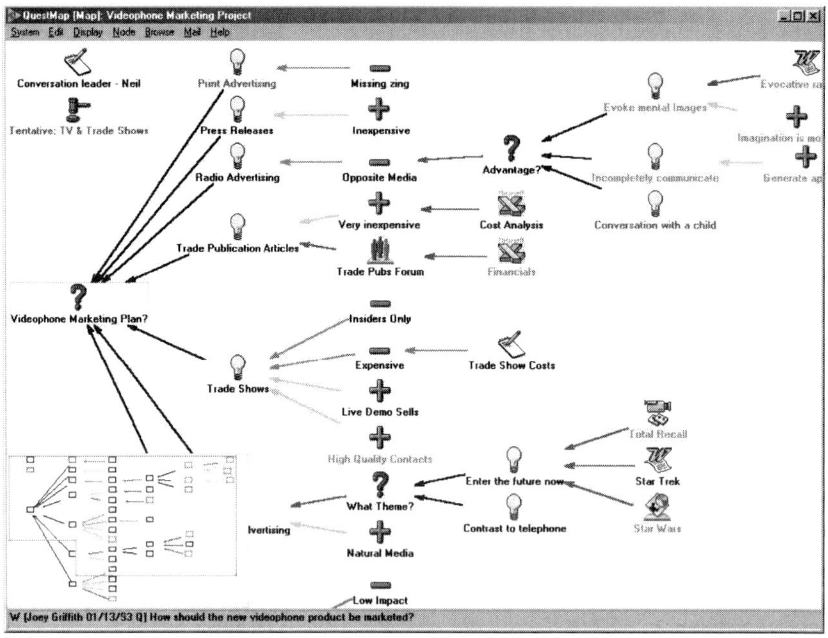

[그림 5-2] Compendium 활용 영역 지식 모델링의 예(http://www.compendiuminstitute.org)

깊이 사고할 수 있는 기회를 가진다.

학습자들이 학습과정에서 만들어 내는 개념지도를 통해 학습자의 지식구조 및 지식구조의 변화가 어떻게 반영되고 있는지를 평가할 수 있다. 개념지도를 활용하여 수업 시간에 학생들이 '원자(atom)'에 대한 개념 이해를 파악하거나, '질량'에 대한 오개념을 진단할 수 있으며, 개념지도 형성 과정에서 학생들이 지닌 개념들이 어떻게 변화하고 있는지, 학습결과로서 학생들의 개념 변화가 어느 정도 이루어졌는지를 평가할 수 있다. Jonassen(2006)은 개념지도 평가 방법으로 학습자의 개념지도를 전문가의 개념지도와 비교하기, 학습자의 지식의 성장 정도 확인하기, 학습자의 다양한 관점 수용 여부 평가하기, 학습자의 개념지도와 교과 학습목표의 비교 등을 제시하였다. 개념지도는 문제해결을 위한 모델링 도구로 사용할 수 있는데, 실제 수업에서 개념지도의 활용 방법에 대한 Jonassen(2006)의 제안을 살펴보면 다음과 같다.

첫째, 학생들 스스로 계획을 세우고 모델링을 통해 영역을 분석할 수 있는 관점을 수립하도록 한다. 학생들 스스로 개념지도 형성에 대한 계획을 수립할 수 있도록 도와준다. 학생들이 시각적으로 표현하고자 하는 영역에 홍미를 가질 수 있도록 도와주고, 표현하고자 하는 영역과 관련하여 어떤 관련 지식이 필요한지를 알려 주며, 이를 통해 어떤 학습결과를 얻을 수 있는지에 대해 학생들과 함께 논의한다.

둘째, 학생들 스스로 주요 개념(main concept)이 무엇인지를 확인할 수 있도록 한다. 내용 영역에서 주요 개념은 내용을 이해하는 것뿐만 아니라 학습과제를 공동으로 진행하는 경우 상호 협력을 이끌어 내는 데 주요한 역할을 한다. 학생들이 주요 개념과 관련된 개념들 간의 관련성과 중요성을 평가하며 서로 토론하는 과정 속에서 주요 개념에 대한 동일한 개념 목록을 공유할 수 있게 된다.

셋째, 학생들 스스로 노드를 만들고, 정의하며, 정교화할 수 있도록 한다. 학생들이 노드를 만들어 이름을 부여하며, 각 개념에 텍스트를 덧붙여 좀 더 자세하게 해석할 수 있도록 도와준다.

넷째, 학생들 스스로 연결어를 사용하여 개념과 개념을 연결하도록 한다. 개념과 개념 간의 연결을 명확하게 하도록 학생들 스스로 관계를 설명할 수 있는지, 서로 연결된 개념과 개념 간의 관계가 유의미한지, 연결되지 않은 개념들끼리 서로 연결될 수 있는지에 대해 함께 논의할 수 있도록 지원한다.

다섯째, 학생들의 개념지도가 확장될 수 있도록 지원한다. 새로운 개념들이 기존의 개념지도에 지속적으로 추가되고 확장될 수 있도록 개념 간의 관계에 대해 반성적인 질문을 제공한다.

여섯째, 학생들이 개념지도 작성 과정을 성찰할 수 있는 기회를 제공한다. 학생들 스스로 개념지도 작성 과정에서 개념지도 작성의 목적을 달성하고 있는지, 개념지도가 어떻게 변화하고 있는지, 다른 조와 우리 조의 개념지도가 어떤 차이가 있는지에 대해 지속적인 성찰 기회를 제공해야 한다.

(2) 시스템 모델링과 시스템 모델링 도구

시스템 사고는 세계를 과정, 피드백, 통제 그리고 살아 있는 시스템으로 이해한다. 시스템은 역동적이며 상호 독립적인 부분들이 스스로 작동하며 상호 영향을 미치는 일종의 조직체이다. 따라서 시스템은 목표지향적이며, 통제된 피드백, 자기 유지와 자기 조절 기능을 수행한다. 시스템은 상하위 시스템으로 구성되고, 각 시스템들은 일종의 구조를 가지고 있으며, 인과관계에 따라 상호관련성을 지니면서 상호작용한다. 시스템의 변화는 인과관계에 피드백이 작동할 때 이루어진다. 양의 피드백 루프는 변화를 촉진하는 자기 강화 루프이다. 한 변수가 변화되면 그 변화하는 방향으로 영향이 되돌아오기 때문에 변화가 더욱더 강화된다. 양의 피드백 루프는 일탈강화 루프라고도 한다. 평행 상태에서 벗어나는 변화가 일단 발생하면 그 변화를 더욱더 강화시키는 성질이 있기 때문이다. 양의 피드백 루프를 지닌 시스템은 일단 성장하기 시작하면 계속 성장하고, 쇠퇴하기 시작하면 끝도 없이 쇠퇴한다. 음의 피드백 루프는 자기균형 루프 또는 일탈억제 루프이다. 음의 피드백 루프는 각 변수를 균형 상태로 유지시키는 성질을 지닌다. 시스템은 하나의 피드백 루프로만 구성되지 않는다. 대부분의 시스템은 수십 개 또는 수백 개의 피드백 루프가 상호 연결되어 있는 복합적인 시스템이다. 특정 피드백 루프가 전체 시스템의 특성을 결정할 때 이를 지배적 피드백 루프라고 한다. 음의 피드백 루프와 양의 피드백 루프가 동시에 작용하기도 하며, 음의 피드백 루프가 균형을 유지하려는 힘이라면 양의 피드백 루프는 균형에서 벗어나려는 힘이다. 시스템 구성요소가 동일한 경우라도 각 요소들이 어떻게 연결되어 있는가에 따라 시스템의 특성이 달라진다.

시스템 모델링은 시스템을 구성하는 각 구성요소들의 상호관련성을 피드백 루프를 활용하여 추론하고 검증함으로써 시스템의 작동 원리와 현상을 이해하는 인지적 활동이다(Jonassen, 2006). 실재와 현상을 추상화하는 시스템 모델링은 구성요소들 간의 역동적인 관계를 모델링과 시뮬레이션 개념을 사용하여 학습자의 학습과정을 효과적으로 지원할 수 있다. 모형 형성을 통해 사고 과정을 시각화함으로써 학습자는 모형 형성 과정에서 각 변수를 조절할 수 있으며, 시스템의 작동 원리를 탐구하여 자신의 사고 과정을 반성적으로 성찰할 수 있게 된다.

시스템 모델링을 위한 대표적인 마인드툴은 STELLA와 학생용으로 개발된 Model-It이 있다. 이 도구들은 학습자가 역동적인 시스템의 인과관계 루프를 시각적으로 정교화하여 모형을 만드는 데 도움을 제공한다.

STELLA는 1950년대 말 MIT의 Forrester 교수가 개발한 시스템 다이내믹스의 개념을 실제 교육현장에 사용하기 위해 개발된 컴퓨터 기반 시뮬레이션 도구이다. High performance technology 회사에서 개발하여 지금 현재 Iseesystems 회사에서 개발 중인 STELLA는 시간의 변화에 따른 시스템을 시뮬레이션하고, 이론과 실제 세계의 차이를 좁히고, 학습자가 창의적으로 시스템을 변화시킬 수 있도록 지원하며, 학습자가 실제 세계에서 커다란 그림, 즉 각 구성요소 간의 관계를 볼 수 있도록 하고, 투입–과정–산출을 통한 시스템 작동 원리를 학습할 수 있도록 도와준다.

STELLA는 시스템 내에서의 일정 변수 값의 수준을 의미하는 축적 혹은 저장(stock), 유입과 유출을 조절하는 유동 혹은 흐름(flow), 흐름에 영향을 미치는 요인 혹은 비율인 변환기(converter), 요인들 간의 효과의 방향을 결정하는 연결기(connector)를 사용하여 학습자가 변수들 간의 관계를 하나의 시스템으로 구현할 수 있도록 도와준다. STELLA는 또한 학습자가 시스템 모형을 다 만들어 시뮬레이션을 실행한 후 그 결과를 그림 또는 도표로 확인할 수 있는 기능을 제공한다. 모형 시뮬레이션을 실시하는 동안 다양한 변수값을 조정하여 변수값의 변화에 따른 모형의 적합도를 검증할 수 있으며, 만약 결과가 기대치와 일치하지 않을 경우에는 학습자가 만든 모형을 수정할 수 있는 기회를 제공한다. 모형 형성 과정에 실제 통계자료 혹은 실험에서 얻은 데이터를 입력할 수 있으며, 날씨 관련 자료 같은 실세계 자료를 사용하는 것이 학습자가 모형 형성 과정에 더 깊이 개입할 수 있도록 도움을 제공해 줄 수 있다.

[그림 5–3]은 여름철(6~9월)에 교사가 수업을 진행할 때 학생들의 교실 수업 집중도에 영향을 미치는 요인을 소음, 친구관계, 온도 등의 세 가지 영역으로 설정한 시스템 모델링의 예이다. [그림 5–4]는 공사나 기타 소음의 정도, 친구와의 친밀감으로 인한 소음, 온도의 상승, 체육활동 등을 집중도 저해요소로, 교사의 통제, 친구와의 다툼 등을 집중도 저해를 막는 요소로 설정한 후 여름철 교실 수업 내 집중도 정도를 그래프와 도표로 보여 주고 있다.

Model–It은 University of Michigan의 Highly Interactive Computing(HI–C) 그룹이 중학교 학생들의 모형 구성의 어려움을 덜어 주기 위해 개발한 시스템 모델링 도구이다. STELLA의 기능과 비슷하지만 매우 배우기 쉬운 도구이다. 학생들은 모형 구성에 복잡한 수학 계산 공식을 사용하지 않고 모형을 쉽게 구성하고 테스트할 수 있다. 과학 수업 시간에 배운 과학 현상에 대한 이론을 표현하고 그 이론을 검증하는 데 사용할 수 있다. Model–It은 자료를 시각적으로 표현하기 위한 미터기와 그래프를 제공한다. 학습자는 모형이 작동하는 동안 변수값을 조절하면서 발생하는 변화를 쉽게 관찰할 수 있다.

Model–It을 사용하여 모형을 만들기 위해 학생들은 모형에 사용되는 요인을 계량화해야 한다. 학생들은 객체 편집기를 사용하여 객체의 유형을 정의하고 서로 영

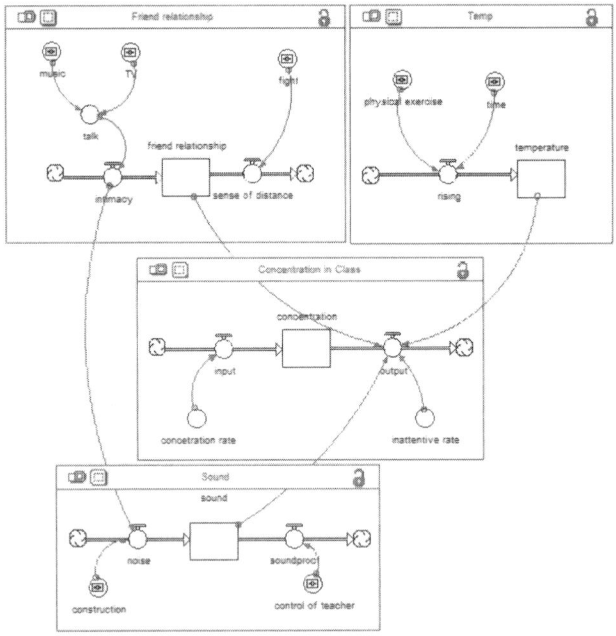

[그림 5-3] 여름철(6~9월) 교실 수업 집중도 영향 요인 시스템 모형

* 필자(오상철)의 대학원 강의 중 대학원생이 제출한 과제 화면을 캡처한 것임.

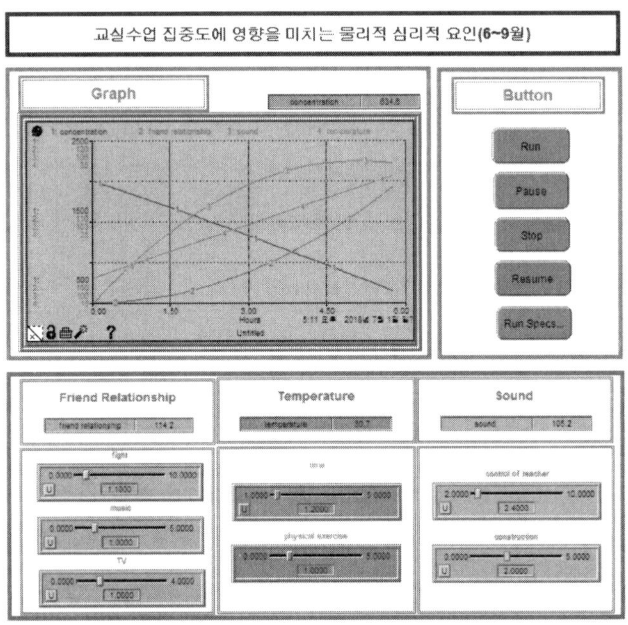

[그림 5-4] 여름철(6~9월) 교실 수업 집중도 영향 요인의 작동 결과

* 필자(오상철)의 대학원 강의 중 대학원생이 제출한 과제 화면을 캡처한 것임.

향을 주는 요인들을 정의한다. 또한 요인 편집기를 사용하여 측정 단위, 초기값, 평균 등을 기술하고, 요인들 간의 상호작용을 표현하는 요인지도를 작성한다. 다음으로 요인 간의 관계를 관계 편집기를 사용하여 정의하며, 모형이 완성되고 난 후 그 결과를 확인하고 검사하게 된다. Model-It을 사용하여 학생들은 모형을 만들고, 검사하고, 평가한다. 학생들은 수업 시간에 배우는 다양한 이론을 표현하는 모형을 만들고, 자신의 모형의 적합성을 판단하기 위해 시뮬레이션을 작동할 수 있다. [그림 5-5]는 Model-It을 사용하여 학습자가 가상으로 만든 모형과 모형 형성 과정에서 요인 간의 관계를 설명하기 위한 관계 편집기 화면을 보여 주고 있다.

Jonassen(2006, pp. 159-160)은 교실 수업에서 시스템 모델링 도구를 활용한 시스템 모델링 단계를 다음과 같이 제시하였다.

첫째, 이미 만들어진 모형을 학생들이 작동하고 시험하도록 한다. 교사는 학생들에게 작동하고 있는 이미 정의된 구성요소와 연결된 시뮬레이션 템플릿을 제공한다. 학생들은 그 모형을 시험하는 동안 예측하고, 가설을 세우며, 모형을 사용하여 자신의 예측을 시험한다.

둘째, 학생들이 만들고자 하는 모형을 표현할 수 있도록 한다. 한 개의 그림을 작성한 후 아직 정해지지 않은 변수들의 '중간 사이(between)'를 남겨 둔다. 학생들에게 그것들 간의 관계를 추론하도록 한다.

셋째, 조별로 학생들을 나누고, 공동으로 모형을 작성하도록 한다. 교사의 지도

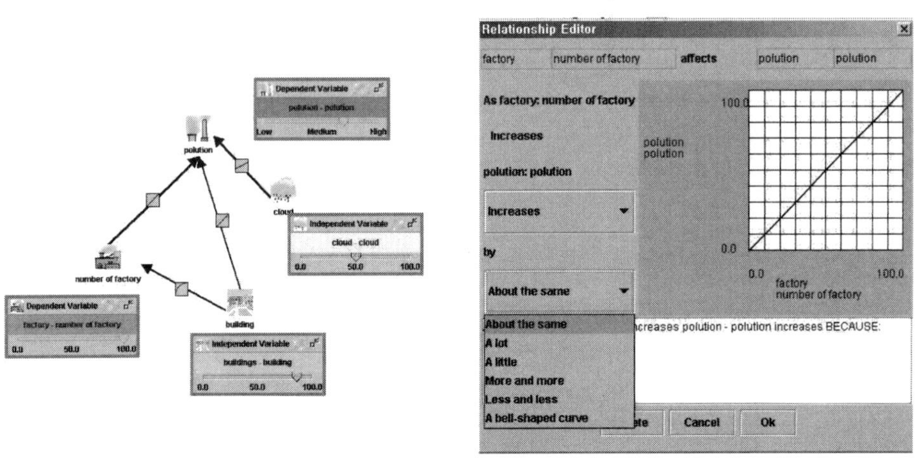

[그림 5-5] Model-It 활용 모델링의 예와 관계 편집기(http://www.hi-ce.org/sciencelaboratory/modelit)

아래 전체 학급이 공동 작업하여, 학생들은 몇 가지 친숙한 현상에 대한 모형을 공동으로 만든다. 교사는 학생의 이해를 점검하고, 학생들의 모형을 좀 더 정교하게 만들 수 있도록 질문하며, 그 모형을 작동하기 전에 학생들이 결과에 대해 예측하고, 가설을 세울 수 있도록 도와준다. 교사는 학생들이 모형을 시험할 때, 그 모형이 학생들이 기대했던 결과를 왜 만들지 못하는가에 대한 힌트를 제공하기도 한다.

넷째, 학생 개개인별 모형을 만들기 위한 구체적인 계획을 수립하도록 한다. 학생들이 모형을 개발하기 전에, 자신의 시스템 모형 계획을 세우도록 한다. 교사는 학생들에게 '무엇을 표현하고자 하는가?' '어떤 점을 강조하고 싶은가?' '어떤 구조와 정보가 필요한가?' '어떤 학습목표를 지향하고 있는가?' 등의 질문을 제공한다.

다섯째, 학생들은 스스로 자신의 모형을 만든다. 그룹으로 작업하며, 학생들은 실험, 책의 한 장, 실세계의 현상, 혹은 이미 연구된 다른 시스템 모형을 자신만의 것으로 만든다.

여섯째, 전체 학생들에게 자신의 모형을 보여 주도록 한다. 전체 학생이 학생들의 모형을 토론하고 평가하거나 다른 동료들의 문제들을 해결하는 데 도움을 제공한다.

일곱째, 학생들 자신의 이론을 만들 수 있도록 도와준다. 학생들은 자신의 작동 모형을 바탕으로 시스템 모델링 결과를 더 큰 대상 혹은 사건의 행동을 기술하는 이론에 일반화를 시도하도록 한다.

여덟째, 학생들이 자신의 모형을 만드는 과정에 대해 성찰할 수 있도록 지도한다. 학생들이 모델링 과정뿐 아니라 모델링 이후 자신이 만든 시스템 모형을 점검하고 평가할 수 있도록 교수자는 성찰 질문 및 모형 평가 기준을 제공해야 한다.

(3) 문제 모델링과 스프레드시트

문제(problem)는 목표 상태와 현재 상태 사이의 차이(gap)로 알려지지 않은 실재이자, 해결을 위한 노력이 사회적 · 문화적 · 지적으로 가치 있는 것이다. 문제는 다양한 속성을 지니고 있는데, Jonassen(2011)은 문제의 특성을 구조성, 복잡성, 역동성, 영역 특수성의 네 가지 틀로 구분하여 제시하고 있다. 즉, 문제의 구조를 교과서 단원 정리 혹은 시험문제에서 흔히 접하게 되는 정구조 문제(well-structured problem)와 일상생활과 직장의 업무 추진 과정에서 자주 만나게 되는 비구조 문제(ill-structured problem)로 구분한다. 또한 문제의 복잡성 측면에서 문제에 수반된 이슈나 기능 혹은 변수의 수가 단순한 것부터 문제를 조직하고 해결하는 데 여러 변수를 조작하도록 함으로써 인지적 부담감을 제공하는 복잡한 문제가 있다. 시간이 흘러도 고정적 문제해결 전략이 유효한 문제와 문제를 둘러싼 환경과 요인이 자주 바뀌면서 문제해결을 위한 전략 사용이 변화해야 하는 역동적 문제가 있다. 문제해결은 상황맥락적이어서 문제 맥락의 본질이나 영역 지식에 의존한다. 수학자, 공학자, 정치학자 모두 문제가 발생하는 상황맥락이 다르기 때문에 서로 다르게 문제를 해결한다.

이처럼 상이한 문제를 해결하기 위해 학습자는 문제와 문제 맥락에 대한 정신모형을 구성하게 된다. 학습자는 문제의 구조에 대한 지식, 다른 문제해결 활동을 수행하는 방법에 대한 지식, 문제와 그 구성요소의 환경, 지식 활용 방법 및 절차에 대한 지식으로 구성된 정신모형을 구성해야 한다. 또한 학습자는 실제 세계에서 문제에 대한 해결안을 적용하기 전에 자신의 정신모형 속에 해결안을 만들고 적용해 봄으로써 자신의 모형을 조작하고 검증한다(Jonassen, 2011). 따라서 마인드툴을 활용한 모델링은 학습자가 문제해결 과정에서 문제 유형에 따라 문제를 표상하고 해결안을 탐색하고 평가할 수 있도록 지원한다. 문제해결에서 가장 중요한 기술이 바로 문제 공간 내에서 학습자가 내적 개념 모형을 구성하는 것이다. 학습자의 문제 표상이 더 풍요롭고 정확할수록 해결책이 더 나아진다. 문제에 대한 개인적 표상은 문제에 대한 정보 해석을 지원하며, 시스템의 특성에 관한 지식을 바탕으로 시스템 작동 결과를 모의실험하고 문제해결과 관련된 스키마 혹은 절차를 연결시키는 기능을 수행한다(Savelsbergh, de Jong, & Ferguson-Hessler, 1998).

스프레드시트(Spreadsheets)는 일종의 컴퓨터 응용 소프트웨어로서 수량적 데이터를 처리하는 회계관리용 프로그램으로 행과 열이 교차된 지점에 사각형으로 만들어지는 전자계산서, 입력 데이터에 대한 수치 계산, 처리 기능, 문서작성 기능, 그래프 작성 기능 등을 갖는다. 스프레드시트는 학습자가 규칙을 생성하도록 요구하는 규칙-사용 도구이다(Vockell & Van Deusen, 1989). 스프레드시트의 수치를 계산하기 위하여 사용자는 표현하기를 원하는 데이터 사이의 관련성과 패턴을 확인해야만 하며, 그 관련성들은 수학적 규칙을 사용한 모형으로 구성되어야만 한다. 그래서 스프레드시트의 구축은 추상적 추론을 요구한다.

마인드툴로서 스프레드시트는 계산, 분석, 추론 도구로서 복잡한 양적 관계 계산을 위해 문제해결 활동을 지원하고 수학적 이해를 지원하는 도구로서 상호 연관되는 값을 표현하고 공식을 찾기 쉽도록 도와주며 모든 수치적 해결 단계를 확인하고 계산의 과정을 보여 주는 데 유용하다. 스프레드시트는 수학과 과학의 거의 모든 현상을 모형으로 만들 때 사용될 수 있다. 학습자가 원리와 이론을 자신만의 독특한 모형으로 만들 수 있다면, 이는 곧 모델링 과정을 통해 모형의 원리를 심층적으로 이해하고 있다는 것을 의미한다.

[그림 5-6]은 지구온난화에 영향을 미치는 자동차 주행거리, 백합나무 수, 전구 수를 근거로 이산화탄소 배출량, 산소 배출량, 전기소모량을 추정한 후 각 변수 간의 관계를 수식화하여 모형을 작성하였다. 학습자는 모형을 조작한 결과를 지구 평균기온과 현재 기온 그리고 빙하의 양을 통해 확인함으로써 문제해결의 적절성을 검증할 수 있다.

(4) 경험 및 이야기 모델링과 데이터베이스

경험과 이야기는 기억을 저장하고 설명하는 데 있어서 가장 풍부하고 강력한 형

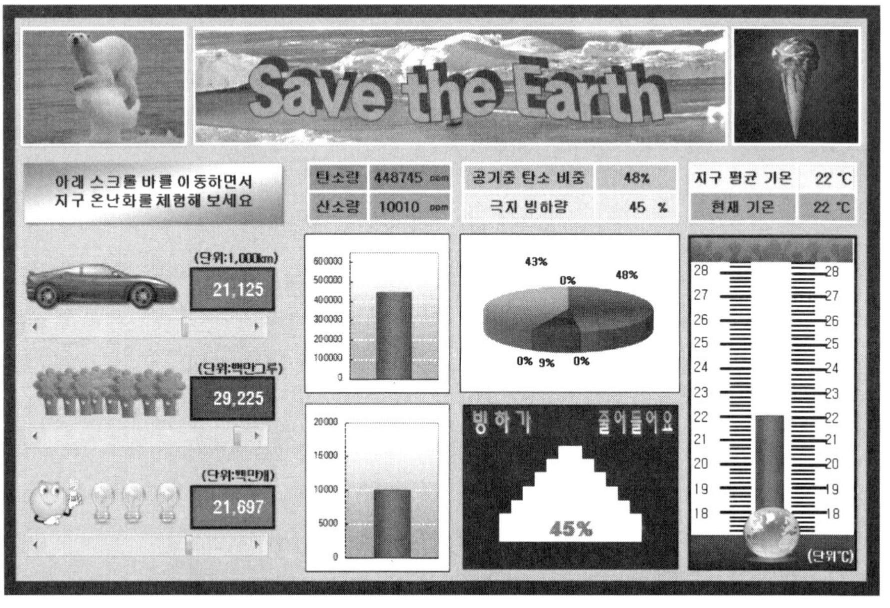

[그림 5-6] 스프레드시트를 활용한 지구온난화 모델링의 예

* 필자(오상철)의 대학원 강의 중 대학원생이 제출한 과제 화면을 캡처한 것임.

식이다. 사람들이 알고 있는 것을 이해하는 방법은 자신의 이야기를 분석하는 것이며, 분석 방법 중 하나가 사례 기반 추론(Case Based Reasoning: CBR)이다. 사례 기반 추론은 이치나 논리에 따라 사고하고 결론을 이끌어 내는 추론 과정에 과거의 경험 또는 사례를 이용하는 것이다. 즉, 개인이 새로운 문제 상황에 직면했을 때 문제를 해결하기 위해 자신의 과거 경험 속에서 그 문제 상황과 동일하거나 유사한 상황을 어떻게 해결하였는지에 대한 경험 또는 사례를 이용하여 문제를 해결하는 방법이다. 그렇다고 반드시 자신이 경험한 사례만으로 추론하는 것은 아니다. 자신이 알고 있는 다른 사람이 경험한 사례를 새로운 문제 상황에 적용하여 문제를 해결하는데 활용할 수도 있다. 사례 기반 추론은 과거의 사례를 단순히 기억하는 것이 아니라 과거의 경험으로부터 새로운 문제를 해결하기 위해 추론하는 것이다(Kolodner, 1993).

Jonassen(2006)은 학습자가 자신의 경험을 모델링함으로써 개념 변화를 이룰 수 있다고 하였다. 학습자가 자신의 경험에 관한 이야기를 수집하고, 색인을 만들고, 저장하는 과정을 통해 이야기 속에 포함되어 있는 다양한 의미를 사회적 · 문화적 · 개인적 관점에서 해석하게 된다. 학습자가 다양한 관점을 접하고 이를 바탕으로 자신의 모형을 성찰하는 과정은 세상에 대한 자신의 개념을 변화시키고 향후 학습한 내용을 유사한 상황에 적용시킬 수 있도록 하는 학습의 기반을 제공한다. 경험 모델링을 가능하게 하는 마인드툴은 학습자가 사례를 충분히 학습할 수 있도록 실제 세계에서 경험할 수 있는 다양하고 광범위한 실제 사례 기반을 제공하고, 학습자가 사례를 회상하고 재사용할 수 있도록 사례를 색인화하도록 하고, 반복적 주기로 학습자에게 기대와 어긋나는 실패를 경험할 수 있도록 하며, 추론을 위해 효과적으로 사례를 활용하도록 지원한다(Jonassen, 2006; Riesbeck, 1996).

데이터베이스(databases)는 하나 또는 그 이상의 파일로 구성되어 있는데, 각 파일은 내용 영역, 사건 또는 사물들과 관련된 레코드라는 집합의 형태로 정보를 포함하고 있다. 또한 데이터베이스의 각 레코드는 필드로 나누어지는데, 필드란 그 속에 포함된 정보의 유형 또는 종류를 설명하는 것이다. 이러한 데이터베이스 조작 도구들은 사용자로 하여금 특정 정보의 검색요구에 답할 수 있도록 저장되어 있는 정보를 조직 · 재조직하는 것을 가능하게 하며 기본 도구들은 정보를 검색하고 정렬하며 인출하는 일을 한다.

마인드툴로서 데이터베이스를 사용하는 데 있어서 중요한 기능 중의 하나는 정렬 기능으로서 사용자는 이 기능을 이용하여 데이터베이스의 자료를 오름차순 또는 내림차순으로 재배열할 수 있다. 이러한 기능을 사용하여 학습자들은 교과내용을 데이터베이스로 분석하고 저장할 수 있다. 그 데이터베이스는 내용에 관한 특정 질문에 답하기 위하여 또는 내용의 주제에 대한 상호관련성을 추론하기 위하여 검색되고 정렬될 수 있는 것이다.

학습자들은 데이터베이스 시스템을 활용하여 현상에 대한 모형을 구성할 때 하나 또는 그 이상의 가로줄과 세로줄의 매트릭스 속으로 내용의 아이디어를 통합하여 상호 연결해야 한다. 매트릭스는 비교 및 대조의 추론을 지원하는 데 정보를 표상하는 효과적인 방법이다. [그림 5-7]은 생물 과목에서 세포와 세포의 기능들을 학습하기 위해 학습자가 만든 데이터베이스이다. 이 데이터베이스는 해당 내용에 대한 구체적인 질문에 답하기 위해 검색되거나 분류될 수 있다. 예를 들면, '상이한 모양의 세포들은 특정 기능들을 갖는가?'와 같은 내용으로부터 상호관련성과 추론을 확인하기 위해서 검색되거나 분류될 수 있다.

(5) 사고 모델링과 전문가 시스템

학습과정에서 학습자는 자신의 사고 과정을 반성할 수 있는 기회를 가져야 한다.

cell type	location	function	shape	tissue systems	specialization	related cell
Astocyte	CNS	Supply Nutrients	Radiating	Nervous	Half of Neural Tissue	Neurons, Capillaries
Basal	Stratum Basale	Produce New Cells	Cube, Columnar	Epithelial	Mitotic	Epithelial Cells
Basophils	Blood Plasma	Bind Imm.E	Lobed Nuclei	Connective, Immune	Basic,Possible Mast	Neutrophil, Eosinophil
Cardiac Muscle	Heat	Pump Blood	Branched	Muscle	Intercalated discs	Endomysium
Chondroblast	Cartilage	Produce Matrix	Round	Connective		
Eosinophil	Blood Plasma	Protazoans, Allergy	Two Lobes	Connective, Immune	Acid, Phagocytos (Prote	Basophil, Neutrophil
Ependymal	Line CNS	Form Cerebralspinal Fluid	Cube	Nervous	Cilia	
Erythrocytes	Blood Plasma	Transport O2, Remove CO2	Disc	Connective	Transport	Hemocytoblast, Proeryt
Fibroblast	Connective Tissue	Fiber Production	Flat, Branched	Connective	Mitotic	
Goblet	Columnar Epithelial	Secretion	Columnar	Epithelial	Mucus	Columnar
Keratinocytes	Stratum Basal	Strengthen other Cells	Round	Epithelial		Melanocytes
Melanocytes	Stratum Basale	U.V. Protection	Branched	Epithelial	Produce Melanin	Keratinocytes
Microglia	CNS	Protect	Ovoid	Nervous	Macrophage	Neurons, Astrocytes?
Motor Neuron	CNS(Cell Body)	Impulse Away from CNS	Long, Thin	Nervous	Multipolar,Neuromuscul	Sensory Neuron, Neurog
Neutrophil	Blood Plasma	Inflammation, Bacteria	Lobed Nuclei	Connective, Immune	Phagocytos, Neutral	Basophils, Eosinophil
Oligodendrocyte	CNS	Insulate	Long	Nervous	Produce Myaline Sheath	Neurons
Osteoblast	Bone	Produce Organic Matrix	Spider	Connective	Bone Salts	Osteoclasts
Osteoclast	Bone	Bone Restoration	Ruffled Boarder	Connective	Destroy Bone	Osteoblasts
Pseudostratified	Gland Ducts, Respira	Secretion	Varies	Epithelial	Cilia	Goblet

[그림 5-7] 데이터베이스 활용 세포와 세포 기능의 모델링의 예(Jonassen, Carr, & Yueh, 1998, p. 26)

자신의 학습방법 및 학습과정을 점검하고 확인할 수 있는 메타인지와 자기반성은 학습에서 학습자의 자기주도성 강화뿐 아니라 유의미한 의미 구성을 가능하게 한다. 학습자가 문제해결을 위해 사고하고 가설을 세우며, 적절한 대안을 탐색하고 대안의 적절성을 검증하는 과정은 일종의 인지적 사고 모델링이라고 할 수 있다. 따라서 인지 시뮬레이션은 인간의 정신구조와 인지과정을 모델링하는 것으로 인지 시뮬레이션을 통해 학습자는 자신의 인지 모형을 만들고 검증할 수 있다(Jonassen, 2006).

전문가 시스템은 모든 종류의 문제에 대한 의사결정을 촉진시키기 위해 전문가의 추리(론)를 시뮬레이션하도록 설계된 컴퓨터 프로그램이다. 즉, 전문가 시스템은 인간 전문가가 문제를 해결하는 방식을 시뮬레이션하기 위해 개발된 컴퓨터 프로그램으로 인공적인 의사결정자이다. 예를 들면, 문제에 대해 전문가(예: 의사, 법률가, 교사)와 상담할 때 전문가는 당신의 상황에 대해 현재 정보를 질문하고 현 상황의 어떤 요소가 관련되어 있는지에 대해 알고 있는 지식의 기반(기억)을 탐색하며 그 정보를 처리하고(사고) 의사결정에 도달하며 의사결정 및 해결책을 제시한다. 따라서 전문가 시스템은 문제를 가지고 있는 개인(초보자)이 접근하며 시스템이 현재의 문제 상황에 대해 질문하고, 적절한 사실과 규칙을 위해 이전의 전문가가 지식을 저장하고 있는 지식 기반을 탐색하며, 정보를 처리하고 의사결정한 후 그 해결책을 사용자에게 보고한다. 사고 모델링 도구로서 전문가 시스템은 인과관계 추론과 문제해결 활동에서 사고에 중점을 두며, 학습자의 메타인지를 제고시키는 데 도움을 준다. 또한 전문가 시스템은 사고 과정에서 추리와 함축적 추론을 강조하는 데 'IF-THEN' 진술문을 활용하여 규칙을 식별하고 의사결정에 필요한 절차적 지식을 학습하게 된다.

[그림 5-8]은 Knowledge Automation Expert System Technology 회사의 EXSYS 프로그램이다. 해당 전문가 시스템을 활용하여 강아지를 입양할 때 고려해야 할 각종 변수를 사용자가 선택하도록 함으로써 강아지 입양을 희망하는 사용자에게 가장 적절한 강아지 품종을 알려 주는 전문가 시스템의 한 예이다. EXSYS 프로그램을 활용하여 학습자는 전문가 시스템을 구축할 수 있는데, 일반적인 절차를 기술하면 다음과 같다. 첫째, 학습자는 자신만의 전문가 시스템 구축을 위한 계획을 수립한다. 둘째, 학습자는 전문가 시스템의 구성 목적과 문제 영역을 확인한다. 셋째, 영역

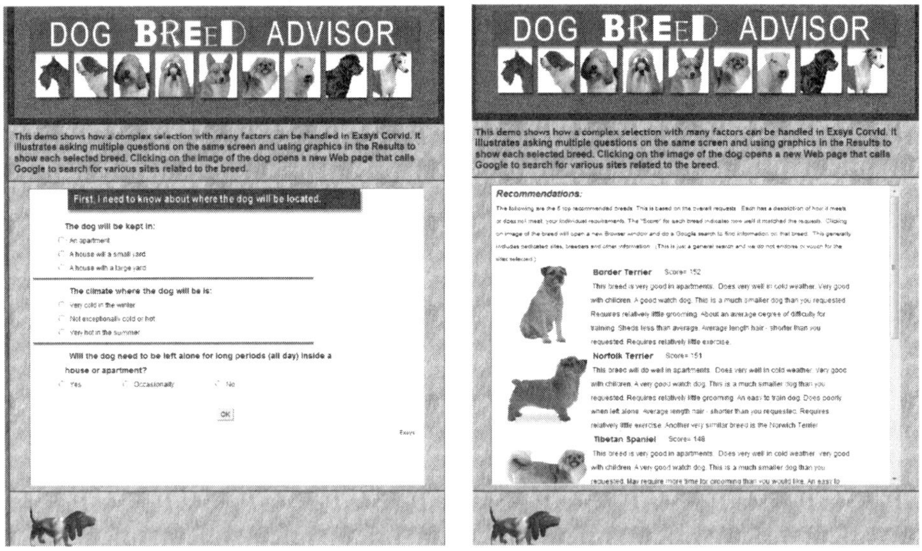

[그림 5-8] EXSYS 활용 강아지 입양 전문가 시스템의 예(http://www.exsys.com/Demos/Dogs/DogSelectorDemoPage.html)

지식 내에서 해결하고자 하는 문제 혹은 의사결정을 구체적으로 기술한다. 넷째, 의사결정할 때 전문가가 고려해야 할 문제의 속성, 요인, 변수 등을 구분한다. 다섯째, 'IF-THEN' 진술문을 활용하여 규칙과 예를 생성한다. 여섯째, 의사결정의 논리와 효율성을 정교화한다. 일곱째, 일차적으로 작성된 전문가 시스템을 점검한다. 여덟째, 전문가 시스템을 통해 모델링한 자신의 사고 과정에 대해 성찰한다.

(6) 논증과 토론 지원 도구

논증은 다양한 유형의 추론을 사용하여 논증을 구성하고, 논박하고, 비교하는 것을 포함한다(Andriessen, Baker, & Suthers, 2003). 논증은 학생들의 참여를 유도하고, 신념을 수정하고, 학생들의 사고를 성찰하게 하며, 오개념에 대해 논박할 수 있는 가능성을 제공한다(Baker, 1999). Nussbaum과 Sinatra(2002)는 논증은 학생들이 심층적인 사고 과정에 참여할 수 있도록 하기 때문에 학생들의 개념 변화 가능성을 유인한다고 주장하였다. Baker(1999)는 학생들의 잘못된 신념이나 주장이 논증의 결과로 약화되었음을 발견했다. Suthers(2003)는 시각적 지식에 대한 논증이나 신념을 표현함으로써 학생들이 자신의 개념을 공유하고 비교할 수 있으며, 향후 논의를 위해 갈등을 잠정적으로 인식한다고 주장했다. 논증에 대한 다양한 견해가 있지만, 논증은 비구조 문제를 해결하는 데 중요한 역할을 한다(Cho & Jonassen, 2002; Veerman, Andriessen, & Kanselaar, 2002).

논증이 비구조화된 문제해결에 영향을 미치는 중추적인 요소임에도 불구하고, 학생들은 교실 토론에 참여하거나 문제해결에 있어서 반 친구들의 주장을 논박하기를 주저한다. 학생들은 종종 건전한 논증을 추론하고 구축하는 데 어려움을 겪기도 한다. 논쟁의 여지가 있는 문제를 학생들에게 제공하는 것만으로는 논증 기술을 개발하는 데 도움이 되지 않는다(Osborne, Simon, & Erduran, 2002). 또한 초보자 수준의 문제해결자는 해결책을 정당화하고, 상충되는 관점을 조정하고, 문제를 표현하기 위한 일관된 논증을 제시하는 데 어려움을 겪는다. 따라서 초보자의 논리적 기술을 용이하게 하기 위해 컴퓨터 기반 토론 지원 도구(CSCA)를 활용하여 제한된 스캐폴딩을 제공해 줄 필요가 있다. 토론 지원 도구는 학습자의 대화를 구조화하여 학습자가 토론에 참여할 때 구체적인 종류의 응답을 하도록 한다. 즉, 학습자의 토론과 관련된 활동의 유형을 제한하도록 설계되어 있기 때문에 학습자는 토론과 관련된 주제에 집중하여 추론을 명확히 하고, 토론의 기본 가정과 주장의 타당성에 대해 지속적으로 관찰하고 성찰할 수 있게 된다. 또한 토론 과정에서 학습자가 논증을 전개할 때 미리 구조화된 노드를 활용할 수 있도록 지원하는 토론 지원 도구는 논증 과정을 시각적으로 보여 준다. 이러한 논증 과정의 시각화는 토론에 참가하는 학습자들 간의 협동적 지식 형성을 용이하게 하며 토론을 통한 상호 의견 교환을 원활하게 도와준다.

토론 지원 도구는 토론 게시판의 대화 내용을 구조화하여(온라인 논증 스캐폴딩 제공) 학습자들이 토론에 참가하기 전에 자신의 사고를 성찰할 수 있는 기회도 제공한다. 학습자들은 토론의 전체적인 전개 과정을 일목요연하게 볼 수 있고 토론 참가에 자신감을 지닐 수 있다. 대표적인 토론 지원 도구로는 Belvedere, Convince Me, FLE3 등이 있다.

University of Hawaii의 Daniel Suthers가 개발한 Belvedere는 개인의 사고를 도표로 구성하고 표현하는 도구이다. Belvedere는 증거와 개념지도를 사용하여 협동적 문제해결 학습을 지원한다. 특히 중·고등학생들이 과학 수업뿐만 아니라 일상생활에서 요구되는 비판적인 사고 기술을 발달시키는 데 매우 유용한 도구이다.

Belvedere는 사실적 지식 획득만 아니라 과정(process)으로서 과학을 배울 수 있도록 과학 논술 및 토론 기술 향상에 도움을 줄 수 있는 탐구 중심 교수학습을 지원한다.

Belvedere를 활용하여 학생들은 논증 과정을 조직하고, 표시하며, 기록할 수 있다. 학생들은 자신의 논증을 문제해결 과정에서 쉽게 개발할 수 있다. 미리 정해진 대화노드(가설, 데이터, 원리, 불확정)와 3개의 링크(찬성, 반대, 그리고) 등을 논증 구성 과정에 사용할 수 있다. 학생들의 온라인 논증 형성 과정을 이미 정해진(predefined) 노드만을 사용할 수 있도록 제한시킴으로써 학생들은 다른 사람의 말을 지원하거나 반론하는 가설, 데이터 또는 원리에만 응답할 수 있도록 한다.

University of California-Berkely에서 개발한 Convince Me는 학습자가 논쟁이 되는 이슈에 대한 자신들의 지식을 구조화하고 평가하는 데 유용한 논증 지원 도구이다. Convince Me는 학습자가 논증 구조를 그림으로 표현하고, 논증의 신뢰성을 조절할 수 있는 도구를 제공한다. 학습자는 논증 과정에서 논쟁에 대한 자신의 신념

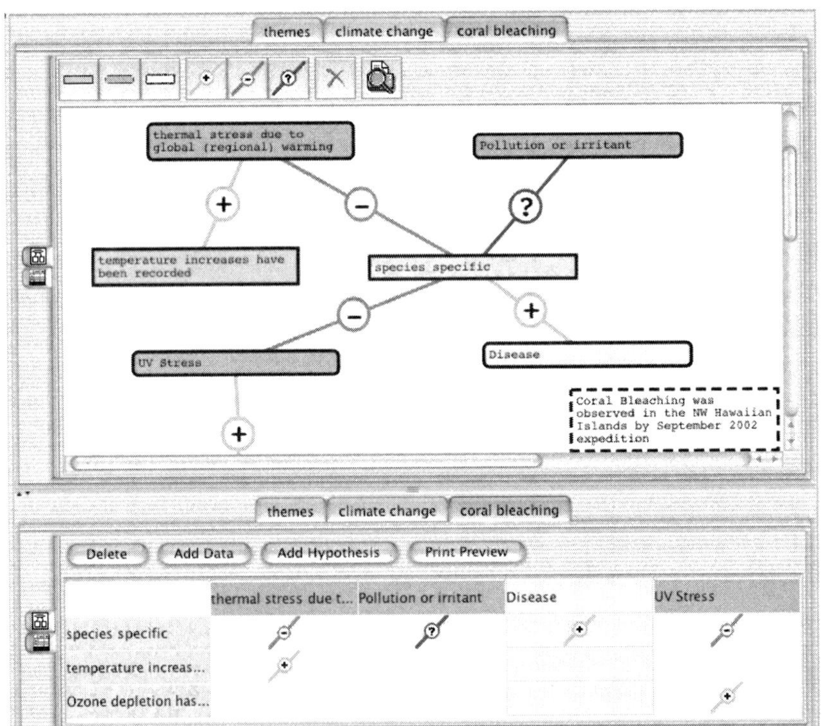

[그림 5-9] Belvedere를 활용한 논증의 예(http://belvedere.sourceforge.net)

을 확고히 할 수 있으며, 각 신념을 증거 또는 가설로 구분하고, 자신의 신념을 다른 주장을 지원하거나 기각하는 데 연결시키며, 각 언급에 대해 신뢰 정도를 표시하고, 논증들 간의 일관성에 대한 피드백을 제공하는 시뮬레이션을 실행할 수 있다.

과학적 추리를 연구하는 전문가들조차 자료와 이론의 명확한 차이 구분을 어려워하는데, 초보자들은 Convince Me를 사용하여 전문가들보다 나은 분명한 기준을 제시하여 자료와 이론을 구분한다는 연구 결과가 있다.

핀란드에서 개발된 FLE3(Future Learning Environment3)는 협력적 지식 구성을 지원하는 웹 기반 학습환경이다. FLE3의 지식 형성 도구를 활용하여 학습자는 웹 환경에서 토론을 진행하며, 학습과정에서 발생한 토론의 내용을 구조화된 형태로 저장할 수 있다. FLE3는 학습자가 선택할 수 있는 지식 유형을 미리 제한함으로써 온라인 토론 형성 과정에서 논증 스캐폴딩을 제공한다. 따라서 학습자는 메시지를 올릴 때 이미 분류된 온라인 지식 유형을 선택해야 하며, 다른 토론자의 메시지에 답

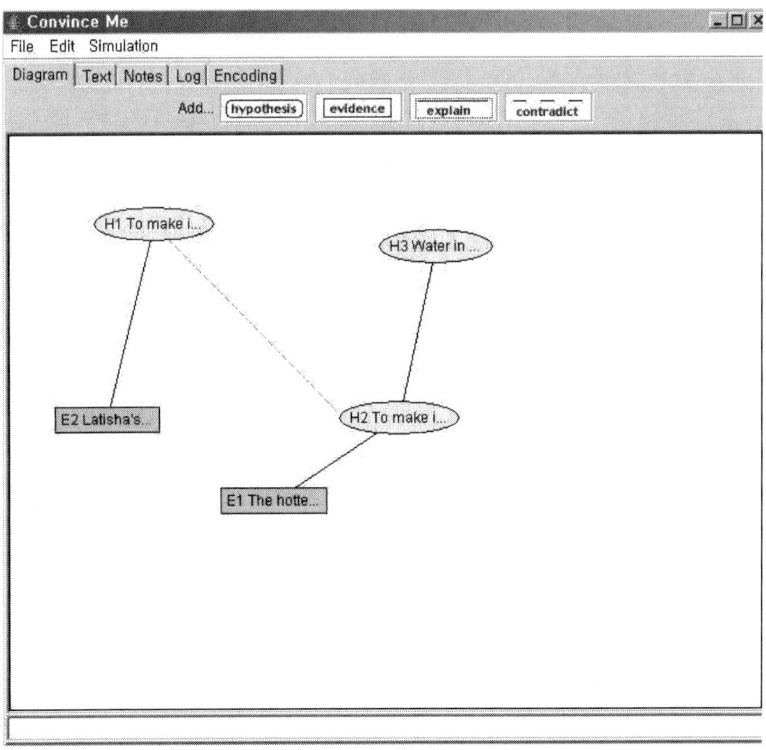

[그림 5-10] Convince Me를 활용한 논증의 예(http://www.soe.berkeley.edu/~schank/convinceme)

하는 경우에도 미리 정해진 몇 가지의 응답할 수 있는 지식 유형에 맞추어 온라인 토론을 진행해야 한다. 이처럼 제한적이고 구조화된 온라인 토론을 통해 학습자는 온라인 토론을 미리 준비할 수 있으며, 더 정교화하고 깊이 있는 온라인 토론활동에 참여함으로써 자신의 논증 능력을 향상시킬 수 있다.

FLE3는 또한 안내질문(guided question)과 문장 열기(sentence opener)를 제공하는데, 이는 FLE3 환경에서 교수자가 토론 참여자로 하여금 토론 과정에서 생각해야 할 질문을 제시하여 반성적인 글쓰기가 가능하도록 하기 위한 기능이다. 교수자는 온라인 토론 주제에 맞는 지식 유형을 작성할 수 있으며, 각 지식 유형별로 생각해야 할 안내질문과 메시지의 문장 머리글을 작성하여 학습자의 온라인 토론활동을 제한하는 스캐폴딩을 제공할 수 있다. [그림 5-11]은 FLE3의 실제 온라인 토론 사례를 보여 주고 있다.

Cho와 Jonassen(2002)은 비구조화된 문제해결 과제에서 학생들은 문제해결을 위한 대안을 더 많이 생성하기 때문에 학생들에게 다양한 관점을 제시하고 생성하도록 하는 것이 중요하다고 하였다. Oh와 Jonassen(2007)의 연구에서는 일반적인 토론 게시판을 활용한 학생들보다 FLE3와 같은 구조화된 토론 게시판을 활용한 학생들이 교실 내 문제 행동과 같은 진단-처방형의 비구조화된 문제해결 과제에서 문제해결을 위한 아이디어를 더 많이 제시했으며, 문제 영역 구성, 가설 설정, 가설 검

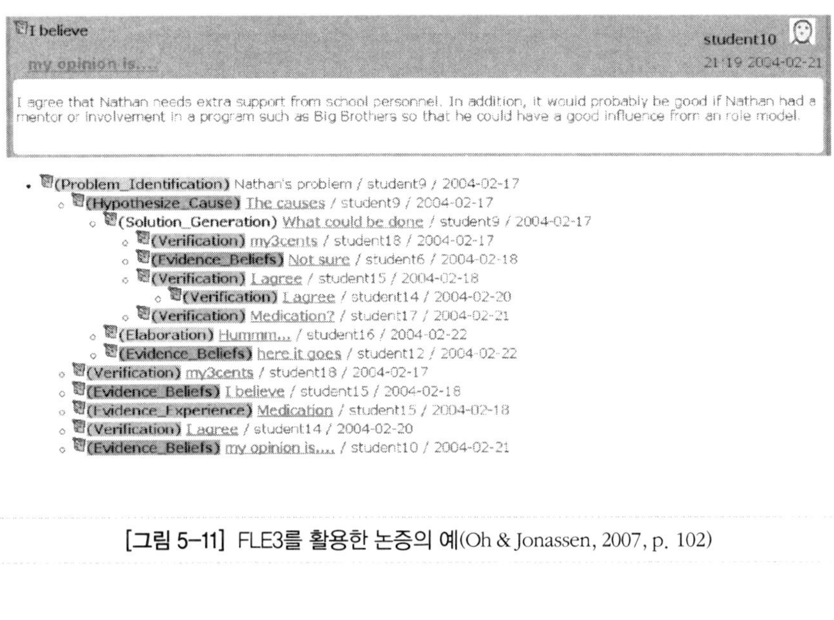

[그림 5-11] FLE3를 활용한 논증의 예(Oh & Jonassen, 2007, p. 102)

증, 해결책 검증 등의 활동에서 더 뛰어난 성취를 보였다.

토론의 질을 향상시키는 효과적인 방법은 대화를 구조적으로 제한하는 것이다. 학습자들에게 구체적인 유형의 응답을 하도록 요구해야 한다. 제한적이고 구조적인 토론활동에 참여할 때 학습자는 토론 주제에 대한 성찰적 글쓰기와 협력적 지식 형성이 가능하다. Jonassen(2006)은 토론 지원 도구를 활용한 학습자의 토론의 질을 평가하기 위한 기준으로, 첫째, 학생들이 제시한 메시지의 증거가 확실하고 개인적 신념보다는 이론에 바탕을 두고 있는가, 둘째, 토론 주제와 관련해서 일관성이 있고, 새로운 관점을 제시하여 토론에 기여하고 있는가, 셋째, 메시지를 구체적으로 정교화하고 있는가 등을 제시하였다. 이 외에도 토론의 질을 평가할 수 있는 기준은 토론을 설계하고 계획하는 교수자가 수정하고 추가해서 사용할 수도 있을 것이다.

3) 마인드툴을 활용한 교수학습

마인드툴의 원리를 포함하는 대표적인 교육용 저작도구(authoring tool)로서 '스타로고(StarLogo)'가 있다. 스타로고는 1960년대 말 미국 MIT 인공지능연구소에서 개발한 저작언어 Logo에서 발전하여 2008년 StarLogo TNG(The Next Generation)로 탄생하였다. 스타로고는 교육용 시뮬레이션을 손쉽게 만들 수 있는 저작도구로서 즉석 컴퓨터 프로그래밍 원리를 체득하고 누구에게나 용이한 교육용 3차원 가상세계를 구현 가능하게 한다. 이를 통해 논리, 창의, 문제해결 인지기능(computational thinking)을 발달하도록 지원한다. 스타로고를 활용한 실제 화면 예시는 [그림 5-12]와 같다.

스타로고를 활용하여 국어, 수학, 사회, 과학 등 해당 교과의 개념이나 원리를 바탕으로 다양한 교과교육 과정에 효과적인 교수학습설계 방안을 제시할 수 있다(이명근, 2016). 예를 들면, 초등학교의 경우 국어교육의 영역이 듣기 · 말하기 · 쓰기 · 읽기 영역으로 이루어져 있고 국어과의 학습내용은 때때로 학생들에게 호기심을 자극할 만한 신기한 내용이 아니기 때문에 학습 동기 관점에서 볼 때 수업 이전에 동기유발을 위해 특별한 관심을 기울여야 할 필요가 있다. 이러한 경우 스타로고는 국어과 교육의 전 과정에서 유용한 인지도구로 활용할 수 있다. 국어교육 시간에 스

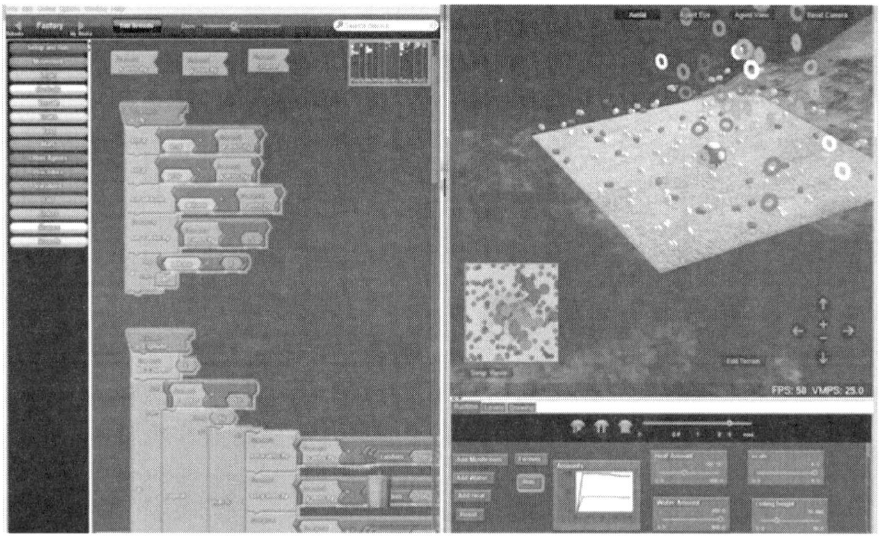

[그림 5-12] 스타로고 구현 화면(http://web.mit.edu/mitstep/starlogo-tng/learn/forest-fire-unit.html)

타로고를 적용하는 구체적인 방안으로는 '사건을 기록한 글의 특성을 생각하며 글의 내용 정리하기'라는 주제로 일어난 일을 시간의 순서에 맞게 정리해 보는 활동을 생각해 볼 수 있다. 〈표 5-2〉는 〈나무를 심은 사람〉이라는 애니메이션 내용을 스타로고 예제 프로그램 'Runaway'를 이용하여 적용하고 교수설계이론인 학습조건 설계이론(Aronson & Briggs, 1983; Petry, Mouton, & Reigeluth, 1987)의 교수절차에 따라 수업을 진행하는 예시이다(이명근, 2016).

표 5-2 스타로고 활용 국어교과 차시 설계안

절차	교수학습 내용	자료(◇) 및 유의점(∵)
주의집중 시키기 선수학습 상기시키기 학습목표 알려 주기	• '나무를 심은 사람' 내용이 나타난 그림 제시하기 –장면을 보고 느낀 점과 예상되는 사건 말하기 • 선수학습 상기하기 –지난 시간에 공부한 '사건을 기록한 글의 특성' 발표하기 • 학습문제 파악하기 ♣ 사건을 기록한 글의 특성을 생각하며 글의 내용 정리하기	◇ 
학습자료 제시하기 학습 지도하기 수행 유발하기	• 사건의 전개 과정을 생각하며 '나무를 심은 사람' 내용 알아보기 –노인이 살고 있는 마을은 어떤 곳이었습니까? –내가 두 번째 찾아갔을 때 노인은 양 대신 벌을 치고 있었다. 그 이유는 무엇입니까? • 스타로고 프로그램을 실행시켜 '나무를 심은 사람' 이야기에서 일어난 일을 시간의 순서에 맞게 블록 배열하기 ☞ ① 수십 년 전 낯선 지방을 여행함, ② 황무지에서 물을 찾다가 할아버지를 만남, ③ 할아버지는 땅에 구멍을 뚫고 도토리를 심음, ④ 오랜 세월이 흐른 뒤 다시 황무지를 찾아오니 떡갈나무 숲이 조성되어 있었음 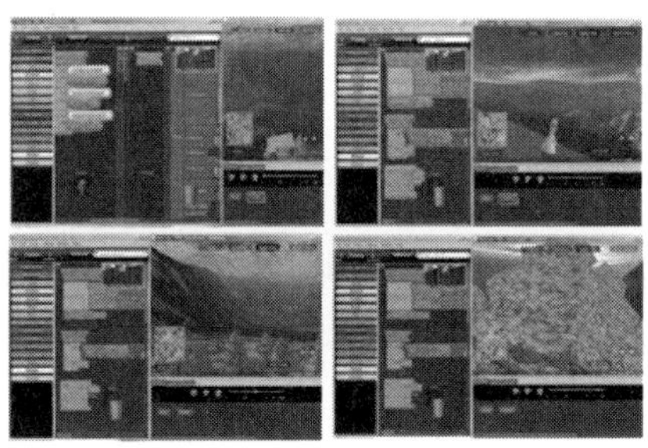	◇'나무를 심은 사람'(5-1 지도서 144쪽 참고 자료) 유인물 ◇블록 저작 방법이 있는 유인물 ∵ 학생들이 스타로고를 실행할 때 '부피에'가 처한 상황에 대해 의견을 나누며 학습동기를 높임
되알리기 제공하기	• 학생들이 실행한 스타로고 결과물들을 함께 검토해 보기 ☞ 결과물과 내용 부합 여부 검토 후 개인별 되알리기	
수행 평가하기	• 다음 문장은 이 이야기의 첫 부분이자 이 글의 주제이기도 합니다. 빈칸에 알맞은 말을 쓰시오. 세상일이란 것은 ( )만 봐서는 모르는 거야. 특히 어떤 사람이 정말로 훌륭한 사람인지 아닌지 판단하는 일은 쉬운 게 아니지. 참으로 훌륭한 사람의 업적은 ( ) 세월이 지난 후에야 비로소 그 참다운 가치가 알려지는 법이란다.	◇PPT 문제자료 ∵ 짝토의로 답안을 공동 결정하고 제출
파지 · 전이 고양하기	• 사건의 전개 과정을 잘 정리할 수 있는 방법 생각해 보기 –'언제 일어난 일인지 알아본다' '어떤 일이 일어났는지 정리한다' '앞뒤 사건과 어떤 관계가 있는지 파악한다' 등	∵ 효율적인 사건 정리 방법 지도

3. 논의 및 시사점

마인드툴을 활용한 교수학습 관련 연구들을 살펴보면 주로 마인드툴 유형, 학습 대상, 교과목 등에 따른 마인드툴의 적용 및 효과성 등에 관한 연구들이다. 그중 마인드툴과 교수학습과 관련된 대표적인 연구들을 살펴보면 다음과 같다.

첫째, 중등 과학교과에서 동기 전략을 적용한 의미망 활용 수업을 통해 학생들의 학업성취도와 학습동기에 긍정적 효과를 나타낸 연구(김동렬, 문두호, 2005)를 예로 들 수 있다. 인지도구로서 의미망은 교사의 수업내용을 소프트웨어 형식으로 옮겨 놓기보다는 컴퓨터의 다양한 능력을 인간의 고차원적 사고기능을 촉진시키는 데 활용할 수 있다는 점이 강조된다. 또한 의미망은 학습자의 지식구조를 컴퓨터를 통하여 시각적으로 분석하여 새로운 지식을 자신의 지식구조에 통합하고 재현하는 데 도움을 주는 도구로 학습자가 반성적 사고(reflective thinking) 과정에 몰입하도록 도와준다. 이러한 의미망은 여러 교과에서 학생들의 학습동기나 학업성취도 향상을 위한 도구로 활용될 수 있다. 김동렬과 문두호(2005)의 연구에서는 Jonassen(1986)의 의미망 학습 프로그램의 개발 절차에 따라 의미망 저작도구(Genieware: ConceptMap Ver 4.1)를 이용하여 멀티미디어 자료가 링크된 의미망 프로그램을 개발하였고, 학습자들이 수업의 도입, 전개, 정리 단계의 학습내용과 학습 진행을 자유롭게 선택할 수 있도록 하였다. 그리고 학습자의 의미망 형성은 학습내용에 대한 개념들을 타원이나 네모칸으로 제시하는 노드와 그 노드들 사이의 적절한 관계를 잇는 선에 연결어(linkage)를 작성하여 그래픽으로 그리는 것으로 진행되었다. 결과적으로 동기 전략을 적용한 인지망 활용 수업은 학업성취도와 학습동기에 효과적이었고 이러한 결과는 학생들이 어려워하는 과학교과에서 요구되는 인지 수준 향상을 위해 의미망 활용 방안을 적극적으로 모색할 필요가 있다는 점을 시사한다.

둘째, 하이퍼미디어를 활용한 마인드툴 관련 연구(진화봉, 김희수, 2005)에 따르면, 하이퍼미디어 학습에 의미론적 맵의 연습과 작동기억이 정신모형 형성에 긍정적인 영향을 미치는 것으로 나타났다. 또한 학습자들이 의미론적 맵을 연습할 때 코칭을 제공하면 정합성을 높이고 인지부하를 줄여 작동기억 용량의 한계를 어느 정도 극복할 수 있다는 점을 강조하였다. 하이퍼미디어는 텍스트, 그래픽, 애니메이션, 비디오, 오디오 등을 포함하는 다양한 정보가 상호작용적으로 연결된 컴퓨터 기반 시스템이다(Tolhurst, 1995). 하이퍼미디어에는 학습내용이 학습자가 한번에 처리할 수 있는 정도의 노드로 표현되고 학습자의 판단에 따라 원하는 노드를 찾아서 학습할 수 있기 때문에 학습자의 자발적인 지식 구성을 촉진하는 대표적인 구성주의 학습환경이라 할 수 있다. 이러한 하이퍼미디어 학습환경에서는 학습자가 다양하게 제시되는 정보를 지속적으로 연결해야 하기 때문에 정보를 기억하는 데 추가적인 노력이나 집중이 필요하고 새로운 정보를 기존에 알고 있는 정보와 통합하기 위해서 많은 정신적 노력을 요구하기 때문에 인지 과부하를 경험하게 된다(진화봉, 김희수, 2005; Conklin, 1987; Foltz, 1996).

셋째, 마인드툴의 유형인 스프레드시트를 활용한 다수의 연구(김영기, 한희섭, 2011; 김용민, 김종훈, 2017; 김정환, 구정모, 한병례, 2009; 이종학, 김원경, 2011)에서는 스프레드시트를 활용한 교수학습에서의 효과성과 교육의 가능성을 제시하였다. 김정환 등(2009)의 연구에서는 초등학교 수학 과목에서 스프레드시트를 활용하여 수학문제를 해결하기 위한 문제해결 수업모형을 개발한 후 그 효과성을 검증한 결과, 스프레드시트를 활용하여 수학문제를 해결한 학생들의 문제해결 성공률이 높고 문제해결 시간이 더 단축되었다. 이종학과 김원경(2011)의 연구에서도 스프레드시트를 활용한 수업이 통계적 사고 및 태도에 미치는 효과를 검증한 결과, 스프레드시트를 활용한 수학 수업이 학생들의 통계적 사고와 태도에 긍정적 영향을 미친 것으로 나타났다. 특히 스프레드시트의 활용은 신속한 계산 기능, 표, 차트, 그래프의 표현 기능, 변인 간의 관계 파악 기능을 통해 기존의 수학 교실과 지필 환경에서는 다루기 힘들었던 수학적 개념들을 보다 다양하고 깊게 탐구할 수 있다는 장점이 있기 때문에 수학교육에서 많이 활용되었다(Bialas, 2001; Masalski, 1990). 그러나 스프레드시트는 수학교육뿐만 아니라 과학교육에서도 효과적으로 활용된다. 예를 들면, 김동휘(2001)의 연구에서는 고등학교 물리교육에서 복잡한 연산과정에 스프레드시트의 수식 활용을 통해 결과값을 쉽게 구함으로써 계산에 대한 인지부하를 줄일 수 있어 수식들에서 나타나는 전체적인 의미를 파악하는 데 효과적이라는 결과를 도출하였다. 또한 박연희(2003)의 연구에서는 중등 과학실험 수업에서 물리공식의 표현을 위해 그래프를 그려야 하는 경우 스프레드시트를 통한 정확성, 용이성, 다양한 표현 가능성 등의 활용 가능성을 제시하였다.

이처럼 대부분의 연구들은 교과 학습에서 학습지원 도구로서의 마인드툴 활용의 효과를 검증하는 데 집중하고 있다. 향후 Jonassen이 제기한 개념 변화 도구로서의 마인드툴이 학습자의 학습과정에 어떻게 개념적으로 개입하고 학습자의 개념 변화에 기여하는지를 분석하는 연구가 필요할 것이다. 이는 곧 학습자의 마인드툴을 활용한 학습결과에 변화뿐 아니라 학습자가 모델링을 통해 문제해결에 참여하는 과정을 분석함으로써 학습자의 개념 변화 과정을 체계적으로 이해하는 데 기여할 것이다.

한편, 새로운 테크놀로지의 변화에도 불구하고 마인드툴이 아직도 개념 변화라는 유의미한 학습을 위한 모델링 도구가 되기 위해서는 마인드툴이 특정 소프트웨어에 한정되지 않고 언제 어디서든 접근 가능해야 하며, 특정 학문 혹은 교과만을 위한 도구이어서도 안 되며, 비용이 저렴해야 하며, 쉽게 사용할 수 있어야 한다(Marra, 2013). 특히 교수학습에서 온라인 학습환경이 강조되는 추세에 맞게 온라인에서 활용 가능한 마인드툴 개발이 이루어져야 한다. 또한 기존의 마인드툴을 온라인에서 활용할 때 교수자와 학습자 모두 유의미한 학습을 위해 고려해야 할 학습환경 설계 전략 개발에 대한 연구가 필요할 것이다.

1) 마인드툴과 문제해결

Jonassen(2013)은 유의미한 학습을 위한 가장 중요한 요소로 문제해결(problem solving), 유추(analogizing), 모델링(modeling), 인과추론(reasoning causally), 논증(argumentation)을 제시하였다. 문제는 문제의 본질, 문제 표현 및 개인차의 측면에서 다양하기 때문에 서로 다른 문제는 서로 다른 인지 기술, 의사소통 및 논증을 요구한다(Cho & Jonassen, 2002; Jonassen, 2000; Jonassen & Kwon, 2001; Shin, Jonassen, & McGee, 2003; Smith, 1991). 다양한 유형의 문제는 문제의 구조화에서 비롯된다(Jonassen, 1997, 2000; Kitchener, 1983; Voss, 1991; Voss & Post, 1988). 정구조 문제는 해결안이 한정되어 있고 몇 가지 원리와 절차를 적용하여 해결될 수 있다. 비구조 문제는 여러 가지 해결책을 가지고 있거나 때로는 명확한 해결책이 없으며 그 해결책에 도달하기 위한 보장된 절차도 없다(Kitchener, 1983). 아울러 문제해결자는 비구조 문제를 해결할 때 해결책을 정당화하기 위해 개인적인 논증과 신념을 표현한다

(Jonassen, 1997). 마인드툴은 학습자가 문제해결에 참여할 때 학습자의 문제해결 활동에 의도적으로 개입하여 개념 변화를 지원하는 강력한 도구이다(Jonassen, 2006).

유추는 특정 주제 혹은 교과에서의 정보를 다른 상황에 전이하는 과정이다. 문제해결 과정에서 유추는 문제의 구조화 정도에 따라 완성된 예제(worked examples)를 활용하는 유추 부호화(analogical coding)와 사례 또는 이야기 등 경험을 통한 유추(analogizing from experience)로 구분할 수 있다.

마인드툴은 학습자가 전문가의 사고과정 모델링뿐 아니라 경험 혹은 이야기 모델링을 통해 자신의 사고과정을 반성하고 인지구조 형성과 발달을 지원한다. 모델링은 문제해결에 필요한 정신모형을 바탕으로 예측하고, 추론하고, 해결책을 탐색하는 과정이다. 정신모형은 개인이 처한 상황에서 대면한 외부 정보를 상황에 따라 활성화시킨 신념을 바탕으로 작동기억에 구성하는 일시적인 표상이다. 학습자는 사고활동을 전개할 때 의미론적 표상과 이미지 표상을 동원하여 내적 표상체계를 형성하며(Johnson-Laird, 1983), 학습자의 개념은 가지고 있던 기존의 지식과 신념을 바탕으로 형성되기 때문에 개념 변화는 자신이 가지고 있는 경험적 신념의 한계를 인식하고 새로운 대안적 설명으로 바꾸어 설명해야 한다는 필요성을 깨달을 때에 발생한다. 따라서 학습자의 개념 변화를 위해서는 존재론적 신념, 인식론적 신념과 같은 틀이론과 특정 이론의 개념 구조 변화가 이루어져야 한다(Jonassen, 2006). 학습자의 개념 변화를 위해 학습자는 자신만의 모형을 구성해야 하는데, 마인드툴은 인지적 파트너로서 학습자의 모델링 과정에서 발생하는 인지 부담을 덜어 주고 스캐폴딩을 제공해 준다.

인과추론은 문제를 해결할 때 문제의 원인을 분석하고 문제해결안이 적절한지를 예측하고, 추론하고, 설명을 정교화하는 과정이다. 문제를 해결하기 위해서는 문제공간을 구성하는 각 요소 간의 인과관계를 이해해야 하며 각 요소 간의 관계를 양적·개념적으로 설명할 수 있어야 한다. 요인 간의 인과관계 모델링을 위해 영향도(influence diagram)뿐 아니라 전문가 시스템, 시스템 모델링 도구와 같은 마인드툴을 활용할 수 있다(Hung, 2013). 마인드툴을 이용하여 학습자는 각 요인 간의 인과관계를 조작, 예측, 추론, 설명할 기회를 가지게 된다.

논증은 질문, 쟁점, 논쟁, 문제 등을 합리적으로 해결하는 가장 이성적인 방법이다. 비구조화된 문제해결에서 학습자는 자신의 주장을 논거를 들고 제시해야 하며,

의견이 충돌할 때 공동 해결안을 찾을 수도 있고, 반증을 할 수 있어야 한다. 마인드툴을 이용한 논증 과정의 시각화는 자신의 논증뿐 아니라 토론에 참여하는 학습자들의 논증의 내용과 전략을 관찰할 수 있다는 점에서 문제해결에 효과적이다. 또한 논증 과정에서 주제에 집중하고 사고를 구조화할 수 있도록 토론 지원 도구를 제시해 줌으로써 논증의 질을 향상시킬 수도 있을 것이다.

2) 마인드툴과 개념 변화

개념 변화는 학습자가 현상을 이해하기 위해 구성하는 학습자의 정신모형 또는 개인 이론을 포함하는 개념적 틀의 변화를 의미한다(Jonassen, Strobel, & Gottdenker, 2005). 따라서 개념 변화는 문제해결 및 의사결정에서 중요한 역할을 수행하는데, 복잡한 현상에 대한 학습자의 정신모형을 개발하고 실제 분야에서 의사결정을 하기 위해 필요한 능력을 제고시키는 데 작동한다. 개념 변화는 학습자가 개념에 대한 자신의 이해를 변화시킬 때 발생하는데, 이는 단순히 학습자의 개념 구조 내에 하위 개념을 가감하거나 재구조화하는 것을 넘어서 문제를 해결하기 위해 새로운 지식을 구성하고 모형을 활용하는 학습자의 의도적 활동의 결과이다.

학습자는 개념 변화를 위해 문제해결 활동에 참여한다. 문제해결에 참여하는 학습자는 자신의 인식론적 신념, 학습 맥락 변인, 구조적 지식, 선행 지식 등의 변인이 역동적으로 작용한 결과로 개념이 변화되는데, 학습자의 인식론적 신념은 학습자의 개념 변화에 영향을 주기도 한다(Lee & Murcia, 2013). 컴퓨터 시뮬레이션 도구를 활용하여 달의 월식에 대한 탐구학습을 실시한 결과, 학습자가 시뮬레이션 마인드툴을 활용하여 달의 월식과 관련된 문제를 표상화하고, 정보를 수집 및 분석하면서 문제해결 모형을 형성하고, 동료 간 상호 토론을 경험하면서 달의 월식에 대한 인식론적 신념이 변화하였으며, 그 결과 개념 변화가 이루어졌다(Bell & Trundle, 2008).

구조적 지식은 특정 영역 내 개념이 상호 연관된 방식에 대한 지식이다(Jonassen, Beissner, & Yacci, 1993). 문제해결은 상황맥락적이기 때문에 학습자가 문제를 해결하고 그 결과 개념 변화가 이루어지는 데에 학습자의 구조적 지식이 영향을 미친다. 학습 관련 지식 영역 내에 학습자가 지니고 있는 지식이 다른 개념과 어떤 상호 관련성을 맺고 있느냐에 따라 학습자의 문제해결 방식과 능력에 차이가 발생한다.

학습자가 마인드툴을 활용하여 학습 영역 내 개념지도를 만들고 개념 간의 상호관련성을 자신의 언어로 표현하도록 함으로써 자신의 모형을 형성하는 활동에 참여할 때 학습자의 구조적 지식이 향상되고 그 결과 개념 변화도 이루어진다. 따라서 Jonassen은 학습자의 문제해결 능력을 향상시키기 위해 학습자는 개념에 대한 구조적 지식을 구성하고 문제와 영역 지식과의 상관성을 이해할 수 있어야 한다고 주장한다. 문제해결은 학습자의 기존 지식과 사고에 대해 문제점을 제기하고 학습자 스스로 영역 지식과 개념에 대한 설명 틀을 성찰할 수 있는 기회를 제공하며, 이 과정에서 학습자의 구조적 지식이 중요한 역할을 수행할 뿐 아니라 문제해결 결과로 학습자의 개념 변화를 유인하는 학습자의 구조적 지식도 향상된다. 학습자의 선행지식 또는 선개념은 일반적으로 미성숙되어 있고 불완전한 개인 이론으로 여겨진다. 그러나 학습자의 선개념은 학습자가 새로운 현상을 설명하고 예측할 때 학습자가 일관되게 활용하는 개인 수준의 영역 지식 및 구조적 지식의 적용 결과이기도 하다(Vosniadou, 2007). 따라서 학습자의 선행지식 또는 선개념을 학습의 기초로 삼아 학습과 관련된 현상에 대해 포괄적이고 통합적인 관점에 이르도록 학습자의 미숙한 개인 이론을 수정하고 정교화하는 과정이 학습자의 개념 변화를 유인할 수 있다. Lee와 Murcia(2013)는 학습자가 문제해결에 참여할 때 학습자는 자신의 사고에서 불일치를 발견하게 되고 그 결과 더 나은 사고와 학습 방식을 배우게 된다고 하였다. 즉, 문제해결과 개념 변화는 상호작용하며 이 과정에서 학습자의 인식론적 신념, 구조화된 지식과 영역 내 특정 지식이 영향을 미쳐 학습자의 개념 변화를 이끌 뿐 아니라 개념 변화의 결과로 학습자의 신념과 지식 또한 변한다.

마인드툴은 모델링을 통해 학습자의 개념 변화를 유인한다. 학습자가 마인드툴을 활용하여 자신들이 배우는 내용에 대한 자신만의 모형을 구성함으로써 학습자의 개념 변화가 이루어진다. 모델링이 학습자의 개념 변화를 촉진시킴에도 불구하고 모형 구성은 학습자에게 인지 부담을 주며, 학습자의 발달 수준에 따라 사용 가능한 마인드툴에 차이가 발생하며, 모형이 현상을 있는 그대로 반영해야 한다는 모형에 대한 오개념으로 인해 잠정적 가설로서의 모형의 의미를 이해하지 못하는 경우도 발생한다(Jonassen, 2006).

모델링 도구로서 마인드툴을 사용하여 학습자의 개념 변화가 이루어지기 위해서는 교사의 개입을 최소화하여야 한다. 즉, 교사가 모형을 작성하여 학습자에게 제시하기보다 학습자 스스로 모형을 만들 수 있도록 하여야 하며, 학습자의 모델링 과정을 관찰함으로써 학습자가 경험하고 있는 개념 변화 과정을 성찰할 수 있도록 조언할 수 있어야 한다. 마인드툴이 학습자의 지식 구성, 자기조절, 협력, 비판적 사고를 유도하기 위해서 학습자 스스로 발견하고, 발견한 것을 스스로 구성하고 표현하는 학습환경을 교사가 설계할 수 있어야 한다. 이 과정에서 학습자는 스스로 모형을 구성함으로써 모형에 대한 소유권을 가지게 되며, 그 결과 학습이 유의미한 지식 구성 과정으로 전환된다.

4. 결론

2016년 세계경제포럼(WEF)에서 4차 산업혁명시대가 언급된 이후 4차 산업혁명은 교육 전문가들에게 인공지능, 사물인터넷(IoT), 자율주행자동차, 3D프린터, 나노기술 등의 첨단 기술과 교육의 융합에 대한 고민을 제기하고 있다. 특히 4차 산업혁명시대를 대비한 미래 인재 양성을 위해 소프트웨어 교육과 데이터를 수집, 분석, 처리할 수 있는 데이터 과학 교육의 중요성이 대두되고 있다. 소프트웨어 교육은 한글, 엑셀 등 컴퓨터를 단순히 활용하는 방법을 익히는 교육이 아니라 다양한 문제의 해결 방법을 찾기 위해 컴퓨터를 기반으로 자료를 수집, 분석, 해석하는 일종의 문제해결 과정을 창조하는 사고력 교육이다. 데이터 과학 교육은 수학, 통계학, 경영학, 컴퓨터과학, 문헌정보학 등 다양한 학문의 융합이라고 정의되고 있다(Shi, Yu, Zhu, & Tian, 2014). 이러한 소프트웨어 교육과 데이터 과학 교육은 컴퓨터 등의 공학적 도구를 활용하여 문제를 수집하고 분석하여 효율적으로 문제를 해결해 나가는 과정을 공통적으로 강조하고 있다. 따라서 소프트웨어 교육에서 다양한 문제를 해결하기 위해 문제의 특성을 분석하고 문제의 각 요소들 간의 논리적 상관관계를 파악하며 해결방법을 설계하는 과정을 통해 컴퓨팅 사고력을 향상시킬 수 있다. 컴퓨팅 사고력(computing thinking)은 여러 교육 분야에서 광범위하게 논의되고 있으며 21세기의 모든 사람에게 필요한 역량이다. 마인드툴은 소프트웨어 교육이나 데이터 과학 교육을 통한 학습자의 컴퓨팅 사고력 향상에 유용한 도구로 활용될 수 있다. 초등학생 컴퓨팅 사고력 향상을 위한 교육방법으로 스프레드시트를 활용한 데이터 과학 교육프로그램을 개발하여 적용한 후 그 효과를 검증한 결과 스프레드시트 활용 데이터 과학 교육프로그램이 초등학생의 컴퓨팅 사고력 향상에 효과적이다(김용민, 김종훈, 2017). 마인드툴은 고정된 소프트웨어가 아니라 기술 변화에 맞추어 학습에서 요구되는 학습자의 다양한 문제해결 능력을 제고시키는 데 유용하게 활용될 수 있는 컴퓨터 활용 인지적 학습 도구이다. 마인드툴은 유의미한 학습을 이끌어 내고 지원하기 위해 어떻게 컴퓨터 테크놀로지를 활용할 것인가에 대해 사고하는 방법이다. 따라서 새로운 기술 도입에 따른 학습환경의 변화에도 불구하고 마인드툴은 여전히 학습자의 문제해결을 통한 유의미한 학습을 지원하는 도구로서 학습자의 개념 변화에 기여할 것이다.

Jonassen(2006)은 마인드툴이 학습에서 발생하는 모든 문제를 해결해 주는 만병통치약이 될 수 없다고 하였다. 즉, 마인드툴을 활용한다고 해서 유의미한 학습이 저절로 발생하는 것이 아니다. 마인드툴을 활용하여 학습환경을 설계하는 교수자의 학습에 대한 신념과 관점이 변화하지 않고 전통적 입장을 유지한다면 마인드툴은 그저 하나의 컴퓨터 프로그램으로만 작동할 뿐이다. 따라서 교수자는 학습자가 유의미하게 학습할 수 있도록 학습자의 사고 과정에 더 많은 관심을 가지고 마인드툴을 활용한 모델링을 통해 학습자가 사고하고 성찰할 수 있는 기회를 제공해 주어야 한다. 교수자 스스로 마인드툴을 활용한 유의미한 학습환경 설계를 위해 자신만의 이론을 구성하고 실제 교수학습환경에서 적용하고 그 결과를 함께 공유함으로써 새로운 학습환경 변화를 교수자가 주도할 수 있을 것이다.

마인드툴은 복잡하거나 배우기 어려운 컴퓨터 소프트웨어가 아니다. Jonassen은 마인드툴 강의 혹은 마인드툴 활용과 관련된 연구를 발표할 때마다 “누구든 나에게 데리고 오면 10분 이내 그들에게 마인드툴을 사용할 수 있도록 만들 수 있다.”고 말하곤 했다. 강의 시간에도 특정 소프트웨어에 대해 가르치기보다 학습자가 마인드툴을 활용하여 유의미한 학습을 경험할 수 있도록 많은 기회와 과제를 제시해 주곤 했다. Jonassen은 학생들의 과제 또한 마인드툴을 이용하여 학생 스스로 해결하고자 하는 문제를 모델링하고 이를 발표하도록 하고 학생들 간의 상호 토론을 통해 학생 각자가 만든 모형을 수정하고 평가하도록 하였다. 마인드툴 수업 자체가 모델링 그 자체였으며 학생들의 비판적 사고뿐 아니라 학생들의 학습에 대한 개념을 변화시키는 거대한 문제해결 학습의 공간이었다. 아무쪼록 학습과학자(learning scientists)로 불리기를 원했던 Jonassen의 마인드툴 개념이 유의미한 학습환경 설계를 위한 실천적 도구로서의 역할뿐 아니라 학습과학 분야의 컴퓨터 테크놀로지 발달 및 활용과 관련된 주요 연구 주제로 설정되어 지속적으로 연구되기를 바랄 뿐이다.

참고문헌

김동렬, 문두호(2005). 인지수준에 따른 마인드 툴 활용이 학업성취도와 학습동기에 미치는 영향. **한국컴퓨터교육학회 논문지, 8**(6), 33-44.

김동휘(2001). 물리교육에서 Spreadsheet 활용에 관한 연구. 제주대학교 교육대학원 석사학위논문.

김영기, 한희섭(2011). 스프레드시트를 활용한 컴퓨터 프로그래밍 교육의 가능성에 관한 연구. **교육과학연구, 42**(2), 191-209.

김용민, 김종훈(2017). 스프레드시트를 활용한 데이터 과학 교육프로그램이 초등학생의 컴퓨팅 사고력 향상에 미치는 효과. **정보교육학회논문지, 21**(2), 219-230.

김정환, 구정모, 한병례(2009). 초등학교 수학과 ICT 활용 교육에서 스프레드시트를 활용한 교수-학습에 관한 연구. **정보교육학회 논문지, 13**(3), 325-340.

노진호(2002). **존듀이의 교육이론: 반성적 사고와 교육**. 서울: 문음사.

박연희(2003). 중학교 과학 실험수업에서의 ICT(정보통신기술) 활용 교육. 숙명여자대학교 교육대학원 석사학위논문.

이명근(2016). **컴퓨터 교육공학 스타로고**. 서울: 학지사.

이종학, 김원경(2011). 스프레드시트를 활용한 수업이 통계적 사고 및 태도에 미치는 효과. **수학교육, 50**(2), 185-212.

진화봉, 김희수(2005). 문제해결형 하이퍼미디어 학습환경에서 의미론적 맵 연습과 작동기억이 정신모형 형성에 미치는 영향. **교육공학연구, 21**(1), 131-158.

Alexander, P. A., & Judy, J. E. (1988). The interaction of domain-specific and strategies knowledge in academic performance. *Review of Educational Research, 58*(4), 375-404.

Andriessen, J., Baker, M., & Suthers, D. (2003). Argumentation, computer support, and the educational context of confronting cognitions. In J. Andriessen, M. Baker, &

D. Suthers (Eds.), *Arguing to learn: Confronting cognitions in computer-supported collaborative learning environments* (pp. 1-25). Dordrecht, The Netherlands: Kluwer.

Aronson, D. T., & Briggs, L. J. (1983). Contributions of Gagné and Briggs to a Prescriptive Model of Instruction. In C. Reigeluth (Ed.), *Instructional design theories and models: An overview of their current status.* Hillsdale, NJ: Prentice-Hall.

Baker, M. J. (1999). Argumentation and constructive interaction. In J. Andriessen & P. Coier (Eds.), *Studies in writing: Vol. 5. Foundations of argumentative text processing* (pp. 179-202). Amsterdam: University of Amsterdam Press.

Bell, R. L., & Trundle, K. C. (2008). The use of a computer simulation to promote scientific conceptions of moon phases. *Journal of Research in Science Teaching, 45*(3), 346-372.

Bialas, P. (2001). Spreadsheet use in an elementary statistics course. Doctoral Dissertation. Columbia University Teachers College.

Cho, K. L., & Jonassen, D. H. (2002). The effects of argumentation scaffolds on argumentation and problem solving. *Educational Technology Research and Development, 50*(3), 5-22.

Conklin, J. (1987). Hypertext: An introduction and survey. *IEEE Computer, 20*(9), 17-41.

Foltz, P. W. (1996). Comprehension, coherence, and strategies in hypertext and linear text. In J. Rouet, J. J. Levonen, A. Dillon, & R. Spiro (Eds.), *Hypertext and cognition* (pp. 109-136). NJ: LEA.

Howland, J. L., Jonassen, D. H., & Marra, R. M. (2012). *Meaningful learning with technology* (4th ed.). Boston, MA: Pearson.

Hung, W. (2013). Conceptualizing problems in problem-based learning: Its role and cognitive tools. In J. M. Spector, B. B., Lockee, S. E. Smaldino, & M. C. Herring (Eds.), *Learning, problem solving, and mindtools: Essays in honor of David. H. Jonassen* (pp. 174-194). New York, NY: Routledge.

Johnson-Laird, P. N. (1983). *Mental models: Towards a cognitive science of language, inference, and consciousness*. Cambridge, MA: Harvard University Press.

Jonassen, D. H. (1986). Hypertext principles for text and courseware design. *Educational Psychologist, 21*(4), 267-292.

Jonassen, D. H. (1996). *Computers in the classroom: Mindtools for critical thinking.* Columbus, OH: Merrill/Prentice-Hall.

Jonassen, D. H. (1997). Instructional design model for well-structured and ill-structured problem-solving learning outcomes. *Educational Technology Research and*

Development, 45(1), 65-95.

Jonassen, D. H. (1999). Designing constructivist learning environments. In C. M. Reigeluth (Ed.), *Instructional design theories and models: A new paradigm of instructional theory*. Mahwah, NJ: Lawrence Erlbaum Associates.

Jonassen, D. H. (2000). *Computers as mindtools for schools: Engaging critical thinking* (2nd ed.). Upper Saddle River, NJ: Prentice Hall.

Jonassen, D. H. (2003). Using cognitive tools to represent problems. *Journal of Research in Technology in Education, 35*(3), 362-381.

Jonassen, D. H. (2006). *Modeling with technology: Mindtools for conceptual change* (3rd ed.). Upper Saddle River, NJ: Pearson Merrill Prentice Hall.

Jonassen, D. H. (2007). **컴퓨터 테크놀로지 활용 모델링: 개념 변화를 위한 마인드툴** *(Modeling with technology: Mindtools for conceptual change)*. (조규락, 오상철 공역). 서울: 아카데미프레스. (원저는 2005년에 출판).

Jonassen, D. H. (2011). *Learning to solve problems: A handbook for designing problem-solving learning environments*. NY: Routledge.

Jonassen, D. H. (2013). First principles of learning. In J. M. Spector, B. B., Lockee, S. E. Smaldino, & M. C. Herring (Eds.), *Learning, problem solving, and mindtools: Essays in honor of David. H. Jonassen* (pp. 287-297). New York, NY: Routledge.

Jonassen, D. H., Beissner, K., & Yacci, M. A. (1993). *Structural knowledge: Techniques for representing, conveying, and acquiring structural knowledge*. Hillsdale, NJ: Lawrence Erlbaum.

Jonassen, D. H., & Carr, C. (2000). Mindtools: Affording multiple knowledge representations for learning. In S. Lajoie (Ed.), *Computers as cognitive tools Volume II: No more walls* (pp. 165-196). Lawrence Erlbaum Inc.: New Jersey.

Jonassen, D. H., Carr, C., & Yueh, H. P. (1998, March). Computers as mindtools for engaging learners in critical thinking. *Tech Trends, 43*(2), 24-32.

Jonassen, D. H., Erkens, G., Kanselaar, G., & Jaspers, J. (2007). Visualization of participation: Does it contribute to successful computer-supported collaborative learning? *Computers and Education, 49*(4), 1037-1065.

Jonassen, D. H., & Kwon, H. I. (2001). Communication patterns in computer-mediated vs. face-to-face group problem solving. *Educational Technology Research and Development, 49*(1), 35-52.

Jonassen, D. H., Peck, K. L., & Wilson, B. G. (1999). *Learning with technology: A constructivist perspective*. Upper Saddle River, NJ: Prentice Hall.

Jonassen, D. H., & Reeves, T. C. (1996). Learning with technology: Using computers as cognitive tools. In D. H. Jonassen (Ed.), *Handbook of research for educational communications and technology* (1st ed.). NY: Macmillan.

Jonassen, D. H., Strobel, J., & Gottdenker, J. (2005). Model building for conceptual change. *Interactive Learning Environments, 13*(1-2), 15-37.

Kitchener, K. S. (1983). Cognition, metacognition, and epistemic Cognition. *Human Development, 26*, 222-232.

Kolodner, J. (1993). *Case-based reasoning*. New York: Morgan Kaufman.

Lajoie, S. (2000). *Computers as cognitive tools Volume II: No more walls*. Lawrence Erlbaum Inc.: New Jersey.

Lee, C. B., & Murcia, K. (2013). Problem solving for conceptual change. In J. M. Spector, B. B., Lockee, S. E. Smaldino, & M. C. Herring (Eds.), *Learning, problem solving, and mindtools: Essays in honor of David. H. Jonassen* (pp. 195-213). New York, NY: Routledge.

Lehrer, R., & Schauble, L. (2003). Origins and evolution of model based reasoning in mathematics and science. In H. Doerr & R. Lesh (Eds.), *Beyond constructivism: Models and modeling perspectives on mathematics problem solving, learning, and teaching* (pp. 59-69). Mahwah, NJ: Lawrence Erlbaum Associates, Inc.

Lesh, R., & Doerr, H. M. (2003). Foundations of a models and modeling perspective on mathematics teaching, learning, and problem solving. In R. Lesh, & H. M. Doerr (Eds.), *Beyond constructivism: Models and modeling perspectives on mathematics teaching, learning, and problem solving* (pp. 3-33). Mahwah, NJ: Lawrence Erlbaum Associates, Inc.

Marra, R. M. (2013). Mindtools in online education: Enabling meaningful learning. In J. M. Spector, B. B., Lockee, S. E. Smaldino, & M. C. Herring (Eds.), *Learning, problem solving, and mindtools: Essays in honor of David. H. Jonassen* (pp. 265-286). New York, NY: Routledge.

Masalski, W. J. (1990). *How to use the spread sheet as a tool in the secondary school mathematics classroom*. Reston, Virginia: National Council of Teachers of Mathematics.

Nersessian, N. J. (1999). Model-based reasoning in conceptual change. In L. Magnani, N.

J. Nersessian, & P. Thagard (Eds.), *Model-based reasoning in scientific discovery* (pp. 5-22). Dordrecht, Netherlands: Kluwer Academic Publishers.

Norman, D. A. (1993). *Things that make us smart: Defending human attributes in the age of the machine.* Boston, MA: Addison-Wesley Longman Publishing Co., Inc.

Novak, J. D., & Cañas, A. J. (2006). The theory underlying concept maps and how to construct and use them. Technical Report IHMC CmapTools 2006-01 Rev 2008-01.

Nussbaum, E. M., & Sinatra, G. M. (2002). On the opposite side: Argument and conceptual engagement in Physics. Paper presented at the meeting of the American Educational Research Association, New Orleans, LA.

Oh, S., & Jonassen, D. H. (2007). Scaffolding argumentation during problem solving. *Journal of Computer Assisted Learning, 23*(2), 95-105.

Osborne, J., Simon, S., & Erduran, S. (2002). *Enhancing the quality of argumentation in science.* London: King's College, End of Project Report.

Pea, R. D. (1985). Beyond amplification: Using the computer to reorganize mental functioning. *Educational Psychologist, 20*(4), 167-182.

Pea, R. D. (1993). Practices of distributed intelligence and designs for education. In G. Salomon (Ed.), *Distributed cognitions: Psychological and educational considerations* (pp. 47-87). NY: Cambridge University Press.

Petry, B., Mouton, H., & Reigeluth, C. M. (1987). A lesson based on the Gagné-Briggs theory of instruction. In C. M. Reigeluth (Ed.), *Instructional theories in action: Lessons illustrating selected theories and models.* Hillsdale, NJ: Erlbaum Associates.

Riesbeck, C. K. (1996). Case-based teaching and constructivism: Carpenters and tools. In B. G. Wilson (Ed.), *Constructivist learning environments: Case studies in instructional design.* Englewood Cliffs, NJ: Educational Technology.

Salomon, G., Perkins, D. N., & Globerson, T. (1991). Partners in cognition: Extending human intelligence with intelligent technologies. *Educational Researcher, 20*, 2-9.

Savelsbergh, E. R., de Jong, T., & Ferguson-Hessler, M. G. M. (1998). Competence related differences in problem representations: A study in physics problem solving. In M. W. van Someren, P. Reiman, H. P. A. Boshisuzen, & T. de Jong (Eds.), *Learning with multiple representations* (pp. 263-282). Amsterdam: Pergamon.

Shi, Y., Yu, S., Zhu, Y., & Tian, Y. (2014). Explore new field of data science under big data era: Preface for ICDS 2014. *Procedia Computer Science, 30*, 1-3.

Shin, N., Jonassen, D. H., & McGee, S. (2003). Predictors of well structured and ill structured problem solving in an astronomy simulation. *Journal of Research in Science Teaching, 41*(3), 6-33.

Smith, M. U. (1991). A view from biology. In M. U. Smith (Ed.), *Toward a unified theory of problem solving*. Hillsdale, NJ: Lawrence Erlbaum Associates.

Suthers, D. (2003). Representational guidance for collaborative inquiry. In J. Andriessen, M. Baker, & D. Suthers (Eds.), *Computer supported collaborative learning series*. Dordrecht, The Netherlands: Kluwer.

Tolhurst, D. (1995). Hypertext, hypermedia, multimedia defined? *Educational Technology, March-April*, 21-26.

Veerman, A. J., Andriessen, J., & Kanselaar, G. (2002). Collaborative argumentation in academic education. *Instructional Science, 30*, 155-186.

Vockell, E., & Van Deusen, R. M. (1989). *The computer and higher-order thinking skills*. Watsonville, CA: Mitchell Publishing.

Vosniadou, S. (2007). Conceptual change and education. *Humna Development, 50*, 47-54.

Voss, J. F. (1991). Informal reasoning and international relations. In J. F. Voss, D. N. Perkins, & J. W. Segal (Eds.), *Informal reasoning and education* (pp. 37-58). Hillsdale, NJ: Lawrence Erlbaum Associates, Inc.

Voss, J. F., & Post, T. A. (1988). On the solving of ill-structured problems. In M. T. H. Chi, R. Glaser, & M. J. Farr (Eds.), *The nature of expertise* (pp. 261-285). Hillsdale, NJ: Lawrence Erlbaum Associates, Inc.

PART 2

문제해결과 학습 디자인의 새로운 지평

CHAPTER 6

체화된 인지와 학습

조규락(영남대학교)

우리는 추상적 개념을 표현하거나 이해하는 데 몸이 감각하고 지각하는 경험을 이용하는 경우가 많다. 매우 인간적인 사람에게 "그 사람은 뜨거운 심장을 지녔어." 라고 말하고, 그 반대의 사람을 가리켜 "그는 차가운 사람이야." "냉혈한이지."라고 말한다. 신뢰할 수 있는 사람에게는 "입이 무거워."라고 표현하며, 중요한 사람에게는 "무게감이 있지."라고 표현한다. '온화한' '냉철한' '비중감 있는' 등의 단어들은 우리가 몸으로 느끼는 온도와 무게에 은유한 것이다. 이 밖에도 우리는 매우 많은 은유적 표현을 일상생활에서 매일 사용하고 있다. 우리는 왜 이런 방식으로 사람에 대한 평가를 할까? 구체적으로 몸으로 느끼는 온도를 이용하거나 무게를 이용하는 이유는 무엇일까? 또한 처음 만나는 사람과 악수를 할 때, 손에 전달되는 느낌, 예컨대 손이 따뜻하다, 차갑다, 아프도록 꽉 쥔다, 느슨하게 쥔다, 손이 매우 크다, 상대적으로 작다 등등 때문에 상대방에 대해 내가 갖게 되는 판단이 같을까, 다를까? 동일한 사람을 내가 차가운 음료수를 마시면서 대할 때와 따뜻한 차를 마시면서 대할 때, 상대방에 대해 내가 가지게 되는 판단은 같을까, 다를까?

일군의 철학자와 심리학자들은 차갑거나 따뜻함의 온도나 가볍거나 무거움 등의 무게 등 우리의 몸이 느끼는 구체적인 감각들이 우리의 행동이나 인지에 영향을 미칠 수가 있다고 주장하면서 이를 '체화된 인지(embodied cognition)'라고 명명해 왔다. 이 장에서는 새롭게 대두된 체화된 인지를 고찰해 보고 학습에 주는 시사점을 살펴본다.

1. 체화된 인지의 출현 배경

1) 몸(신체) 중심적 철학들

전통적으로 서양 철학자들은 마음(또는 정신)과 몸(또는 신체)[1]을 구별하는 이원론적인 사고를 하고 있었다. 이원론적 사고는 플라톤의 이성과 합리성에 토대를 두는 주지주의 전통과 기독교적 종교사상에 깊은 뿌리를 두고 있다. 플라톤은 세상을 경험으로 파악하는 현상계와 이성으로 파악하는 이상계(이데아)로 나누면서 이상계를 현상계보다 더 중시하였다. 현상계가 몸(신체)의 경험으로 파악하는 것이고, 이상계가 마음의 작용인 이성으로 파악하는 것으로 대응시키면, 주지주의는 몸에 대한 마음의 우위를 내포한다. 마음에 비해 열등한 몸은 우위에 있는 마음에 의하여 통제되어야 한다. 몸은 마음에 의해 지배를 받으며 따라야 하는 것이다.

기독교 사상도 이원론에 바탕을 둔다. 기독교 사상에서 이원론은 영혼(spirit)과 육체로 표현된다. 이 둘은 완벽히 별개로 존재하는데, 현재 우리가 주변에서 보는 살아 있는 인간의 삶은 영혼이 육체에 잠시 머물러 있는 상태이며, 죽음은 영혼과 육체의 분리이다. 죽음에 의해 영혼이 떠난 육체는 단지 물체나 고깃덩어리에 불과하여 곧 형체도 알아볼 수 없이 썩어서 사라진다. 반면에, 영혼은 없어지지 않고 불멸하는데, 이 영혼은 육체와 잠시 함께 있었던 삶의 내용에 따라 절대자의 심판을 받고, 그 심판의 결과에 따라 영원히 안락하게 살아가거나 아니면 영원히 고통받고 살아간다. 영혼을 정신 혹은 마음으로 바꾸면, 기독교 사상의 이원론도 마음이 몸이

1) 이 장에서 '몸'과 '신체'는 동일한 의미로 사용된다. 문맥에 따라 두 개의 용어를 동시에 또는 서로 바꾸어 가며 사용하였다.

나 신체보다 우위에 있다.

이런 생각은 데카르트에 의해 더욱 확고해졌다. 그는 세계를 사유실체(thought substance)와 연장실체(extension substance)로 분리하면서, 마음은 사유하는 실체이지만 외연을 지니지 않는 반면에 몸은 공간에 기하학적으로 존재하고 외연을 지닌 연장된 실체로 보았다. 또한 그에게 마음은 여러 능력이 있지만 나눌 수 없는 단일한 실체이지만, 몸은 무한하게 나눌 수 있는 실체였다. 이처럼 데카르트는 사유실체는 마음에게, 연장실체는 몸에게 해당되는 것이라는 실체 이원론을 주장하면서 순수 정신작용의 결과인 관념(conception)과 몸이나 신체가 느끼는 지각(perception)을 서로 독립적인 것으로 가정하였다. 그리고 마음이 몸을 지배하기 위해 연결된 기관으로서 송과선을 지목하였다(Damasio, 2003). "생각한다. 고로 나는 존재한다."라는 유명한 말이 시사하는 것처럼, 데카르트는 '생각하는 나'는 몸과 분리되어 있음을 의심하지 않았고, '생각', 즉 마음을 존재의 기본으로 삼았다.

이원론적 사고는 서양 철학과 문화에서 매우 지배적이었지만, 이를 거부하는 철학적 전통이 없는 것은 아니었다. 사물의 본질이 이데아에 있다는 플라톤과는 달리 아리스토텔레스는 이데아가 사물과 분리된 것이 아니라 사물 그 자체이며, 현실에서 보고 느끼는 것에서 본질이 나타나기 때문에 굳이 구분할 필요가 없다고 말한다. 이는 그가 현실세계를 중시하는 일원론적 세계관을 가지고 있었다는 것을 의미한다. 또한 데카르트와 동시대의 스피노자는 몸과 마음이 분리되어 존재하는 것이 아니라 동일한 실체의 두 가지 상이한 양상으로 파악하는 심신일원론을 견지하였다. 스피노자에 따르면, 정신과 육체, 즉 마음과 몸은 다른 것이 아니라 자연 안에서 연결되어 있다고 한다. 그리고 19세기에는 마음과 물질의 관계에 대해 경험과학적인 수리적 설명을 시도하는 정신물리학(psychophysics)이 등장하였다.

몸에 대한 마음의 우위를 거부하는 철학적 사유는 니체와 하이데거의 철학을 거쳐 메를로-퐁티에 와서는 현상학적 입장에서 몸의 철학으로 이어진다(양해림, 2000; Merleau-Ponty, 1964). 메를로-퐁티는 몸과 마음을 구분하는 것을 비판하면서 몸과 마음을 분리된 것이 아닌 통일된 하나로 보았다. 인간의 몸과 마음은 별개로 나누어지지 않는다는 그의 주장은 몸의 위상을 높였으며, 몸을 통해 이루어지는 지각의 현상학으로 발전시켰다. 그에게 앎의 근원은 몸을 통해 이루어지는 지각이었다. 이를 설명하기 위해 그는 '몸틀'이라는 개념을 제시하였다. 몸틀은 지각의 대상인 어떤 것을 몸에 익히는 체화 과정을 말하는데, 몸이 그 어떤 것에 맞도록 일정한 유형으로 구조화, 형태화가 이루어져 익숙해지는 것이다. 예컨대, 전문 피아니스트는 피아노 연주와 관련된, 국가대표 수영선수는 물과 수영에 관련된 잘 갖춘 몸틀을 가지고 있다. 이들이 몸틀을 가지기까지 수년간의 연습은 말이나 글로써 이루어진 것이 아니라 몸을 통한 연습으로 이루어진 것이다. 피아노를 처음 치는 사람이 말과 글로 피아노 치는 방법을 배운다고 해서 피아노를 제대로 연주할 수 없고, 물에 들어가 보지 못한 사람에게 말과 글로써 수영을 아무리 열심히 가르쳐도 물에 들어가면 수영을 할 수 없다. 몸틀을 가지고 있지 못하기 때문이다. 일단 이런 몸틀을 가지고 있으면 의식적 노력 없이도 그것을 잘 수행한다. 심지어 수년간 물에 들어간 적이 없어도 수영을 할 수 있다. 몸을 통한 지각과 훈련의 과정을 겪으면서 그것에 맞는 몸틀을 형성하는 것이 중요한 이유이다(한국현상학회 편, 2000).

Varela[2], Thompson과 Rosch(1991)는 철학적 · 생물학적 입장에서 몸을 중요시한다. 그들의 핵심적 주장은 인지란 다양한 종류의 경험을 통해서 비롯되는데, 그 경험은 다양한 감각운동 능력을 지닌 몸을 통하지 않고는 안 된다는 것이다. 다양한 감각을 가지고 있는 몸 없이는 인지도 없다는 뜻이다. 즉, 인지는 생물체의 경험과 지각이라는 행위로부터 비롯되는 것이다. 따라서 인지의 대상은 경험과 지각 이전에 미리 객관적으로 존재하는 것이 아니라 인지 주체가 대상을 만나고, 몸의 경험을 통해 구성된다.[3] 이것은 몸을 통한 경험과 지각이 살아 있는 유기체의 인지와 분리될 수 없다는 입장이다. 이런 입장에서는 몸과 마음이 서로 별개로 존재하는 것이 아니라, 오히려 긴밀하게 관련되어 있다고 보는 것이다. 이제 몸은 마음에 비해 열등하지도 않으며, 부수적 가치만을 가진 것이 아니라 마음과 어깨를 나란히 하면서 함께 인지의 대상을 구성하는 위치에 선다(송민정, 2014; 이영의, 2015).

인지언어학 연구도 몸에 대한 정신과 언어의 우위를 전제하는 철학적 사고를 비판한다. 인지언어학자인 Lakoff와 Johnson(1980, 1999)은 인지과정인 언어의 사용이 몸과 몸을 둘러싼 환경과의 상호작용에 의한 것이라고 주장한다. 이들에 따르면, 인간은 언어를 통한 추상적 사고를 하는데, 이때 추상적 사고의 주축은 은유

2) 우리나라에서도 잘 알려진 책 『앎의 나무: 인간 인지능력의 생물학적 뿌리』의 공동저자이다.
3) 발제주의(enactivism), 행화주의라고도 한다.

(metaphor)라고 하면서 이 은유적 사고가 신체 도식을 사용한다고 주장한다. 예를 들어, '상상 속의 친구' '소설 속의 나' '꿈에서 깨어난다'처럼 '상상' '소설' '꿈'과 같은 실체가 아닌 추상적 대상의 표현은 '상자에서 나온다'에서의 '상자'나 '방 안으로 들어온다'에서의 '방'과 같은 물리 · 실체적 대상을 신체적으로 경험한 것에 의존한 표현이라는 것이다. 왜냐하면, '밖'으로 '나가고' '안'으로 '들어오는' 물리적 공간에 대한 도식이 애초부터 추상적 대상에는 적용될 수 없기 때문이다. '상상 속의 친구'라는 표현을 말하거나 들을 때, 우리 마음속에서는 자신도 모르게 친구가 '상상'이라는 경계 '안'과 '밖'에 있음을 연상하게 되는데, 이 '속' '안' '밖'이라는 개념은 우리가 물리적 공간에서 안과 밖을 신체적으로 경험하지 못하면 가질 수 없다. 따라서 앞의 예와 같은 추상적 대상(상상, 소설, 꿈)에 대한 안과 밖이라는 표현은 물리적 공간에서 신체가 경험한 것을 은유적으로 투사한 것으로 보아야 한다.[4] 마찬가지로 상류사회 대 하류사회, 고귀한 문화 대 저급한 문화, 고위층 대 하위층 등과 같은 일상적 표현처럼, 혹은 천국은 하늘에 있고 지옥은 지하에 있는 것으로 느끼는 인간의 심리도 신체가 물리적으로 경험한 '위'와 '아래'에 연관된다. 즉, 추상적 사고뿐만 아니라 일상적 언어표현도 신체를 통해 지각되고 경험되는 물리적 대상의 물리적 · 지각적 경험에 의해 해석된 의미라고 하겠다. 이렇게 보았을 때, 우리가 가지고 있는 다양한 개념, 개념들 사이의 관계가 신체 경험에서 비롯된 것이라면 이 개념들로 수행되는 사고와 인지과정은 신체, 즉 몸과 떼어 낼 수 없다(송민정, 2014).

굳이 은유적 사고의 신체 도식을 제외하고도 일상생활에서 흔히들 사용하는 판단이나 평가와 같은 높은 인지적 차원의 표현에도 몸과 관련된 것들이 많이 있다. 예컨대, 매우 인간적인 사람을 보고 '그는 뜨거운 심장을 가진 사람이야.', 그 반대의 사람을 가리켜 '그는 냉혈한이야.'라고 말한다. 믿음직한 사람, 신뢰할 수 있는 사람을 가리켜 '참 무게 있는 사람이군.', 말수가 적은 사람을 '그는 입이 무거워.'라고 말한다. 이뿐이 아니다. '온화하다' '냉철하다' '비중 있다' '중후하다'와 같은 우리가 몸으로 느끼는 온도와 무게에 비유한 표현들이 많다. 이것들은 우리가 몸으로 느끼는 구체적 감각들이 우리의 인지에 영향을 미친 예들이다. 때문에 특정 감각적 경험이나 신체적 상태에 따라서 그것과 유관된 생각, 감정과 느낌, 행동 등이 유발되는 것

4) 이를 몸에 근거하는 경험적 반복에 의해 형성되는 '그릇 스키마(container schema)'라고 한다.

도 가능할 것이다. 이처럼 인간의 사고, 감정과 느낌, 행동 등은 우리의 신체가 경험하는 감각 및 지각을 바탕으로 이루어진다.

2) 인지과학의 한계

체화된 인지의 출현 배경은 이처럼 몸 철학의 영향이 크다고 할 수 있다. 그러나 체화된 인지의 보다 직접적인 출현 배경은 기존의 인지과학 연구에 대한 비판적 문제제기가 더 크다고 보는 것이 타당하다. 즉, 인지과학이 시도한 '마음'에 대한 설명이 유의미하지 못했다는 비판이 제기되는 상황에서 체화된 인지가 등장한 것이다(송민정, 2014).

일반적으로 인간이면 일상생활에서 주변의 각종 대상을 인식하면서, 특정 대상에 주의를 기울이고, 특정 정보를 학습하여 기억하고, 문제를 생각하고 해결하며, 언어를 사용하고, 여러 가지 일을 해내며, 정서적 감정을 표현하기도 한다. 인지과학에 따르면, 이러한 것들은 모두 '인지(認知, cognition)'라는 '앎'과 관련되어 있으며, 이런 '앎'의 상태나 과정이 인지과학의 핵심 연구 주제인 '마음'의 특성이라고 한다. 인지과학은 전통적으로 정보처리(information processing)와 상징표상(symbol representation) 또는 기호표상을 중심으로 하는 지배적 패러다임을 통해 마음의 문제를 설명하였다. 이러한 생각의 기저에는 컴퓨터의 정보처리를 유추하여 마음을 설명하려는 Newell과 Simon(1972)의 아이디어가 존재한다. 그들은 컴퓨터를 0과 1의 단순한 숫자의 계산과 조작 장치를 넘어서서 상징과 기호를 조작하는 기계로 보았으며, 인간의 마음도 컴퓨터와 같은 상징조작체계로 개념화한 것이다. 컴퓨터에게 키보드와 마우스라는 입력장치, CPU라는 처리장치, 화면과 프린터라는 출력장치가 있는 것처럼, 인간에게도 감각기관이라는 입력장치, 뇌라는 처리장치, 말하는 입과 신체기관이라는 출력장치가 있어서 기능이라는 측면에서 볼 때, 컴퓨터와 마음은 모두 동일한 정보처리 및 상징처리체계이다.

이런 지배적 패러다임에 따르면, 마음의 역할인 정보처리란 감각기관으로 유입되는 자극에서 정보를 추출하고 분석하는 처리과정을 통해 그 결과를 반응으로써 산출하거나 저장하는 체계적 과정으로 해석된다. 그리고 상징(기호)이란, 정보가 처리될 때 어떤 추상된 형태로 정보가 변환되어 표상되는 것을 말한다. 상징표상이 일어나는 이유는 실제 대상 자체가 감각기관을 통해 유입되는 것이 아니라서 마음이 다룰 수 있는 어떤 형태가 필요하기 때문이다. 그 대상과 연결된 심상이나 부호 같은 형태 말이다. 따라서 정보처리체계로서 마음은 부호화된 상징으로 표상된 정보를 처리하여 산출하거나 상징구조로 저장하는 일련의 알고리즘 체계이다. 알고리즘 체계는 인지를 규칙에 의해 판단하고 해결하는 컴퓨팅으로 이해한 것이며, 훗날 인공지능학문이 출발하는 이론적 프레임을 제공하였다(강병직, 2013; 이우용, 이윤경, 조광수, 2013; 이정모, 2009; 조광수 외, 2012). 각종 심리적 사건들은 마음에 의하여 처리, 출력, 저장되는 사건들이며, '인지'란 이러한 마음의 작동방식에서 드러나는 일련의 사고과정인 것이다. 이런 방식으로 마음과 인지를 이해한 점은 학습이 점진적이며 복잡한 방법으로 정보를 처리하고 분류하는 방법을 파악하도록 해야 한다는 Bruner의 교육이론의 토대가 되기도 하였다(강병직, 2013, p. 79).

인지과학에는 정보처리 패러다임 외에도 마음의 작동 방식이 신경 기반 뇌의 특성에 결정된다는 '연결주의(connectionism)' 이론도 있다. 이 이론의 핵심은 세포들 사이의 연결 강도에 따라 마음이 작동한다는 주장이다. 그리고 지배적 패러다임이 강조하는 논리적 형태의 알고리즘 규칙이나 상징표상을 전제하지 않고 대신에 신경망의 분산적 · 병렬적 · 확률적 계산에 의한 정보처리로서의 마음을 말하고 있다. 정보처리이론은 신경세포라는 뇌의 특성에는 주의를 기울이지 않은 채 마음은 상징조작체계라고 주장하는 반면에, 연결주의 이론은 신경세포라는 뇌의 특성을 받아들여 마음이 뇌의 특성인 신경망에서 발생하는 정보처리를 주장함으로써 두 개의 이론이 서로 강조하는 면은 다르지만, 두 이론 모두 이 정보처리에 있어서는 동일한 입장이다(이정모, 2009).

또한 인지과학 분야는 최근 뇌의 상태를 불침습적이며 실시간으로 관찰이 가능해진 뇌과학적 혹은 신경과학적 분석을 통해 마음을 뇌의 신경생물학적 구조와 과정으로 이해하려는 시도도 나타났다. 이런 신경과학적 시도에서 마음은 생물학적인 뇌의 전기 · 화학적 신호교환 상태로 본다. 마음의 작동 방식은 뉴런이라는 신경세포들의 조직 내에서 합해지거나 감해지는 신호의 세기에 따른 활성과 비활성의 변화이다. 이 관점을 단순화하면, 눈이 시각기관이며 폐가 호흡기관이듯이, 뇌는 마음의 기관인 것이다. 이런 입장은 마음과 뇌라는 서로 다른 속성의 개념을 동일시한다는 비판을 받고 있으며, 작은 분자적 · 세포적 속성의 미시수준의 설명체계로 행동과 같은 거시수준의 개념을 이해할 수 있다는 환원주의적 접근이라는 비판도 받는다. 그러나 신경과학적 인지과학의 마음에 대한 설명 역시 정보처리, 신호처리와 같은 처리체계라는 점에서 다른 인지과학의 이론들과 공통적 유산을 가지고 있다고 하겠다.

앞에서 살펴본 바와 같이 인지과학은 유기체인 인간을 둘러싼 환경이 인간의 신체와 어떤 관계를 갖는지, 지능을 갖춘 인간이 사회·역사적으로 만들어 내서 우리 환경의 일부가 되어 버린 다양한 도구와 같은 인공물(artifacts)의 역할에 대해서는 그다지 관심을 기울이지 않았다. 인지과학의 전제는 일단 신체의 감각기관으로 환경의 자극을 받아들이고 나면 더 이상 신체는 인지과정에 아무런 영향을 미치지 않는다는 것이다. 신체는 자극을 유입하는 입력기관, 나중에 뇌의 출력 명령에 따라 반응하는 출력기관에 불과한 것이다. 핵심적인 인지과정은 정보가 상징으로 분석·처리되고 저장되는 것이기 때문에(정보처리이론), 또는 신경정보가 신경망 내에서 분산적·병렬적으로 처리되는 것이기 때문에(연결주의이론), 또는 뇌의 뉴런 회로망의 전기·화학적 신호가 처리되는 것이기 때문에(신경과학 입장), 신체는 수동적인 입력과 출력기관일 뿐이며, 인지과정에는 역할을 하지 않거나 부수적인 역할만 할 뿐이다. 인지과학은 이처럼 마음을 신체로부터 독립된 추상적인 것으로 이해한 것이다. 이것은 존재론적 입장에서 데카르트의 이원론처럼 마음이 신체를 통제, 조정하는 마음 우위적 사고이다.

인지과학에 대한 비판은 우선 마음은 컴퓨터처럼 일정한 규칙에 따라 상징을 처리하는 기계적 속성을 갖추고 있지 못하다는 점, 처리되는 상징표상들이 외부 세계에 존재하는 대상들이나 사건들과 연결되지 않는다는 점, 생물적 뇌가 갖고 있는 속성을 무시한다는 점, 물질적·세포적 뇌의 속성을 심리적 특성을 갖고 있는 마음과 연결하려 했다는 점, 심리현상을 생물적이며 신경적인 상태로 설명할 수 있다는 점 등 다양하다.

그러나 비판의 핵심은 몸 또는 신체가 받아들이는 감각정보의 수용이 신체의 구조에서 비롯된다는 점을 간과하고 있다는 점에서 비롯된다. 신체의 구조 때문에 유입되는 정보가 진짜 대상을 다르게 반영할 수도 있으며, 진짜 대상과는 다르게 감각되는 범위 내에서 한정될 수도 있고, 그렇기 때문에 왜곡될 수도 있다. 우리가 지금과는 다른 신체 구조와 감각기관의 구조를 가지게 되었다면 외부 세계의 대상은 지금과는 다르게 파악되었을 것이다. 예컨대, 고래와 박쥐는 초음파를 이용한 방향정위를 통해 우리와는 다른 방식으로 대상을 파악하며, 자기장을 감지할 수 있는 철새 역시 우리와는 다르게 세상을 본다. 자외선을 볼 수 있는 나비와 벌도 우리가 보는 세상과 다르다. 후각이 인간보다 훨씬 발달한 개는 우리가 거의 인지하지 못하는 희미한 냄새도 정확히 좇아다닌다. 이런 능력은 신체가 가지고 있는 감각기관의 발달로 가능한 것이다. 만일 인간이 고래나 철새, 벌이나 개처럼 방향정위와 자기장 및 자외선, 희미한 냄새를 감지할 수 있도록 진화되었다면 우리가 파악하는 외부 대상에 대한 인지가 그리고 그 인지를 다루는 마음이 지금과는 상당히 달라졌을 것이라 예상할 수 있다.

2. 체화된 인지이론의 이해

1) 개념적 정의

체화된 인지이론은 인지를 비롯한 마음이 몸, 신체의 감각과 지각에 의해 형성되었다는 것을 주장하는 이론이다. 인간의 사고, 감정과 행동이 오랜 기간 축적된 인간의 감각적 경험에 따른 신체적 경험에 기반을 두고 있다는 뜻이다. 즉, 지각과 운동에 영향을 받은 신체적 표상을 활용하여 정보를 처리하는 것이다. 따라서 신체가 가지고 있는 특정한 감각운동기관을 지니고 생활하는 것이 사고와 정서에 영향을 미친다. 때문에 특정한 감각적 경험이나 신체적 상태를 유도한다면, 그것과 관련된 생각, 감정, 행동을 유발하는 것이 가능하다(한승희, 차운아, 2014). 이 장 3절 '체화된 인지의 다양한 주제와 연구사례'에서 기술한 다양한 연구사례는 이런 이론적 가정을 기반으로 하고 있다.

2) 생물학적인 신체와 환경으로서의 인공물

인지과학에 대한 비판은 신체적 요소들이 인지과정을 구성하는 요소라는 주장으로 연결된다. 유입되는 정보가 신체적 구조에 강하게 의존하고 있는데, 신체적 구조를 인지과정에서 부수적으로 폄훼하거나 중요하지 않은 것으로 강등시킬 수 없다는 것이다. 이는 필연적으로 신체의 구조화된 경험에서 마음이 기능하도록 되어 있다는 점을 말하는 것이다(이영의, 2012, 2015). 예컨대, 인간은 두 눈에서 바라보는 정면의 시야가 서로 겹치게 됨으로써 그렇지 않은 동물보다 입체적인 상을 가지게 되고, 그로 인한 감각의 차이는 인지와 결코 무관한 것이 아니다. 우리가 아무리 노력해도 특정 파장을 가진 빛을 볼 수 없다는 것, 특정 주파수 소리를 듣지 못한다는 것은 적어도 부분적으로는 인지가 성공적으로 작동하기 위해서는 이러한 신체적 구조와 이에 따른 감각정보의 유입에 의존할 수밖에 없다는 점을 보여 주고 있다. 송민정(2014)에 따르면, 마음의 작동원리는 결코 신체와 분리된 뇌에 국한되지 않고 신체로 확장되어야 한다. 이는 마음이 신체화되어 있다는 점을 드러냄으로써 인간의 인지과정을 뇌에 한정하는 것이 아니라 인간의 생물학적인 신체를 통한 경험적 차원도 고려해야 함을 보여 주고 있다.

우리를 둘러싼 환경도 인지과정에 영향을 준다. 신체구조가 환경에 의해 영향을 받아 왔기 때문이다. 사실상, 우리의 신체구조는 환경에 적응하기 위해 진화 혹은 변화되었다. 따라서 신체로 유입되는 자극의 원천인 환경이나 환경적 구조도 인지과정에 영향을 미친다고 보는 것이 타당하다. 그런데 인간의 환경은 자연적인 환경만을 뜻하는 것이 아니다. 인간은 다양한 도구, 즉 인공물을 만들어 생활·생존해 왔으며, 이런 인공물은 자연환경 못지않게 중요한 환경이 되었다. 게다가 인공물의 개발과 사용은 어떤 문화와 그 문화를 이루는 환경을 이해하는 데 중요한 요소이기도 하다. 환경으로서 인공물은 대체로 인간의 신체적·심리적 활동을 확장하였다. 안경이나 보청기는 시각과 청각의 활동을 확장하였으며, 전화기와 전자우편은 공간적인 제약을 넘어서 먼 거리에 있는 사람과의 통신과 의사소통을 가능하게 만들었고, 타자기나 워드프로세서 소프트웨어는 글을 쓰기 위한 생각의 도구가 되었다.

실제로 인공물은 인간의 인지에 영향을 미친다. 어느 인공물은 매우 중요하고 널리 퍼져서 우리에게 너무나도 익숙하게 되면, 마치 현재의 컴퓨터나 스마트폰처럼 그 인공물이 없는 세상은 상상하기 어렵게 된다. 이때 우리는 그 인공물의 작동 방식이나 사용하는 방식에 의존하게 되는데, 우리의 인지는 그것과 밀접하게 연결된다. 예컨대, 컴퓨터 마우스의 더블클릭은 손가락 끝을 빠르게 두 번 누르는 동작이나 행위로 실행과 수행, 열기(open)와 같은 심적 표상을 만들어 낸다. 만일 마우스 작동방식을 다르게 했다면 또는 더블클릭이 다른 것을 작동하도록 했다면, 더블클릭이 만들어 내는 심적 표상은 실행 · 수행, 열기가 되지는 않았을 것이다. 이것은 마음이 인공물에 구현되어 있다는 점, 인공물의 특성이 마음속에 내재화되어 있다는 점 등을 의미한다. 즉, 인공물은 마음에 영향을 미치는 것이다. 따라서 마음과 인지를 탐구함에 있어서 환경인 인공물과의 상호작용을 간과해서는 안 되며, 신체와 환경을 모두 고려한 통합적 산물로 파악하여야 한다.

3) 체화된 인지의 성격

(1) 체화성과 의존성

앞서 기술한 것처럼, 체화된 인지는 인지가 인간의 신체 혹은 몸에 의해 영향을 받는다는 것에 기반한다. 즉, 인지는 뇌를 포함한 신체나 몸의 구조에 의존하는 것이다. 몸의 구조에 의존한다는 것은 여러 감각운동 능력을 가지고 있는 몸을 통해 나타나는 여러 경험에 의존한다는 뜻이다(이영의, 2012, 2015). 신체의 경험에는 구체적으로 여러 색과 소리, 압력과 무게, 뜨거움과 차가움, 부드러움과 까칠함 등등 여러 종류의 감각적 경험들이 있다. 눈으로는 색을, 귀로는 소리를, 혀와 코로는 맛과 냄새를, 신체 여러 부위의 피부에서 외부 물체의 힘, 온도, 질감 등을 감각하고, 뇌에서 이런 감각을 의식하고 평가를 하면서 지각하게 된다. 그리고 일부는 이전에 경험했던 지각과 연결되어 특별한 정서적 상태를 만들거나 느낌을 만들어 내고 기억으로 저장되어 다른 지각이 와서 상호작용하는 순간을 기다리게 된다. 만일 이런 신체적 경험이 애초부터 없다면, 감각이나 지각이 없었을 것이며, 정서나 느낌도 그리고 인지도 없었을 것이다. 사실상, 신체적 경험 이외에 자극과 정보를 받아들일 수 있는 여타의 다른 방법이 전혀 없다.

신체 감각기관으로 유입되는 여러 감각 중에서 어떤 것, 예컨대 아름답고 편안한 색과 소리, 맛있는 음식, 따뜻하고 부드러운 옷 등은 획득하기 위해서, 또 어떤 것, 예컨대 너무 복잡한 색상이나 시끄러운 소리, 썩은 음식, 차갑고 까칠한 옷 등은 회피하기 위해 우리들은 여러 가지 운동을 하게 된다(강병직, 2013). 지각된 정보를 분석 · 평가하여 운동반응으로 출력하는 것이다. 여기서 운동이란 눈을 감거나 응시하기, 고개를 끄덕이거나 가로로 젓기, 코로 냄새 맡기, 손을 뻗기, 주먹 쥐거나 펴기, 여러 형태의 제스처 하기, 쫓아가거나 도망가기, 씹어서 넘기거나 뱉기 등등의 여러 형태와 모양의 신체적 운동이다. 인지와 사고는 이러한 유기체로서 몸이 느끼는 감각들과 그 감각들을 얻거나 회피하고자 하는 신체 운동에 영향을 받는다는 의미이다. 사실상, 신체 이외에 운동을 출력할 방법이 전혀 없다. 따라서 인지는 환경 안에서 행동하는 신체의 구조와 맥락에 체화 및 의존한다.

(2) 확장성과 분산성

신체적 경험의 감각 대상은 그 신체를 소유한 유기체가 속한 자연적 · 인공적 환경이다. 색, 소리, 압력, 무게, 뜨거움, 까칠함 등등의 여러 신체적 경험은 모두 환경이 제공하는 속성들 때문에 생긴다. 유기체는 환경이 제공하는 자극, 정보 등의 어포던스[5]를 감각하며 지각하는 것이며, 이를 얻거나 회피하기 위한 신체 운동들은 그 환경에 대한 유기체의 반응이다. 이렇게 보면 환경은 인지와 분리할 수 없는 요소가 된다. 왜냐하면 신체적 경험의 대상이 환경이고, 신체적 경험은 곧 환경을 경험하는 것이기 때문이다. 이처럼 환경은 유기체로 하여금 신체적 감각과 지각을 하게 함으로써 유기체에게 영향을 미치며, 유기체는 반응이나 행위를 함으로써 환경을 변화시킨다. 환경과 유기체가 서로 영향을 주고받으며 변화시키는 것을 그 둘 간의 상호작용이라고 부른다면, 인지는 몸과 신체를 통한 환경과의 상호작용에 의해 영향을 받거나 상호작용을 한 결과이다.

따라서 인지란 인지의 주체인 유기체가 속해 있는 환경과 독립적으로 존재할 수 없다. 즉, 인지란 환경에 반응하는 신체적 경험과 별개로 발생하는 정보의 내적 인지적 표상이나 정보처리과정이 아니다. 오히려 인지란 환경과 분리할 수 없는 신체적 경험을 바탕으로 하는 정보처리와 표상의 과정, 혹은 신체적 경험을 수단으로서 활용하여 정보를 처리하고 표상하는 과정인 것이다. 지배적인 인지과학 패러다임으로서, 다시 말해 인간이 어떤 정보를 처리하는 것은 작업기억에 의한 표상과 처리 그리고 장기기억으로의 저장작업인 것은 맞지만, 이때 몸과 신체는 매우 중요한 역

5) Gibson(1977, 1979)의 생태심리학 개념으로서 환경이 제공하는 모든 자극이나 정보를 말한다. 우리나라 말로 행위유발성 또는 행위유발가능성이라고 부른다. 모든 동물은 환경이 제공하는 어포던스를 탐지하며 상호작용하면서 살아간다. 동물들마다 어포던스 탐지 능력이 각각 다르다.

할을 한다. 신체가 주변의 물리적 환경에 어떻게 반응하고 상호작용하는가가 우리의 사고과정과 인지과정 전체에 영향을 미치는 것이다. 따라서 신체가 느끼는 지각은 감각정보를 단순히 수용하는 미미한 역할만이 아니다. 석봉래(2015)가 지적하듯이, 체화된 인지를 신체의 국부적 현상을 통해 인지현상을 설명하는 것으로 편협하게 파악해서는 안 된다. 체화된 인지는 국부적 신체활동에 집중하지 않는다. 대신에 신체가 상호작용하는 환경을 포함하며, 인지를 신체에 속박시키는 것이 아니라 인지의 범위를 확장시키는 것으로, 환경에 분산되어 있는 것으로 보아야 한다. 요약하면, 뇌만이 아니라 몸으로, 환경으로 확장되고 분산된 인지이다.

(3) 통합성

기존 인지과학적 입장에서 인지는 유입된 감각·지각적 정보가 언어나 기호와 같은 상징으로 분석·처리되고, 일부는 부호화하여 기억으로 저장되고, 일부는 기존 기억에서 인출된 정보와 상호작용한 결과로 행동을 생산해 내는 과정이다. 지각과 감각은 투입이며, 행동은 산출물이고, 정보처리 혹은 상징처리로서 인지는 투입과 산출의 중간에 존재하는 함수이다. 그리고 인지는 투입되는 감각의 원천인 외부 세계의 환경과도 독립적으로 존재한다(강병직, 2013).

그러나 신체는 경험 구조의 기반이며, 동시에 인지과정이 벌어지는 장소이며 (Varela, Thompson, & Rosch, 1991), 따라서 신체와 외부 세계는 서로 연관되어 작용한다. 즉, 마음과 신체가 연결되어 있고, 신체가 세계와 연결되어 있으면, 마음과 세계, 즉 환경도 연결되어 있는 셈이다. 뇌가 마음의 장소라면, 그 뇌는 신체와 연결되어 있다는 점을 간과해서는 안 된다. 이정모(2008), 송민정(2014)은 세계 내에 존재하는 몸과 그 몸 안에 존재하는 신경기능구조인 뇌를 포함하여 '환경-뇌-몸'이라는 3자가 서로 괴리되지 않은 통합체를 강조하면서, 체화된 인지는 이 통합체의 능동적 활동으로 전개되는 역동적 측면을 중심으로 이해되어야 한다고 주장한다. 마음이 한 사람의 뇌 속에만 갇혀 존재하는 것이 아니라, 신체라는 몸과 함께 작동하며, 이런 몸이 역동적으로 상호작용하는 환경과 통합되면서 다른 인공물들, 다른 사람의 마음과도 통합되는 것이다. 따라서 마음과 마음의 작동 방식을 이해하고자 할 때, 뇌, 몸, 환경을 각각의 개념적·추상적 개념으로 이해하면 안 된다. 또한 뇌, 몸, 환경을 물리적이며 독립적으로 구분된 실체로 구별하여 마음이라는 심리적 과정을 몸 내부에서 일어나는 것과 몸 외부에서 일어나는 분리된 과정으로 파악해서도 안 된다. 대신에 서로가 상호 연결되어 있는 공동의 통합과정으로 파악해야 한다.

(4) 발제성과 구성성

인지를 상징표상이라고 보는 기존 관점에 따르면, 소리, 색, 크기, 길이 등과 같은 환경의 속성들은 우리의 존재와 관계없이 세계에 이미 주어져 있다고 본다. 그리고 마음은 세계의 이런 속성들을 내적으로 표상함으로써 마음 안에서 재현하는데, 이 때 마음은 세계와 독립적으로 존재한다고 본다. 그러나 앞에서 전술한 다른 체화된 인지의 주요 요소를 보면, 마음은 신체와 독립적으로 세계의 여러 속성을 표상하는 것이 아니며, 세계와 분리된 것도 아니다. 마음과 인지를 이해하기 위해서는 환경–뇌–몸이 하나의 통합적 형태로 상호 연결된 것으로 파악해야 한다.

이런 시각에서 인지과정은 발제적(enactive) 성격을 가지고 있다고 파악해야 한다는 것이 Varela, Thompson과 Rosch(1991)의 주장이다. 철학적 · 생물학적 입장에서 이들은 인지의 대상이 미리 존재하는 객관적 세계로부터 주어지는 것이 아니라 지각이라는 인지 주체의 행위로부터 비롯된다는 것을 주장하고 있다. 여기서 지각은 생물학적 존재로서 신체기관의 감각을 통한 자극정보의 유입으로 이루어진다. 발제란 "인지가 주어진 세계에 대한 이미 완성된 마음의 표상이 아니라 세계 내에서 한 존재가 수행하는 다양한 행위의 역사에 기반을 두고 마음과 세계가 함께 만들어 내는 것"(Varela, Thompson, & Rosch, p. 42)이다. 즉, 인지 주체가 파악하는 인지의 대상은 지각 이전에 미리 존재하는 것이 아니라 인지 주체와 인지 대상이 지각을 통해 만나는 동시에 구성되는 것이다. 따라서 인지는 지각과 행동이 환경 내에서 감각지각 운동을 통해 구성되는 것으로 볼 수 있다. 이러한 입장에서 세계의 형성은 나의 신체적 행위를 통해 이루어지며, 나 역시 나의 행위를 기반으로 한다. 요약하면, 신체 행위를 통한 인지이다.

인지의 발제적 성격은 존재론이라는 철학적 입장에서 보면 관념론적 성격을 띠고 있다. 인지 주체가 지각해야만 인지 대상은 존재하는 것이므로 인지 대상은 인지 주체와 별개로 존재하는 것이 아닌 것이다. 또한 발제적 성격은 인식론적 입장에서는 보편적 지식이 존재하고 객관적인 지식을 서로 공유할 수 있다는 객관주의 인식론이 아니라 보편적이며 객관적인 지식을 부정하는 상대주의 인식론에 가깝다. 혹은 인식 주체의 유의미한 경험을 토대로 지식이 형성된다는 상대주의 인식론에 기반을 둔 구성주의적 성격을 띤다.

3. 체화된 인지의 다양한 주제와 연구사례

1) 사회적 관계

신체적인 접촉을 통해 사회적 관계가 형성된다는 것은 Harlow(1958)의 새끼 붉은털원숭이를 대상으로 한 기념비적인 연구에 의해 잘 알려져 있다. 새끼 붉은털원숭이는 젖을 주지만 차가운 느낌의 철사로 된 어미 원숭이 인형보다, 젖을 주지는 않지만 따뜻한 느낌을 주는 천으로 된 어미 원숭이 인형을 선택한 것이다. 이 결과는 따뜻한 신체적 접촉의 중요성을 보여 준 것이었다. Bowlby(1969)의 연구에서도 신체적 접촉을 통해 애착을 형성한다고 하면서, 신체적 접촉은 따뜻함을 경험하는 것이라 하였다.

이처럼 온도와 관련된 체화된 인지가 사회적 관계에 영향을 미치는지에 대한 연구가 많이 수행되었다. 우리의 은유적 표현 속에 '마음이 따뜻하다' '관계가 따뜻하다' '마음이 차갑다' '차가운 관계'와 같은 온도를 사용한 표현은 사회적 관계를 나타내는 것이다. 이와 관련한 대표적인 연구들을 살펴보면 다음과 같다.

Williams와 Bargh(2008a, 2008b)는 사람들이 들고 있는 컵이 따뜻한 컵인지 차가운 컵인지에 따라 타인에 대한 인상이 달라지는지 확인하였다. 따뜻한 컵을 들고 있는 사람이 타인을 더욱 친해지기 쉬운 사람으로 평가한 반면에, 차가운 컵을 들고 있는 사람은 타인을 냉정하고 이성적인 사람으로 평가한 것이다. Fay와 Maner(2012)는 자신의 평가도 온도에 영향을 받는다는 것을 보여 주었는데, 사람들에게 따뜻한 음료를 들게 할 때가 차가운 음료를 들게 할 때보다 자기 자신을 더 사회적으로 친밀하게 평가한다는 것이다. 특히 온도가 따뜻함은 친사회적 행동에, 차가움은 외로움, 사회적 배제 등에 관련이 있다고 한다(Ijzerman & Semin, 2010). 따뜻함과 차가움이라는 온도는 특정 대상과의 물리적 거리도 다르게 느끼게 한다고 한다. 손에 쥔 컵의 온도에 따라 자신과의 물리적 거리를 다르게 평가하는 것이다(Fay &

Maner, 2012). 즉, 따뜻함을 느낄 때는 어떤 대상이 멀리 있을 때가 아니라 가까이 있을 때이다. 이 같은 연구들은 자신과 타인의 평가가 온도에 따라 달라질 수 있다는 것을 밝히고 있으며, 온도에 대한 인식이 사회적 관계를 해석하는 수단이 된다는 것을 제안하는 것이다.

온도 이외에도 무게감이나 질감도 사회적 관계의 평가에 영향을 미치는 것으로 나타났다. '무게감 있는 사람' '무거운 역할' '마음이 비단결같이 부드러워' '까칠한 사람' '사람이 왜 그렇게 거칠어?' '마음이 딱딱하게 굳은 사람'처럼 흔히 사용하는 무게와 질감에 대한 일상적인 표현도 온도에서와 마찬가지로 사회적 관계를 나타내는 말이다. 무게감, 질감이 사회적 관계에 영향을 미치는지에 대한 연구는 Ackerman, Nocera와 Bargh(2010)가 대표적이다. 이들의 연구는 무게의 경험이 구직자의 적합성을 평가하는 데 미치는 영향을 조사하는 것이었다. 이를 위하여 실험 참가자를 두 개의 집단으로 나누어 한 집단에는 무거운 보드 위에 붙인 이력서를 들게 하였고, 다른 집단에게는 가벼운 보드 위에 붙인 이력서를 들게 한 후 그 이력서에 있는 구직자의 평가를 의뢰하였다. 실험결과는 무거운 보드 위에 붙인 이력서를 들었던 참가자들이 가벼운 보드를 들었던 참가자들보다 그 이력서의 구직자에 대해 더 진지한 관심을 가진 구직자로 평가했다는 것이다.

이들은 또한 질감의 경험이 사회적 조정에 미치는 영향도 조사하였다. 실험 참가자를 두 개의 집단으로 나누어 한 집단에는 한 면이 거친 사포로 제작된 퍼즐 조각을 완성하게 하였고, 다른 집단에는 매끄러운 퍼즐 조각을 완성하게 한 이후에 사람들의 대화가 담긴 애매하게 묘사된 문장을 읽게 한 후 문장 속의 사람들이 적대적인 상호작용을 하고 있는지 아니면 친화적인 상호작용을 하고 있는지를 측정한 것이다. 실험결과는 거친 사포 면으로 된 퍼즐 조각을 완성한 집단의 참가자들이 매끄러운 퍼즐 조각을 완성한 집단의 참가자들보다 문장 속의 상호작용을 더 적대적으로 평가했다는 것을 발견하였다. 그리고 촉각(haptic) 경험이 직원의 안정성, 비융통성, 엄격성에 미치는 영향도 조사하였다. 이를 위하여 실험 참가자를 두 개의 집단으로 나누어 한 집단에게는 딱딱한 나무 블록을 만지게 했으며, 다른 집단은 부드러운 담요를 만지게 한 이후에 직장 상사와 직원 간의 모호한 대화를 읽고 그 직원의 성격적 특성을 어떻게 평가하는지를 측정하였다. 실험결과는 딱딱한 나무 블록을 만진 집단의 참가자들이 그 직원을 더 경직되고 융통성이 없는 것으로 평가했다는 것을 발견하였다.

이러한 연구 결과들이 보여 주는 중요한 사실은 신체 감각적 경험이 타인에 대한 인상과 같은 사회적 관계를 형성하는 것에 영향을 미친다는 점이다. 특히 무거움은 진지함과 중요성이라는 개념에, 거칠다는 질감은 곤란과 가혹성이라는 개념에, 딱딱함은 엄격하거나 안정적이지만 덜 감정적이라는 개념에 관련된다. Ackerman, Nocera와 Bargh(2010)는 더 나아가 이런 신체적 경험이 세로토닌계나 도파민계의 호르몬의 작용에 의한 것이고, 뇌 속의 신경망 연구를 통해 확실해질 것이라는 뇌신경학적 근거를 제시한다.

2) 도덕성

실제로 많은 사회에서 도덕성은 깨끗함과 더러움으로 상징화된다. 도덕적인 것은 맑고 투명하고 깨끗한 의미와 연결되어 있고, 반대로 비도덕적인 것은 탁하고 불투명하고 더러운 의미와 연결되어 있다. 순수함 대 순수하지 못함, 순결 대 오염처럼 도덕과 비도덕을 이분화한다. 일상적 은유 표현에서도 잘 드러난다. '깨끗한 손'과 '더러운 손', '맑은 마음'과 '오염된 마음', '투명한 사람'과 '탁한 성정(性情)' 등의 표현은 단순히 물리적 상태만을 의미하는 것이 아니라 도덕적 의미가 내포되어 있다. 또한 '손을 씻다'라는 동작 표현 역시 진짜 물로 씻는 것만을 의미하는 것이 '범죄' '비난받을 짓' 등의 비도덕적 행동이나 상태에서 벗어나려는 의도가 있거나, 도덕성을 회복하려는 시도를 나타낸다. 예컨대, 과거 범죄로 수감된 적이 있는 사람이 범죄 모의를 권하는 사람에게 '나 이제 그런 일에 손 씻었어.'라고 말하는 것이다(김지숙, 김지호, 2013; 한승희, 차운아, 2014).

Zhong과 Liljenquist(2006)는 자신의 비도덕적인 행위에 대한 회상이나 자신이 아니라 다른 사람의 비도덕적인 내용의 글을 베껴 쓰게 만들면, 연구 참여자들이 청결과 관련한 단어(예: 비누, 세정 등)를 더 많이 연상하고 청결용품(예: 항균티슈)에 대한 욕구가 높아진다는 것을 발표하였다. 이는 도덕적 판단과 청결함이라는 신체적 지각의 관련성을 보여 준 것으로 '씻기'라는 물리적 행위가 비도덕적 상태를 해소하려는 동기와 관련됨을 뜻한다. Eskine, Kacinik와 Prinz(2011) 그리고 Schnall 등(2008)은 역겨운 느낌의 음료를 마시거나(혐오 미각) 역겨운 냄새의 스프레이(혐오 후각)를 뿌려 혐오스러운 감각을 자극하면, 도덕적 판단에 더욱 가혹하거나 완고해지는 경향을 보이는 것을 발견하였다. 이런 도덕성과 관련한 청결함에 대한 체화된 인지는 특정 신체부위에서도 나타난다고 한다. 전자우편을 통해 허위사실을 유포하는 것처럼 손을 통해 비도덕적 행위를 한 경우, 손을 청결하게 하는 제품에 더 긍정적인 평가를 하고, 보이스 메일을 통해 허위사실을 유포하는 것처럼 입을 통해 비도덕적 행위를 한 경우, 입을 청결하게 하는 제품에 더 긍정적인 평가를 한다는 것이다(Lee & Schwarz, 2010: 김지숙, 김지호, 2013에서 재인용).

이처럼 도덕성 및 도덕성 평가에 대한 연구도 체화된 인지와 관련하여 많이 연구되는 주제이다. 신체를 씻음으로써 청결하게 하는 것이 도덕성을 유지하거나 도덕성을 회복하는 방법이라는 것이 이런 연구들의 결론이다. 신체적 지각이 자신과 타인에 대한 도덕성을 평가하는 데 영향을 미치는 것이다.

3) 자기조절에 대한 의지

우리가 일상적으로 사용하는 은유적 표현 중에서 각종 난관과 어려움이 예상될 때에도 굴하지 않는 의지를 나타내고자 '주먹을 불끈 쥔다' '이를 악문다' 등의 표현을 한다. 난관과 장애물, 충동이나 유혹에 흔들리지 않는 자기조절에 대한 의지를 근육을 단단하게 수축하는 신체동작에 비유한 것이다. 이러한 신체동작과 관련된 표현은 체화된 인지의 예로서 우리의 인지에 영향을 미친다. Hung과 Labroo(2011)는 손으로 펜을 움켜쥐거나 종아리 근육을 당겨 수축시키는 동작이 딜레마 상황에서 선택에 영향을 주는지 알아보았다. 연구 결과는 이러한 동작들이 고통스러운 경험을 오래 인내하여 장기적인 이점을 선택한다는 점, 혐오감 유발의 불편한 재난구호 광고에 반응하여 기부를 하게 만든다는 점, 일반적으로 싫어하는 맛의 식초라도 몸에 좋은 것이기 때문에 이를 먹게 된다는 점을 보여 주었다. 또한 한승희와 차운아(2014)는 주먹을 쥐는 단순한 행동이 기다림을 인내해야만 얻을 수 있는 더 큰 보상을 선택하게 한다는 결과를 얻었다. 이러한 연구들은 자기조절에 대한 의지를 간단한 신체적 동작만으로도 향상시킬 수 있다는 점을 보여 준다는 시사점을 제공한다. 특히 자기조절을 심리적 상태로만 파악하면 쉽게 그 심리상태를 변화시킬 수 없지만, 신체적 상태나 동작은 쉽게 변화가 가능하다는 점은 교육적인 시사점이다.

4) 소비행동

소비자의 행동도 체화된 인지와 관련한 연구들이 등장하고 있다. 앞서 기술한 도덕성 연구처럼 손 씻기라는 물리적 경험이 소비행동에 영향을 미치는지를 연구한 김지숙과 김지호(2013)는 손 씻기를 통해 경험한 청결함은 소비자의 소비행동에 유의미한 영향을 미친다고 보고하였다. 손을 씻은 집단이 손을 씻지 않은 집단보다 남녀 모두에서 평균구매금액이 낮게 나타났다. 이들은 이러한 연구 결과를 토대로 하여 구매에 대한 불안이나 찜찜함을 줄일 수 있는 방안으로 상점의 계산대 앞에 손을 닦을 수 있는 티슈나 세정제를 배치하여 소비자가 사용하게 한다거나, 반대로 과소비를 줄이는 방안으로 소비자로 하여금 쇼핑 전에 손을 씻도록 만드는 것을 제안하고 있다.

소비자 행동에 대한 다양한 감각(예: 시각, 청각, 후각, 촉각 등)의 효과를 연구한 결과도 체화된 인지를 지지하는 것으로 보인다. 매장의 환경에 음악적 효과를 주거나 안 주거나, 혹은 느린 음악이거나 빠른 음악 등으로 쇼핑객의 소비행동을 관찰한 결과, 쇼핑객들은 이 음악적 효과에 따라 다른 소비행동을 보인다는 것이다(Miliman, 1982). 이 외에도 소비자가 제품을 만져 보는 경험을 하면 제품에 대한 가치를 긍정적으로 평가한다는 연구(Wolf, Arkes, & Muhanna, 2008), 소비자가 서 있는 바닥의 카펫이 푹신한지 딱딱한지에 따라 제품의 평가 기준이 달라진다는 연구(Levy, Zhu, & Jiang, 2010) 등이 있다.

5) 메시지 설득에 대한 긍정적 또는 부정적 태도

여러 연구가 긍정적 또는 부정적 신념이나 태도와 관련하여 체화된 인지에 대한 연구를 수행하였다. 특히 머리 움직임을 체화된 인지의 형태로 보았다. 머리 움직임 중에서 고개를 끄덕이거나 가로젓는 것은 일반적으로 여러 문화와 사회에서 각각 어떤 사안에 대해 동의나 반대를 표시할 때 주로 사용되는 행동이다. 이러한 연구들에서 머리 움직임은 체화된 인지로서 영향을 주는 변인, 즉 독립변인으로 작동하며, 영향을 받는 변인, 즉 종속변인은 메시지 내용에 대한 설득의 정도인데 제품 혹은 내용의 긍정적 · 부정적 태도나 평가이다.

Wells와 Petty(1980)는 고개를 수직방향으로 끄덕이거나 수평방향으로 가로젓는 머리 움직임을 참여자들에게 하도록 유도한 후에 제품의 평가와 설득적 메시지를 처리하게 하였다. 실험결과는 고개를 끄덕인 집단이 가로저었던 집단보다 제품의 평가를 보다 긍정적으로 평가하였고, 설득적 메시지에 대해서도 고개를 끄덕인 집단이 동의하는 경향이 높아지는 것이 나타났다. Forster(2004)의 연구에서도 끄덕거림 집단은 제품의 부정적 속성보다 긍정적 속성에 더 큰 영향을 받은 것으로 나타났지만, 가로젓기 집단은 제품의 긍정적 속성보다 부정적 속성에 더 큰 영향을 받아 태도의 차이를 보였다. 또한 Forster와 Strack(1996)에 따르면, 끄덕거림 집단이 긍정적인 단어와 부정적인 단어를 모두 부호화하는 데 비하여, 가로젓기 집단은 부정적인 단어를 더 많이 부호화한다는 것을 보여 주었다. 관련하여 국내에서는 안아림과 민동원(2013)의 연구가 있다. 이들은 체화된 인지가 설득에 미치는 영향을 머리 움직임과 목표 관련성을 중심으로 파악하였다. 연구 결과, 목표 관련성이 높은 경우는 끄덕거림 집단과 가로젓기 집단 모두 강한 메시지에 더 설득되었다. 그런데 목표 관련성이 낮은 경우는 끄덕거림 집단은 강한 메시지에 설득된 반면에, 가로젓기 집단은 약한 메시지에 더 설득되었다. 이 연구는 체화가 메시지 설득에 미치는 영향에서 목표 관련성의 효과를 확인한 것이다.

6) 나이와 신체 반응

체화된 인지가 사람들의 신체 반응에 미친다는 연구도 여럿 수행되었다. 특히 사람의 나이와 관련된 체화된 인지 연구가 눈길을 끈다. Bargh, Chen과 Burrows(1996)는 '주름살' '정년퇴임'과 같이 나이 든 사람과 관련된 단어를 들은 집단의 사람들이 그렇지 않은 사람들보다 더 천천히 걷는다는 것을 밝혔다. 또한 Follenfant 등(2005)은 '나이 든 사람'이라는 단어를 반복적으로 들은 사람들이 '농구선수'라는 단어를 반복적으로 들은 사람들보다 무거운 공을 멀리 던지지 못했다고 하며, Chambon(2009)은 나이 든 사람과 관련된 단어에 노출된 빈도가 큰 사람들이 경사를 오르는 데, 같은 거리의 길을 걷는 데 더 오랜 시간이 걸린다는 것을 말하고 있다. 이러한 연구들의 시사점은 '나이 든 사람'과 관련된 생각이나 늙은 사람에 대한 심적 시뮬레이션이 체화되어 마치 본인이 실제 나이 든 사람이 된 것과 같은 행동이

유발된다는 것이다.

7) 내러티브 사고와 탐구

한국문학평론가협회(2006)에 따르면, 내러티브(narrative)는 이야기(story)와 담론(discourse)으로 구성된다고 하면서, 전자는 사건과 등장인물들의 삶과 경험의 내용(content)적인 면에, 후자는 이들의 표현(expression)에 더 관심을 가진다고 한다. 내러티브는 사건과 등장인물들의 삶과 경험의 내용과 표현인 것이다. 따라서 내러티브 사고는 삶의 경험의 내용이나 표현에 대한 서술이며 사고하는 방식이고, 내러티브 탐구는 내러티브 사고를 중심으로 연구 대상의 맥락적 상황을 고려하여 그들의 삶과 경험의 이야기나 표현에서 드러나는 중요하고 특징적인 의미를 찾아내어 재개념화를 시도하는 것이다(안윤조, 안혜리, 2013).

한편, 체화된 인지에 의하면, 우리 인간의 경험이 '체화된' 방식으로 세계와 상호작용하는 활동으로 본다는 측면에서 삶의 경험은 좋든 싫든 체화되어 있다고 한다. '삶의 경험'을 다룬다는 측면에서 체화된 인지와 내러티브는 서로 연관성을 가지고 있는데, 체화된 인지가 내러티브의 기반이 된다(안윤조, 안혜리, 2013). 그 이유는 내러티브 탐구가 분석하고자 하는 삶의 경험의 이야기가 수많은 은유적 개념과 표현으로 구성되어 있기 때문이다. 은유적인 개념과 표현은 내러티브 탐구를 통해 분석된 많은 문화권의 역사적 설화나 이야기 안에서 그리고 우리들의 삶의 경험담 속에서도 쉽게 발견된다. 어쩌면 이 표현들을 탐구하는 것이 내러티브 탐구의 핵심일지도 모른다. 즉, 이 표현들 없이 내러티브 탐구는 불가능한 것이다. 그런데 이 표현들이 신체적 경험에 바탕을 둔 체화에 의해 생겨난 개념이나 표현들이라면, 내러티브의 형성은 체화에 의한 것이거나 적어도 체화된 인지가 내러티브 형성에 중요한 역할을 하는 것임은 틀림없다. 내러티브 탐구를 위해 체화된 인지의 이해가 필수인 것이다.

8) 기타

이 장에서 제시한 것 이외에도 체화된 인지와 관련된 매우 다양한 주제가 분야별로 곳곳에서 연구되고 있다. 예컨대, 눈동자의 움직임과 공간적 추론능력, 팔 근육의 이완 정도와 제품의 범주화, 오른손잡이와 왼손잡이의 글씨 쓰는 행위와 확신의 정도, 허리를 구부리는 정도와 자아존중감, 멀티미디어의 감각 조작과 동력수월감 등은 신체의 각 부분과 연결되는 인지와 정서가 체화된 인지라는 관점에서 직·간접적으로 연결되어 연구된 주제들이다. 체화된 인지이론이 앞으로 어떤 분야로 확장될지 기대감이 크다.

4. 교육공학 연구의 시사점: 학습적용 방안

1) 신체활동이 연계된 학습활동

기존의 인지주의 심리학이나 인지과학에 따르면, 행동은 생각이나 사고, 즉 인지 변화의 결과로 간주된다. 또한 동기, 의지와 같은 심리적 속성의 결과로 이해되었다. 그러나 인지, 동기, 의지는 처음에 어떻게 출현했을까? 사실, 빛, 색, 소리, 냄새 등에 대한 신체 감각과 이 신체 감각에 대한 지각은 인간이 세계를 이해하는 기본적인 1차 수단이다. 마음이라는 인지작용을 통해서 세상을 이해하고 해석하고 있지만, 만일 신체의 감각과 지각이 없었다면 인지, 동기, 의지는 애초부터 생겨나지도 않았다. 신체는 마음을 이루는 전제 조건인 것이다. 체화된 인지이론은 이 점을 분명히 드러내고 있다. 인지란 신체의 구체적 행위를 통해 구성된 것이다. 신체활동은 생각의 결과만이 아니라 생각을 하게 하는 원인이 된다.

따라서 교수학습에서 신체활동은 매우 중요하다. 그리고 학습자 중심의 활동에 구체적인 접근방법을 제공한다. 즉, 학습자 중심의 활동 속에 학습내용과 학습자의 구체적인 신체 감각 경험이 연계되도록 교수학습환경을 설계하라는 것이다. 학습내용의 경험이 구체적 신체활동에 의하여 이루어져야 하는 것이다. 이때 교수학습환경의 설계는 학습내용과 관련한 다양한 신체활동을 적극적으로 구현해야 한다.

특히 스마트 디지털 테크놀로지를 이용하여 교수학습용 프로그램을 설계하고 개발할 때 스마트 기기를 가지고 할 수 있는 신체활동을 마련할 필요가 있다. 스마트 디지털 테크놀로지 특성상 모든 내용이 저장되어 있어서 학습자는 단순히 파일을 실행하고 수동적으로 시청만 한다면, 오히려 과거 아날로그 방식의 학습보다 학습효과는 떨어질 것이다.

Han(2010)은 멀티미디어 활용 환경에서 톱니바퀴의 원리를 초등학생에게 가르치기 위하여 학생들이 직접 톱니바퀴를 돌리는 힘을 느낄 수 있도록 햅틱 증강 시뮬레이션을 멀티미디어에 추가하여 촉각 정보를 제공하였고, 학생들은 이를 통해 톱니바퀴의 역학적 작동원리를 이해하는 데 도움이 되는 결과를 얻었다. 이 같은 결과는 손가락 움직임이라는 비록 작은 신체 감각적 경험이라도 추상적 개념의 학습에 긍정적인 영향을 미친다는 체화된 인지의 원리를 보여 주는 것이다.

2) 다중 감각적 학습경험

추상적인 개념의 습득은 쉬운 일이 아니다. 그것에 해당하는 직접적인 실체가 없기 때문이다. 앞서 체화된 인지의 이론적 설명에서 기술한 것처럼 인간은 추상적 개념을 우리 신체가 감각한 것을 기반으로 이해해 왔다. 그렇다면 이런 사실을 적극적으로 교수학습 설계에 중요한 시사점으로 받아들일 필요가 있다. 신체활동을 추상적 개념의 교수학습 설계 요소로 반영하여 하나 이상의 감각 경험을 하도록 만드는 것이다. 지금까지의 기존 정보 전달은 시각과 청각에 크게 의존하였다면, 이제는 기존의 시청각 정보에 촉감과 같은 체감각 정보를 추가적으로 제공하는 것이다. 이를 통해 다중 감각적 학습경험이 되도록 지원하는 것이다.

외부 환경의 다양한 정보와 자극을 느낄 수 있는 인간의 신체 부위는 손, 발, 몸, 머리 등 매우 다양하다. 다중 감각적 학습경험을 유발하도록 인간의 어느 신체 부위와 연결할지는 가르치고자 하는 추상적 개념이 어떤 것인지, 교육내용이 무엇인지에 달려 있다. 그리고 체화된 인지의 아이디어가 구현되어야 할 환경, 즉 테크놀로지와 게임, 프로그램 등도 중요하다. 발전한 테크놀로지는 자체적으로 학습자의 신체활동을 유발하는 환경을 마련하여 설계될 수 있으며, 게임과 프로그램도 어떻게 설계하느냐에 따라 여러 신체 부위를 이용한 신체활동을 하도록 구안할 수 있기 때문이다.

체화된 인지이론이 등장하기 전에도 상이한 감각을 자극하는 정보가 수업에 효과적이라는 이중부호화 이론(dual coding theory)이 있었다(Paivio, 1971). 이 이론에 따르면 시각의 이미지 정보와 청각의 언어 정보가 시각과 청각을 통해 동시에 제시될 때 학습효과가 높다고 한다. 때문에 기존의 많은 멀티미디어 프로그램을 설계하고 구현하는 데 바탕이 된 이론이었다. 이제 이 이론에 체화된 인지이론의 관점과 원리를 추가함으로써 인간의 다중 감각 경험을 유발할 수 있을 것이다.

3) 균형을 이룬 학습결과

교수학습의 결과로서 학습자가 획득해야 할 능력, 역량으로서 학습결과(learning outcomes)가 갖는 중요성은 아무리 강조해도 지나치지 않다. 교육과정의 연간 목표부터 각 교과의 단원 목표나 단위 수업의 목표에 이르기까지 목표를 설정하지 않는 수업이나 수업설계는 없다. 목표는 수업과 수업설계가 달성해야 하는 도달점이며, 평가의 기준점이다. 비록 교과나 단원이나 단위 시간의 달성 목표가 구체적이며 세분화되어 있지만, 기본적으로 3개의 학습결과에서 파생된 것이다. 가장 대표적인 것으로 알려진 Bloom 등(1956)의 교수목표분류학은 학습결과를 인지적, 정의적, 심동적 영역으로 구분한다. 이 세 가지의 영역은 인간이 학습을 통해 갖추어야 하는 기본적 능력이나 역량이다. 다른 학자들이 제시하는 다양한 학습결과도 이 세 가지에서 벗어나지 않는다. 즉, 교수학습 설계는 이 학습결과에 도달하도록 하는 과업인 것이다.

그러나 지금까지 강조되어 온 목표는 대체로 인지적 영역의 학습결과와 관련된 것들이다. 학교는 '주지주의'라는 인지적 영역의 학습내용이 주가 되는 교과목으로 편성되어 있으며, 시험과 평가도 인지적 영역을 중심으로 시행되었다. 이제 체화된 인지이론의 시각에서, 실제 교수학습이 강조해야 할 학습결과의 영역에도 변화가 필요하다. 지금까지 해 왔던 것처럼 어느 특정 영역이 독점적으로 강조되는 것이 아니라 세 가지 영역이 균형 있게 적용되어야 한다. 정서적 표현활동, 신체적 표현활동이 인지적 활동과 더불어 교수-학습 설계에서 조화롭게 실행될 수 있도록 고려되어야 하는 것이다. 또한 이를 위해 기존의 고전적 인지주의에 근거한 추상적 사고 원리를 토대로 구성된 강의실이나 교실환경도 개선될 필요가 있다(강병직, 2013).

4) 교수학습전략으로서의 몸틀의 획득

앞서 설명한 메를로-퐁티의 '몸틀'의 개념은 교수학습전략으로서도 유용한 개념이다. 몸틀 만들기는 사물의 구조, 도구의 구조들을 몸에 익히는 체화 과정이기 때문이다(김은정, 2010). 과학 시간에 사용되는 실험과 측정 도구, 수학시간의 기하 관련 도형들, 음악 시간에 사용되는 악기들, 미술 시간의 붓과 캔버스 등 실제로 다양한 도구들이 여러 교과 수업 중에 다루어진다. 특정한 도구는 그 도구가 관련된 분야에서 핵심을 차지하는 경우도 있다. 이런 경우는 도구를 잘 다루는 것이 그 분야에서 높은 수행력을 보여 주거나 성공의 지표로 작용할 것이다. 그 분야의 도구를 잘 다루지 않고는 전문가라 부를 수도 없다. 전문가는 도구 사용이 몸에 밴 사람일지도 모른다. 최근에는 스마트폰의 앱, SNS 등도 현대의 교실에서 중요한 학습도구로 이용되고 있고 점차로 그 활용도가 커지고 있다. 요즘 학생들의 빠른 정보 검색력, 작은 스마트폰 화면에서의 타이핑 실력은 필요한 지식을 획득하고 타인과의 토론과 상호작용하는 것에 일조한다. 몸틀과 체화 과정은 다양한 수업에서 다루는 도구들에 적용될 뿐만 아니라 새롭게 바뀌는 학습환경에서도 숙고해야 할 만큼 중요한 전략이 되었다.

도구의 사용에만 몸틀이 적용되는 것은 아니다. 몸틀은 중요한 무엇인가를 암기하려 할 때, 즉 인지학습에도 적용된다. 마음속으로만 외우는 것이 아니라 입으로 소리를 내면서 외우는 것이 오랫동안 기억에서 파지된다. 과거 우리 조상들은 논어, 맹자를 단순히 속으로만 암기하지 않았다. 대신에 몸을 좌우로 흔들면서 운율에 맞추어 암송(暗誦)을 했다. 일종의 몸틀을 통한 체화 과정이다. 또한 무언가를 암기하려 할 때 직접 손으로 써 보는 것도 유용하다. 특히 영어 단어를 외울 때, 손으로 여러 번 종이 위에 쓰면서 암기하면 실제로 더욱 오래 기억된다. 몸틀 만들기로서 손으로 쓰는 행위인 것이다.

어린아이가 걸음마를 배울 때, 넘어지다가 비틀거리고 균형을 잡고 일어서 본 직접 경험은 매우 중요하다. 균형이라는 것을 몸으로 직접 체험하지 않고 균형을 잡아 걷는 일이 가능할까? 자전거 안장에 올라앉아 누구의 도움 없이 자전거를 직접 타보면서 왼쪽으로 넘어지려 할 때 자전거의 핸들을 왼쪽으로 돌린다는 것을 깨달을 수 있다. 이론적 지식이 체화의 경험으로 연결되지 않으면, 어떤 학습은 가능하지 않다.

5) 사용자 경험 연구

디지털 교과서, e-러닝과 MOOC, 증강현실과 가상현실, 스마트폰 등 스마트 디지털 테크놀로지가 발전하면서 학생들은 다양한 디지털 기기를 교육과 학습현장에서 사용하고 있다. 이때 학생들은 실제가 아니라 다양한 매체와 테크놀로지가 중재하는 매개된 가상 경험을 하게 된다. 실제로 고대 로마에 가지 않고 콜로세움에서 검투사가 되어 결투하거나, 다른 나라의 학생들과 실시간으로 상호 토론을 하거나, 작은 물 분자 혹은 산소 분자가 되어 나뭇잎의 광합성에 참여하는 경험도 한다. 이런 경험의 과정 내에서 학생들은 수동적이어서는 안 된다. 직접 특정한 어떤 활동을 수행할 것으로 기대하는 것이다. 이 활동은 단지 생각만 하고 움직임이 없는 활동이 아니라 신체활동이 수반된 활동이다. 이런 신체활동은 필연적으로 사용자 경험(User Experience: 이하 UX)이라는 주제로 교육공학자를 이끌어 간다. 신체활동이 사용자 경험 안에서 통합되어야 하기 때문이다.

"UX란 어떤 시스템, 제품 혹은 서비스를 이용하면서 느끼고 생각하고 얻게 되는 객관적이고 주관적인 일체의 모든 경험"(반준철, 2013: 조규락, 김선연, 2017, p. 283에서 재인용)이다. 일체의 모든 경험은 특히 신체활동이 수반된 동작과 행동이 연계될 때 보다 유의미해진다. 콜로세움에서 결투를 하거나 광합성에 참여하는 경험이 마치 가만히 앉아서 TV를 보는 식으로 진행된다면 신체활동이 거의 없는 매우 재미없는 UX를 학생들에게 제공하는 것이다. 이때 중요한 점은 신체활동이 수업과 프로그램의 주제에 맞는 것이어야 한다는 사실이다. 예컨대, 검투사 체험에서 칼을 휘두르지 않는 결투는 없기 때문에 가짜 칼이라도 직접 휘둘러 보는 신체동작을 학생들이 하도록 구현할 필요가 있다. 따라서 가상이든 실제든, 교육환경에서 학생들이 주제에 맞는 어떤 신체활동을 하도록 UX가 설계되어야 한다.

조규락과 김선연(2017)은 체화된 인지이론의 관점에서 스마트폰에서 구현 가능한 신체활동을 유형별로 제시하는 연구를 수행하였다. 연구의 결과로서 제시된 신체활동은 스마트폰에서 실행되는 앱의 UX 설계에 유용하다. 그러나 이 연구는 거대한 UX 설계 연구에 대한 작은 예일 뿐이다. 다양한 교과에 따른 아주 많은 주제가 존재하며, 새로운 디지털 테크놀로지를 구현한 많은 프로그램이 개발되고 있다. 이는 신체활동을 UX 설계에 접목한 수많은 연구가 필요하다는 점을 보여 준다. 물론, 신체활동을 하는 과정에서 의도하지 않게 부수적으로 나타날 수 있는 우연 학습(incidental learning)의 이해는 전제될 필요가 있다.

6) 체감형 게임과 체감형 프로그램

최근에는 게임을 활용한 수업이 활발히 소개되고 있다. 게임 속의 캐릭터가 되어 그 게임의 환경 속에서 임무를 완성해 가면서 자연스럽게 학습내용을 습득하는 것이다. 이것은 구성주의적 학습모형의 하나인 목표기반시나리오(Goal-Based Scenarios: GBS)를 연상케 한다. 학습자가 완성해야 할 임무를 게임 안에서 구현하고 임무의 완성이 자연스럽게 교수학습의 목표가 되도록 만드는 것이다. 게임은 테크놀로지를 통해서도 생생하게 구현할 수 있다. 최근에는 신체적 감각 경험과 유사한 것을 스마트폰에 구현한 모바일 게임 혹은 스마트 게임도 등장했다. 스마트폰 자체에 센서를 넣어서 마치 스마트폰 자체가 비행기 조종간이나 컨트롤러가 되어서 앞뒤 좌우로 기울이면 비행기가 좌우로 방향을 틀고, 위아래로 비행하는 식이다. 이는 몸을 좌우로 흔드는 것 자체가 그대로 게임 안에 구현되는 방식인 것이다.

증강현실(Augmented Reality: AR) 테크놀로지와 가상현실(Virtual Reality: VR) 테크놀로지를 통해 게임 환경 속에서 캐릭터가 실제와 유사한 경험을 몸으로 느끼도록 만들 수도 있다. 얼마 전 청소년들을 열광케 한 증강현실 프로그램이 화제인 적이 있었다. 스마트폰 내에서 보여 주는 포켓몬을 마치 실제 거리에서 나타나는 것처럼 만들어 많은 청소년이 포켓몬 사냥을 나간 것이다. 게임에 흥미를 갖고 몰입할 수 있도록 체화된 인지이론이 강조하는 신체 감각적 경험을 실제와 보다 가깝도록 제공하는 방식인 것이다. 지금은 좀 시들하지만 한때 크게 히트를 쳤던 게임기 닌텐도 위(Wii)의 컨트롤러는 제스처 기반 혹은 모션 기반의 인터페이스를 체화된 인지이론에 맞게 구현해 놓은 프로그램이었다. 컨트롤러를 가지고 골프나 야구를 하면 선수처럼 완벽한 스윙을 할 필요는 없지만 마치 선수가 하는 것과 유사한 움직임을 해야 하며, 그 움직임이 정확하여 볼에 맞으면 컨트롤러에서 '깡' 하는 소리까지 났다. 이때 마치 야구배트나 골프 클럽에 볼이 맞는 듯한 느낌이 컨트롤러를 통해서 손으로 전달되는 것은 물론이다.

이런 게임과 테크놀로지는 신체가 접촉하고 움직이고 느끼는 체감에 바탕을 두고 있다. 이 점에 비추어 이러한 게임과 프로그램을 체감형 게임, 체감형 프로그램이라고 부른다(김은정, 2010). 체감은 실재감과 현실감을 높이고 흥미를 향상시켜 학습자에게 몰입의 경험을 하게 해 준다. 앞으로 테크놀로지를 이용하여 학습을 위한 게임과 프로그램을 설계할 때 체감형을 고려해야 한다는 뜻이다. 몰입에 대한 깊은 논의가 요구되지만, 몰입이 학업성취도에 긍정적 영향을 미친다는 것은 주지의 사실이다.

7) 시뮬레이션

시뮬레이션은 교육적 환경을 구축하는 데 응용할 수 있는 훌륭한 수단이다. 학교나 교실이라는 교육현장은 실제 삶이 발생하는 현장이 아니기 때문에 시뮬레이션 현장 혹은 시뮬레이션 프로그램을 구현하는 환경으로 만드는 것이다. 시뮬레이션에서 핵심은 충실도(fidelity)이다. 이는 실제나 실제 현실을 어느 정도 모사 혹은 반영하고 있는지를 나타내는 개념이다. 수치로 표현하면 충실도 0부터 충실도 1까지 범위를 갖는데, 충실도 0은 실제를 전혀 모사하지 않은 것이며, 충실도 1은 실제 그 자체이다. 개발된 시뮬레이션의 충실도가 0이라면 굳이 이를 시뮬레이션이라고 말하기도 어렵다. 이러한 충실도의 의미와 시사점을 교육과 교육공학 분야에 접목시키기 위해서는 학습환경과 수행환경을 구분할 필요가 있다. 기존의 교실환경이 가지고 있는 문제점은 비활성화된 지식(inert knowledge)의 문제로 인한 학습전이가 발생하지 않는다는 것이었다(CTGV, 1990; Whitehead, 1929). 즉, 학습은 했으나 실제 생활에서 직면하는 문제 상황에는 적용할 수 없는 것이다. 대표적인 비활성화된 지식의 문제의 예로서는 수식으로 표현된 문제는 해결할 수 있으나 이를 문장제로 바꾸어 놓으면 해결할 수 없는 경우, 학창시절 심심치 않게 들고 다니며 외웠던 2만 2천, 3만 3천 영어 단어(vocabulary) 책에 등장하는 단어들이 외국인과 대화할 때와 같은 실제 상황에서는 거의 기억조차 나지 않는 경우 등이다. 구성주의 학습이론에 따르면, 이러한 비활성화된 지식의 문제는 그 지식이 활용되는 맥락과 유리되어 있기 때문에 발생한다는 것이며, 이를 극복하기 위해서 교실환경과 교육내용을 지식이 활용되는 실제 상황이나 맥락을 반영하여 설계하자는 것이다. 문제중심학습(PBL), 실천공동체(community of practice), 인지적 도제(cognitive apprenticeship), 인지 유연성 이론(cognitive flexibility theory), 정착수업(anchored instruction), 목표기반시나리오(GBS) 등과 같은 학습환경 설계 모형 혹은 교수 방법은 학습자가 지식을 배우는 교실이라는 학습환경과 배운 지식이 활용되는 맥락으로서의 실생활이라는 수행환경을 가급적 유사하게 만드는 구체적인 노력들이다. 실생활에서 발생하는 문제를 해결하면서 학습하는, 직접 기관에 방문하거나 거기서 실습을 하는, 인지 유연성(융통성)을 기르도록 하는 이런 모형들이나 교수 방법들, 또는 예컨대 초등학교 학창시절, 교실을 시장처럼 여기고 집에서 가져온 물건을 가상화폐로 사고팔면서 돈의 가치와 교환의 의미를 배우고 나아가 사회와 경제를 배웠던 수업활동은 학습환경이 어느 정도까지 수행환경과 유사하게 만들어야 하는가를 고민하는 충실도에 대한 고민과 다르지 않다. 즉, 이는 수행환경에 대한 학습환경의 충실도 수준을 적절하게 높이려는 노력인 것이다. 따라서 학습성과와 효과를 높이는 학습환경을 설계하고 개발하는 교육공학 분야는 수행환경을 고려하면서 적절한 수준의 충실도를 가진 시뮬레이션 환경이 필요하다.

그런데 체화된 인지는 어떻게 시뮬레이션과 연관될까? 그것은 시뮬레이션을 구현할 때 신체의 여러 감각을 이용하는 것이다. 사실, 실제 수행환경은 자체로 다양한 신체적 감각을 이용할 수밖에 없다. 교실을 시장으로 시뮬레이션 할 때라면 사용하는 가상화폐를 주고받거나 물물교환을 직접 해 보는 등의 실제 신체활동을 할 수 있는 것이다. 또한 비행기 조종의 시뮬레이션 프로그램은 시각적 · 청각적 요소를 첨가하고 조종간이 실제의 것과 동일하다는 것은 물론이고 난기류를 만났을 때 조종간을 통해 손으로 전달되는 떨리는 느낌, 좌우로 급속하게 방향을 전환할 때 신체의 좌우로 쏠리는 느낌 등을 구현하였다. 마치 진짜 비행기를 조종하는 느낌을 받도록 개발한 것이다. 스마트폰을 갖고도 비행기 조종 시뮬레이션 프로그램과 유사한 느낌을 제공할 수 있다. 비록 조종간을 갖추고 있지 않지만 스마트폰 자체를 좌우로 기울이면서 방향을 잡도록 하며, 방향 전환 시에는 스마트폰의 기울임 각도를 크게 할 수 있다. 이런 신체 감각적 경험에 기반한 요소들이 시뮬레이션에 잘 구현되면 학습결과는 매우 효과적일 것이다.

5. 체화된 인지에 대한 연구를 기대하며

환경의 자극을 느낄 수 있는 인간의 신체는 손, 발, 몸, 머리 등 매우 여러 부위가 있다. 그리고 체화된 인지의 아이디어가 구현되어야 할 환경, 즉 테크놀로지와 게임, 프로그램 등도 매우 다양하다. 또한 기존의 전통적 교실수업에서도 신체 감각적 경험을 할 수 있고, 신체적 경험을 요구하는 수업내용, 학습활동 등의 교육환경도 다양하게 존재한다. 그런데 이러한 환경에 적용되는 체화된 인지에 대한 교육공학 분야의 연구와 개발은 매우 부족하다. 이때 교육공학 분야의 연구는 체화된 인지 이론에서 말하는 신체활동이 중요하다고 해서 반드시 교육환경에서 제공하는 신체 감각 경험을 실제와 똑같이 만들자는 것은 아니다. 기존 시뮬레이션 연구에 의하면, 최고도의 충실도 수준이 항상 최고의 결과를 이끌어 내는 것은 아니었다. 다시 말하면, 교육환경과 실제 환경을 동일하게 만들수록, 반드시 최고의 학습결과가 나오지는 않는다는 것이다. 경우에 따라서는 핵심적인 부분만을 강조하거나 간략히 묘사하는 것이 실제를 똑같이 보여 주는 것보다 충실도는 상대적으로 낮지만 이해는 더 쉽다. 충실도가 높을수록 발생하는 많은 정보의 양이나 복잡성이 학습자의 인지부하를 일으켜 학습효과가 저하될 가능성이 크다. 만일 교육환경에서의 경험이 실제의 경험과 완벽히 같을 때 최대의 학습효과를 거둔다면, 실제의 신체 감각경험과 완벽히 동일하게 만드는 데 필요한 금전적 요인을 고려한 경제학적 연구가 더 필요할지도 모른다.

따라서 체화된 인지에 대한 교육공학 연구와 개발은 학습자의 신체 감각 경험을 현실과 최대한 동일하게 만들어 가는 것에 초점을 두는 것이 아니다. 대신에 초점은 신체 감각 경험에 기반한 학습활동이 학습자의 내적인 정보처리 과정에 연결되어 지식을 체화하도록 만드는 것이며, 이에 대한 교육공학 분야의 원리를 밝히고 체계화하여 교수학습환경의 설계와 처방에 주요한 시사점을 제공하는 것에 있다. 그리고 이런 관점의 연구와 개발이 인지심리학, 신경과학 분야의 학자들이 다루어야 할 주제로 인식됨으로써 애써 교육공학자가 소홀히 하고 내쳐야 할 주제 영역이 아니라는 점을 강조하고 싶다. 오히려 적극적인 융복합 연구를 통하여 교육공학 분야의 외연을 확장하는 길임을 인지할 필요가 있다.

참고문헌

강병직(2013). 체화된 인지(Embodied Cognition) 이론이 미술교육에 주는 시사점. **미술과 교육**, 14(1), 73-94.

김은정(2010). 체감형 게임에서 '체화된 경험'의 의미에 대한 고찰. **한국컴퓨터게임학회논문지**, 23(2), 165-174.

김지숙, 김지호(2013). 손 씻기에 의한 체화된 인지(EC)가 소비행동에 미치는 영향. **한국심리학회지: 소비자 · 광고**, 14(2), 321-342.

반준철(2013). **오래가는 UX 디자인: 모바일 시대의 제품 디자인 기본 원칙**. 서울: 한빛미디어.

석봉래(2015). 고통의 철학과 심리학. **인간 · 환경 · 미래**, 15(1), 3-36.

송민정(2014). 몸-마음-내러티브의 만남: 체화된 인지의 내러티브적 이해. **헤세연구**, 32, 281-309.

안아림, 민동원(2013). 체화된 인지가 설득에 미치는 영향. **마케팅연구**, 28(6), 45-68.

안윤조, 안혜리(2013). '체화된 인지(Embodied Cognition)'로서의 시각적 은유와 내러티브 사고에 기반한 초등학교 사진수업 사례. **조형교육**, 48, 257-288.

양해림(2000). 메를로-퐁티의 몸의 문화현상학. 한국현상학회 편, **몸의 현상학**(pp. 107-136). 서울: 철학과 현실.

이영의(2012). 확장된 마음 이론의 쟁점들. **철학논집**, 31, 29-54.

이영의(2015). 체화된 인지의 개념지도: 두뇌의 경계를 넘어서. **Trans-Humanities**, 8(2), 101-139.

이우용, 이윤경, 조광수(2013). 체화된 인지 UX에서 본 가상 환경 속의 사용자와 인공물의 상호작용: 가상화된 상호작용 기반의 인지적 인공물. 한국HCI학회 학술대회, 265-267.

이정모(2008). 마음의 체화적(embodied) 접근: 심리학 패러다임의 제6의 변혁. 한국실험심리학회 2008년 겨울 제43차 학술대회 초청강연논문.

이정모(2009). **인지과학: 학문간 융합의 원리와 응용**. 서울: 성균관대학교 출판부.

조광수, 이호현, 황중식, 정동녘, 김민규(2012). 인지시스템의 발전: 정보처리와 체화된 인지시스템의 전망. **정보과학회지**, 30(12), 60-70.

조규락, 김선연(2017). 체화된 인지이론 관점에서 스마트폰 학습경험 설계를 위한 UX 설계요소 탐색. **교육공학연구**, 23(2), 281-313.

한국문학평론가협회 편(2006). **문학비평용어사전**. 서울: 국학자료원.

한국현상학회 편(2000). **몸의 현상학**. 서울: 철학과 현실.

한승희, 차운아(2014). 손을 움켜쥐면 경제적 선택에 대한 인내심이 높아질까? **한국심리학회지: 소비자 · 광고, 15**(1), 199-215.

Ackerman, J. M., Nocera, C. C., & Bargh, J. A. (2010). Incidental haptic sensations influence social judgments and decisions. *Science, 328*(5986), 1712-1715.

Bargh, J. A., Chen, M., & Burrows, L. (1996). Automaticity of social behavior: Direct effects of trait construct and stereotype activation on action. *Journal of Personality and Social Psychology, 71*(2), 230-244.

Bloom, B. S., Englehart, M. D., Furst, E. J., Hill, W. H., & Krathwohl, D. R. (1956). *Taxonomy of educational objectivities: The classification of educational goals: Handbook I. The cognitive domain*. New York: Longman.

Bowlby, J. (1969). *Attachment and loss* (1st Ed.). London: Hogarth Press.

Chambon, M. (2009). Embodied perception with others' bodies in mind: Stereotype priming influence on the perception of spatial environment. *Journal of Experimental Social Psychology, 45*(1), 283-287.

Cognition and Technology Group at Vanderbilt (CTGV) (1990). Anchored instruction and its relationship to situated cognition. *Educational Researcher, 19*(6), 2-10.

Damasio, A. (2007). **스피노자의 뇌: 기쁨, 슬픔, 느낌의 뇌과학** (*Looking for Spinoza: Joy, sorrow and the feeling brain*). (임지원 역). 서울: 사이언스북스. (원저는 2003년에 출판).

Eskine, K. J., Kacinik, N. A., & Prinz, J. J. (2011). A bad taste in the mouth: Gustatory disgust influences moral judgment. *Psychological Science, 22*(3), 295-299.

Fay, A. J., & Maner, J. K. (2012). Warmth, spatial proximity, and social attachment: The embodied perception of a social metaphor. *Journal of Experimental Social Psychology, 48*(6), 1369-1372.

Follenfant, A., Legal, J. -B., Dinard, F. M. D., & Meyer, T. (2005). Effect of stereotypes activation on behavior: An application in a sport setting. *European Review of Applied Psychology, 55*(2), 121-130.

Forster, J. (2004). How body feedback influences consumers' evaluation of products. *Journal of Consumer Psychology, 14*(4), 416-426.

Forster, J., & Strack, F. (1996). Influence of overt head movements on memory for valenced words: A case of conceptual-motor compatibility. *Journal of Personality and Social Psychology, 71*(3), 421-430.

Gibson, J. J. (1977). The theory of affordances. In R. Show & J. Bransford (Eds.), *Perceiving, acting, and knowing*. Hillsdale, NJ: Lawrence Erlbaum Associates.

Gibson, J. J. (1979). *The ecological approach to visual perception*. Boston, MA: Houghton Mifflin.

Han, I. S. (2010). *Feel, imagine and Learn!: Haptic augmented simulation and embodied instruction in physics learning*. Unpublished doctoral dissertation, Columbia University, New York.

Harlow, H. F. (1958). The nature of love. *American Psychologist, 13*, 673-685.

Hung, I. W., & Labroo, A. A. (2011). From firm muscles to firm willpower: Understanding the role of embodied cognition in self-regulation. *Journal of Consumer Research, 37*(6), 1046-1064.

Ijzerman, H., & Semin, G. R. (2010). Temperature perceptions as a ground for social proximity. *Journal of Experimental Social Psychology, 46*(6), 867-873.

Lakoff, G., & Johnson, M. (1980). *Metaphors we live by*. Chicago: University of Chicago Press.

Lakoff, G., & Johnson, M. (1999). *Philosophy in the flesh: The embodied mind and its challenge to western thought*. New York: Basic Books.

Lee, S. W., & Schwarz, N. (2010). Dirty hands and dirty mouths: Embodiment of the moral-purity metaphor is specific to the motor modality involved in moral transgression. *Psychological Science, 21*(10), 1423-1425.

Levy, J. M., Zhu, R. J., & Jiang, L. (2010). Context effect from bodily sensations induced by flooring and the moderating role of product viewing distance. *Journal of Consumer Research, 37*(1), 1-14.

Merleau-Ponty, M. (1964). *The structure of behavior*. Boston: Beacon Press.

Miliman, R. E. (1982). Using background music to affect the behavior of supermarket shoppers. *Journal of Marketing, 46*(3), 86-92.

Newell, A., & Simon, H. (1972). *Human problem solving*. Upper Saddle River, NJ: Prentice Hall.

Paivio, A. (1971). *Imagery and verbal processes*. New York: Holt, Rinehart and Winston.

Schnall, S., Haidt, J., Clore, G. L., & Jordan, A. H. (2008). Disgust as embodied moral judgment. *Personality and Social Psychology Bulletin, 34*(8), 1096-1109.

Varela, F., Thompson, E., & Rosch, E. (2013). **몸의 인지과학** (*The Embodied Mind:*

Cognitive science and human experience). (석봉래 역). 경기: 김영사. (원저는 1991년에 출판).

Wells, G. L., & Petty, R. E. (1980). The effects of overt head movements on persuasion: Compatibility and incompatibility of responses. *Basic and Applied Social Psychology, 1*, 219-230.

Whitehead, A. N. (1992). *The aims of education*. New York: Macmillan.

Williams, L. E., & Bargh, J. A. (2008a). Experiencing physical warmth promotes interpersonal warmth. *Science, 322*, 606-607.

Williams, L. E., & Bargh, J. A. (2008b). Keeping one's distance: The influence of spatial distance cues on affect and evaluation. *Psychological Science, 19*(3), 302-308.

Wolf, J. R., Arkes, H. R., & Muhanna, W. A. (2008). The power of touch: An examination of the effect of duration of physical contact on the valuation of objects. *Judgment and Decision Making, 3*(6), 476-482.

Zhong, C. -B., & Liljenquist, K. (2006). Washing away your sins: Threatened morality and physical cleansing. *Science, 313*(5792), 1451-1452.

CHAPTER 7

인식론적 신념과 학습환경

오상철(한국교육과정평가원)
김윤희(인사혁신처)

1. 서론

지식에 대한 탐구는 지금까지 인간의 학습에서 중요한 영역을 차지해 왔다. 정보통신 기술의 급격한 발달이 인간의 학습을 포함한 우리의 생활방식 전반의 변화를 야기하고 있는 오늘날에는 이미 검증된 기존의 지식보다는 새롭게 생산되는 정보가 더 중시되기도 한다. 이전에 비해 사회 변화의 주기가 빨라지면서 정의되어 있는 지식보다는 변화된 맥락에 따라 새롭게 지식을 정의하고 그 의미를 빠르게 파악하여 실생활에 적용할 수 있도록 하는 것이 현대인에게 요구되는 21세기 핵심 역량으로 강조되고 있다.

지식이 무엇이며, 지식을 정의하는 과정, 지식을 안다는 것이 무엇인지에 대해서는 철학적으로도 많은 논의가 있어 왔지만, 학습자의 입장에서 지식을 탐구하는 과정을 경험해 본 사람이라면 나름의 의견과 정의를 내릴 수 있을 것이다. 지식의 본질과 지식이 정당화되는 과정에 관심을 가지는 관점은 인식론적 신념(epistemological beliefs) 혹은 개인적 인식론(personal epistemology)으로서 교육심리학 분야의 관심 주제로 연구되어 왔다(양미경, 2006). 인식론적 신념은 개인의 학습경험에 영향을 줄 뿐 아니라 학습경험의 결과로 나타나기도 한다. 즉, 지식에 대한 학습자의 신념에 따라 학습자의 학습과정뿐 아니라 문제해결 수행 결과가 상이하게 나타나며(Schommer, 1994), 그 결과로 개인의 인식론적 신념의 발달에 차이가 발생하기도 한다(Baxter Magolda, 1992; Perry, 1970). 인식론적 신념에 대한 연구는 교육심리학과 교과교육학에서 주로 이루어졌는데, 교사교육 연구자들은 학습에 대한 교사의 신념과 교수학습 실천과의 관계를 규명하는 데 관심을 보였다(Anderson & Bird, 1995; Bendixen, Dunkle, & Schraw, 1994; Kagan, 1990; Pajares, 1992).

인식론적 신념은 지식과 지식의 본질에 대한 연구로서, 사람들이 어떻게 '앎(knowing)'의 과정에 도달하고 개인 지식과 신념이 인지과정에 미치는 영향을 이해하는 데 관심을 가지고 있다(Hofer & Pintrich, 1997). 인식론적 신념에 대한 연구의 기본 전제는 보다 정교한 인식론적 신념을 가진 교사 또는 학습자가 덜 정교한 인식론적 신념을 가진 사람들과는 다른 학습 및 문제해결상의 수행을 보이는 것으로 나타났다. 따라서 인식론적 신념의 정교화 정도에 따라 교수학습에 참여하는 개인의 문제해결 전략 사용(Martens, 1992), 교수학습에 대한 태도(Hill, 1999)와 교수전략의 사용(Maor & Taylor, 1995)이 다르게 나타난다. 이처럼 인식론적 신념과 추론에 대한 연구는 하위 요소와 범위는 다르지만 인식론적 신념이 학습에 중요한 역할을 수행한다는 점을 입증하고 있다(Wood, Kitchener, & Jensen, 2002). 특히 인식론적 신념은 문제해결 과정에서 여러 유형의 문제를 해결하는 데 영향을 미치는 개인차 변인 중 비구조화된 문제해결에 영향을 미친다(Kitchener, 1983; Schraw, Dunkel, & Bendixen, 1995). Schraw, Dunkel과 Bendixen(1995)은 문제의 구조화 정도에 따라 별도의 인지과정이 필요하다고 하였으며, 인식론적 신념은 비구조화된 문제해결에 중요한 영향을 준다고 하였다. 지식에 대한 상대주의적 관점을 가진 개인은 비구조 문제가 가지는 모순과 모호성을 분석하는 데 여러 전략을 사용하였으며, 비구조화된 문제해결의 정당화 과정에서 논증 형성에 개인의 인식론적 신념이 영향을 미쳤다(Bendixen & Schraw, 2001).

이처럼 교수학습에 영향을 미치는 인식론적 신념을 체계적으로 이해하는 것은 학습전문가로서 문제해결을 위한 학습을 설계하거나 학습환경을 개발하는 데 유의미한 도움을 제공할 것이라 판단된다. 이를 위해 이 장에서는 인식론적 신념의 형성과 변화 과정, 인식론적 신념과 교수학습의 관련 이론과 연구를 살펴본 후, 학습자의 인식론적 신념 발달을 위한 학습환경 설계 전략을 도출하고자 한다.

2. 인식론적 신념 관련 연구

1) 인식론적 신념의 개념

인식론적 신념은 철학적 인식론(epistemology)과 신념(beliefs)의 개념적 특성을 지니고 있다. 인식론은 지식의 본질과 기원, 앎의 방법과 정당화, 즉 인식 과정의 형식과 방법에 대해 연구하는 철학의 한 분야이다. 인식론의 주요 주제는 지식의 본질(지식의 절대성, 상대성, 보편타당성, 특수성), 앎의 기원(외부 실재, 인식 주체, 사회역사성), 앎의 과정(감각 경험, 정신작용, 창조), 인식 대상(인식 주체와 독립적 존재, 인식 주체의 개인적 구성)에 관한 것으로 철학의 경험주의, 합리주의 그리고 사회역사적 전통에 따라 서로 다른 관점을 갖는다(윤초희, 2012). 학습자는 지식의 본질과 앎의 기원 및 과정에 대해 가지는 자신의 태도와 입장에 따라 학습방법과 학습태도를 달리한다. 학습자의 인식론에 따라 학습자가 세상과 사물을 바라보는 방향과 지식을 다루는 방식이 다르게 나타나며, 그 결과 학습과정 및 학습결과에서도 차이를 보인다.

신념은 어떠한 사항에 대한 개인의 생각과 인식으로 개인의 행동을 결정짓고 지식과 정보를 조직하는 데 주요한 역할을 하는 하나의 체제로, 개개인이 세상을 이해하는 틀이다(Pajares, 1992). 신념은 주로 과거 경험에 대한 기억에 의해 형성되며 개인이 신념들 간의 불일치를 인식하고 경험하는 과정에서 변하기도 한다(Nespor, 1987). 또한 신념은 개인의 경험에 의해 인지구조에 통합되므로 개인은 동일한 영역이나 맥락에 대해 서로 모순된 신념을 가지기도 한다(Peterman, 1993). 신념은 개인이 진리라고 믿는 개념이나 스키마에 의해 구성되고 통합되어 개인의 행동을 결정한다.

따라서 인식론적 신념은 지식의 본질, 기원, 앎의 과정에 대해 개인이 가지는 신념(Hofer, 2002; Hofer & Pintrich, 1997)으로, 일반적으로 지식의 본질에 대한 신념과 그 지식을 습득하는 과정에 대한 신념을 의미한다. 따라서 인식론적 신념은 지식과 앎의 본질에 대한 신념체계로서 개인이 지식에 대해 갖는 지식관이자 개인이 일상 경험과 교수학습 경험을 통해 형성한 지식에 대한 개인의 이론이기 때문에 개인적 인식론(personal epistemology)이기도 하다. 인식론적 신념은 1970년대 William Perry의 초기 연구에서 인식론적 발달을 설명하기 위한 다양한 개념적 틀로 제안되었는데, 인식론적 신념의 본질을 인지적 발달구조로 정의하고(King & Kitchener, 1994; Perry, 1970, 1981) 개인이 인식론적 신념을 형성하는 과정을 논리에 의해 전개되는 일관적이며 계열화된 발달과정으로 보는 입장이 있었다. 그에 비해 인식론적 신념에 대하여 태도, 인식론적 표준(Ryan, 1984) 또는 신념(Schommer, 1994)을 강조하며 개인이 가지고 있는 신념이나 의견으로 인식하는 경우도 있었으며, 개인별로 가지고 있는 고유한 성향으로 인식(Martin, Silva, Newman, & Thayer, 1994)하기도 하였다. Hofer와 Pintrich(1997)는 Perry 이후의 후속연구들을 인식론적 신념의 발달과정에 대한 정교화, 인식론적 발달에 대한 측정도구 개발, 인식론적 신념의 차원 구분, 인식론적 신념과 학습의 인지적·동기적 측면과의 관계 등 다양한 범주로 구분하였다.

2) 인식론적 신념의 연구 관점

인식론적 신념에 대한 연구는 개인이 지식과 인식에 대해 어떤 신념을 가지고 있으며, 신념의 본질과 구조는 어떠하며, 신념이 어떻게 변화하는지에 대해 관심을 가지고 있는데, 연구 관점을 대체로 세 가지로 나눌 수 있다(유종열, 2006; Pintrich, 2002).

첫째, 인지 발달(cognition development) 단계 관점으로 인식론적 신념의 발달과 관련된다. 인지 발달 단계 관점은 개인의 인식론적 신념이 일정한 단계를 따라 발달하며, 인식론적 신념은 분리될 수 없는 단일 차원으로 구성된다고 가정한다. 즉, 인식론적 신념은 다양한 하위 기능이 통합된 속성을 가지고 있으며, 인지 발달 단계에서 개인의 인식론적 신념은 명확히 구분할 수 있는 단계 간 전이를 통해 발달한다고 보고 있다.

둘째, 인지적(cognitive) 관점으로 인식론적 신념의 단계적 발달 대신 발달과정에 관심을 갖는다. 인지적 관점은 인식론적 신념을 독립적인 하위 차원을 가진 구성개념으로 보고(Schommer, 1989, 1990), 인식론적 신념은 독립된 하나의 체계이자 다차원성을 지닌다고 보고 있다. 즉, 인식론적 신념은 단계적이고 일률적인 변화보다는 인식론적 신념을 구성하는 하위 차원에 따라 상이한 변화 양상을 보인다는 관점이다.

셋째, 맥락적(contextual) 관점으로 인식론적 신념의 맥락성(contextuality)과 관련된다. 맥락적 관점은 인식론적 신념을 모든 상황에서 일관적이고 고정되어 나타나는 실체가 아니라 상황과 맥락에 따라 다르게 활성화되는 일종의 자원으로 인식한다. 인식론적 신념은 개인의 앎의 과정을 특정 방향으로 제한하거나 유도하지 않고 맥락에 따라 다양한 방향으로 활성화시킨다. 따라서 인식론적 신념은 학습 상황에 따라 요구되는 필요에 맞게 다양한 형태로 활성화되고 작동하게 된다.

3) 인식론적 신념의 발달

개인의 인식론적 신념의 발달과 관련된 인지 발달 단계 관점의 기본 가정은 개인의 인식론적 신념이 지식에 대한 이원론적 · 객관주의적 관점에서 보다 주관적이고 상대론적인 단계로, 궁극적으로는 지식의 맥락적 관점으로 이동한다는 것이다(Hofer, 2002; Pintrich, 2002). 인지 발달 단계 관점에서 인식론적 신념은 시간이 지남에 따라 변화하는 단일 구조로서 신념의 변화와 발달은 질적으로 다른 기제를 반영하는 단계로 구분되고 통합된다. 인식론적 신념에 대해 인지 발달 단계 관점을 보여주는 대표적인 이론은 Perry(1970)의 인식론적 발달 모형이다.

(1) Perry의 인식론적 발달 모형

William Perry(1970)는 1950년대 하버드 대학교의 행정가로서 대학의 사회적 환경이 대학 4년 동안의 학부생의 지적 능력에 미치는 영향에 흥미를 가졌다. 그는 학생들에게 '지난 한 해 동안 가장 두드러진 것이 무엇인가?'에 대한 학생들의 반응을 찾기 위해 4년 동안 학생들을 대상으로 종단적 심층 면담을 실시하였다. 심층 면담을 통해 Perry는 지적 능력과 윤리성은 9개의 입장(position)을 따라 점진적으로 발달한다는 점을 발견하였다. 즉, Perry는 '단계(stage)' 대신 '입장'으로 인식론적 신념 수준을 개념화함으로써 학생들의 개인적 인식론적 신념이 연령에 따른 일련의 과정을 거치기보다 복합적인 과정과 내적 기제에 따라 형성 시기와 발달 속도가 달라진다는 점을 강조하였다. 그러나 그의 주장이 발달론적 시각에서 벗어난 것은 아니다.

Perry(1970) 모형은 학생의 인식론적 신념을 이원론(dualism: 1~2단계), 다원론(multiplism: 3~4단계), 맥락적 상대주의(contextual relativism: 5~6단계), 책임에 기반을 둔 상대주의(commitment within relativism: 7~9단계)로 구분하였다. 초기에 학생들은 이원론적 관점을 갖는데, 이들은 지식이 절대적으로 옳거나 그르다는 입장을 가지며, 교사 또는 외적 권위를 절대적인 것으로 여긴다. 학교 내 여러 교수학습활동에 참여하면서 학생들은 다양한 관점과 논쟁에 노출되며 모든 이슈에 대해 여러 관점이 존재하고 지식이 불확실할 수 있다는 점을 인정하게 되면서 다원론적 입장을 갖게 된다. 다원론적 입장의 학생들은 모든 견해가 동등하게 유효하며 모든 사람이 자신의 견해에 대한 권리가 있다고 믿는다(Hofer & Pintrich, 1997). 즉, 모든 관점은 동등한 지위를 가지며 개인은 어떤 관점이라도 개인이 자율적으로 선택하여 소유할 수 있다. 맥락적 상대주의 입장의 학생들은 지식을 상대적 맥락 내에서 인식하게 된다. 학생들은 지식이 불확실하다는 것을 깨닫기 시작하며, 지식의 타당화가 이루어지기 위해서는 특정 맥락 내에서 지적인 정당화 과정이 필요하다고 인식하게 된다. 책임에 기반을 둔 상대주의 입장의 학생들은 지식의 다중적 가능성을 알게 되고 스스로 가치와 직업, 관계 그리고 개인적 정체성에 대해 책임을 갖춘 인식의 주체가 되고자 하는 태도를 갖는다.

표 7-1 Perry(1970)의 인식론적 발달 모형

발달 단계	입장	내용
이원론 (dualism)	1	권위에 의한 지식의 절대성 인정
	2	다양한 견해와 관점 인정
다원론 (multiplism)	3	지식은 일시적이고 불확실함을 인정
	4	규칙의 예외로 지식의 상대성을 인정
맥락적 상대주의 (contextual relativism)	5	규칙의 예외로 지식의 절대성을 인정
	6	맥락적 상대주의 내에서 개인적 합의의 필요성 인정
책임에 기반을 둔 상대주의 (commitment within relativism)	7	최초의 상대주의적 관심 발생
	8	상대주의적 지향성 탐색
	9	상대주의를 지속적이고 복잡하며 계속 발달하는 과정으로 인정

Perry 모형은 개인이 예측 가능한 인식론적 발달 단계를 거친다고 보고 있다. 그러나 인식론적 발달이 자연적으로 발생하는 것은 아니다. Perry의 발달 모형을 적용하여 개인의 인식론적 신념의 발달과 교수전략과의 관계를 분석한 연구(Jonassen, Marra, & Palmer, 2002; Marra, Palmer, & Litzinger, 2000)에 따르면, 프로젝트 기반 설계 수업을 이수한 미국 공과대학 1학년 학생들이 강의식 수업을 수강한 학생들에 비해 인식론적 신념의 발달 정도가 높게 나타났다.

(2) Belenky, Clinchy, Goldberger와 Tarule의 앎의 방식 모형

Perry의 연구가 남자 대학생만을 대상으로 하였다는 연구 대상 표집의 문제를 해결하기 위해 Belenky, Clinchy, Goldberger와 Tarule(1986)은 다양한 사회경제적 배경을 가진 젊은 성인 여성을 대상으로 사람들 간의 대인관계가 인식론적 신념뿐 아니라 지식에 대한 앎의 방식(ways of knowing)에서 Perry의 네 가지 발달 단계(Hofer & Pintrich, 1997)와 유사한 방식으로 중요한 영향을 미치는 것을 발견하였다. 그들은 5단계의 인식론적 관점을 제시하였는데, 여성의 앎의 과정은 침묵(silence), 수용된 앎(received knowing), 주관적 지식(subjective knowledge), 절차적 지식(procedural knowledge), 구성된 지식(constructed knowledge)을 따른다고 주장하였다(Hofer, 2001, p. 357). '침묵'의 관점을 가진 여성은 스스로를 지성이 없는 존재로 여기며 지식은 절대적인 권위에 의해 이루어진다고 여긴다. '수용된 앎'의 관점을 지닌 여성은 권위를 가진 존재가 전해 주는 지식을 수용하고 받아들이고 재생할 수 있다고 여기기는 하지만 그들 스스로 지식을 생성할 수 없다고 생각한다. '주관적 지식'의 관점을 가진 여성은 지식은 개인적이고 직관적인 것이라 인식한다. '절차적 지식'의 관점을 가진 여성은 지식은 객관적 절차를 통해 얻어지며 의사소통되는 것으로 여긴다. '구성된 지식'의 관점을 가진 여성은 지식은 주관적이고 객관적인 과정을 통해 얻어진다고 본다. 구성된 지식 관점을 가진 여성 중에서 연결된 입장을 가진 여성은 다른 사람의 지식과 주장을 체계적으로 이해하려고 하는 반면, 분리된 입장을 가진 여성은 인식 대상과 인식 주체를 분리하여 객관적으로 앎에 도달하고자 한다(Hofer, 2001).

표 7-2 Belenky, Clinchy, Goldberger와 Tarule(1986)의 앎의 방식 모형

발달 단계	내용
침묵	여성들은 지성이 없는 존재이며, 지식은 권위에 의해 이루어진다.
수용된 앎	여성들은 권위에 의해 지식을 전수받고 재생산하지만, 지식을 생성할 수 없다.
주관적 지식	지식은 개인적이고 직관적이다.
절차적 지식	지식은 객관적 절차와 의사소통을 통해 얻을 수 있다.
구성된 지식	지식은 주관적이고 객관적인 과정을 통해 얻을 수 있다.

(3) Baxter Magolda(1992)의 인식론적 반성 모형

인식론적 반성(epistemological reflection) 모형은 Perry 모형과 유사하게 교육적 경험을 해석하는 데 영향을 미치는 인식론적 가정에 주로 관심을 가진다(Baxter Magolda, 2002; Hofer, 2001; Hofer & Pintrich, 1997). Baxter Magolda는 동일한 수의 남성과 여성을 대상으로 '작년의 학습경험 중 가장 중요한 것은 무엇인가?' '당신의 학습과 관련하여 교사에게 어떤 도움을 기대하는가?' 등의 심층 질문을 활용하여 종단적 면담을 실시하였다. 그 결과 Baxter Magolda는 인식론적 앎의 과정을 절대적 앎(absolute knowing), 과도기적 앎(transitional knowing), 독립적 앎(independent knowing), 맥락적 앎(contextual knowing)으로 구분하였다. 절대적 앎의 단계는 지식이 확실하고 권위에 의해 획득된다는 입장이다. 과도기적 앎의 단계는 지식이 부분적으로 확실하고 이해가 필요하다는 관점이며, 독립적 앎의 단계는 개인이 지식에 대해 개별적 견해와 관점을 가지게 되는 단계이다. 맥락적 앎의 단계는 개인이 지식을 맥락 내 증거를 평가함으로써 개별적 이해와 관점을 가지는 단계이다.

표 7-3 Baxter Magolda(1992)의 인식론적 반성 모형

발달 단계	내용
절대적 앎	지식은 권위에 의해 수용되는 것이다.
과도기적 앎	지식은 영역에 따라 확실하거나 불확실할 수 있다.
독립적 앎	지식은 불확실하며 개인의 해석에 따라 달라질 수 있다.
맥락적 앎	지식은 맥락에 따라 달라지며 개인이 맥락에 맞게 지식을 적용하고 활용하는가에 따라 지식이 구성된다.

(4) King과 Kitchener(1994)의 반성적 판단 모형

King과 Kitchener(1994)는 추론의 기초가 되는 인식론적 인지의 발전을 연구했다. 그들은 사람들의 인식론적 가정이 일정한 발달 양식을 따라 시간의 경과에 맞게 변화하며, 인식론적 인지가 비구조 문제를 해결하는 능력과 관련이 있음을 발견했다. 즉, "비구조 문제에 직면했을 때 개인이 신념을 정당화하는 방법은 인식론적 신념의 발달 단계에 따라 변화하게 된다."(King & Kitchener, 2002, p. 38)는 것이다.

반성적 판단(reflective judgment) 모형에 대한 가장 광범위한 연구는 『Developing reflective judgment』(King & Kitchener, 1994)에서 찾을 수 있다. 이 책은 청소년기에 지식에 대한 기본 가정과 정당화에 대한 개념이 어떻게 발달하는지를 설명하는 '반성적 판단 모형'을 15년 동안 연구하여 이론을 구축한 연구 결과를 기술하고 있다.

반성적 판단 모형은 지식과 실재에 대한 반성적 판단 수준을 7단계로 구분하여 세 가지 범주에 포함시키고 있다. '전 반성적 사고(pre-reflective thinking: 1~3단계)'에서 개인은 지식을 절대적인 것으로 인식한다. '준반성적 사고(quasi-reflective thinking: 4~5단계)'에서 개인은 지식을 일시적이고 불확실한 것으로 인식하며, '반성적 사고(reflective thinking: 6~7단계)'에서 개인은 지식을 다중적 관점에서 인식하며 주관적으로 판단하며 지식을 옳고 그름이 아니라 많고 적음의 문제로 파악하며, 자신의 지식과 관련된 주장이 다른 사람에 의해 대체될 수 있음을 인식하게 된다(King & Kitchener, 1994, p. 71).

King과 Kitchener(1994)는 비구조화된 문제해결 과정에서 나타난 연구 대상자들의 언어 분석을 통해 인식론적 신념의 발달 수준을 분석하였다. 이들은 연구 대상자들이 비구조 문제를 해결하는 과정에서 일련의 질문에 응답하면서 자신의 관점을 진술하고 정당화하도록 하는 반성적 판단 면담(Reflective Judgment Interview: RJI) 도구를 개발하였다. 이 도구를 활용한 종단 연구 결과를 통해 교육적 성취가 반성적 사고와 높은 상관을 가지고 있음을 밝혔으며, 여러 횡단적 연구를 통해 서로 다른 개인의 교육 수준이 비구조화된 문제해결 과정에 미치는 영향을 분석하였다. 미국 대학 학부생의 평균 반성적 사고 점수는 3.8점이었고, 대학원생의 경우 4.8점이었다. 대학 신입생들의 인식론적 신념 수준은 대체로 3단계 수준으로 "절대적 진실은 잠정적으로 접근할 수 없으며, 앎에 도달한다는 것은 증거에 기반을 두지 않기 때문에 해당 주제에 대한 개인적 직관에 의존하며, 대부분의 문제가 확실하고 완전한 형

표 7-4 King과 Kitchener(1994)의 반성적 판단 모형

발달 단계	내용
전 반성적 사고 (1~3단계)	지식은 절대적이다.
준반성적 사고 (4~5단계)	지식은 일시적이고 불확실하다.
반성적 사고 (6~7단계)	지식은 다중적이고, 주관적인 판단이 가능하며, 다른 사람에 의해 대체 가능하다.

태로 구조화되어 있다."(King & Kitchener, 1994, p. 165)고 인식하고 있다.

(5) Kuhn(1991)의 논증 추론 모형

Kuhn(1991)은 비구조 문제의 인식론적 본질을 탐구하는 데 관심을 가졌다. Kuhn의 저서 『Skills of Argument』(1991)은 일상 사회생활에서 마주치는 비구조화된 문제해결에 필요한 논증 추론(argumentative reasoning)에 대한 문제를 다루고 있다. Kuhn의 모형은 Perry의 모형과 유사하게 인식론적 관점을 크게 세 단계로 구분하였다. 절대주의자(absolutist)는 전문가의 지식을 더 신뢰하기 때문에 지식을 알기 위한 기초로 전문 지식을 강조한다. 또한 절대주의자는 다양한 의견을 조정하는 데 필요한 지식이 부족하다고 인식하기 때문에 전문가의 이론이나 신념에 대해 높은 확신을 가지고 있다. 다원주의자(multiplist)는 전문가가 가지고 있는 지식의 확실성을 부정하고 자기 자신의 주장을 전문가와 동등한 수준의 것으로 여긴다. 그들은 다양한 견해가 공존한다는 점을 인정하기는 하지만, 견해의 차이를 조정하는 데 관심을 가지지 않는다. 평가주의자(evaluatist)는 지식의 확실성을 부정하고 다양한 견해가 기준, 논증 및 증거에 따라 비교되고 평가될 수 있다고 인식한다.

Kuhn(1991)의 청소년 및 성인에 대한 논증 추론 기술에 대한 연구는 개인의 인식론적 발달 수준과 일상생활에서의 추론 과제를 수행하는 데 필요한 논증 기술(증거, 대안 이론, 반증)과의 관계를 분석하였다. 개인의 논증 기술과 인식론적 사고의 수준과의 관계를 분석한 결과, 평가주의자들이 다른 인식론적 발달 수준을 가진 사람들에 비해 논증에서 반증과 대안적 이론을 더 많이 사용하는 경향을 보였다.

요약하면, 인식론적 신념에 대한 인지 발달 단계 모형은 개인의 인식론적 이해가

표 7-5 Kuhn(1991)의 논증 추론 모형

발달 단계	내용
절대주의자	지식은 옳고 그름을 판단할 수 있는 사실의 집합체이다.
다원주의자	지식은 개인이 자유롭게 선택할 수 있는 의견이다.
평가주의자	지식은 불확실하고 잠정적이지만 타당한 이론과 증거에 의해 평가되고 비교될 수 있는 대상이다.

'단계' '입장' '수준'이라는 연속적 순서로 발전한다고 주장한다. 각 모형에서 주장하는 단계에 대한 명칭이 다르기는 하지만, 지식의 본질은 확실하고 절대적인 것이고 앎의 원천은 외부의 권위에서 찾으려는 관점에서 지식은 변화하고 외부 권위에 의해 부여되거나 규정되는 것이 아니라 개인 스스로 구성해 나가는 것이라고 인식하게 된다. 또한 지식은 과도기적이며 불완전한 것이라는 지식의 상대성과 맥락성을 강조하는 관점을 점차 가지게 된다. 즉, 초기 단계에서 개인은 지식에 대한 단순하고 이분법적인 견해를 유지하고, 인식론적 신념이 발달하면서 논증 기술이나 논증에 대한 정당화가 필요하다는 것을 인식하게 되며, 의미 형성에 대한 개인의 능력이 발달하면서 지식과 앎에 대한 인식론적 신념이 다양한 견해를 평가할 수 있는 후기 상대주의적 관점을 가지게 된다.

4) 인식론적 신념의 영역

(1) 인식론적 신념과 차원

인식론적 신념에 대한 인지적 관점의 대표적 학자는 Schommer이다. Schommer (1990)는 인식론적 신념이 상호 독립적인 차원을 가진 다차원으로 구성되며, 복잡한 문제해결에 다양한 방식으로 영향을 미친다고 주장하였다. 그녀는 지식에 대한 신념을 5개의 차원으로 구분하였는데, 지식의 확실성(지식은 불변하는가 혹은 잠정적인가?), 지식의 원천(지식은 권위로부터 전수되는가 혹은 개별적 추론에 의해 구성되는가?), 지식의 구조(지식은 개별 사실들의 집합체인가 혹은 상호 연결된 통합된 이론체제인가?), 학습능력(능력은 타고나는가 혹은 개발되는가?), 학습 속도(학습은 신속하게 이루어지는가 혹은 점진적으로 발생하는가?)가 개인의 인식론적 신념을 구성한다고 하였다(Schommer, 1993a, 1993b). 5개 차원에서 '정교한(sophisticated)' 인식론적 신념을 지닌 사람들은 추론 과정을 통해 학습하고, 자신의 사고능력을 반영하며, "새로운 정보에 열린 마음을 가지고 그들의 견해를 변화시키는 실질적인 증거를 요구한다" (Schommer-Aikins, 2002, p. 112). Schommer(1994)의 인식론적 신념에 대한 다차원적 접근에 따르면, 개인의 인식론적 신념이 하나의 체계로 이루어져 있으며 개인은 자신의 신념체제 내에서 서로 다른 수준의 신념을 가지게 된다. 예를 들어, 개인이 지식은 변하지 않고 절대적인 실재라는 신념을 가지더라도 지식의 구조가 개별적이고 분리된 조각으로 구성된다는 신념을 갖는 경우도 있다. 따라서 그녀는 "인식론적 신념이 반드시 동시적으로 발전할 필요는 없고"(Schommer, 1994, p. 302), "각 인식론적 신념의 본질은 인식론적 신념을 구성하는 하위 차원 간의 빈도 분포로 특징을 보여 준다."라고 주장하였다(Schommer-Aikins, 2002, p. 116).

Schommer(1990)는 인식론적 신념은 일차적인 것이 아니며, 연속적으로 발전하지도 않고, 복잡한 문제해결에 다양한 방식으로 영향을 미친다고 주장하였다. Schommer-Aikins(2002)에 따르면, 1990년대 초반부터 인식론적 신념이 독립된 하나의 신념체제로 구성되는지를 검증하는 연구가 많이 이루어졌으며, 고등학생(Schommer, 1993b)과 대학생(Schommer, Crouse, & Rhodes, 1992)을 대상으로 인식론적 신념의 하위 요인 구조를 확인하는 연구를 수행하였다. 또한 인식론적 신념이 학습의 다양한 측면에서 영향을 준다는 점도 확인하였다. Schommer(1990)는 학생들이 실험에서 제시된 글을 읽고 결론을 작성하는 과제를 수행할 때 학습에 대한 빠른 신념을 가진 학생들은 단순한 결론을 도출하였으며 학업성취 또한 낮게 나타났다. 지식은 확실하고 변하지 않는다는 신념을 가진 학생들은 부적절한 결론을 도출하였으며, 지식은 단순하게 구성된다는 신념을 가진 학생들은 복잡한 텍스트를 이해하는 데 낮은 성취를 보였고, 학습전략의 사용에서도 부적절한 모습을 보였다 (Schommer et al., 1992).

인식론적 신념에 학습 속도와 학습능력 등 학습에 대한 신념을 포함해야 하는지에 대해서는 여전히 논쟁 중이다(Hofer & Pintrich, 1997). 인식론적 신념은 지식의 본질과 앎의 과정이나 본질에 대한 신념으로 한정해야 하며, 학습능력과 학습 속도에 대한 신념은 개인의 심리적 특성으로 일반적 인식론이나 철학적 문제로서의 지식의 본질과 직접적으로 관련된다고 할 수 없다. 즉, 학습 관련 신념은 '앎' 그 자체라기보다 학습 혹은 교육적 경험과 관련된 것으로 인식론적 신념은 지식의 본질적 요소인 지식의 구조, 지식의 확실성, 앎의 정당화로 제한되어야 한다는 것이다. 이에 대해 Schommer-Aikins(2002)는 학습에 대한 신념은 교육적 실천의 측면에서 인식론적 신념과 많은 관련성이 있으며, 학습자의 다양한 인지와 정서적 측면에서 인식론적 신념이 중요한 역할을 수행하기 때문에 학습에 대한 신념이 인식론적 신념에 포함되어야 한다고 주장하였다. 즉, 교육적 맥락에서 앎(인식)은 실질적으로 학습자의 학습능력이나 학습 속도와 분리되어 생각할 수 없기 때문에 학습 관련 신념을 인식론적 신념의 하위 영역으로 포함시켜야 한다고 하였다.

인식론적 신념을 개념적으로 명확히 하는 측면에서 인식론적 신념은 지식에 대한 신념 그리고 지식과 관련된 추론 및 정당화 과정에 대한 신념으로 학습 관련 신념을 하위 차원에 포함시키는 것은 적절치 않다는 입장이 대체적으로 받아들여지고 있다. 대신 학습 관련 신념은 인식론적 신념의 주변 신념으로 학습자의 인식론적 신념이 학습활동 과정에서 교수자, 학습자, 동료 학습자 등의 역할 수행에 어떻게 작용하는지를 탐구하는 데 유의미한 시사점을 제공해 줄 수 있을 것이다.

(2) 인식론적 신념의 구성요소

인식론적 신념의 내용을 하나의 덩어리로 볼 것인가, 아니면 다수의 하위 구성요소로 이루어진 체계로 볼 것인가에 따라 인식론적 신념의 차원(dimension)을 단일차원, 다차원으로 구분하는 문제가 발생한다. 대체로 인식론적 신념에 대한 발달주의적 관점의 경우 지식과 앎에 대한 신념을 분화할 수 없는 단일차원으로 보고 있다. 이에 반해 인식론적 신념을 독립된 다수의 하위 차원을 가진 인지적 구성개념으로 보는 관점의 경우 인식론적 신념을 하나의 체계(system)로 이해한다. 다차원적 관점의 경우 인식론적 신념의 차원을 지식의 원천, 지식의 확실성, 지식의 구조, 학습 조절, 학습 속도와 구분하여, 각각의 구성요소들 간에 상호 독립적으로 존재한다고 주장한다(Schommer, 1994). 인식론적 신념에 대한 다차원적 관점을 구성하는 하위 요소는 학자에 따라 달라지는데, Qian과 Alvermann(1995)은 학습 속도, 단순-확실한 지식, 학습능력으로, Elder(2002)는 지식의 원천, 실험의 역할, 과학의 변화하는 본질, 지식의 일관성으로, Hofer와 Pintrich(1997)는 지식의 원천, 지식의 구조, 지식의 정당성, 지식의 확실성으로, Jacobson과 Jehng(1999)은 지식의 확실성, 지식의 원천, 학습의 점진성, 학습능력의 원천, 학습 속도로, Schraw(2001)는 지식의 원천, 지식의 확실성, 학습 속도, 학습능력, 지식의 구조로, Wood와 Kardash(2002)는 지식 획득의 속도, 지식의 구조, 지식의 구성과 수정, 성공적인 학생의 특성, 객관적 진리 획득 가능성으로 구분하였다.

인식론적 신념의 구성요소를 크게 '지식의 본질'과 '앎의 본질'의 두 영역으로 구분하는데, 앞에서 기술한 것처럼 교수, 학습, 지능에 대한 신념을 포함할 것인가에 대해 서로 다른 견해가 존재하지만 대체로 지식의 본질과 앎의 본질의 두 차원으로 국한하는 경향이다. 즉, Schommer의 '학습능력'과 '학습 속도'와 같은 학습과 관련된 신념은 '앎(knowing)'에 대한 신념에서 만들어진 것으로 이는 인식론적 신념의 주변 신념들로 인식론적 신념의 하위 차원에 포함시킬 수 없다. 즉, 인식론적 신념은 일반적인 철학적 문제로서의 지식의 본질과 앎의 본질에 관련된 것이라기보다 심리적이고 개인적인 특성이라고 할 수 있다. 또한 인식론적 신념은 사고, 논증 및 추론과 관련이 있지만 이와는 구분되는 개념으로, 인지와 메타인지와는 구분되는 인식론적 인지(Kitchener, 1983)로 특정 문제의 인식론적 본질을 점검하는 다른 차원의 구성개념이자, 인지적 과정을 안내하는 고등 수준의 과정이다(Wilkinson & Schwartz, 1987).

인식론적 신념의 내용과 이를 구성하는 요소에 대한 대표적인 견해들을 정리하여 제시하면 〈표 7-6〉과 같다(Hofer & Pintrich, 1997).

따라서 인식론적 신념은 지식에 대한 신념과 지식에 관련된 추론 및 정당화 과정과 관련된 신념으로 대체로 '지식의 본질'과 '앎의 본질' 두 차원으로 구분된다. 지식의 본질은 '지식의 구조(structure of knowledge)'와 '지식의 확실성(certainty of knowledge)'으로, 앎의 본질은 '지식의 원천(source of knowledge)'과 '앎의 정당화(justification for knowing)'에 대한 신념으로 구분될 수 있다. 지식의 본질에 대하여 지식의 확실성에 대한 견해를 절대적 지식과 같이 정해진 답이 있는 지식과 상대적이고 맥락적으로 정의되는 지식으로 구분된다. 앎의 본질에 대해서는 지식의 원천과 그로부터 앎을 정당화하는 과정에 대한 신념으로 앎의 과정에서 중요한 지식의 원천을 외부의 권위자로부터 찾는 관점과 다른 사람과의 상호작용을 통해 구성해 나가는 것으로 보는 관점이 있다.

지식의 본질에 대한 하위 요인인 지식의 구조에 대한 신념은 지식을 단순한 사실

표 7-6 인식론적 신념의 구성요소

학자	지식의 본질	앎의 본질	학습, 교수, 지능에 대한 주변적 신념
Perry (1970)	**지식의 확실성** 절대적 ↔ 맥락적, 상대적	**지식의 원천** 권위 소유자 ↔ 자신	
Belenky et al. (1986)		**지식의 원천** 수용된 ↔ 구성된 외부 ↔ 의미 구성자로서의 자아	
Baxter Magolda (1992)	**지식의 확실성** 절대적 ↔ 맥락적	**지식의 원천** 권위에 의존 ↔ 자아 **앎의 정당화** 수용 ↔ 맥락적으로 판단한 증거로 정당화하기	학습자의 역할 학습의 평가 동료의 역할 교수자의 역할
King & Kitchener (1994)	**지식의 확실성** 확실 ↔ 불확실 **지식의 구조** 단순 ↔ 복잡	**지식의 원천** 권위에 의존 ↔ 의미의 주체적 구성 **앎의 정당화** 지식은 정당화 불필요 ↔ 지식은 구성되며, 비판적 재평가 필요	
Kuhn (1991)	**지식의 확실성** 절대적, 옳고/그름 ↔ 지식은 상대적 장점에 의해 평가됨	**지식의 원천** 전문가 ↔ 비판적 평가 **앎의 정당화** 사실의 수용 ↔ 전문가의 평가	
Schommer (1994)	**지식의 확실성** 절대적 ↔ 잠정적, 평가적 **지식의 구조** 고립, 명확 ↔ 상호 연계	**지식의 원천** 권위로부터 전수 ↔ 이성으로 도출	빠른 학습 선천적 능력
Hofer & Pintrich (1997)	**지식의 확실성** 절대적 ↔ 맥락적 **지식의 구조** 단순 ↔ 복잡	**지식의 원천** 권위 ↔ 자신 **앎의 정당화** 수용 ↔ 증거	

의 축적물로 보는가 아니면 고도로 상호 연결된 복잡하고 통합적인 구성물로 보는가와 관련이 있다. 즉, 지식의 단순성과 복잡성에 대한 신념으로 지식의 존재 상태에 대한 인식인 것이다. 지식의 확실성에 대한 신념은 지식을 절대적이며 확실한 것으로 보는가 아니면 잠정적이고 불확실한 것으로 보는가에 대한 것으로, 즉 지식의 객관적 실재에 대한 신념으로 지식에 확실한 진리가 존재하는가 아니면 지식은 잠정적이고 계속 변화하는가에 대한 신념이다.

앎의 본질에 대한 하위 요인인 지식의 원천에 대한 신념은 지식이 외부에 객관적으로 존재하는가 아니면 주체에 의해 구성되는 것인가에 대한 신념이다. 따라서 지식의 원천을 외부의 권위자에게 두는 입장과 타인과의 상호작용을 통해 사회적 과정을 경험하면서 주체가 지식을 구성한다는 입장이 있다. 앎의 정당화에 대한 신념은 권위자 또는 전문가의 지식을 반성 없이 그대로 수용하는가 아니면 인식 주체가 지식에 대한 다양한 관점을 비판적이고 반성적인 평가를 통해 주체적 정당화 과정을 거치는가와 밀접한 관련이 있다.

5) 인식론적 신념과 맥락

학습에서 학습자의 인식론적 사고의 원천으로 학습 맥락을 강조하는 관점이 있는데, 이 관점의 기본 가정은 개인의 인식론적 신념이 맥락적 요인과 상호작용하며 영향을 받는다는 것이다. 따라서 맥락적 관점에서 개인의 인식론적 신념은 모든 상황에 적용되는 일관된 신념이 존재하지 않으며, 개인이 처한 상황과 맥락에 따라 신념은 달라지고 다른 형태로 표현된다고 주장한다.

Hammer와 Elby(2002)는 인식론적 신념은 개인이 속한 상황이나 맥락에 따라 차별적으로 활성화되기 때문에 학습자는 특정 맥락에서 '정교한' 신념을 가지는 동시에 다른 맥락에서는 '소박한' 신념을 갖기도 한다고 주장하였다. 개인의 인식론적 신념은 특정 지식 영역 혹은 특정 수업활동 내에서도 학습과제나 활동 유형에 따라 달라지기도 하며, 신념의 발달은 일정한 방향을 따라 단계적으로 이루어지기보다 개인이 속한 상황과 맥락의 사회역사적 특성의 영향을 받는다. 따라서 맥락적 관점에서 교수학습은 학습자가 속한 맥락에서 학습자의 학습에 가장 적절하고 유의미한 신념이 활성화될 수 있는 전략을 사용하는 것이며, 그 결과 학습자가 학습이 이루어지는 활동 맥락 속에서 학습활동을 인식하고 학습활동에 참여하는 데에 학습자의 인식론적 신념이 역동적으로 작용하게 된다.

3. 인식론적 신념과 교수학습

1) 인식론적 신념과 교수

인식론적 신념은 지식의 확실성과 출처, 구조 등 지식에 대한 태도와 그로 인한 지식의 형성 과정과 밀접하게 관련되어 있으므로(Schommer, 1990, 1993a, 1993b), 학습의 인지적 · 동기적 측면과 연결 지어 생각할 수 있다. 또한 이러한 지식과 학습에 관한 신념은 자신이 가지고 있는 경험과 지식을 타인에게 전달하는 과정에도 영향을 미치게 된다. 이는 인식론적 신념이 학습자의 학습과정뿐만 아니라 교육현장에서 학습의 다른 한 축을 담당하는 교수자들이 인식론적 신념을 반영하여 학생들에게 어떠한 학습경험을 제공하는가를 중요하게 살펴볼 필요가 있다.

학교 교육에서는 교수자가 수업을 어떻게 설계하고 교수학습활동을 어떻게 전개하는가가 학습의 결과에 지대한 영향을 미치는 만큼 이에 영향을 미치는 교수자의 신념에 대해서도 관심을 가질 필요가 있다. 최근 교수자에게 요구되는 역할은 전통적인 교수자에서 학습환경을 구성하고 학습자의 참여를 유도하는 촉진자이며, 이는 비단 학교 교육뿐만 아니라 성인학습, 기업교육에서도 공통적으로 나타난다.

교사는 수업목표를 설정하고, 동기유발 전략을 선택하며, 구체적인 질문과 설명 방법을 스스로 계획하고 실행한다. 수업 실행 과정에서 계속적으로 나타나는 교사의 의사결정은 일반적으로 교사 자신이 보유한 지식보다는 지식에 대한 신념에 더 많은 영향을 받는다(Kagan, 1992). 교사의 신념이 실제 교수활동에서 어떻게 나타나며, 그와 관련하여 영향을 미치는 요인은 무엇인지에 대하여 사례를 통해 살펴보면 공통적으로 교사의 신념이 교수 행위와 관련이 있는 것으로 나타나는 경우가 많다. 교사의 교수 신념에 따라 교육과정 개정에 따른 교육과정을 실행하는 데 상당한 영향을 받고, 수업을 진행하는 교과 및 교수 활동에 대한 신념에 따라 교수학습활동이 다르게 나타났다(정혜승, 2002). 교사의 교수 신념이 수업내용의 선정과 계획하는 방식, 교수학습활동 중 의사결정의 형태나 교실 내에서의 교수 행위 등에 해당 교과에 대한 전문적인 지식보다 더 큰 영향을 미치기도 하였다(Pajares, 1992). 예비교사의 인식론적 신념이 구조화 · 비구조화 문제해결에 미치는 영향을 분석하여 높은 수준의 인식론적 신념을 가진 예비교사들이 비구조 문제를 해결하는 데 필요한 능력을 더 갖추고 있었으며(오선아, 이순덕, 2013), 교과교육에서 사회과 교사들은 지식의 상대성, 변동성에 관한 인식론적 신념 수준이 높을수록 학습자 스스로 결과를 도출하도록 촉진하는 역할의 교수활동을 선호하였다(유종열, 2006). 또한 교수자의 인식론적 신념과 관련하여 그간의 논의가 주로 철학적 관점에서 이루어졌음을 지적하며 수학교과의 인식론적 신념을 측정하기 위해 지식의 구조, 유용성, 문제해결 등을 수학교과의 맥락에서 도출하여 검사도구를 도출하기도 하였다(박철영, 2012). 교수자의 인식론적 신념과 교수활동의 관계를 사회적 맥락에서 교사의 문화 경험과 교수경험이 교수자의 신념에 영향을 미칠 뿐 아니라 교수자의 교수 신념에 따라 교수학습방법과 교수활동에서도 차이가 나타났다(Flores, 2001). 지식이 상대적이며 변화가능하다는 신념을 가진 교수자가 학습에서 문제해결을 강조하는 수업 전략을 선호하며, 지식 획득은 점진적이라는 신념을 가진 교수자의 경우 지식 획득에서 발달적 접근을 선호할 뿐 아니라 교사 자신의 계획보다 학생의 학습 시간 계획에 맞추어 교수활동을 실시하였다. 또한 지식은 다양한 주제 및 쟁점과 관련되며 특정 교과에 한정된 것이 아니라 여러 교과에 걸쳐 상호 연결되어 있다는 신념을 가진 교수자일수록 복합적이고 도전적인 학습과제를 제시하였다.

교사의 인식론적 신념이 실제 학습과정에서 어떻게 나타나는지에 대해 교사의 경력, 학교급, 교과별로 다양한 연구가 이루어졌는데, 교수자의 신념과 학습활동에 관한 국내외 연구를 살펴보면 다음과 같다. 김윤희와 오상철(2010)은 교사의 신념이 학생의 자기조절학습전략을 지원하는 수업행동에 미치는 영향을 규명하기 위해 교사의 신념에 의해 나타나는 수업행동을 자기조절학습전략(학습계획관리, 자기평가, 학습내용 기록관리)으로 구분하여(Zimmerman & Martinez-Pons, 1986) 전국 16개 시 · 도 중 · 고등학교 교사를 대상으로 설문을 실시하였다. 조사 결과, 교사의 정서적 지원, 학습자 중심 교수 신념, 구성주의 학습 신념 등이 학생의 자기조절학습을 지원하는 수업행동에 대체로 긍정적 영향을 미치는 것으로 나타났다. 특히 학습자 중심, 구성주의 학습 신념은 학생의 자기조절학습전략 중 자기평가와 학습내용 기록관리 전략에 영향을 미치는 것에 비해 상대적으로 학습계획관리 전략에는 유의미한 영향을 미치지 않는 것으로 나타났다. 학습계획관리, 자기평가, 학습내용 기록관리 등 수업 전략별로 교사들이 수행하는 구체적 활동을 살펴보았을 때, 학생들이 학습한 내용에 대한 의미를 찾고 학습자 간 상호작용을 통해 향후 유사한 상황과 유형의 문제를 해결할 수 있도록 하는 활동의 비중이 크게 나타나는 자기평가와 학습내용 기록관리 전략의 실행에 학습자 중심 교수 신념과 구성주의적 교수 신념이 더 잘 드러나는 것으로 추정하였다. 이 연구 결과는 교사의 신념과 수업 중의 교수행동과의 관계에 대한 기존 연구들과 일치하였다(김경연, 이용운, 2006; 조윤경, 양명희, 2008; Cunningham & Fitzgerald, 1996; Pajares, 1992). 그러나 여전히 교수자의 교수 신념이 교육과정의 자율적 운영이 어려운 점과 입시 위주의 수업진행 등으로 실제 교수행동으로 이어지는 데에는 어려움을 겪고 있다. 그럼에도 불구하고 중 · 고등학생의 자기조절학습능력은 스스로 학습을 관리하는 것뿐만 아니라 일상생활에서의 문제해결에도 긍정적 영향을 미칠 수 있는 만큼, 교사의 학습자 중심, 구성주의적 교수 신념이 실제 수업에서의 교수행동으로 이어질 수 있도록 다양한 학습자 참여형 학습전략을 실행하기 위한 학습환경 조성이 필요하다고 할 수 있다.

해외 초등학교 교사의 교수 신념과 교수 행위와의 관련성을 분석한 연구(오상철, 2010)에 따르면 교사의 교수 신념과 교수 행위 간의 관계가 원인–결과라는 단순 선형적 인과관계로 나타나지 않았다. 이 연구에서는 영국 3개 초등학교 5학년 수업과 5명의 담당교사를 대상으로 심층 면담과 수업 관찰을 2주간 실시하였다. 영국 초등학교 교사들과의 면담결과를 범주화하여 그들의 교수 신념에 대해 Raymond(1997)가 제시한 '전통적' '혼합' '비전통적' 분류를 하였는데, 각각 객관적 지식과 그의 전달을 중시하는 객관주의, 맥락에 맞는 의미의 구성을 강조하는 구성주의, 두 가지의 특성을 모두 포함하는 절충주의로 분류하여, 영국 교사들의 교수활동과의 관계를 분석하였다. 객관주의적 교수 신념을 가지고 있는 교사는 학생들이 스스로 학습목표를 수립하고 달성하도록 지원하기보다는 진단평가로 결과를 검토하여 수준별 집단 구성 후 집단별 성취 목표 및 달성 수준을 제시하고 설명 중심으로 교수활동을 운영하였다. 반면, 구성주의 교수 신념을 가진 교사는 교수 행위 자체를 학습자의 동기를 유발하여 스스로 과제를 해결하도록 만드는 것이라는 생각을 가지고 학생들이 새로운 문제에 다양하게 접근하는 방법의 연습을 통해 해결방안을 발견하는 기회를 제공하는 학습자의 참여와 상호작용 중심의 수업을 진행하였다.

한편, 교수 신념에 따른 교수 행위를 보이는 교사들도 있었지만, 다수의 교사들은 스스로 교수 신념을 교수학습 상황에 그대로 반영하기보다는 학습 맥락을 고려하여 다양한 형태로 변형하여 교수전략으로 활용하였다. 이는 곧 교수 신념과 행위간 일치하지 않는 부분에 대해서는 교사의 교수 신념이 실천적인 교수 신념으로 구현되는 과정에서 어려움을 가지게 되는 것으로, 이러한 저해 요인을 발견하고 상황에 맞게 저해 요인들을 제거함으로써 교수자의 신념에 맞는 교수학습활동을 지원할 수 있는 환경을 조성할 필요가 있다.

국내외 연구 모두에서 구성주의적 교수 신념을 가진 교사가 그렇지 않은 교사에 비해 다양한 교수 전략을 사용하는 것으로 나타난 경우가 많았으며, 학습자의 개념을 변화시키기 위해 여러 가지 효과적인 교수 전략을 동원하였다(Hashweh, 1996). 교수자의 신념이 교수학습활동에 어떻게 나타나는지에 대해서 교수경력에 따라 분석한 연구에서는 초임교사의 경우 문제해결을 강조하는 신념을 가진 경우에도 실제 수업에서 표출되지 않는 경향이 있었으며(Cooney, 1985), 스스로 교수 행위에 대한 성찰 여부에 따라 신념의 표출 정도가 달라지는 경우도 있었다(Thompson, 1984). 교수자의 신념이 교수활동으로 나타나지 않는 경우 그 원인으로 교사 자신의 경험, 수업에 대한 의도, 학생에 대한 인식을 지적하거나, 실제 수업에서 활용할 자료의 부족이나 시험성적에 대한 부담으로 귀인하기도 하였다(Lederman, 1999; Raymond, 1997). 그에 비해 고등학교 과학 수업 분석 결과, 교수 신념과 교실수업에서 나타나는 교수활동과 관련이 없음을 주장한 경우도 있었다(Lederman & Zeidler, 1987). 국내외 여러 연구의 결과로 미루어 볼 때 교사의 신념과 교수 행위가 일치하지 않는 경우는 주로 학습환경이나 교과과정을 준수해야 하는 등 외부적인 영향으로 인한 경우가 많은 것으로 분석되었다.

학습자의 인식론적 신념을 변화시키기 위한 교수적 실천에 대한 연구는 주로 과학교육 분야에서 이루어지고 있다. Tsai(1996)는 학습자의 학습환경에 대한 선호가 인식론적 신념과 연결된다는 점을 발견하였는데, 과학 수업에서 학습자들이 과학 탐구활동에 참여하도록 하고 예측, 논증, 검증 등의 과학적 사고 과정을 경험하도록 하는 수업을 선호하는 학습자일수록 정교화된 인식론적 신념을 가지고 있는 것으로 나타났다. 또한 구성주의 학습환경을 선호하는 학습자들이 정교화된 신념을 가지고 있었으며, 교수자는 학습자가 정교화된 신념을 가질 수 있도록 학습과정에서 유의미한 학습활동에 참여하고 의미를 구성할 수 있는 교수 전략을 활용해야 한다고 주장하였다. 또한 예비교사들을 대상으로 실시한 과학철학 수업 중 학습자들의 대안 개념을 도출하고, 과학에 대한 개념 변화를 이끌어 낼 수 있는 내용의 수업이 학습자의 신념 변화에 기여하는 것으로 나타났다(Tsai, 2006). 즉, 과학 수업에서 개념 변화 학습활동을 통해 학습자의 객관주의적인 인식론적 신념이 구성주의 신념으로 변화하였다고 보고하고 있다.

이처럼 교수활동을 통한 인식론적 신념의 변화뿐 아니라 인식론적 신념 그 자체에 대한 직접적 교수 또한 학습자의 인식론적 신념의 변화를 가져온다는 연구도 있다(Brownlee, Purdie, & Boulton-Lewis, 2001; Valanides & Angeli, 2005). 대학생들을 대상으로 자신의 인식론적 신념에 대해 의식적으로 사고하고 성찰할 수 있는 기회를 지속적으로 제공함으로써 학습자들의 인식론적 신념이 상대주의적 관점으로 변화하였으며(Brownlee et al., 2001), 학습자들이 쟁점사항에 대한 상반된 견해를 경험하고 이를 해결하기 위한 다양한 관점을 이해하고 수용할 수 있는 태도를 갖추기 위한 비판적 사고 프로그램이 학습자들의 인식론적 신념의 변화를 가져왔다(Valanides & Angeli, 2005). 학습자의 인식론적 신념 변화를 위한 교수 전략 또는 교수학습 프로그램이라고 하더라도, 교수자의 교수학습 실천 행위를 통해 교수자의 신념이 표출되지 않는다면 학습자의 인식론적 신념의 변화를 기대하기는 어려울 것이다.

한편, 학습자의 인식론적 신념의 발달이 교수를 통해 이루어질 수 있다는 관점에 비해 특정 방향으로의 인식론적 신념의 발달은 적절하지도 않으며 불가능하다는 맥락적 관점이 있다. 인식론적 신념에 대한 맥락적 관점은 학습자의 인식론적 신념이 고착되어 있는 정적인 상태가 아니라 교수자, 학습자, 맥락, 지식, 인식도구 간의 관계 속에서 발생하는 역동적인 변화 상태라고 본다. 따라서 맥락적 관점에서 인식론적 신념을 변화시킬 수 있는 교수적 실천은 학습자의 개별 상황과 맥락에 맞게 스스로 자신의 신념을 탐색하고 학습과정을 성찰할 수 있어야 한다. 이는 곧 학습자가 스스로 지식 구성 과정에 참여하면서 인식론적 신념에 대한 다양한 관점을 맥락 속에서 이해하게 됨으로써 인식의 주체로 성장하게 되는 것으로 교수학습환경이 이를 지원할 수 있어야 한다(윤초희, 2012).

2) 인식론적 신념과 학습

개인이 가지고 있는 인식론적 신념 수준은 학습자로서의 개개인의 학습활동에 영향을 미친다. 인식론적 신념의 내용들을 살펴보면, 이는 개인의 지식관, 학습관으로 볼 수 있으며, 개개인의 일상적 경험과 교수학습과정을 통해 형성된다(Marra, Palmer, & Litzinger, 2000). 인간은 문제 상황에 직면하게 되면 자신의 신념에 의거하여 과제를 정의하고 해결하고자 하며, 교수자와 학습자의 신념은 학습목표 설정, 과제수행 과정과 방식에 영향을 준다(Nespor, 1987). 또한 인식론적 신념은 지식과 학습의 본질 인식과 관련된 인지적 속성과 함께 자신이 인식한 지식과 학습의 본질에 충실하게 행동하려는 동기적 속성을 내포하기 때문에 학생들의 학습과제 수행에 직접적인 영향을 준다. 인식론적 신념을 학습의 인지적 · 동기적 측면과 연결 지어 분석한 연구에서는 인식론적 신념이 학습과정을 개선하는 데 활용 가능하다고 주장하기도 한다. 학습자의 인식론적 신념은 일정 정도 발달 단계를 지니고 있지만, 인식론적 신념을 구성하는 하위 요소별 발달 단계에는 차이가 있다. 인식론적 신념의 발달과정에 대해서는 선형적 단계로 보기보다는 체제적 구성요소로서 각 요소 간의 관계에 대한 종합적 이해가 필요하다. 학습자의 인식론적 신념의 형성 및 발달 과정과 개인의 특성이 이러한 과정에 미치는 영향에 대한 연구는 각 교과의 특성을 반영하여 다양한 방식으로 전개될 수 있다.

학습자의 인식론적 신념이 학습과 관련된 학생의 학습 태도, 과제수행상의 끈기, 독해능력, 추론, 학업성취, 비구조화된 문제해결 능력, 지식 통합 능력 등에 영향을 미친다. 학습자의 인식론적 신념이 낮을수록 학습에 소극적이고, 지식은 단순한 사실의 집합체이자 절대적인 것이기에 외부의 권위자에 의해 전달되는 것이라 인식한다(Wineburg, 1991). 인식론적 신념이 낮은 학습자는 학습과제가 어려워지면 쉽게 포기하며(Schoenfeld, 1983), 문제해결 전략 활용에서도 추론적이거나 논리적인 접근보다 경험을 정당화의 근거로 인식한다. 또한 지식에 대한 이원론적 관점을 가진 학습자는 텍스트에 대한 이해 정도를 정보나 사실에 대한 단순한 회상이나 인출로 여기는 데 비해, 상대주의적 관점을 가진 학습자는 획득한 지식을 새로운 상황에 적용할 수 있을 때 텍스트를 이해했다고 인식한다(Ryan, 1984). 특히 하나의 정해진 답이 없어 문제해결에 다양한 방법이 요구되는 비구조화된 문제해결 상황에서 높은 수준의 인식론적 신념을 가진 학습자가 문제해결 수행에서 그렇지 못한 학습자에 비해 훨씬 뛰어난 성취를 보인다(Kitchener & King, 1981; Kuhn, 1992). 교과 학습과 관련하여 과학 학습에서 낮은 수준의 인식론적 신념을 가진 학습자의 경우, 과학 학습은 용어와 사실을 암기하는 것이며 학습내용과 일상생활의 경험을 별개로 인식하는 반면, 높은 수준의 인식론적 신념을 가진 학습자는 지식은 역동적이고 상황에 따라 변화하며 학습내용을 단순한 사실로 기억하고 암기하기보다 일상생활의 다양한 경험과 연계하여 통합적으로 이해하려고 주체적으로 노력한다(Songer & Linn, 1991). 학습자의 인식론적 신념은 학습자의 학습 행동에 영향을 주며, 그 결과 학업성취에 직간접적으로 관여한다. 과학 수업에서 구성주의 인식론적 신념을 가진 학생들이 객관주의 인식론적 신념을 가진 학생들에 비해 학습과정에서 더 많은 정보를 더 정확하게 기억하고 인출하였으며(Tsai, 1998), 정보의 단순 암기나 반복시연보다 학습내용을 정교화하고 의미 있게 구성하는 활동을 보였다(김동엽, 2001).

한편, 학습자의 특성 변인으로서의 인식론적 신념은 교수학습활동을 통해 학습자의 학습 변화를 이끌어 내는 역할을 수행할 뿐 아니라, 교수학습활동의 결과로서 변화될 수 있는 특성이기도 하다. 즉, 교수학습활동의 결과로서 학습자의 인식론적 신념의 발달이 이루어질 수 있는데, 학습자의 인식론적 신념을 의도적으로 변화시키고자 하는 성찰 프로그램을 적용한 연구 결과(Brownlee et al., 2001) 지식의 확실성과 신속한 학습에 대한 신념에서 학생의 변화가 발생하였다.

(1) 인식론적 신념과 학습 관련 변인과의 관계

인식론적 신념과 학습의 관계에 대한 초기 연구에서 Ryan(1984)은 학습자의 인식론적 신념 수준이 학습과정 중 정보처리전략과 관련이 있다는 점을 제시하였다. 인식론적 신념이 높고 낮음은 지식에 대한 확실성과 맥락성으로 구분되었는데, 이러한 특성이 학습자의 정보처리 과정에 반영되었다는 것이다. 또한 1990년대 후반에서 2000년대 초반에 이루어진 해외의 유사 연구들에서 인식론적 신념의 구성요소가 학습자의 학업성취와 연관성이 있으며 인식론적 신념 수준이 높은 학습자가 구성주의 학습환경에서 높은 성취도를 보이는 사례들이 다양한 맥락(과학, 컴퓨터 교과 중심)에서 검증되었다(Qian & Alvermann, 2000; Tsai, 1998; Windschitl & Andre, 1998).

앞서 수행된 학습자의 인식론적 신념과 교수학습활동의 관계에 대한 다양한 연구에서 학습자의 인식론적 신념과 학업성취도와의 관계에 대해 논의하였다. 인식론적 신념에 대해 연구한 학자들이 인식론적 신념의 핵심적인 차원으로 지식의 확실성과 지식의 원천을 언급하는데, 이는 말하자면 지식을 절대적인 것으로 보는지, 맥락에 따라 변화하는 것으로 보는지에 따라 인식론적 신념의 높고 낮음을 구분하고 이것이 학업성취도에 미치는 영향을 주로 분석한 것으로 볼 수 있다. 우리나라 학교현장에서도 학습자의 인식론적 신념에 대한 연구들이 이루어졌는데, 고등학교 사회 교과에서 인식론적 신념은 학습동기와 학업성취에 영향을 미치며 학력 수준이 높아질수록 지식의 본질보다는 앎의 과정에 대한 신념이 더 높은 것으로 나타났으며(유종열, 2006), 지속적인 탐구과정을 통한 지식의 수정 가능성을 믿는 등 인식론적 신념이 높은 대학생들이 그렇지 않은 학생들에 비해 더 높은 문제해결 성취도를 보였다(신서경, 2010; 윤초희, 2010). 이러한 결과는 지식을 정보의 집합으로 보기보다 복합적으로 구성되며 수정 가능한 것으로 보는 인식론적 신념을 가진 학습자의 학업성취도가 높다는 해외 연구 결과(King & Kitchener, 1994)와 일치한다. 또한 주로 서구권에서 개발된 인식론적 신념 이론과 그에 대한 연구 결과가 문화를 초월해서 적용이 가능한지를 검증한 연구 결과, 인식론적 신념을 문화특수성을 가진 개념으로 보기도 하였다(윤인, 2001).

인식론적 신념은 지식에 대한 관점과 최근 학습의 중요한 과정으로 강조되는 문제해결에 영향을 미치는데, 이는 결국 학습자의 학습과정과 학습결과에 영향을 미치게 된다(Jonassen et al., 2002). 이는 학습자의 인식론적 신념이 학습과 관련된 중요한 요소로 더 살펴볼 필요가 있음을 시사한다.

(2) 인식론적 신념과 문제해결

인식론적 신념의 주요 구성요소와 그 내용을 살펴보면, 결국 개인의 복합적인 학습과정과의 관련성에 대해 주목하게 된다. 인식론적 신념 자체가 타고나는 것이라기보다는 학습의 과정을 통해 형성되는 만큼 교육의 목표 또는 교수설계에 이러한 인식론적 신념의 수준을 높이는 것이 포함되어야 한다(Hofer, 2001). 인식론적 신념의 발달이 학습에 의해 가능한 것으로 볼 때, 기존 연구들에 의해 높은 인식론적 신념 수준이 비구조화된 과제, 응용력을 필요로 하는 분야의 학업성취와 연결되는 것으로 나타난 경우가 많은 만큼 학습자의 인식론적 신념 수준을 향상시키는 것은 문제해결능력 향상을 위한 기본 조건이 될 수 있다.

학습자의 인식론적 신념 발달을 위하여 지식을 견고한 것으로 보고 지식이 변할 수 있다는 것에 대해 익숙하지 않은 상태에서 맥락 기반으로 구성되는 지식에 대한 신념을 가지도록 하기 위해서 Jonassen 등(2002)은 구성주의 학습의 몇몇 전략을 제안하였다. 이러한 전략에는 학습자가 학습의 목표와 의도를 명확히 하기, 인지도구를 활용하기, 구조화된 가설 스캐폴딩을 제공하기, 학습자가 인지적 유연성을 발휘하여 정보를 구성할 수 있도록 돕고 활용 가능한 도구를 제공하기 등이 있다.

인식론적 신념이 앎의 과정에 대해 개인이 가지는 신념(Hofer & Pintrich, 1997)으로 정의되는 만큼 인식론적 신념의 발달과 관련된 실질적인 연구들은 교육심리학 분야에서 주로 이루어졌다. Kuhn(1999)은 인식론적 이해모형에서 인식론적 신념과 비판적 사고 간의 관계를 설명하였는데, 인식론적 이해에 대해서 앎의 객관적 측면과 주관적 측면을 조율하는 태도로 개념화하고 연령에 따른 이해의 변화 정도를 연구했다. 이러한 인식론적 이해의 발달과정은 비판적 사고 성향과 관련이 있어서 객관적 지식을 중시하는 앎의 단계에서 상대적으로 지식을 인식하고 지식에 대한 평가를 통해 새로운 지식을 구성해 나가는 과정에 이르는 동안 비판적 사고의 활용도가 높아지게 된다(Kuhn & Dean, 2004). 또한 인식론적 신념에는 개인의 비판적 사고 성향과 개념의 유사성 또는 하위 요소 간 중첩되는 부분이 있다. 두 가지 개념 모두 인지학습 관련 연구에서 유사한 변인으로 사용되어 왔는데, 두 가지 개념 모두 인지적 태도 변인으로 인지기능과 별개로 기능하며, 학습에서의 상호작용과 학습의 결과에 영향을 미치는 것으로 밝혀졌다(윤초희, 2010).

앎의 과정과 비판적 사고는 모두 개인이 특정한 문제를 찾아내고 해결하는 인지적 과정과 관련이 있다. 명확히 정의되지 않은 문제의 해결 상황에서 개인의 인식론적 신념이 더 중요할 것으로 보이는데, 학습자 개인의 인식론적 신념과 비구조화된 문제해결 간의 직접적 연관성을 찾기는 쉽지 않다(Angel & Valanides, 2012). 비구조화된 문제해결 과정에 대한 개별 학습자와 동료 학습자 간 집단 비교를 통해 인식론적 신념과 문제해결력의 관계를 살펴본 결과, 학습자의 개별적 특성보다 문제가 지니고 있는 특성이 문제해결 과정에서 주요한 요인으로 작용했다. 문제에 대한 학습자의 문화적 · 정서적 태도가 학습자의 인식론적 신념보다 문제해결 성과에 더 큰 영향을 준 것으로 나타났는데, 이는 학습자 개인의 인식론적 신념보다 문제 자체가 지니고 있는 정서적 · 문화적 특성이 학습자의 문제해결 과정에 더 많은 영향을 미칠 수 있음을 보여 준다.

또한 지식을 단편적 사실의 모음으로 생각하는 학습자보다는 인식론적 신념이 높은 학습자들이 다양한 정보의 통합, 유의미한 연관성을 찾아내려는 경향을 보였다(Songer & Linn, 1991; Spiro et al., 1992). 결국 학습자의 인식론적 신념 수준은 문제를 정의하고 다양한 정보를 통합하여 해결책을 찾아내야 하는 문제중심학습의 과정에도 영향을 미칠 것이다.

이와 관련하여 인식론적 신념은 학습자의 논리적 추론 과정에 영향을 미치며(Kuhn, 1991, 1999), 문제해결과 논리적인 검증 과정 간의 관계를 검증한 연구들이 있었다(Schraw, Dunkle, & Bendixen, 1995). Nussbaum과 Bendixen(2003)은 인식론적 신념이 논증에 접근하려는 성향과는 크게 관련이 없지만 논쟁을 피하려는 성향과는 분명히 관련이 있음을 발견했다. 지식의 확실성이나 단순성과 관련하여 덜 정교한 인식론적 신념을 가진 학생들은 논쟁을 피하는 경향이 있었다.

인식론적 신념은 인지 유연성 하이퍼텍스트 학습환경에서의 학습과도 관련된다. 인지 유연성 하이퍼텍스트 학습환경은 비구조화되고 복잡한 문제를 해결하기 위한 사례 중심의 학습환경이다. 정교한 인식론적 신념을 지닌 학생들은 덜 정교한 인식론적 신념을 가진 학생들에 비해 주제별로 다차원적 조망을 통해 학습내용 간의 상호관련성을 이해하고 다양한 지식 표상을 표현하는 것으로 나타났다(Jacobson & Spiro, 1995). 또한 지식의 원천을 외부 권위에 의존하는 신념을 가진 학습자는 하이퍼텍스트 학습환경에서 낮은 성취를 보였다(Bendixen & Hartley, 2003).

(3) 인식론적 신념과 개념 변화

학습자가 문제해결과 같은 고차원적인 인지활동에 참여할 때 학습자의 경험과 개념 간의 상호작용을 통해 불완전하거나 잘못 형성된 개념을 변화시키는 개념 변화(conceptual change)는 학습을 의도적이고 역동적으로 학습자가 구성하는 과정이라고 인식한다는 점에서 구성주의에 인식론적 근거를 둔다고 할 수 있다(Jonassen, 2006). 즉, 학생들은 외부 환경과의 상호작용을 통해 자신의 지식 체계를 형성하는 개념 구성과 개념 변화의 과정에 능동적으로 참여하게 된다. 학습자가 알고 있는 것과 기대하는 것 사이에 인지적 불일치를 경험하게 될 때 개념 변화의 조건이 만들어진다. 학습자가 자신의 개념화와 상반되는 정보에 직면하게 될 때 개념 변화가 발생한다(Strike & Posner, 1985). 인지 갈등이 발생한다고 개념 변화가 저절로 이루어지는 것은 아니다. 학습자는 변칙 사례를 맞닥뜨렸을 때 변칙 사례를 무시하거나, 거부하거나, 배제해 버리거나, 재해석하거나 또는 미해결 상태로 미루기도 한다(Chinn & Brewer, 1993). 따라서 학습자의 개념 변화가 이루어지기 위해서는 학습자의 지식 구성 과정을 지원해 주어야 할 뿐 아니라 이 과정에서 학습자의 인식론적 신념이 개념 변화를 위한 학습자의 학습전략 선택 및 활용에 미치는 영향을 분석할 필요가 있다.

Chinn과 Brewer(1993)는 정교화된 인식론적 신념을 가진 학습자는 학습과제를 해결하는 데 적용 가능한 다양한 이론을 평가할 수 있는 기준을 스스로 만드는 데 비해, 덜 정교화된 인식론적 신념을 가진 학습자들은 과학이 고정적이고 변화하지 않는다고 인식하기 때문에 과학 지식이나 현상에 대한 기존의 이론을 바꾸거나 수정하는 데 주저한다는 점을 확인하였다. 지식이 단순하며 변화하지 않는다는 인식론적 신념을 가진 학습자는 자신의 기존 이론을 쉽게 포기하지 않아 개념 변화가 이루어지지 않지만, 지식은 변화한다는 신념을 가진 학습자는 학습에서 개념 변화를 가져오는 데 중요한 역할을 수행했다(Qian & Alvermann, 1995). 지식의 원천을 외부 권위에 의존하는 학습자들은 과학 학습에서 선개념을 그대로 유지함으로써 과학 실험의 목적을 정답을 얻는 단순한 것으로 이해하며, 교과서 또는 외부 권위자에 의존하여 실험결과를 설명하였다. 이에 반해 과학 지식은 학습자 스스로 발견하고 구성하는 것이라는 신념을 가진 학습자들은 사고의 정교화 과정을 통해 실험의 목적을 정답을 발견하는 과정으로 이해하고 개인적 경험과 이전 관찰을 통해 실험결과를 설명함으로써 선개념을 변화시켰다(원정애, 2006). 한편, 인식론적 신념이 인지 갈등과 학습전략 등의 인지적 측면과 흥미, 주의집중 등의 정의적 측면을 고려하여 학생의 개념 변화에 미치는 영향을 경로 분석한 연구에 따르면(강훈식, 김민경, 노태희, 2007), 인식론적 신념의 하위 요소 중 지식에 대한 확실성은 중학교 과학 교과 중 '밀도'에 대한 학습에서 개념 이해에 대해서는 부적 영향을 주었지만, 흥미를 매개로는 주의집중에 영향을 미쳐 개념 이해에 정적 영향을 주었다. 이에 반해 인식론적 신념이 인지 갈등과 같은 학습전략을 통해 개념 이해에 미치는 영향은 매우 작게 나타났다. 이는 곧 개념 변화 과정에서 인식론적 신념과 개념 변화를 중재하는 요인으로 인지 갈등 또는 학습전략과 같은 인지적 변인보다 흥미나 주의집중과 같은 정의적 변인이 중요한 역할을 수행할 수 있음을 시사한다(강훈식, 김민경, 노태희, 2007).

4. 인식론적 신념 발달과 학습환경 설계

개인이 가지고 있는 인식론적 신념은 그 개인이 교수학습활동에서 담당하는 역할을 막론하고 구체적 교수학습활동의 과정에 다양한 영향을 준다. 교수자와 학습자 모두 자신의 인식론적 신념을 반영한 교수학습활동에 참여할 때 각자의 맥락에서 의미를 구성해 나가는 유의미한 학습에 가까워질 수 있기 때문이다. 따라서 이 절에서는 학습전문가로서 학습자의 인식론적 신념의 발달을 촉진시킬 수 있도록 학습환경 설계를 위한 제언을 제시하고자 한다. 학습자의 인식론적 신념의 발달을 촉진시킬 수 있는 학습환경을 구축하기 위해, 첫째, 구성주의 인식론에 바탕을 둔 구성주의 학습환경 설계 전략을 제시하고, 둘째, 학습자의 인지 유연성 제고 전략, 끝으로, 학습자의 개념 변화 전략에 대하여 논의할 것이다.

1) 구성주의 학습환경 설계 전략

구성주의에서 학습은 개인이 자신의 이해를 증진시키기 위해 의미를 구성하는 과정이다. 따라서 구성주의 학습환경 설계는 학습자의 지식 표상과 이해를 구성하도록 돕는 환경을 만드는 과정이다. 구성주의 학습환경 설계는 학습자가 의미를 명료화하고, 개인적 의미를 만들어 나갈 수 있도록 학습목표를 만들고, 다양한 자원과 도구를 제공하며, 학습자의 이해를 돕기 위한 코칭, 스캐폴딩, 모델링 등을 제공한다. 따라서 학습자는 스스로 학습목표를 설정하고, 학습과정에 대한 주도권을 가지고 참여하며 자원을 해석하고 평가하고, 자신의 학습활동 과정을 평가한다(Hannafin & Hill, 2007).

구성주의 학습환경을 설계할 때에는 학습자가 적절하게 지식을 해석하고 구성할 수 있도록 학습과제를 통해 지원하는 데 초점을 두어야 한다. 또한 고차적 목표의 맥락에 관심을 기울이고 세밀한 학습과제 분석을 통해 목표의 본질이나 전체적 특징에서 벗어난 탈맥락화가 일어나지 않도록 주의를 기울여야 한다(Jonassen, 1991). 구성주의 학습환경에서는 다양한 수업 전략을 통합적으로 활용할 수 있어야 한다. 구성주의 관점에서 지식은 학습자의 정신적 조작에 의해 획득되는 것이기에 외부의 수업 처방이 아닌 학습환경에 내재되어 있는 지적 도구 제공이 강조된다. 따라서 구성주의 학습환경 설계에서는 풍부한 수업 전략 아이디어와 예를 자료로 활용할 뿐 아니라 학습자가 지식에 대한 표상과 이해를 구성하는 데 필요한 자원, 도구, 조언을 제공해 주어야 한다(Jonassen, 1991).

Jonassen(1999)은 학습자의 지식이 경험과 상호작용을 통해 구성되기 때문에 지식 구성을 촉진하는 학습환경은 학습자가 스스로 학습의 필요성과 문제점을 인식하고 학습목표를 구성할 수 있도록 학습 관련 문제와 프로젝트 제시를 강조하였다. 구성주의 학습환경에서 문제는 학습을 주도한다. 학습자들은 학습한 내용을 적용하기 위해 문제를 해결하는 것이 아니라 문제를 해결하기 위해 영역 내용을 학습하며 문제해결 과정에서 맥락적 지식을 통합적으로 구성한다. 따라서 구성주의 학습환경은 문제 상황 및 맥락, 문제 표상 방법 그리고 문제해결을 위한 조작공간을 제공해야 한다. 이는 곧 학습자가 비구조 문제 상황 속에서 학습에 대한 자신의 정신모형을 만들고 조작하는 과정으로 학습자의 인지적 성찰을 유발시킬 뿐 아니라 학습자의 인식론적 신념을 점검할 수 있는 기회를 제공한다. Jonassen(1999)의 구성주의 학습환경 설계 구성요소 중 학습자의 인식론적 신념 발달과 관련하여 학습자가 비구조화된 문제해결을 지원할 수 있는 자원과 도구로 관련 사례(related cases)와 인지도구(cognitive tools)를 학습자에게 제공함으로써 학습과정을 촉진할 수 있다.

일반적으로 문제해결 과정에서 사람들은 자신이 해결하고자 하는 문제와 유사한 과거 사례를 기억 속에서 혹은 관련 자료를 통해 찾는다. 즉, 유사한 문제를 해결한 경험이 실제 문제를 해결하는 데 유용한 도구로 사용된다. 따라서 구성주의 학습환경은 해결하고자 하는 문제와 유사한 문제를 비교할 수 있는 경험을 제공해 줄 필요가 있다. 관련 사례는 당면한 문제와 동일하지 않기 때문에 학습자가 문제를 다른 시각과 관점에서 해석하고 이해할 수 있도록 도와준다. 특히 관련 사례가 변칙 사례일 경우 발생하는 학습자의 인지적 갈등을 해결하기 위해 학습자가 자신의 인식론적 신념을 성찰할 수 있는 기회를 제공받을 수 있을 것이다. 구성주의 학습환경에서 관련 사례는 인지 유연성 이론에서 제시하고 있는 설계 원리에 맞게 개발되어 제시될 수 있다. 다양한 형태로 관련 사례를 설계하고 문제와 관련된 여러 관점, 주제, 해석을 제공하여 학습자가 관련 사례를 비교함으로써 학습자 자신의 해석을 재구성하는 것은 상대주의, 다원주의의 인식론적 신념을 발달시키는 데 도움이 될 것이다(Jonassen, 2011).

학습자가 주어진 문제를 해결하는 과정에서 겪는 인지적 부담을 줄이고 인지활동을 활성화시킬 수 있는 인지도구는 학습자의 문제해결 및 개념 변화를 간접적으로 지원한다. 인지도구에는 시각화 도구, 지식 모델링 도구, 수행 지원 도구, 정보수집 도구 등이 있다. 시각화 도구는 학습자가 현상에 대한 자신만의 심상(mental image)을 구성하고 활동을 시각적으로 표현하도록 도와준다. 지식 모델링 도구는 학습자가 현상에 대해 사고하고 분석하고 조직하는 방식을 통제할 수 있도록 하는 지식 표상 형식을 제공하여, 학습과정에서 학습자가 문제에 대한 이해를 명료화하는 데 도움을 준다. 수행 지원 도구는 학습자가 학습활동에서 경험하게 되는 일상적이고 규칙적인 과제를 수행하는 데 요구되는 인지적 부담을 줄여 준다. 정보수집 도구는 학습자가 필요한 정보를 용이하게 수집하도록 도와줌으로써 해결하고자 하는 문제에 집중할 수 있도록 한다. 비구조 문제를 해결하기 위한 학습과정에서 인지적 도구를 활용하여 학습자가 정신모형을 표상하고 조작하는 경험은 지식의 확실성과 단순성에 학습자 스스로 문제를 제기할 수 있는 기회를 제공할 뿐 아니라 문제해결 방법 및 전략 사용에 대한 정당화 과정을 시각적으로 표현할 수 있다는 측면에서 학습자의 인식론적 신념이 발달할 수 있는 환경이라고 할 수 있다.

한편으로, 학습자의 인식론적 신념 발달을 위한 학습환경에서 학습자는 탐색(exploration), 명료화(articulation), 성찰(reflection) 활동에 참여한다. 학습자가 제시된 문제를 해결하는 데 어려움을 겪거나 학습활동 촉진이 필요하다고 교수자가 인식할 때 활용할 수 있는 전략으로 구성주의 학습환경은 모델링, 코칭, 스캐폴딩을 제공한다(Jonassen, 1999).

학습자는 학습활동의 목표를 세우고 자신의 수행을 관리하기 위해 다양한 활동을 탐색한다. 학습자는 문제해결에 필요한 가설을 설정하고, 자료를 수집하고, 설정된 가설의 검증을 통해 잠정적 결론을 도출한다. 이 과정에서 교수자는 학습자가 해결하고자 하는 문제 수행에 필요한 활동에 대한 방법과 전략을 전문적 수행을 통해 보여 줄 수 있다. 모델링은 학습자가 기대되는 수행을 외현적 행동으로 보여 주는 행동모델링(behavioral modeling)과 문제해결 과정에서 나타나는 학습자 내면의 인지적 추론 과정을 보여 주는 인지모델링(cognitive modeling)이 있다. 행동모델링은 학습자의 학습활동에서 활동을 어떻게 수행할 것인지를 시연을 통해 보여 주며, 인지모델링은 학습활동에서 학습자가 경험하는 생각이나 사고과정을 언어 혹은 외적 표상 도구로 표현하도록 지원하는 교수활동이다. 특히 인지모델링을 지원할 수 있는 도구인 마인드툴의 활용은 학습자가 지식에 대한 정신모형을 표상하고 조작할 수 있도록 지원해 줌으로써 학습자의 인지적 추론 능력 개발뿐 아니라 인식론적 신념의 발달 기회를 제공할 수 있다(Jonassen, 1999).

학습자는 학습활동과 관련된 학습내용을 자신이 이미 알고 있거나 새로 학습한 내용을 명료화할 필요가 있다. 학습자가 학습환경에서 수행하는 활동과 학습과정에서 사용한 전략을 점검하고 왜 그런 활동을 수행했는지를 설명하도록 하는 것은 학습자의 지식 구성과 메타인지 전략 활용에 도움을 준다. 교수자는 학습자의 학습활동 명료화를 지원하기 위해 코칭을 활용할 수 있다. 구성주의 학습환경에서 교수자는 학습자가 학습활동에 필요한 인지 전략을 이해하고 적절하게 사용할 수 있도록 촉진 질문을 다양하게 제시하고 학습자가 문제해결 과정에서 형성된 정신모형을 점검할 수 있도록 촉진 질문 또는 문제에 대한 다양한 관점과 해석을 제공해 줄 수 있다(Jonassen, 1999). 교수자의 코칭을 통해 학습자는 문제해결을 위한 다양한 관점을 경험하게 되고, 그 과정에서 지식의 원천과 앎의 정당화에 대해 상대주의적이고 이론과 증거에 기반을 둔 평가주의적 관점을 가지게 된다.

학습자는 자신의 학습과정에서 한 발 떨어져 자신의 수행을 분석하고 실천 행위를 성찰할 필요가 있다. 스캐폴딩은 수행 과제, 환경, 교수자 및 학습자에 초점을 맞추어 학습자를 지원하는 체계적 접근이다. 스캐폴딩은 학습자의 현재 능력을 뛰어넘는 학습과제를 지원하기 위한 임시적 도움판을 제공한다. 스캐폴딩은 아동과 성인이 과제를 함께 수행할 때 성인이 제공하는 모든 종류의 인지적 활동을 의미한다. 구성주의 학습환경에서 학습자가 부족한 지식을 보충하기 위해 과제를 조정하는 것은 학습자가 인지도구를 활용하여 문제를 표상하거나 조작하도록 지원해 줄 수 있다. 또한 구성주의 학습환경에서 학습자는 학습과제의 복잡한 특성과 의미를 파악하고 학습과제를 수행하기 위해 메타인지 전략을 활용하여 자신의 주의, 노력, 사고 전략을 조절하게 되는데, 이처럼 학습자의 자기조절학습을 지원할 수 있도록 학습환경 설계가 이루어져야 한다. 학습자의 인식론적 신념은 학습자의 계획, 조절, 점검 등의 메타인지, 인지전략, 자원관리 전략 등의 학습전략 활용뿐 아니라 역으로 자기조절학습 경험을 통해 형성된 학습전략 경험이 학습자의 인식론적 신념 발달에 영향을 미친다.

2) 인지 유연성 제고를 위한 학습환경 설계 전략

사회가 복잡하고 비구조화된 지식의 특성을 강조함에 따라 지식을 단순화하거나 단일 의미로 해석하는 것은 새로운 상황에서 발생하는 문제해결에 효과적으로 지식을 활용하지 못할 뿐 아니라 지식에 대한 오개념을 형성하기도 한다(Spiro, Feltovich, Jacobson, & Coulson, 1992). 현대 사회에서 학습자에게 필요한 능력은 단편적 지식에 대한 기억이 아니라 지식을 상황에 맞추어 유연하게 재구성하는 능력인 인지 유연성(cognitive flexibility)이다. 따라서 학습자의 지식 전이를 촉진시키기 위해 지식이 적용되는 맥락과 유사한 사례들을 제시해 주고 다양한 관점에서 다양한 형태의 지식을 경험할 수 있도록 해 줄 필요가 있다.

학습자의 인지 유연성이란 "여러 지식의 범주를 넘나들며 상호 연결 지으면서 급변하게 변화하는 상황적 요구에 다양한 방식으로 적응적 반응을 하기 위해 자신의 지식을 동시적으로 재구조화할 수 있는 능력으로, 지식 표상 및 정신 표상이 작동하는 과정에서 주요한 역할을 담당한다"(Spiro & Jehng, 1990, p. 165). 인지 유연성은 학습자가 비정형화된 지식 구조를 가진 지식 영역 내에서 복잡하고 비구조화된 지식을 지속적으로 경험함으로써 비순차적이고 다원적인 지식 구조를 자연스럽게 형성하도록 한다. 이 과정에서 학습자는 복잡하고 다차원적인 특성을 지니는 지식을 다양한 상황에서 지식의 필요에 맞게 재구성하고 표상하기 위해 상황의존적 스키마 연합체(situation dependent schema assembly)를 형성하게 된다. 따라서 학습환경은 학습자가 상황의존적 스키마 연합체를 형성할 수 있도록 실생활과 관련된 사례 기반 수업, 주제 중심 학습, 지식에 대한 임의적 접근이 가능하도록 설계되어야 한다.

학습자의 인식론적 신념 발달은 지식에 대한 학습자의 인지 유연성이 필요하다. 따라서 학습자가 학습과정에서 인지 유연성을 증진시키기 위한 학습환경 설계에 필요한 몇 가지 원리를 제시하면 다음과 같다.

첫째, 학습자가 다양한 학습활동을 경험할 수 있어야 한다. 학습자의 인지 유연성을 기르기 위한 방법인 임의적 접근은 학습자가 특정 학습과제를 학습할 때 그것을 다양한 맥락과 관점에서 접근해 보고, 학습하는 순서를 재배열해 보며, 학습과제와 관련해서 가능한 한 많은 사례를 다루도록 하는 방법이다. 따라서 학습자는 여러 학습 경로를 통해 다양한 학습활동에 참여함으로써 다양한 상황에서 학습과제와 관련된 지식의 비구조적 특성을 학습할 수 있다.

둘째, 상황에 맞는 학습 자료를 제공해야 한다. 학습자의 능동적 학습 참여를 이끌어 내기 위해서는 단순한 학습과제보다 상황에 따른 지식을 얻을 수 있는 학습과제를 제시해야 한다. 이를 위해 학습 자료는 학습내용 영역을 세부 요소 및 하위 단계로 지나치게 단순화 혹은 구획화하기보다 상황에 의존하는 실제 지식을 학습할 수 있도록 상황맥락에 맞게 학습 자료를 설계해야 한다.

셋째, 학습자가 지식에 대한 다양한 표상을 형성할 수 있어야 한다. 복잡하고 비구조적인 지식을 이해하고자 할 때 지식 표상을 단일한 형태로 하는 것은 해당 지식의 특성을 제대로 반영하지 못한다. 특히 비구조화된 영역에서 발생하는 다양한 사례의 경우 복잡할 뿐 아니라 수시로 변하기 때문에 해당 사례를 활용한 수업을 설계할 때 다양한 이론적 · 개념적 관점에 의한 사례의 표상이 이루어져야 한다. 다양한 지식 표상은 학습자가 실제 문제 상황에 직면했을 때 문제를 다양하게 표상함으로써 문제에 대한 이해 및 해결 능력을 향상시킬 수 있다.

넷째, 학습자가 사례 기반 지식을 구성할 수 있도록 학습 관련 정보를 충분히 제공해야 한다. 학습자에게 정보를 전달하기보다 학습자가 사례를 근거로 학습활동에서 지식을 구성할 수 있도록 해야 한다. 학습과정은 작은 사례들을 중심으로 이루어지며 각 내용 영역별로 복잡성을 지닐 수 있도록 충분한 정보를 제공해야 한다. 작은 사례들은 주제와 관련된 개념 그리고 주제 관련 개념들이 활용되는 복잡한 맥락을 포함해야 한다. 이를 위해 학습환경을 설계할 때 복잡한 전체 사례를 이해할 수 있도록 사례에 대한 구체적인 예를 소사례로 제시해 줄 필요가 있다. 왜냐하면 비구조화된 실생활 영역에서 발생하는 사례의 경우 너무 복잡하고 많은 정보를 포함하고 있기 때문에 학습자가 학습한 지식을 적용하는 데 어려움을 겪을 수도 있다. 따라서 전체 사례를 지식의 구조에 따라 개념적으로 쪼개기보다 전체 사례가 지니고 있는 특성을 포함하고 있는 소사례를 제시해 주는 것이 학습자의 지식 적용 및 전이에 효과적(Spiro & Jehng, 1990)이고, 그 결과 지식의 상대성과 맥락성을 고려한 학습자의 신념을 형성할 수 있을 것이다.

다섯째, 학습자가 지식을 구성하는 요소들을 통합적으로 활용할 수 있는 기회를 제공해야 한다. 학습자가 지식을 유의미하게 구성하기 위해서는 지식을 이루는 요소들이 단편적 혹은 분절적이지 않고 고도로 통합적이어야 한다. 학습과정에서 단순화된 지식은 실제 맥락에서 활용하는 데 별도의 인지적 처리 과정이 필요할 뿐 아니라 각각의 지식 간 유의미한 연결이 통합적으로 이루어질 때 학습 및 실제 문제해결에 도움이 된다. 따라서 학습환경 설계 시 학습 관련 사례를 제시하는 경우 사례를 관련된 개념과 분리시키거나 밀착시키지 말고 동일한 주제 안에서 사례와 개념이 지니는 상호관련성을 학습자가 이해할 수 있도록 해야 한다. 학습자는 사례와 개념이 너무 근접하게 되면 사례만으로 관련 개념을 지나치게 일반화시키게 되고, 사례와 개념 간 거리가 멀어지게 되면 사례와 개념 간 관련성을 발견하기가 어렵게 된다. 사례와 개념, 사례와 사례 간 상호관련성을 지닐 수 있도록 사례를 부분적으로 중복되면서도 적절히 거리를 둘 수 있도록 제시해야 한다.

여섯째, 지식에 대한 다양한 관점을 가질 수 있는 기회를 제공해야 한다. 다원적 조망 교차(multidimensional landscape criss-crossing)는 특정 문제 또는 사례를 서로 다른 주제에 따라 다른 방향에서 바라보면서 다양한 맥락과 관점에서 해석하는 것을 의미한다. 이를 위해 학습자가 다양한 맥락과 관점에서 학습과제에 접근하고, 학습 순서도 비선형적으로 학습자가 정할 수 있도록 학습과제를 제시하고, 특정 과제와 연결하여 가능한 한 많은 소사례를 다룰 수 있도록 설계할 필요가 있다. 학습자가 특정 과제 또는 주제와 연결된 소사례를 통해 다양한 관점과 쟁점을 이해하면서 인지 유연성을 기를 수 있고, 그 결과 지식에 대한 인식론적 신념을 발달시킬 수 있을 것이다.

3) 개념 변화를 위한 학습환경 설계 전략

학습자의 학습과정에서 경험하는 인지 갈등은 개념 변화를 위한 출발점이다. 그러나 학습자 및 학습환경의 특성에 따라 학습자의 개념 변화 과정은 다르게 나타난다. 인지 갈등과 개념 변화의 관계를 분석한 연구(권재술, 이경호, 김연수, 2003)에 따르면, 학습자에게 자신의 개념과 일치하지 않는 현상과 개념이라는 불일치 상황을 제시하는 것만으로 학습자의 인지 갈등이 발생하지는 않는다. 즉, 학습자의 인지 갈등은 외부 자극에 대한 기계적 반응이라기보다 학습자에 의한 인식론적 · 인지적 · 정의적 과정을 통해 발생한다. 또한 학습자의 인지 갈등은 개념 변화의 필요조건으로, 인지 갈등 없이 학습자의 개념 변화는 불가능하다. 개념 변화는 학습자가 현재 가진 개념에 불만족을 느끼고, 새로운 개념이 지적으로 이해될 수 있고 기존의 지식과 일관성을 지니며 현재 문제뿐 아니라 향후 문제를 해결하는 데 유익하다고 인식할 때 발생한다(Posner, Strike, Hewson, & Gertzog, 1982).

학습자가 학습과정에서 불일치 상황에 직면하고 인지 갈등을 경험하도록 하는 것은 학습자의 개념 변화뿐 아니라 인식론적 신념의 발달을 유발한다고 할 수 있다. 즉, 학습자의 인식론적 신념은 학습과정 및 학습결과에 작동할 뿐 아니라 학습과정이 지식과 정당화 원천 및 과정에 대해 학습자가 성찰할 수 있도록 설계되었을 때 인식론적 신념의 변화 또한 이루어질 수 있다. 따라서 학습자의 개념 변화를 위한 학습환경 설계의 원리를 제시하면 다음과 같다.

첫째, 학습자가 선개념을 확인할 수 있도록 한다. 학습자의 선개념은 과학적 개념과 대비되는 개념으로 학습자가 본인의 경험을 활용하여 대상과 외부 현상에 대해 초기에 형성하게 되는 개념을 의미한다. 따라서 학습자가 선개념으로 설명되지 않는 현상을 접하게 되면 인지 갈등을 느끼게 되며, 이는 개념 변화가 이루어지는 선결 단계가 된다. 학습자는 비록 정교하지는 않지만 대상과 현상에 대해 자신만의 개별적 정신모형을 형성하고 있기 때문에 변칙 사례 등과 같은 불일치 상황에서도 인지 갈등을 인식하지 않은 채 자신의 정신모형으로 불일치 상황을 설명하기도 한다(Driver, 1981). 이처럼 학습자의 선개념은 개별적으로 고립된 것이 아니라 각 개념 간의 관계를 형성하고 있는 체계적인 틀을 가지고 있기 때문에 개념 변화를 이루기가 쉽지 않다. 개념 변화를 위해 학습자는 학습내용과 관련된 자신의 선개념을 확인할 수 있어야 한다. 이를 위해 학습환경은 학습자가 선개념을 활용하여 사건이나 현상을 해석할 수 있는 기회를 제공해 준다. 학습자가 사건 또는 현상을 문장, 언어, 그림 등을 활용하여 표현하도록 하여 자신의 개념을 명료화하고 대안적 개념틀 구성요소를 인식할 수 있도록 한다. 또한 학습자가 자신의 선개념의 장단점을 다른 학생들과 토론을 통해 상호 비교하고 확인할 수 있도록 한다(Driver & Oldham, 1986; Nussbaum & Novick, 1982).

둘째, 학습자가 인지 갈등을 경험하도록 한다(Vosniadou, Ioannides, Dimitrakopoulou, & Papademetriou, 2001). 인지 갈등은 학습자가 자신의 선개념과 일치하지 않는 변칙 사례 등의 불일치 상황에 처했을 때 선개념의 타당성에 의문을 제기하는 것으로 모순이 되는 인지구조 또는 개념이 동시에 존재하는 상태를 의미한다. 인지 갈등은 불일치 상황의 타당성과 자신의 초기 이론과 변칙 사례 등의 불일치 상황에 대한 인지적 판단을 근거로 학습자가 자신의 선개념에 대한 신념을 변화시키고자 할 때 발생한다(강석진, 신숙희, 노태희, 2002; 권재술, 이경호, 김연수, 2003; 이경호, 2000). 학습환경은 학습자가 다양한 종류와 형식의 변칙 사례를 반복적으로 경험함으로써 인지 갈등을 느낄 수 있도록 설계되어야 한다. 변칙 사례를 경험하면서 학습자가 자신들의 생각과 상충되는 현상을 자신의 선개념 또는 선행 이론만으로 설명할 수 없다는 것을 인식하게 되면 인지 갈등을 인식하고 자신의 개념을 바꾸고자 한다. 학습환경은 학습자가 개별적으로 경험한 인지 갈등을 상호 토의하고 공유할 수 있도록 협력적 의사소통 기회 또는 도구를 제공해 주어야 한다(Cosgrove & Osborne, 1985; Driver & Oldham, 1986).

셋째, 학습자의 모델링을 지원해야 한다. 학습자의 개념 변화는 모형 기반 추론의 영향을 받는다(Jonassen, Strobel, & Gottdenker, 2005). 모형 기반 추론 능력은 테크놀로지 활용 모델링 도구를 활용하여 학습자가 학습 내용 또는 현상에 대해 학습자 스스로 모형을 형성하는 과정을 통해 향상된다. 학습자는 모형을 형성하는 과정을 통해 자신의 개념적 이해를 다양한 형태로 표현하며, 자신의 정신모형을 외적으로 표상할 뿐 아니라, 자신의 모형을 확인하고 점검하는 과정을 통해 개념을 변화시킨다. 모델링은 인지활동과 과학적 탐구에서 가장 기본적인 활동(Schwarz & White, 2005)으로 학습자가 자신의 사고를 표현하고 외현화하는 데 도움을 주며 자신의 이론을 시각화하고 점검하는 데에도 도움을 준다. 따라서 모델링은 학습자의 내적 개념 모형을 외부의 명시적 모형으로 표현하는 것으로 개념 변화를 이끌어 내는 데 도움을 제공한다. 모든 학습자는 외부 세계와 현상에 대해 개인 나름대로의 모형을 구성하며 모델링 활동을 통해 서로 다른 모형을 경험하고 평가하면서 개념을 변화시킬 수 있다. 학습자 스스로 자신의 모형을 구성하고 조작하며 점검하며 서로 다른 종류의 지식을 표상하는 모형을 구성하고 비교하는 과정을 통해 학습자의 학습이 유의미하게 이루어지며 그 결과 개념 변화가 이루어진다. 즉, 모델링은 학습자가 지식을 자신의 것으로 만드는 과정이자 의미와 지식을 구성하는 과정이다(Jonassen, 2006). 모형을 서로 비교하고 평가하는 과정을 통해 학습자는 대안 모형이 존재한다는 것을 알게 되며, 자신의 모형을 확인하고 수정하는 경험을 통해 학습자의 인식론적 신념이 발달한다(Lehrer & Schauble, 2003).

5. 결론

최근 4차 산업혁명과 더불어 근래에 발생할 경제적 · 사회적 변화에 대한 다양한 논의가 이루어지고 있다. 기술의 발달로 인하여 인간의 고유 영역을 침범당하는 것에 대한 두려움을 주장하는 사람들이 있는가 하면, 발달한 기술을 어떻게 인류의 발전을 위해 긍정적으로 활용할 것인가에 대한 실용적 논의도 활발하게 이루어지고 있다. 그와 함께 이전 어느 시대보다도 불확실성이 증대하는 시대에서 생존하기 위해서는 역설적으로 인간이 나아가야 할 지향점을 설정할 수 있는 '가치'의 영역이 강조되고 있다. 발전한 기술을 어떻게 올바르고 바람직한 방향으로 활용할 것인지, 인공지능의 발달로 인한 우리의 생활 및 학습환경의 변화를 겪는 동안 무엇을 선택하고 무엇을 목표로 삼을지에 대한 고민이 4차 산업혁명시대의 주요 이슈로 등장할 것이다. 이러한 과정에서 가치의 문제는 좀 더 심층적으로 논의될 필요가 있다. 개인과 사회의 가치에 대한 고민은 결국 그들이 보유하고 있는 신념과 관련된다. 개인의 인식론적 신념의 발달과정에 가치에 대한 고민이 포함되는 만큼 학교 교육에서도 개개인이 자신이 지향하는 가치를 포함한 신념에 대해서 인식하고 이를 반영한 학습자 중심의 교수학습활동에 적극적으로 참여하도록 할 수 있어야 할 것이다. 이러한 과정을 통해 신념을 발달시켜 나갈 수 있도록 학교 교육과정과 교수자는 적극적인 조력자의 역할을 하여 미래 인재 양성의 역할을 충실히 수행해야 할 것이다.

Jonassen은 문제해결 과정에서 학습자의 인식론적 신념의 중요성을 강조하였다. 절대적이고 옳고 그름이 쉽게 판단되는 지식보다 맥락에 따라 가변적인 지식의 비중이 늘어나는 상황에서 학습자는 문제를 정의하기조차 쉽지 않기 때문이다. 학습자들은 자신들이 가지고 있는 인식론적 신념의 틀에서 상황을 분석하고 문제를 정의하며, 자신들이 정의한 문제에 대한 해결책을 스스로 찾아내고 그것을 실행하는 과정을 통해 학습하게 된다. 4차 산업혁명시대의 도래와 함께 강조되는 역량 역시 기존의 문제해결능력을 확장하여 문제를 정의하고 해결하는 능력으로 이와 관련하여 우리나라에서도 창의적인 문제해결방법, 디자인적 사고, 시스템적 사고 등 다양한 문제해결 방식을 교육과정에 도입하려는 논의가 다양하게 이루어지고 있다.

지식의 맥락성과 학습의 과정으로서 의미를 찾는 과정에 대한 관심과 연구는 지금까지 있어 왔지만, 본격적인 4차 산업혁명시대의 도래와 함께 이제 옳고 그름이 중요한 기존의 절대적 지식체계로는 미래의 학습을 담보할 수 없는 만큼 기존과는 다른 차원의 문제해결에 대한 접근이 필요할 것이다. 또한 인식론적 신념은 개인이 지식의 확실성과 지식의 원천 등에 대해 어떤 관점을 가지고 있는가를 나타내는 개념으로 지식을 정의하고 참된 앎에 이르는 과정이 개인의 경험, 맥락과 관련하여 어떻게 형성되고 발달되어 왔는가에 대한 논의를 가능하게 한다. 미래의 학습은 진위에 대한 논쟁보다는 학습자의 고유한 호기심을 표출하고 교수환경 설계자(기존의 교수자) 및 동료 학습자와의 상호작용을 거쳐 새로운 지식을 구성해 나가는 과정이 핵심이 되어야 할 것이다. 개인의 신념에 기반한 문제의식은 개인의 고유한 것이라기보다 개개인이 처해 있는 맥락인 현시대의 문제를 반영하고 있는 만큼, 개인의 신념을 반영한 학습활동의 결과는 그 시대의 지식으로 존재하게 되기 때문이다.

한편, 개개인이 가지고 있는 인식론적 신념은 개인의 일상생활에서의 사고방식이나 행동에 영향을 미친다. 이는 학습에 있어서도 마찬가지로, 구체적인 교수학습활동에는 개인이 가진 신념체계가 반영되어 구성원 간의 상호작용에 영향을 미치고 이러한 과정은 학습의 결과물에 반영된다. 교수학습활동을 계획하고 운영하는 데 주도적 역할을 수행하는 교수자의 인식론적 신념이 교수학습활동에 미치는 영향에 대한 관심이 증대하였고 기존에 교사의 교수 신념에 대해서 이루어진 연구들 중 교사의 신념과 실제 교수활동 간 불일치가 발생하는 경우, 그 원인을 규명한 결과, 주로 입시 위주의 교육으로 인하여 다양한 교수학습활동의 적용이 어렵거나 실제로 자신의 학습에 대한 신념을 반영하여 수업을 설계하고 실행하기 위한 자료 및 지원이 부족한 경우가 있었다. 교수자와 학습자 모두 지식의 구성과 앎의 의미에 대한 자신의 생각을 반영하는 신념체계와 실제 교수학습활동 간의 방향성이 일치

할 때 동기와 참여도 측면에서 긍정적 효과를 얻을 수 있는 만큼 이들이 가지고 있는 신념을 교수학습활동과 연결 지어 능동적으로 참여할 수 있도록 하는 것은 매우 중요하다.

최근 창의융합교육의 도입과 함께 기존의 객관적 지식, 옳고 그름의 규명이 중심이 되는 학습에서 학습자의 다양한 경험과 창의를 중시하는 방향으로 학습의 관점이 바뀌고 있다. 이러한 최근의 상황에서 구성주의적, 학습자 중심 교수학습 신념을 가진 교사들이 자신의 신념을 실제 교수학습 상황에서 실현하도록 조력하는 과정은 매우 중요하다. 현재 공식교육과정에도 이러한 창의융합교육을 도입하고 교사들이 다채로운 활동을 계획하고 실행해 나가도록 다양한 교육 프로그램이 개발되고 적용 단계에 있다. 이와 더불어 학생들에게도 스스로 문제를 찾아내고 기존에 없었던 방식으로 문제를 해결하는 창의적 문제해결능력의 향상을 통해 주어진 지식을 받아들이고 판단하던 것에서 새로운 절차와 지식을 만들어 나가는 단계를 앎의 과정으로 인식하고 이를 바탕으로 교수학습활동에 의욕적으로 참여할 수 있는 동기와 흥미를 지속적으로 유지하도록 해야 할 것이다.

참고문헌

강석진, 신숙희, 노태희(2002). 변칙사례에 대한 초등학생들의 반응 연구. **한국과학교육학회지, 22**(2), 252-260.

강훈식, 김민경, 노태희(2007). 밀도 학습에서 인식론적 신념이 개념변화 과정에 미치는 영향. **한국과학교육학회지, 27**(5), 412-420.

권재술, 이경호, 김연수(2003). 인지갈등과 개념변화의 필요조건과 충분조건. **한국과학교육학회지, 23**(5), 574-591.

김경연, 이용운(2006), 개인변인에 따른 교사들의 다차원적 인식론적 신념과 교수-학습관 간의 관계. **교육문제연구, 26**, 199-224.

김동엽(2001). 문제중심 수업과 지시적 수업이 학습자의 인식론적 신념에 따라 수업의 유의미성 지각 및 학업 성취에 미치는 효과. 한국교원대학교 대학원 박사학위논문.

김윤희, 오상철(2010). 교사의 정서적 지원과 교사신념이 학생의 자기조절 학습 전략 지원 수업행동에 미치는 영향. **한국교원교육연구, 27**(2), 263-282.

박철영(2012). 수학 인식론적 신념 검사의 개발 및 타당화. 전남대학교 대학원 박사학위논문.

신서경(2010). 웹기반 문제중심학습에서 학습자의 인식론적 신념과 스캐폴딩 유형이 문제해결과정에 미치는 효과. 중앙대학교 대학원 석사학위논문.

양미경(2006). 학습자의 인식론적 신념: 연구의 동향과 과제. **열린교육연구, 14**(3), 1-25.

오상철(2010). 교사의 교수 신념과 교수 행위에 관한 사례 연구: 영국 초등학교를 중심으로. **초등교육연구, 22**(4), 427-449.

오선아, 이순덕(2013). 예비교사의 인식론적 신념과 자기규제학습능력이 구조화 · 비구조화 문제 해결에 미치는 효과. **한국교원교육연구, 30**(3), 75-99.

원정애(2006). 초등학생들의 과학에 대한 인식론적 신념에 따른 과학 개념변화 과정. 한국교원대학교 대학원 박사학위논문.

유종열(2006). 사회과 교수 · 학습에서 인식론적 신념의 역할 논의. **사회과교육연구, 13**(2), 113-136.

윤인(2001). 한국 고등학생의 학습신념 변인 분석을 통한 학습신념의 문화 특수성 규명. **아시아교육연구, 2**(1), 113-134.

윤초희(2010). 인식론적 신념과 비판적 사고성향의 관계구조 및 대학생의 학업성취에 대한 예측력 분석. **아시아교육연구, 11**(2), 201-222.

윤초희(2012). 학습자의 인식론적 신념: 이론적 쟁점과 교육적 의미 탐색. **교육심리연구, 26**(1), 327-351.

이경호(2000). 고등학생의 물리 개념변화에 미치는 인지갈등, 학습동기와 학습전략의 영향. 한국교원대학교 대학원 박사학위논문.

정혜승(2002). **국어과 교육과정 실행 연구**. 서울: 박이정.

조윤경, 양명희(2008). 교사의 인식론적 신념과 교사효능감, 교수전략과의 관련성 탐구. **열린교육연구, 16**(1), 1-20.

Anderson, L. M., & Bird, T. (1995). How three prospective teachers constructed three cases of teaching. *Teaching and Teacher Education, 11*(5), 479-499.

Angel, C., & Valanides, N. (2012). Epistemological beliefs and ill-structured problem solving in solo and paired contexts. *Educational Technology & Society, 15*(1), 2-14.

Baxter Magolda, M. B. (1992). *Knowing and reasoning in college: Gender-related patterns in students' intellectual development*. San Francisco: Jossey Bass.

Baxter Magolda, M. B. (2002). Epistemological reflection: The evolution of epistemological assumptions from age 18 to 30. In B. Hofer & P. Pintrich (Eds.), *Personal epistemology:*

The psychology of beliefs about knowledge and knowing. Mahwah, NJ: Erlbaum.

Belenky, M. F., Clinchy, B. M., Goldberger, N. R., & Tarule, J. M. (1986). *Women's way of knowing: The development of self, voice and mind*. New York: Basic Books.

Bendixen, L. D., Dunkle, M. E., & Schraw, G. (1994). Epistemological beliefs and reflective judgment. *Psychological Reports, 75*, 1595-1600.

Bendixen, L. D., & Hartley, K. (2003). Successful learning with Hypermedia: The role of epistemological beliefs and metacognitive awareness. *Journal of Educational and Computing Research, 28*(1), 15-30.

Bendixen, L. D., & Schraw, G. (2001, April). Why do epistemological beliefs affect ill-defined problem solving? Paper presented at the meeting of the American Educational Research Association, Seattle, WA.

Brownlee, J., Purdie, N., & Boulton-Lewis, G. (2001). Changing epistemological beliefs in preservice teacher education students. *Teaching in Higher Education, 6*, 247-268.

Chinn, C. A., & Brewer, W. F. (1993). The role of anomalous data in knowledge acquisition: A theoretical framework and implications for science instruction. *Review of Educational Research, 63*(1), 1-49.

Cooney, T. J. (1985). A beginning teacher's view of problem solving. *Journal for Research in Mathematics Education, 16*(5), 324-336.

Cosgrove, M., & Osborne, R. (1985). Lesson frameworks for changing children's ideas. In R. Osborne & P. S. Freyberg (Eds.), *Learning in science: The implications of children's science* (pp. 101-111). London: Heinemann.

Cunningham, J. W., & Fitzgerald, J. (1996). Epistemology and reading. *Reading Research Quarterly, 31*(1), 36-60.

Driver, R. (1981). Pupil's alternative frameworks in science. *European Journal of Science Education. 3*(1), 93-101.

Driver, R., & Oldham, V. (1986). A constructivist approach to curriculum development in science. *Studies in Science Education, 13*, 105-122.

Elder, A. D. (2002). Characterizing fifth grade students' epistemological beliefs in science. In B. K. Hofer & P. R. Pintrich (Eds.), *Personal epistemology: The psychology of beliefs about knowledge and knowing* (pp. 347-363). Mahwah: Lawrence Erlbaum Associates.

Flores, B. B. (2001). Bilingual education teachers' beliefs and their relation to self-reported practices. *Bilingual Research Journal, 25*(3), 275-299.

Hammer, D., & Elby, A. (2002). On the forms of personal epistemology. In B. K. Hofer & P. R. Pintrich (Eds.), *Personal epistemology: The psychology of beliefs about knowledge and knowing* (pp. 169-190). Mahwah: Lawrence Erlbaum Associates.

Hannafin, M. J., & Hill, J. R. (2007). Epistemology and the design of learning environments. In R. A. Reiser & J. V. Dempsey (Eds.), *Trends and issues in instructional design and technology* (pp. 70-82). Upper Saddle River, NJ: Merril/Prentice-Hall.

Hashweh, M. Z. (1996). Effects of science teachers' epistemological beliefs in teaching. *Journal of research in science teaching, 33*(1), 47-63.

Hill, L. (1999, December). Just tell us what to teach: Preservice teachers thinking about learning. Paper presented at the annual conference of the Australian Association for Research in Education, Melbourne.

Hofer, B. K. (2001). Personal epistemology research: Implications for learning and teaching. *Educational Psychology Review, 13*(4), 353-383.

Hofer, B. K. (2002). Personal epistemology as a psychological and educational construct: An introduction. In B. K. Hofer & P. R. Pintrich (Eds.), *Personal epistemology: The psychology of beliefs about knowledge and knowing* (pp. 3-14). Mahwah: Lawrence Erlbaum Associates.

Hofer, B. K., & Pintrich, P. R. (1997). The development of epistemological theories: Beliefs about knowledge and knowing and their relation to learning. *Review of Educational Research, 67*(1), 88-140.

Jacobson, M. J., & Jehng, J-C. (1999). Epistemological beliefs instrument: Scales and Items. [Unpublished manuscript].

Jacobson, M. J., & Spiro. R. J. (1995). Hypertext learning environments, cognitive flexibility, and the transfer of complex knowledge: An empirical investigation. *Journal of Educational Computing Research, 12*(4), 301-333.

Jonassen, D. H. (1991). Objectivism vs. constructivism: Do we need a new philosophical paradigm? *Educational Technology Research and Development, 39*(3), 5-14.

Jonassen, D. H. (1999). Designing constructivist learning environments. In C. Reigeluth (Ed.), *Instructional design and theories and models* (Vol. II). Mahwah, NJ: Erlbaum.

Jonassen, D. H. (2006). *Modeling with technology. Mindtools for conceptual change* (3rd ed.). Upper Saddle River, NJ: Pearson/Merrill Prentice Hall.

Jonassen, D. H. (2011). *Learning to solve problems: A handbook for designing problem-solving learning environments*. NY: Routledge.

Jonassen, D. H., Marra, R. M., & Palmer, E. (2002). Epistemological development: An implicit entailment of constructivist learning environments. In N. M. Seel & S. Dijkstra (Eds.), *Curriculum, plans, and process of instructional design: International perspectives*. Mahwah, NJ: Lawrence Erlbaum.

Jonassen, D. H., Strobel, J., & Gottdenker, J. (2005). Model building for conceptual change. *Interactive Learning Environments, 13*(1-2), 15-37.

Kagan, D. (1992). Implications of research on teacher belief. *Educational psychologist, 27*, 65-90.

Kagan, D. M. (1990). Ways of evaluating teacher cognition: Inferences concerning the Goldilocks Principle. *Review of Educational Research, 60*, 419-469.

King, P. M., & Kitchener, K. S. (1994). *Developing reflective judgment: Understanding and promoting intellectual growth and critical thinking in adolescents and adults*. San Francisco: Jossey-Bass.

King, P. M., & Kitchener, K. S. (2002). The reflective judgment model: Twenty years of research on epistemic cognition. In B. Hofer & P. Pintrich (Eds.), *Personal epistemology: The psychology of beliefs about knowledge and knowing*. Mahwah, NJ: Erlbaum.

Kitchener, K. S. (1983). Cognition, metacognition, and epistemic cognition. *Human Development, 26*, 222-232.

Kitchener, K. S., & King, P. M. (1981). Reflective judgment: Concepts of justification and their relationship to age and education. *Journal of Applied Developmental Psychology, 2*, 89-116.

Kuhn, D. (1991). *The skills of argument*. Cambridge, England: Cambridge University press.

Kuhn, D. (1992). Thinking as argument. *Harvard Educational Review, 62*, 155-178.

Kuhn, D. (1999). A developmental model of critical thinking. *Educational Researcher, 28*, 16-46.

Kuhn, D., & Dean, D. (2004). Metacognition: A bridge between cognitive psychology and educational practice. *Theory into Practice, 43*(4), 268-273.

Lederman, N. G. (1999). Teachers' understanding of the NOS and classroom practice: Factors that facilitate or impede the relationship. *Journal of Research in Science Teaching, 36*(8), 916-928.

Lederman, N. G., & Zeidler, D. (1987). Science teacher's conceptions of the NOS: Do they really influence teaching behavior? *Science education, 71*, 721-734.

Lehrer, R., & Schauble, L. (2003). Origins and evolution of model based reasoning in mathematics and science. In H. Doerr & R. Lesh (Eds.), *Beyond constructivism: A models and modeling perspective*. Mahwah, NJ: Erlbaum.

Maor, D., & Taylor, P. C. (1995). Teacher epistemology and science inquiry in computerized classroom environments. *Journal of Research in Science Teaching, 32*, 839-854.

Marra, R. M., Palmer, B., & Litzinger, T. A. (2000). The effects of a first-year engineering design course on student intellectual development as measured by the Perry Scheme. *Journal of Engineering Education, 89*(1), 39-46.

Martens, L. M. (1992). Inhibitors to implementing a problem solving approach to teaching elementary science: Case study of a teacher in change. *School Science and Mathematics, 93*, 150-156.

Martin, J. E., Silva, D. G., Newman, J. H., & Thayer, J. F. (1994). An investigation into the structure of epistemological style. *Personality and Individual Differences, 16*(4), 617-629.

Nespor, J. (1987). The role of beliefs in the practice of teaching. *Journal of Curriculum Studies, 19*, 317-328.

Nussbaum, E. M., & Bendixen, L. D. (2003, April). How epistemology and personality affect students' dispositions to argue. Paper presented at the annual meeting of the American Educational Research Association, Chicago, IL.

Nussbaum, J., & Novick, S. (1982). Alternative frameworks, conceptual conflict and accommodation: Toward a principled teaching strategy. *Instructional Science, 11*(3), 183-200.

Pajares, M. F. (1992). Teachers' beliefs and educational research: Cleaning up a messy construct. *Review of Educational Research, 62*, 307-332.

Perry, W. G. (1970). *Forms of intellectual and ethical development in the college years: A scheme*. New York: Holt, Rinehart and Winston.

Perry, W. G. (1981). Cognitive and ethical growth: The making of Meaning. In A. W. Chickering & Associates (Eds.), *The modern American college: Responding to the new realities of diverse students and a changing society* (pp. 76-116). San Francisco: Jossey-Bass.

Peterman, F. P. (1993). Staff development and the process of changing: A teacher's emerging constructivist beliefs about learning and teaching. In K. Tobin (Ed.), *The practice of constructivism in science education*. Hillsdale, NJ: Lawrence Erlbaum.

Pintrich, P. R. (2002). Future challenges and directions for theory and research on personal epistemology. In B. Hofer, & P. Pintrich (Eds.), *Personal epistemology: The psychology of beliefs about knowledge and knowing*. Mahwah, NJ: Erlbaum.

Posner, G. J., Strike, K. A., Hewson, P. W., & Gertzog, W. A. (1982). Accommodation of a scientific conception: Toward a theory of conceptual change. *Science Education, 66*, 211-227.

Qian, G., & Alvermann, D. E. (1995). Role of epistemological beliefs and learned helplessness in secondary school students' learning science concepts from text. *Journal of Educational Psychology, 87*, 282-292.

Qian, G., & Alvermann, D. E. (2000). Relationship between epistemological beliefs and conceptual change learning. *Reading and Writing Quarterly, 16*, 59-74.

Raymond, A. M. (1997). Inconsistency between a beginning elementary school teacher's mathematics beliefs and teaching practice. *Journal for Research in Mathematics Education, 28*(5), 550-576.

Ryan, M. P. (1984). Monitoring text comprehension: Individual differences in epistemological standards. *Journal of Educational Psychology, 76*(2), 249-258.

Schoenfeld, A. (1983). Beyond the purely cognitive: Belief systems, social cognitions, and metacognitions as driving forces in intellectual performance. *Cognitive Science, 7*, 329-363.

Schommer, M. (1989). Students' beliefs about the nature of knowledge: What are they and how do they affect comprehension? Technical Report.

Schommer, M. (1990). Effects of beliefs about the nature of knowledge on comprehension. *Journal of Educational Psychology, 82*, 498-504.

Schommer, M. (1993a). Comparisons of beliefs about the nature of knowledge and learning among postsecondary students. *Research in Higher Education, 34*(3), 355-370.

Schommer, M. (1993b). Epistemological development and academic performance among secondary students. *Journal of Educational Psychology, 85*(3), 406-411.

Schommer, M. (1994). Synthesizing epistemological belief research: Tentative understandings and provocative confusions. *Educational Psychology Review, 6*, 292-319.

Schommer, M., Crouse, A., & Rhodes, N. (1992). Epistemological beliefs and mathematical text comprehension: Believing it is simple does not make it so. *Journal of Educational Psychology, 82*, 435-443.

Schommer-Aikins, M. (2002). An evolving theoretical framework for an epistemological belief system. In B. Hofer & P. Pintrich (Eds.), *Personal epistemology: The psychology of beliefs about knowledge and knowing*. Mahwah, NJ: Erlbaum.

Schraw, G. (2001). Current themes and future directions in epistemological research: A commentary. *Educational Psychology Review, 13*(4), 451-464.

Schraw, G., Dunkle, M. E., & Bendixen, L. D. (1995). Cognitive processes in well-defined and ill-defined problem solving. *Applied Cognitive Psychology, 9*, 523-538.

Schwarz, B. B., Neuman, Y., & Biezuner, S. (2000). Two wrongs make a right… If they argue together! *Cognition and Instruction, 18*(4), 461-494.

Schwarz, C. V., & White B. Y. (2005). Metamodeling knowledge: Developing students' understanding of scientific modeling, *Cognition and Instruction, 23*(2), 165-205.

Songer, N. B., & Linn, M. C. (1991). How do students' views of science influence knowledge integration? *Journal of Research Science Teaching, 28*, 761-784.

Spiro, R. J., & Jehng, J. (1990). Cognitive flexibility and hypertext: Theory and technology for the non-linear and multidimensional traversal of complex subject matter. In D. Nix & R. Spiro (Eds.), *Cognition, education, and multimedia*. Hillsdale, NJ: Erlbaum.

Spiro, R. J., Feltovich, P. J., Jacobson, M. J., & Coulson, R. L. (1992). Cognitive flexibility, constructivism and hypertext: Random access instruction for advanced knowledge acquisition in ill-structured domains. In T. Duffy & D. Jonassen (Eds.), *Constructivism and the technology of instruction*. Hillsdale, NJ: Erlbaum.

Strike, K. A., & Posner, G. J. (1985). A conceptual change view of learning and understanding. In L. H. West & A. L. Pines (Eds.), *Cognitive structure and conceptual change* (pp. 211-231). New York: Academic.

Thompson, A. (1984). The relationship of teachers' conceptions of mathematics teaching to instructional practice. *Educational Studies in Mathematics, 15*, 105-127.

Tsai, C. (1996). The interrelationships between junior high school students' scientific epistemological beliefs, learning environment preferences and cognitive structure outcomes. Unpublished doctoral dissertation. Teachers College, Columbia University.

Tsai, C. (1998). An analysis of Taiwanese eighth graders' science achievement, scientific epistemological beliefs, and cognitive structure outcomes after learning basic atomic theory. *International Journal of Science Education, 20*, 413-425.

Tsai, C. (2006). Reinterpreting and reconstructing science: Teachers' view changes toward the nature of science by courses of science education. *Teaching and Teacher Education, 22*, 363-375.

Valanides, N., & Angeli, C. (2005). Effects of instruction on changes in epistemological beliefs. *Contemporary Educational Psychology, 30*, 314-330.

Vosniadou, S., Ioannides, C., Dimitrakopoulou, A., & Papademetriou, E. (2001). Designing learning environment to promote conceptual change in science. *Learning and Instruction, 11*, 381-419.

Wilkinson, W. K., & Schwartz, N. H. (1987). The epistemological orientation of gifted adolescents: An empirical test of Perry's model. *Psychological Reports, 61*, 976-978.

Windschitl, M., & Andre, T. (1998). Using computer simulations to enhance conceptual change: The roles of constructivist instruction and student epistemological beliefs. *Journal of Research in Science Teaching, 35*(2), 145-160.

Wineburg, S. S. (1991). On the reading of historical texts: Notes on the breach between school and academy. *American Educational Research Journal, 28*, 495-519.

Wood, P., & Kardash, C. A. (2002). Critical elements in the design and analysis of studies of epistemology. In B. K. Hofer & P. R. Pintrich (Eds.), *Personal epistemology: The psychology of beliefs about knowledge* (pp. 231-261). Mahwah, NJ: Erlbaum.

Wood, P., Kitchener, K., & Jensen, L. (2002). Considerations in the design and evaluation of a paper-and-pencil measure of epistemic cognition. In B. Hofer & P. Pintrich (Eds.), *Personal epistemology: The psychology of beliefs about knowledge and knowing*. Mahwah, NJ: Erlbaum.

Zimmerman, B. J., & Martinez-Pons, M. (1986). Development of a structured interview for assessing student use of self learning strategies. *American Educational Research Journal, 23*, 614-628.

CHAPTER 8

협력학습을 위한 자기조절과 사회적 조절

조문흠(Syracuse University)
이대열(Purdue University)

1. 협력학습과제

사회적 상호작용은 문제해결을 위한 중요한 수단 중 하나이다. 최근 많은 문제해결학습에서 문제해결의 일부분 혹은 전 과정에 걸쳐 상호작용을 통한 문제해결을 활용하고 있다. 상호작용을 활용하는 대표적 교수법 중 하나는 문제해결을 위한 협력학습이다. 문제해결을 위한 협력학습은 학습자가 지식을 공유하고, 문제를 함께 해결해 나가는 학습을 의미한다. 다른 사람과의 협력을 통해 문제를 인식하고 구체적 해결방안을 찾는 과정에 의미를 두고 있는 협력학습은, 학생들이 길러야 할 21세기 기술의 하나로 여겨지고 있다.

1) 문제해결을 위한 협력학습의 장점

문제해결을 위한 협력학습은 구성주의 환경에서 가장 많이 활용되는 교수법 중 하나이다. 그 이유는, 첫째, 문제해결을 위한 협력학습은 다른 학습자의 경험을 공유하고 그렇게 공유된 지식을 바탕으로 새로운 지식을 함께 구성할 수 있기 때문이다. 그러므로 개별 학습에 비해 더 수준 높고 의미 있는 지식을 구성할 수 있다는 장점이 있다. 둘째, 문제해결을 위한 협력학습 안에서 학습자들은 자연스럽게 상호작용하고, 이러한 사회적 상호작용 속에서 필요한 사회적 기술(social skills)을 더 잘 습득하고 개발할 수 있기 때문이다.

2) 문제해결을 위한 협력학습에서의 문제점

협력학습이 문제해결 과정에서 많은 이점을 가지고 있음에도 불구하고 학생들은 문제해결을 위한 협력학습에 부정적 경향을 보이거나, 문제해결을 위한 협력학습을 기피하기도 한다. 예를 들어, 학생들의 긍정적인 기대와 달랐던 협력학습과 사회적 상호작용에 대한 부정적 경험은 곧 협력학습 자체에 대한 부정적 인식으로 이어져, 상호작용 및 협력학습의 소극적 참여로 이어지거나, 낮은 자신감, 학습에 대한 부정적 인식 및 불만족으로 이어지는 경향으로 나타나기도 한다. 또한 모든 그룹원의 적극적 활동을 통한 성과물의 극대화라는 협력학습이 가진 장점을 제대로 활용하지 못하고, 자기에게 주어진 혹은 자기가 하고 싶은 내용만을 수행하는 수동적 자세를 견지하는 학생이 있을 수도 있다. 마지막으로, 협력학습과 관련된 다른 그룹원들의 일에 도움을 주거나, 적극적인 개입을 통해 그룹이 모두 성장하게 되는 그룹의 의사결정에 참여하지 않거나 혹은 소극적 참여를 통해, 자신에 대한 낮은 자신감 및 협력학습에 대한 낮은 만족감을 나타내는 경우도 있다.

3) 협력학습에서의 자기조절

협력학습에서의 자기조절 역할에 대해 연구하는 많은 학자는 문제해결을 위한 성공적인 협력학습에서는 자기조절과 사회적 조절이 중요하다고 강조하고 있다(Järvelä & Hadwin, 2013). Jonassen 역시 문제해결을 위한 개별 및 협력학습에서 자기조절의 중요성을 인식하고 메타인지 및 자기주도학습을 강조하고 있다. 하지만 공동의 문제해결을 위해 자신이 맡은 일을 제때에 완수하고, 그룹 안에서의 의사결정에도 적극적으로 참여하는 것은 쉽지 않은 일이다. 협력학습이 학습자에게 긍정적 경험을 주지 못하는 이유는, 그룹원 개인의 자기조절과 그룹원들 간의 사회적 조절에 성공하지 못했기 때문이라고 볼 수 있다. 즉, 자기조절과 사회적 조절이 제대로 이루어지지 않으면 성공적이지 못한 협력학습 경험으로 이어질 수 있다는 것이다.

최근 문제해결을 위한 협력학습이 학제 간 혹은 다학제 간 협력으로 확대되면서, 문제해결을 위한 그룹 안에서의 개인의 역할과 그룹의 역할에 대한 논의가 광범위하게 진행되고 있다. Schoor, Narciss와 Körndle(2015)은 문제해결을 위한 협력학습에서 자기조절뿐만 아니라 그룹 수준에서의 사회적 조절도 중요하다고 설명하였다. 특히 Järvelä와 Hadwin(2013)은 사회적 상호작용을 통한 성공적인 협력학습을 위해서 세 가지 종류의 조절 학습을 제안하였는데, 이는 다음과 같다.

- 자기조절학습(self-regulated learning): 각 그룹 개개인은 자기 자신의 학습에 대해 스스로 조절을 해야 한다.
- 공동조절학습(co-regulated learning): 각 그룹원은 같은 그룹원이 그들 자신의 학습을 성공적으로 조절하도록 특정 분야를 잘하는 학습자가 그렇지 못한 학습자가 자기조절을 잘할 수 있도록 지원해야 한다.
- 사회적으로 공유된 학습조절(socially shared regulation of learning): 모든 그룹원은 과제해결을 위해 필요한 수준의 자기조절능력을 갖추고 있으며, 그룹원 모두가 생산적, 동시적, 그리고 동일한 수준으로 그룹의 조절 과정에 참여한다.

2. 자기조절학습

문제해결을 위해 그룹 안에서 개인의 역할을 언급하기 전에, 문제해결을 위한 개인 활동의 이론적 배경이 될 수 있는 자기조절학습에 대해서 간단히 설명하고자 한다. 자기조절학습은 사회적 상호작용을 통해 문제를 해결해 나가는 방법과는 달리 개인에게 주어진 문제를 개인이 주도하여 해결하는 과정에 대해 설명하는 이론으로, 지난 40년 동안 많은 연구자의 관심 대상이 되어 왔다. 또한 자기조절학습은 상호작용을 통한 문제해결을 주장하는 사회적 조절이론이 등장하기 위한 이론적 토대를 제공하였다. 따라서 자기조절학습에 대한 이해는 사회적 조절을 이해하는 데에 꼭 필요하다. 자기조절학습을 설명하기 위해 다양한 학자는 학습을 바라보는 자신의 이론적 렌즈를 가지고 자기조절학습 모형을 만들어 냈다. 다음에는 가장 많이 인용되는 세 가지 모형을 중심으로 자기조절학습 모형을 순차적으로 소개하고자 한다.

1) Zimmerman의 자기조절학습 모형

먼저, Zimmerman(2011)은 사회인지적 관점에서 자기조절을 정의하고 있다. 즉, Zimmerman은 자기조절학습을 개인이 가진 동기와 조절 전략을 활용하여 학생 개인이 직접 의미 있는 목표를 세우고 그 목표를 성취해 나가는 체계적인 과정이라고 정의한다. Zimmerman(2011)은 자기조절을 전사고(forethought), 수행(performance), 자기성찰(self-reflection)의 세 가지 단계로 구분한다. 전사고 단계는 학습자의 과제분석과 자기 동기화로 설명된다. 과제분석을 통해 자기조절 학습자는 목표 설정과 목표 달성을 위한 구체적인 계획을 수립한다. 또한 이때 개인이 가진 자기효능감, 결과에 대한 기대, 과제에 대한 흥미와 과제의 가치, 목표 지향성이 과제분석에 영향을 미치게 된다. 수행 단계는 자기조절 및 자기관찰로 진행된다. 자기조절은 학습자가 사용하는 학습전략을 의미하는 것으로 수행에 필요한 다양한 학습전략을 전략적으로 사용하는 것을 의미한다. 학습전략으로는 공부할 시간을 확보하고, 환경을 정리하거나 자기보상을 하는 등의 전략을 사용할 수 있다. 그리고 자기관찰은 자신의 학습과정에 대한 스스로의 점검을 의미한다. 마지막으로, 자기성찰 단계는 자기판단(self-judgement)과 자기반응(self-reaction)으로 이루어져 있다. 자기판단은 자기관찰을 통해서 자신의 학습목표를 달성하였는지 판단하고, 목표 달성 여부를 자신이 통제할 수 있는 원인, 즉 올바른 학습전략의 사용 유무로 돌리는 것을 의미한다. 한마디로 자신이 목표를 달성하였다면, 학습전략을 잘 사용하였음을 의미하고, 목표를 달성하지 못하였다면, 올바른 학습전략을 선택하지 못하였거나 선택한 학습전략을 제대로 사용하지 못한 것에 실패의 원인을 두는 것을 의미한다. 또한 마지막으로, 자기반응은 만족감, 정서, 및 적응적(목표 수정 및 전략 수정) 혹은 방어적 태도를 의미한다. 자기반응은 다음 학습목표를 세우거나 과제분석에 영향을 미치게 된다. 자기조절의 세 가지 단계는 학습과정에서 한 번만 일어나는 것이 아니라, 학습과정 내내 순환적으로 일어나게 된다.

2) Pintrich의 자기조절학습 모형

Pintrich(2004) 역시 사회인지적 관점에서 자기조절학습을 규정하고 있다. 하지만 Pintrich와 그 동료들은 개인이 가진 학습동기(goal orientation), 과제 가치(task value) 및 자기효능감 등의 동기 부분에 집중하여 자기조절학습을 해석하였다. Pintrich(2000, 2004)는 자기조절학습 모형을 ① 전사고, 계획, 및 활성화(forethought, planning, and activation) 단계, ② 점검(monitoring) 단계, ③ 통제(control) 단계, ④ 반응 및 성찰(reaction and reflection) 단계의 네 가지 단계로 설명한다. 또한 단계별로 인지(cognition), 동기 및 정서(motivation/affect), 행동(behavior), 맥락(context) 요소로 설명하고 있다. Pintrich의 모형은 단계와 요소를 조합하여 설명함으로써 다른 자기조절학습 모형들이 제공하지 않는 많은 자기조절 과정(예: 사전지식 활성화)을 보다 구체적이고 종합적인 관점으로 설명한다(Panadero, 2017). 또한 이 모형은 메타인지(metacognitive) 연구를 통합하여 인지 요소에 메타인지 지식 활성화(metacognitive knowledge activation)와 같은 메타인지를 포함하였다. 행동 요소에 대해서는, 학생들이 그들 자신의 행동들을 통제하려는 시도를 하나의 개별요소로 구분하여 통합하였다는 점에서 Pintrich의 모형은 다른 모형과 구분된다(Panadero, 2017). 마지막으로, Pintrich의 모형은 맥락을 명시적으로 자기조절 구성요소의 하나로 보고 있다. 많은 자기조절학습 모형이 맥락을 언급하지만, 자기조절학습 모형 안에서 구체적으로 설명하지 않는 것과는 대조적이다. 자세한 내용은 Pintrich(2004)의 논문을 참조하기를 바란다.

3) Winne와 Hadwin의 자기조절학습 모형

Winne와 Hadwin(1998)은 자기조절학습을 ① 과제 정의, ② 목표 설정 및 계획, ③ 학습 전술 및 전략의 사용, ④ 메타인지적 적응 학습의 네 단계로 설명한다. 또한 이 모형에서는 과제의 다섯 가지 다른 측면들을 사용하는데, 각 측면의 알파벳 앞 글자를 조합하여 COPES라고 한다. 구체적으로 말하면, COPES 의 'C'는 조건

(Conditions)을 의미하는 것으로, 개인이 사용 가능한 자원, 과제, 혹은 시간을 포함한다. 'O'는 조작(Operation)을 의미하는 것으로, 탐색(Searching), 점검(Monitoring), 조합(Assembling), 시연(Rehearsing) 그리고 전이(Translating)(SMART)로 대표되는 인지과정과 전략을 말한다. 'P'는 결과물(Product)을 말하는 것으로 조작의 결과로 만들어진 정보(예: 새로운 지식)를 의미한다. 'E'는 평가(Evaluations)를 뜻하는 것으로 결과물(Product)과 학생들이 스스로 세운 기준 혹은 교사나 동료들에 의해 세워진 기준을 비교하여 학생 스스로가 만들어 내는 피드백을 일컫는다. 마지막으로, 'S'는 기준(Standards)을 의미하는 것으로 평가 기준을 그 예로 들 수 있다. Winne와 Hadwin(1998)이 제시한 자기조절학습 모형은 정보처리 과정에 기인한다. 즉, 개인이 상황을 인식하고, 인식한 내용을 바탕으로 목표를 세우고, 점검하고, 성찰하고, 또한 수정 · 보완해 가는 순차적 과정을 통해 자기조절학습을 한다고 설명한다. 따라서 Winne와 Hadwin의 모형은 사건을 중심으로 자기조절 연구를 할 때 주로 적용되었다. 하지만 최근 Winne와 Hadwin은 자기조절을 개인이 가진 특성(aptitude)으로 보고, 인식론 및 협력학습에서의 자기조절을 설명하는 데 적용하기도 하였다.

여기서 소개한 세 가지 자기조절학습 모형 외에도 다양한 자기조절학습 모형이 존재한다. 많은 학자는 학습을 바라보는 그들 자신의 관점에 따라 자기조절학습을 정의하고 설명하고 있다. 비록 다양한 방법으로 자기조절학습이 소개될 수 있지만, 연구자들이 일반적으로 가장 동의하는 자기조절에 대한 정의는 학습자가 자신이 세운 의미 있는 학습목표를 달성하기 위해 메타인지, 동기, 학습전략 등을 사용하는 과정으로 설명된다(Hadwin, Järvelä, & Miller, 2011). 메타인지적으로 학습자는 의미 있고, 체계적이며, 성취 가능한 목표를 설정하고, 그 목표를 달성하기 위해 계획하고, 그 실행 과정을 점검하고, 성찰하는 일련의 과정을 거치게 된다. 동기적 특성에 대해 설명하자면, 자기조절학습자는 학습목표를 완전학습에 두며, 높은 자기효능감을 가지고, 스스로 학습을 통제할 수 있다고 믿는 경향이 있다. 그리고 자신의 학습 실패 원인을 시간 부족 및 교사의 무능력과 같은 외재적 변인에 두는 것이 아니라, 부적절한 학습전략의 적용 및 노력의 부재와 같은 내재적 변인에 두는 경향이 있다. 또한 상황에 맞는 학습전략을 적절히 사용하면, 자신의 목표를 충분히 달성할 수 있다고 믿는 경향이 있다. 마지막으로, 학습전략 사용의 관점에서 보면, 자기조절학습자는 다양한 학습전략을 잘 알고 있으며, 이러한 학습전략을 상황과 주어진

과제에 맞게 적절하고 능숙하게 사용하는 학습자를 말한다. 초기 자기조절학습전략은 필기(note taking)의 유무 및 필기 방법에 따라 학습성취와의 연관성을 규명하는 것에 초점을 두었다. 이후 다양한 학습전략이 이론화되면서, 도움 구하기 방법, 시간관리, 비판적 사고 및 정보의 조직화 방법과 학습성취와의 관계 및 동기와의 관계가 연구되었다. 또한 정서적으로는 학습자가 학습에 대한 흥미, 기쁨, 행복과 같은 긍정적 정서를 느낄 때 더 능동적이고 의미 있는 학습전략을 사용한다고 알려져 있다.

3. 협력학습을 위한 자기조절과 사회적 조절

1) 협력학습을 위한 자기조절

자기조절학습에 관한 기존 연구들은 개인이 문제를 해결해 가는 과정에서 어떻게 자기조절을 하는지 메타인지, 동기, 학습전략 사용의 관점에서 살펴보고 있다. 즉, 학습자 개개인이 어떠한 조절 과정을 통해 문제를 해결하며, 어떠한 자기조절학습전략들이 개인 과제를 성공적으로 마치는 데 효과적인지, 각 자기조절학습의 요소들이 개인 학습과정과 어떠한 관계를 가지고 있는지에 대한 활발한 연구가 진행되었다.

하지만 최근에는 복잡한 문제해결을 위한 협력학습에서의 조절 과정에 대한 중요성이 부각되면서(Hadwin, Järvelä, & Miller, 2011; Järvelä & Hadwin, 2013) 개인 학습자의 그룹 과제수행 중 자기조절 과정이 주목받기 시작하였다. 협력학습에서의 자기조절은 개인 스스로가 학습과정에 대한 점검을 하고 이를 바탕으로 자신의 학습과정을 바꾸거나 조절하여 그룹 과제에 공헌하는 것을 의미한다(Järvelä & Hadwin, 2013; Miller & Hadwin, 2015). 이때 조절되는 것들은 과제에 대한 나의 인식, 학습전략에 대한 나의 지식이나 활용, 공동 과제에 대한 나의 목표나 기준, 협력학습을 위한 나의 계획, 나의 긍정적 · 부정적 감정 등을 포함한다. Miller와 Hadwin(2015)은 기존의 Winne와 Hadwin(1998, 2008)이 제시한 자기조절학습 모형을 문제해결을 위한 협동과정에서의 개인 역할에 초점을 두고 재해석하여 발표하였다. Winne와

Hadwin은 기존에 제시한 자기조절의 네 가지 단계를 협동과정 상황에 맞게 재해석하여 문제해결을 위한 협동과정에서 개인의 자기조절을 다음과 같이 설명하고 있다. 첫 번째 단계인 과제 이해(task understanding) 단계에서는 학습자들이 협동과제에 대한 인식을 나눈다. 두 번째 단계인 목표 설정과 계획(goal setting and planning) 단계에서는 첫 번째 단계에서 만들어진 협동과제에 대한 인식을 바탕으로 학습자 자신의 개별 목표와 그것을 달성하기 위한 기준 그리고 협동과제에 전략적으로 접근하기 위한 계획을 세운다. 세 번째, 과제 실행(task enactment) 단계에서 학습자들은 세운 계획을 달성하기 위해 다양한 전략들을 실행한다. 마지막으로, 소규모/대규모 적응(small and large scale adaptation) 단계에서 학습자들은 그들의 학습과정, 진전, 결과물을 점검함으로써 전략적으로 그들의 과제에 대한 인식, 목표, 참여 수준을 수정, 유지 및 조절할 수 있다.

2) 협력학습을 위한 사회적 조절

협력학습을 통해 문제를 해결할 때에 다른 그룹원과의 상호작용은 필수이다. 다른 그룹원과의 상호작용을 통하여, 개인은 공동의 문제해결을 위해 자신의 역할을 정의하거나 다른 그룹원과의 대화를 통해서 역할을 분담하기도 한다. 또한 자신의 지식과 경험을 활용하여 다른 그룹원과 토론하며 문제해결을 위한 합의점을 찾기도 한다. 이처럼 학습자들이 공동의 문제를 해결하기 위한 상호작용 안에서 어떠한 조절 과정을 경험하느냐에 따라, 협력학습과 관련된 다양한 조절의 개념이 등장하였다. 공동조절(co-regulation; McCaslin & Burross, 2011; Volet, Summers, & Thurman, 2009), 개인 사이의 조절(interpersonal regulation; Vauras & Volet, 2013), 사회적으로 공유된 조절(socially shared regulation; Rogat & Linnenbrink-Garcia, 2011)이 그 예이다. 구체적인 사례는 Schoor, Narciss와 Körndle(2015)의 연구에서 찾을 수 있다.

비교적 개념이 잘 정립된 자기조절과는 달리, 다른 사람과의 상호작용을 통해 일어나는 사회적 조절은 많은 실증적 연구를 통해 확고한 개념이 정립되어야 하는 과제를 안고 있다. 최근 가장 많이 사용되며 연구자들이 받아들이고 있는 용어들 중의 하나는 사회적 조절(social-regulation)이다. 이 장에서는 용어의 혼선을 최소화하고, 일반적으로 가장 많이 받아들여지고 있는 용어를 사용하기 위해, 사회적 조절을 포괄적인 용어(umbrella term)로 사용하고자 한다. 사회적 조절은 다른 사람과의 상호작용을 통해서 이루어지는 모든 종류의 조절상태를 포함하는 말로, 공동조절 그리고 사회적으로 공유된 조절로 구분할 수 있다(Järvelä & Hadwin, 2013).

(1) 협력학습을 위한 공동조절

공동조절은 문제해결을 위한 협력학습의 상황에서 두 명 이상의 개인들이 상호작용을 통하여 공동으로 상황을 조절하는 것이다. 이때 공동조절은 좀 더 조절능력이 뛰어난 개인이 조절능력이 부족한 개인을 촉진(prompting)과 스캐폴딩(scaffolding)과 같은 방법으로 도우면서, 다른 개인 스스로가 조절을 잘할 수 있도록 지원하는 것이다. 조절능력이 뛰어난 개인이란 교사, 부모 혹은 다른 동료 학생을 의미한다. 여기에서 중요한 것은 학습자가 조절능력을 얻으면서, 제공되었던 스캐폴딩이 점차 사라지는 것이다. 협력학습에서 공동조절의 목표는 문제해결을 위해 그룹원들이 서로 돕는 데 기여한다(Järvelä & Hadwin, 2013). 즉, 개인 스스로가 자신의 학습과정을 조절하는 자기조절과 달리, 공동조절은 다른 사람(들)이 서로의 학습과정을 조절한다는 관점에서 해석되어야 한다(Järvelä & Hadwin, 2013; Miller & Hadwin, 2015). 공동조절에서는 과제에 대한 서로의 인식, 학습전략에 대한 서로의 지식이나 활용, 공동 과제에 대한 서로의 목표나 기준, 협력학습 과제와 그 과제에 대한 공헌을 위한 서로의 계획, 그리고 과제에 대한 다른 사람들의 긍정적 · 부정적인 정서적 감정들에 대한 인식, 서로의 목표에 대한 평가가 조절된다. 하지만 이때 공동조절은 그룹 안에서 개인 간에 일어나는 모든 상황에 적용되는 것이 아니라 특정한 상황에 적용되는 것을 말한다. 예를 들어, 한 개인은 영어와 관련된 문제해결에는 뛰어날 수 있어도, 물리와 관련된 문제해결에는 뛰어나지 않을 수 있다.

(2) 협력학습을 위한 사회적으로 공유된 조절

수준의 차이가 있기는 하지만, 모든 개인은 어느 정도 수준의 자기조절능력을 갖추고 있다. 가장 이상적인 협력학습에서의 문제해결 모형은 사회적으로 공유된 조절이다. 이것은 그룹의 모든 개인이 뛰어난 수준의 자기조절능력을 갖추고 있으면서, 상호작용을 통한 그룹의 조절 과정에 개개인이 비교적 동일한 수준을 갖추고 적극적으로 참여하는 것을 말한다. Järvelä와 Hadwin(2013)은 사회적으로 공유된 조절은 그룹이 하나의 개체로 뭉쳐 함께 조절할 때 발생한다고 설명한다. 즉, 개인이 다른 개인을 그룹 안에서 촉진, 유도(guiding) 혹은 스캐폴딩하는 공동조절과는 달리, 각 개인이 그룹의 문제해결을 위해 지식이나 기술과 함께 각자의 조절 과정들을 하는 상태에서, 그룹원들이 이 조절 과정들을 조정하여 그룹 전체의 또 하나의 유기적 조절 과정이 된다. Miller와 Hadwin(2015)은 상호작용 속에서 협상(negotiation)과 합의(consensus-making)를 통해 주요 조절 과정들이 조정된다고 설명하였다. 공유된 조절은 사회적 상호작용을 통해 함께 공부하는 사회적 구성주의의 관점으로 설명할 수 있다. Järvelä와 Hadwin(2013)은 협력학습에서 공유된 조절목표는 그룹 과제를 해결하기 위한 과정을 최적화시키기 위해 그룹의 목표나 기준이 공동으로 구성되는 것이라고 설명하였다. 요약하면, 협력학습에서 자기조절은 개인 스스로가 자신의 학습과정을, 공동조절은 다른 사람(들)이 서로의 학습과정을 조절하는 반면에, 공유된 조절은 그룹이 우리 그룹의 학습과정을 조절하는 관점이다(Järvelä & Hadwin, 2013; Miller & Hadwin, 2015). 즉, 사회적으로 공유된 조절은 공통의 과제 인식을 위한 우리의 협상, 우리가 함께 세운 전략, 우리의 조절 과정에 대한 평가, 과제에 대한 우리의 긍정적 · 부정적 감정에 대한 인식 조절 등을 포함한다.

4. 미래 연구 방향

문제해결을 위한 협력학습에서 자기조절과 공동조절의 역할과 및 그 영향에 대해 연구하는 것은 매우 중요하다. 지금부터는 자기조절과 사회적 조절을 연구하면서 앞으로 어떤 점을 고려하여 어떤 연구를 해야 할지 향후 연구 방향에 대해 안내하고자 한다. 이에 크게 세 가지의 연구 방향을 제시하고자 한다. 첫 번째, 문제의 유형에 따른 자기조절과 공동조절이 어떻게 일어나는지 연구해 볼 필요가 있다. 두 번째, 기존의 자기보고에 의존하는 설문조사 이외에 비디오 분석과 같은 다양한 방법으로 자기조절 과정을 측정해서 이론화할 필요가 있다. 마지막으로, 문제해결에서 자기조절 및 사회적 조절이 효과적으로 일어날 수 있도록 테크놀로지를 활용하여 그 과정을 지원할 필요가 있다.

1) 문제 유형에 따른 자기조절 및 사회적 조절 과정 규명

문제 유형에 따른 자기조절 및 사회적 조절의 과정에 대해 규명할 필요가 있다. 지금까지 자기조절 및 사회적 조절 연구는 교사교육 및 멀티미디어 활용의 상황에서 주로 연구되었다. 하지만 다학제간 융합의 필요성이 강조됨에 따라, STEM 혹은 인문, 예술, 공학이 융합하며 비구조 문제를 해결하는 상황에서의 자기조절 및 공동조절의 역할에 대해서도 연구할 필요가 있다.

최근 공학도들은 학년 및 전공이 다른 학생들과 모여서, 매우 비구조화된 몇 가지 현실 문제의 영역에서 그룹원들의 관심과 아이디어를 논의하면서 그룹원과 함께 문제를 분석하거나 현실의 문제를 찾아서 해결하는 과정을 정규교육과정 혹은 비정규과정에서 경험한다. 예를 들면, 성균관대학교의 Grand Challenge Tech+Innovator(GCTI)에서는 National Academy of Engineering(NAE)가 선정한 21세기 공학이 해결해야 할 가장 중요한 14가지 문제를 중심으로 5개월간의 프로그램을 운영한다. 다양한 공학 전공으로 이루어진 그룹은 자신의 전문분야를 바탕으로 14가지 분야 중에 한두 분야를 정한 뒤, 그룹이 함께 문제를 정의하고, 그 문제를 해결하기 위해 그룹 개개인의 역량을 모아 그룹 전체의 역량을 극대화한다. 또한 문제해결의 결과물로 프로토타입(시제품)을 만들어서 제출하게 되어 있다. 학생들은 일련의 협동 과정 속에서 자기조절과 사회적 조절을 경험하게 된다.

융합 캡스톤과 같은 다학제간 협력학습(interdisciplinary collaborated learning)에서의 문제해결을 위한 각기 다른 배경을 가진 학생들의 자기조절 및 사회적 조절에 대해 관심을 가질 필요가 있다. 정규교과의 한 과목으로 성균관대학교에서 개설된 융합 캡스톤 디자인 수업은 전공이 전혀 다른, 인문대학, 사회대학, 자연대학, 공과대학 학생들의 문제해결 과정에서의 협력과 융합 산출물 제작의 경험을 위해 만들어졌다. 수업에 참여한 학생들은 하나의 팀 안에서 3개 전공 이상의 다학제 팀을 구성하게 되어 있다. 그리고 그룹원이 선정한 문제를 해결하는 방안으로 하나의 완성된 산출물을 만들고, 이렇게 만들어진 산출물을 발명, 특허로 연결할 수 있다. 또한 학생들은 그룹원과 함께 창업으로 이어질 수 있는 창의적인 제품 아이디어를 선정하고, 그 선정한 아이디어를 구체적으로 실현하기 위한 일련의 과정을 경험하면서 자연스럽게 자기조절 및 사회적 조절을 하게 된다. 따라서 그룹원들끼리의 협력을 전제로 하는 다학제간 융합 프로그램에서, 비구조 문제를 해결하는 과정에서 학생들은 높은 수준의 자기조절 및 사회적 조절을 경험할 것으로 생각된다. 하지만 이들이 어떻게 자기조절 및 사회적 조절을 경험하는지에 대한 연구는 거의 없다.

2) 자기조절 및 사회적 조절을 측정하는 다양한 방법

자기조절과 사회적 조절은 다양한 방법을 통해 측정될 수 있다(Zimmerman, 2008). 자기조절 및 사회적 조절 연구자들은 공통적으로 조절과 관련된 측정도구가 다양할 필요가 있다고 주장한다. 자기조절 연구에 집중했던 기존의 많은 연구자는 설문지와 같은 자기보고식 측정 방법에 상당 부분 의존하고 있다. 이에 반해, 사회적 조절을 연구하는 학자들은 2~5명으로 이루어진 소규모 집단의 문제해결이라는 비교적 작은 규모의 연구를 위해 협력학습에서의 대화를 비디오로 녹화하기도 한다. 이들에 대한 데이터 분석을 토대로 사회적 조절의 존재를 발견하고 이론화하는 작업을 진행하고 있다. 지금부터는 자기조절과 공동조절 연구에 가장 일반적으로 사용되는 설문지와 현재까지 활발하게 사용되고 있는 비디오 녹화를 통한 연구 방법을 소개하고자 한다.

(1) 자기보고식 설문지

자기보고식 설문지는 주로 개별화된 학습을 하면서 학습자가 어떻게 자신의 학습을 조절하는지에 대해 측정하고 있다. 대표적인 자기보고식 설문지로는 Metacognitive Assessment Inventory(MAI), Motivated Strategies for Learning Questionnaire(MSLQ), Study Process Questionnaire(SPQ)가 있다.

① Metacognitive Assessment Inventory(MAI)

Jonassen 역시 그의 『Handbook of Problem Solving』에서 자기조절을 설명하기 위해 MAI의 이론적 배경을 활용하고 있다. MAI를 개발한 Schraw와 Dennison(1994)은 MAI를 인지적 지식(knowledge of cognition)과 인지조절(regulation of cognition)로 정의하였다. 인지적 지식은 다시 선언적 지식(자신의 능력과 자신의 학습전략 및 자원에 관한 지식), 절차적 지식(자신의 학습전략 활용 방법에 관한 지식), 조건적 지식(학습절차를 사용하는 시기와 사용하는 이유에 대한 지식)으로 나누어 볼 수 있다. 또한 인지조절은 계획, 정보관리, 점검, 오류수정, 평가의 실제적 전략 적용 및 학습전략 사용과 관련된 영역이다. 총 52문항으로 구성된 MAI는 인문, 사회 및 과학 등 다양한 교과 교육에서 자기조절을 측정하기 위해 사용되고 있다.

② Motivated Strategies for Learning Questionnaire(MSLQ)

자기조절을 측정할 때 가장 많이 사용되는 도구 중의 하나는 Pintrich와 그의 동료들(1993)이 개발한 Motivated Strategies for Learning Questionnaire(MSLQ)일 것이다. MSLQ는 동기와 학습전략의 두 부분으로 구성되어 있다. 동기 부분은 총 31문항으로 구성되어 있으며, 내재적 목표지향, 외재적 목표지향, 과제에 대한 가치, 학습통제에 대한 믿음, 자기효능감 및 시험불안 영역으로 구성되어 있다. 또한 학습전략 부분은 총 50문항으로 이루어져 있으며, 자기조절학습자가 사용하는 전략인 시연, 구체화, 조직화, 비판적 사고, 메타인지적 자기조절, 시간 및 학습환경 관리, 노력 조절, 동료학습, 도움 구하기로 구성되어 있다. MSLQ는 문제해결 상황에서 개인의 동기와 사용하는 학습전략을 알아보기 위해, 학년 및 과목과 관계없이 세계적으로 많이 사용되고 있는 자기보고식 측정도구이다. 7점 척도로 개발되었지만, 상황 및 대상에 따라 4점, 5점, 6점, 7점 척도로 다양하게 사용되고 있다. 더 구체적인 내용은 Duncan과 McKeachie(2005) 혹은 Pintrich, Smith, Garcia와 McKeachie(1993)를 참조하기 바란다.

③ Study Process Questionnaire(SPQ)

앞에서 언급한 MAI와 MSLQ가 미국의 학생들을 대상으로 해서 만들어져 세계적으로 많이 사용되고 있는 자기보고식 설문지라면, Study Process Questionnaire(SPQ)는 아시아, 즉 홍콩 학생들을 대상으로 하여 만들어진 자기보고식 자기조절 설문 도구이다. Biggs, Kember와 Leung(2001)은 SPQ를 심층적(deep) 접근법과 표면적(surface) 접근법으로 정의하였다. 심층적 접근법은 심층적 동기와 심층적 전략으로, 표면적 접근법은 표면적 동기와 표면적 전략으로 구성되어 있다. 총 20문항으로 이루어진 SPQ는 5점 척도로 구성되어 있으며, 초·중·고 및 대학생들의 자기조절능력을 측정하는 데 사용되고 있다[자세한 내용은 Biggs, Kember와

Leung(2001)을 참고하기 바란다].

앞에서 언급한 세 가지 자기보고식 설문지는 개인에게 주어진 혹은 개인이 정의한 문제해결을 위해 개인이 자신을 어떻게 조절하면서 문제를 해결하느냐에 초점을 맞추고 있다. 하지만 앞에서 설명하였듯이, 개인이 그룹 안에서의 합의에 따라 결정된 과제나 본인이 그룹 전체의 목표 성취를 위해 스스로 정의한 그룹 안에서의 본인 역할을 중심으로 한 자기조절을 측정하기 위한 자기보고식 설문이 만들어져야 할 것이다. 또한 사회적 조절과 관련된 자기보고식 설문지 역시 존재하지 않기 때문에, 실증연구에서 나온 연구 결과를 토대로 하여, 사회적 조절을 측정하기 위해 공동조절 및 사회적으로 공유된 조절의 설문이 개발되어야 할 것이다. 설문을 구성하기 위한 가장 기본적인 단계는 설명하고자 하는 내용의 정확한 측정이다. 그러나 앞에서도 언급하였듯이 용어와 정의의 혼재로 인해 그룹 안에서의 개인의 자기조절과 사회적 조절을 측정할 수 있는 자기보고식 설문의 개발에 어려움이 있을 것으로 생각된다. 따라서 설문 개발 시, 조작적 정의에 의한 분명한 개념과 용어가 사용되어야 혼선을 피할 것으로 예상된다.

이 장을 쓰는 필자들의 입장에서 보면, 협력을 통한 문제해결학습에서의 신뢰도와 타당도가 높은 자기보고식 설문지는 현재까지 존재하지 않는다. 몇몇 연구자는 사회적 조절을 측정하기 위해 DiDonato(2013)의 연구에서 사용한 일부 항목을 선별하여 사용하고 있지만 자기조절, 공동조절, 및 공유된 조절의 세 가지 측면에서 본다면, 이들이 사용하고 있는 문항은 협력학습을 위한 자기조절과 사회적으로 공유된 조절 문항이 섞여 있는 것으로 여겨진다. DiDonato(2013)는 『Instructional Sciences』에서 다음의 다섯 문항을 공동조절의 예시로 들고 있다.

- 그룹원 각자가 무엇을 하고 있는지 알기 위해, 우리는 그룹원 각자의 일을 살펴보았다.
- 우리는 그날 일이 끝나 갈 때, 다음날 일을 계획하기 위해 충분한 시간을 남겨두었다.
- 우리는 그룹원 각자가 제대로 하고 있는지를 확인했다.
- 계획을 세울 때, 우리는 그 계획이 현실적인지 아닌지에 대해서 이야기했다.
- 나는 그룹원들이 우리 팀의 공동 프로젝트를 위해 어떤 일을 하고 있는지 알았다.

문제해결을 위한 협력학습에서 자기조절, 공동조절 혹은 공유된 조절 연구는 기존의 설문지 연구 방법과는 차별화되는 질적 연구 방법을 통해 이루어지고 있다. 질적 연구를 통해 그룹에서 일어나는 그룹 역동성(dynamics)을 담고 있으므로 현재까지 이루어진 대부분의 연구는 작은 규모로 이루어지고 있다. 자기보고식 설문지가 학습자의 인식에 기반하고 있다고 하여, 자기보고식 설문지를 부정하는 것은 아니다. 자기보고식 설문은 자기조절이론 발전에 많은 기여를 하였다. 또한 사회적 조절에 관한 자기보고식 설문지가 만들어진다면, 그 역시 사회적 조절이론에 많은 영향을 미칠 것으로 예상된다.

(2) 비디오를 통한 관찰

비디오를 통한 사회적 조절의 관찰은 비교적 적은 수의 학생들을 대상으로 이루어지고 있다. DiDonato(2013)는 영재학교의 학생들이 협력학습 그룹에서 문제해결을 하면서 어떻게 공동조절이 자기조절의 향상을 이끄는지를 조사하였다. DiDonato(2013)는 자기조절학습의 향상과 공동조절의 중재효과를 확인하기 위해 자기조절과 공동조절 자기보고식 설문 조사를 활용하였으며, 공동조절이 어떻게 출현하고 자기조절학습에 어떻게 영향을 미치는지를 더 깊게 탐색하기 위해서 비디오 관찰을 통한 사례 연구 분석을 실행하였다. 총 16개의 그룹 중에 목적 표집(purposeful sampling)으로 한 그룹이 선택되었고, 이 그룹은 두 명의 6학년 여학생과 두 명의 남학생으로 구성되었다. 이 연구에서 학생들은 자신들이 주제를 직접 선정하고 그것들을 해결하기 위해 계획을 세우는 등 학생들 스스로 선택하거나 의사결정을 해야 하는 실제적이고 의미가 있는 융합과제들을 부여받았다. 이러한 과제들은 자기조절학습을 촉진시키기 위해 설계되었다. 이 프로젝트는 9주 동안 진행되었으며, 학생들 자신의 계획, 과정 그리고 결과물에 대한 자기평가와 동료평가도 포함하였다. 프로젝트 중에 그룹 학생들의 전체 상호작용 과정은 비디오로 녹화되었다. 총 1,544분 이상의 녹화된 비디오가 분석되었는데, 그룹원들의 대화와 행동을 매 15분 단위(에피소드)로 끊어서 요약함으로써 분석과정이 시작되었다. 이 중에서 특히 문제해결과 직접적으로 관련 있는 대화 및 행동은 녹취로 기록되었다. 연구자들은 기록된 녹취 자료를 Nvivo 소프트웨어를 활용하여 코딩하였다. 코딩 초기에는 공동조절 과정을 포함하기 위해 Wolters, Pintrich와 Karabenick(2005)이 만든 코딩스킴(scheme)이 수정 없이 활용되었지만, 코딩을 하는 과정 중에 데이터를 분류하고 새로 발견된 코드를 반영하기 위해 기존의 코딩스킴은 수정되었다. 신뢰도 확보를 위해 두 명의 연구자 중에 한 명은 녹취 자료의 80%를, 다른 한 명은 20%를 코딩하였고, 신뢰도는 88%로 확인되었다. 일치되지 않은 부분에 대해서 연구자들은 서로 상의를 통해 코딩을 일치시켰다. 그다음으로 프로젝트의 시간대에 따라 조절 과정이 다르게 나타나는지 여부를 확인하기 위해 총 9주의 프로젝트 시간대를 세 개로 나누었고, 시간대에 따른 자기조절과 공동조절을 두 개의 문서에 기록하였다. 전체 코드 전반에 걸쳐서 발견된 주제(theme)들을 기록하고 그 주제들과 활용된 데이터의 연결성을 위해서 내러티브(narratives)가 구성되었다. 마지막으로, 자기조절, 공동조절, 그리고 시간에 따른 유사점, 차이점, 연결성을 조사하기 위해 횡적 내러티브(cross-narrative) 분석이 실행되었다.

또한 Volet, Summers와 Thurman(2009)은 사회적 조절과 내용 처리(content processing) 두 가지 구인(construct)을 조합한 상황적 프레임워크를 개발, 활용하여 협력학습에서의 공동조절을 연구하였다. 사회적 조절 구인은 외적 조절, 공유된 조절 등의 여러 개념을 총괄한 개념으로, 이 구인에서는 그룹 내에서의 개인적 조절과 그룹으로서의 공동조절의 두 가지 형태가 개념화되었다. 그룹 내에서의 개인적 조절은 자기조절과는 구분된 개념으로 그룹 안에서 일어나는 학습활동의 개인적인 일시적 조절 과정이며, 그룹으로서의 공동조절은 그룹 전체의 조절에 중점을 둔 조절 과정이다. 이 연구에서는 18명의 수의학과 학생들이 그룹 과제를 하는 모습이 비디오 영상으로 녹화되었다. 한 그룹은 6명의 그룹원들로 구성되었고, 교사의 개입 없이 학생들의 주도하에 그룹 과제가 진행되었다. 과제는 학생들이 실제적인 임상 사례에 적용된 생리학 원칙을 확인하고, 이를 기존의 임상 원칙과 통합하고, 기초적인 수준에서 임상 정보를 끌어내는 방법을 학습하게 하려는 목적으로 설계되었다. 사례에 관한 파일을 받은 후에 각 그룹의 첫 번째 회의와 기본 연구를 마친 후의 두 번째 그룹 회의가 녹화되었고 연구자들은 이를 분석하였다. 코딩 단위는 에피소드 수준에서 이루어졌으며, 학습내용을 직접적으로 다루고 있는 담화와 학습내용과는 관계없는 내용들을 다루고 있는 담화가 구별되도록 코딩되었다. 전자의 경우는 상위 수준의 내용 처리, 하위 수준의 내용 처리, 개인적 조절, 공동조절로 코딩되었다. 상위 수준의 내용 처리는 정교화, 해석, 추리, 아이디어 개발이나 연결하기,

자신의 말로 설명하기 혹은 도움 구하기를 말한다. 하위 수준의 내용 처리는 기본 사실에 대한 명료화와 관련된 에피소드를 나타내며, 개인적 조절은 한 명의 담화를 특징으로 하는 에피소드를 나타낸다. 공동조절은 여러 명의 그룹원의 담화를 특징으로 하는 에피소드를 나타낸다. 이 네 가지 카테고리에 해당되지 않는 경우는 과제(task) 또는 구성(organization)으로 분류되었다. 즉, 과제의 내용지식과 관련되지 않은 스스로의 학습 목표를 세우고, 범위와 구조를 결정하고, 어떤 정보를 포함할지를 결정하는 상호작용은 과제로 코딩되었다. 구성은 시간 계획, 그룹 미팅의 장소, 내용의 세부사항에 대한 논의, 하위 과제의 위임과 관련된 담화이다. 분석자 간 신뢰도는 두 명의 연구자가 동의를 한 각 미팅의 전체 길이의 비율을 확률로 계산함으로써 확립되었다. 연구 결과는 상호작용 유형에서의 차이점, 높은 수준의 공동조절에 나타나는 규칙적인 패턴 그리고 생산적인 협동의 유지에 공헌한 상호작용의 특징들을 보여 주었다.

앞의 두 연구에서 보듯이 비디오 분석은 중학생부터 대학생까지 학습자의 나이에 상관없이 사회적 조절을 위한 상호작용의 복잡성과 다차원성을 조사하기 위해 활용되고 있다. 협력학습에서의 자기조절과 사회적 조절을 조사하기 위해서는 개인 학습자가 어떻게 다른 학습자와 상호작용을 통해 조절 과정이 이루어지는지뿐만 아니라 그룹 과정이 어떻게 발생하고 어떻게 변화되는지, 조절 과정에서의 맥락이 어떻게 되는지에 대한 객관적인 데이터가 필요하다. 이를 위해서 비디오 관찰이 필요하며, 공동조절 혹은 사회적으로 공유된 조절 중에 어디에 초점을 두느냐에 따라서 미시분석(microanalysis)부터 거시분석(macroanalysis)까지 담화에 대한 다양한 분석방법이 필요할 것으로 보인다. 또한 언어뿐만 아니라 비언어에 대한 분석, 아직 용어와 개념이 확립되지 않은 공동조절과 사회적 조절에 관해 코딩에 필요한 어느 정도 표준화된 스킴의 확립과 타당성 확립이 중요할 것이다.

3) 테크놀로지를 활용한 자기조절 및 공동조절의 지원 방법 모색

일반적으로 자기조절과 공동조절은 시간이 지나면서 향상되고 개발된다고 알려져 있지만, 모든 학습자가 학습에서 기대되는 수준의 조절능력을 갖추고 있는 것은 아니다. 또한 학습자끼리의 자기조절능력은 과제에 따라서 달라질 수도 있기 때문에, 학습자의 조절능력을 지원하거나 향상시키는 것이 성공적 문제해결 혹은 성공적 협력학습을 위해 반드시 필요하다.

문제해결학습 상황에서 자기조절 및 사회적 조절을 향상시키는 방법에 대한 교수학습적 연구는 아직 많이 이루어지고 있지 않다. 기존의 자기조절 향상 연구로부터 얻을 수 있는 교훈은, 자기조절을 향상하기 위한 학습전략은 몇 가지 조건을 맞추어야 한다는 것이다. 첫째, 학습자는 명시적 교수(instruction)를 통해서 학습자 자신이 자기조절 활동을 하고 있다는 것을 인식시켜야 한다. 명시적 교수를 통해 학습자는 본인이 하는 활동이 자기조절 활동이라는 사실을 인지하고, 다양한 자기조절 학습방법을 학습하게 된다. 둘째, 자기조절 방법은 실제 과제 및 학습활동에 내재되어야 한다. 이때 중요한 것은 학습자들이 내재되어 있는 자기조절 학습방법에 대한 효과를 스스로 인지하거나 경험하게 해야 한다는 것이다. 자기조절의 성공경험 적용을 통해 자기조절능력은 다른 과목 및 다른 학습 상황으로 전이될 수 있다. 셋째, 학습자의 자기조절은 다른 사람과의 사회적인 상호작용을 통하여 자기조절의 상황을 다른 사람들로부터 인정받고 지원받아야 한다. 또한 다른 사람의 자기조절에 대한 상호작용을 통하여 다른 사람에게 피드백을 주고, 노력을 인정하고, 정서적 지원까지 고려하여야 한다. 제안된 세 가지 조건은 테크놀로지를 활용한 자기조절 향상으로 연결될 수 있다. 다음에서는 구체적으로 테크놀로지를 활용한 자기조절 및 사회적 조절 향상을 위한 세 가지 방법을 소개하고자 한다.

(1) 소셜미디어를 통한 협력학습의 자기조절 및 사회적 조절 지원

자기조절 및 사회적 조절을 향상하기 위해서는 최소한 앞에서 제시한 세 가지 조건을 만족시켜야 할 것으로 예상한다. 트위터(Twitter), 페이스북(Facebook), 위키(Wiki)와 같은 소셜미디어(social media)를 활용하여, 자기조절 및 사회적 조절 향상을 시도한 몇몇 연구가 있다. 첫 번째로, Cho, Lim과 Lee(2017)는 유아교육학과의 예비교사들이 유아 프로그램 개발이라는 공동의 문제를 해결하기 위한 과정을 성찰하는 도구로서 블로그(Blog)를 활용하게 하였다. 블로그를 통해 각 그룹원들은 개인 차원과 그룹 차원에서 개인과 그룹의 조절이 어떻게 일어나고 있는지를 과제 중심으로 성찰하였다. 또한 각 그룹은 자신의 그룹원들이 포스팅한 성찰일지에 대해서 코멘트를 주도록 하였다. 8주 후에 연구자들은 블로그를 활용한 개인 및 그룹 차원의 조절 과정을 기록한 성찰일지의 사용으로 인해, 연구 참여자들의 자기조절과 공동조절 능력이 모두 향상되었음을 밝히고 있다.

또한 개별 프로젝트를 진행하면서, 학생들 스스로가 트위터를 활용하여 자신의 성찰 과정을 기록하고 그 효과에 대해서 측정한 연구도 있다. Cho와 Cho(2013)의 연구에 따르면, 예비교사들이 교육공학 수업에서 네 개의 모듈에 소규모 프로젝트를 실행할 때 트위터를 활용하여 '무엇을 생각하고 있는 중이니?'라는 질문에 응답하는 실험집단과 '무엇을 하고 있는 중이니?'라는 질문에 응답하는 통제집단 사이의 자기조절의 차이에 대해서 규명하였다. 메시지 분석과 자기보고식 설문을 통하여, 프로젝트를 진행하면서 스스로의 프로젝트 수행에 대해 메타인지적으로 생각하고 성찰한 집단과 현재 자신이 프로젝트 수행을 위해 무엇을 하고 있는지 보고하는 집단 간의 차이를 발견하였다. 구체적으로 말하면, 실험집단의 학생들이 통제집단의 학생들보다 계획과 성찰에 더 많이 몰입하였으며, 두 집단 모두 트위터의 사회적 상호작용의 특징으로 인해 예비교사들 간의 활발한 상호작용을 보고하였다. 하지만 어떤 내용을 성찰하고, 그것에 대해 사회적 지지를 받느냐에 따라 실제 학생들의 자기조절능력 향상에 대한 유의미한 차이가 보고되었다. Metacognitive Assessment Inventory(MAI)로 측정한 자기조절능력 변화를 분석한 결과, 9주 후에 실험집단의 학생들이 통제집단의 학생들보다 인지적 지식과 인지조절에서 사후 자기조절능력이 향상하였지만, 통제집단은 변화가 없었다. 앞에서 언급한 소셜미디어를 활용한 자기조절 및 공동조절을 지원하는 학습활동은 자기조절 및 공동조절 능력을 향상시키는 데 어느 정도 기여한 것으로 예상된다. 또한 소셜미디어를 활용한 방법이 기존의 설문조사 방법에 의존하는 것과는 달리, 학습자들이 포스팅한 메시지를 중심으로 자기조절 및 공동조절 내용을 포함하고 있기 때문에, 내용분석 방법을 통하여 학습자 및 그룹에서 일어나는 역동적인 방법을 분석하기에 적합해 보인다. 그리고 사회적 상호작용을 통해 서로를 지원하고 격려함으로써 자기조절 및 공동조절에 대한 확신, 강화, 심리적 지원 등이 일어나 조절학습을 더 향상하는 데 기여하는 것으로 여겨진다.

(2) 동료평가를 통한 자기인식의 시각화 툴

'내가 잘하고 있는가?' 혹은 '문제해결을 위한 사회적 상호작용을 하는 동안 내가 우리 그룹에 얼마나 기여를 하고 있는가?' '우리 그룹은 잘하고 있는가?'에 대한 자기인식(self-awareness)은 매우 중요하다. 자기인식을 통해 학습자는 자신의 노력에 대한 강도를 조절하거나, 학습전략을 바꾸기도 하고, 혹은 계속해서 현재의 노력 정도를 유지하기도 한다. 하지만 때로 문제가 되는 것은 자기인식이 정확하지 못할 경우이다. 노력을 더 해야 함에도 불구하고 정확한 자기인식이 없기 때문에 현재의 상태에 만족한다면, 이는 자기 자신의 자기조절 및 사회적 조절에 대한 인식이 정확하지 못함에서 기인한다.

자기인식에 대한 정확한 정보를 제공하기 위해 자기조절 및 공동조절 연구자들의 최근 연구는 동료평가를 활용하고 있다. Järvelä 등(2015)은 기존에 개발된 학생들의 자기평가와 동료평가를 높은 정확도로 지원해 주는 Virtual Collaborative Research Institute(VCRI) 도구를 활용하였다. 그들은 자기조절학습과 사회적으로 공유된 조절의 학습에 대한 자기인식을 촉진하기 위해 VCRI가 지니고 있던 기존의 레이더(Radar) 도구를 활용하였다. 레이더는 6개의 축으로 이루어진 다이어그램이며 100점의 리커트 척도로 표기되어 있다. 이 도구는 사용자들에게 익명으로 그들의 인지적 · 사회적 행동들이 어떻게 그들 자신과 동료들 그리고 그룹에 인식되는지에 대한 정보를 제공해 주어 그룹원들의 사회적 · 인지적 행동의 인식을 향상시킨다. 또한 향상된 인식이 실제 그룹 활동에 참여하는 개인 및 그룹의 조절에도 영향을 미칠 것으로 기대한다. 그룹원들은 개인적 수준뿐만 아니라 그룹 수준에서 레이더에서 제시하는 여섯 개의 다른 질문에 대해 다음과 같이 답변을 한다.

'나는 과제를 어떻게 수행해야 하는지 안다.'
'나는 과제를 이해한다.'
'이 과제는 흥미롭다.'
'내 감정은 일을 하는 데 영향을 준다.'

'나는 이 과제를 할 수 있다고 생각한다.'
'나는 우리 그룹이 이 과제를 수행할 수 있다고 생각한다.'

그룹원들이 개인적으로 레이더(Radar)의 다이어그램을 마치면 그들은 다른 그룹원들의 레이더를 화면에서 볼 수 있다. 이는 과제를 시작하기 전에 학생들이 그들 스스로의 인지적 · 동기적 · 정서적 측면을 인식할 수 있게 해 줄 뿐만 아니라 그룹이 과제를 위해 현재 어떤 상태인지를 인식할 수 있게 해 준다. 또한 Järvelä 등(2015)은 사회적으로 공유된 자기조절학습을 촉진시키기 위해 VCRI에 OurPlanner와 OurEvaluator 도구를 만들어 그룹이 사회적으로 공유된 조절 전략을 확인하고 개발할 수 있도록 하였다. 우리의 플래너는 다음과 같은 6개의 다른 질문으로 구성되어 있다. '당신의 현재 과제를 적어 보세요.' '이 과제의 목적은 무엇입니까?' '이 과제를 위한 당신의 목표는 무엇입니까?' '그 목표를 성취하기 위해 당신이 해야 할 것들을 적어 보세요.' '그룹으로서 당신의 힘든 점은 무엇입니까?' '이 도전적인 내용을 극복하기 위해 그룹으로서 당신은 무엇을 할 것입니까?' OurEvaluator는 다음과 같은 7개의 다른 질문으로 구성되어 있다. '어떻게 당신의 일이 과제의 목적과 일치했습니까?' '그룹으로서 당신의 목표를 성취했습니까? 그렇다면 어떻게 성취했습니까? 아니라면 왜 성취하지 못했습니까?' '당신의 그룹은 그 목표를 성취하기 위해 어떻게 과제를 수행했습니까?' '당신의 계획이 실제로 어떻게 실행되었습니까?' '당신의 힘든 점은 무엇이었습니까?' '이 도전을 극복하기 위해 그룹으로서 당신은 무엇을 하였습니까?' '당신은 왜 당신 그룹의 과제수행에 대해서 만족해합니까?'

이러한 자기인식 도구는 학습자 개인뿐만 아니라 다른 학습자들의 행동, 지식, 정서, 학습과정, 사회적 측면 등을 인식하는 데 도움을 줌으로써 협력학습에서의 자기조절과 사회적 조절을 효과적으로 지원할 수 있다. 또한 각 조절 과정이 시간이 지남에 따라 어떻게 발생하고 변화되는지에 대한 데이터를 추적할 수 있도록 해 줌으로써 사회적 조절의 현상을 이해하는 데 유용하다.

(3) 스크립트 도구

Miller와 Hadwin(2015)은 거시적 스크립트와 미시적 스크립트 두 가지 수준의 스크립트(script)를 개발하였다. 거시적 스크립트에서 학생들은 주어진 단계의 순서대로 협동과제를 수행하지만, 과제를 마치기 전에 언제든지 이전의 단계로 돌아갈 수 있으며 과제를 수정할 수 있다. 이 스크립트는 다섯 단계로 구성되어 있다. 첫 번째는 전문성 준비(preparatory expertise) 단계이다. 이 단계에서 학생들은 중요한 개념을 검토하고 요약 표를 만듦으로써 협동과제를 위한 준비를 한다. 두 번째 단계인 개인 계획(solo planning) 단계에서 학생들은 과제에 대한 설명과 지시사항을 검토하고 협동과제를 위한 개인의 과제 인식, 목표와 계획을 세운다. 또한 잠정적인 사회정서적(socio-emotional) 어려움과 그것들을 극복할 수 있는 방법들을 고려한다. 세 번째, 그룹 계획(group planning) 단계이다. 이 단계에서 학생들은 개인 계획 단계에서 실행한 활동들에 대해서 개인의 관점들을 공유하고 토론함으로써 그룹 전체의 계획을 세운다. 네 번째, 과제 실행(task enactment) 단계에서 학생들은 사례 기반 시나리오를 해결한다. 위키(Wiki) 공간에서 학생들은 복잡하게 설계된 사례와 관련된 질문에 대한 답을 하며, 텍스트 기반의 그룹 채팅 도구를 활용하여 질문에 관해 토론하고 답을 맞추어 본다. 마지막은 개인 성찰(solo reflection) 단계이다. 이 단계에서 그룹원들은 자신의 그리고 그룹의 강점, 약점, 도전들, 앞으로의 협동과제를 위해 개선해야 할 점들을 확인함으로써 협동에 대해서 성찰을 한다.

미시적 스크립트는 전형적으로 학습자들이 협동과제를 하는 동안 참여해야 할 활동들에 대한 보다 더 세부적인 안내를 제공한다. Miller와 Hadwin(2015)은 미시적 스크립트를 거시적 스크립트의 각 단계에 통합하여 학습자들의 협동조절을 지원하였다. Individual Planning Tool(IPT), Shared Planning Tool(SPT), Socio-Emotional Sampling Tool(SEST)과 Individual Reflection Tool(IRT)이 미시적 스크립트를 지원하기 위해 사용되었다. IPT(Miller, Webster, & Hadwin, 2013)는 거시적 스크립트의 두 번째 단계인 개인 계획에 사용되어 학생들이 철저하게 과제를 분석할 수 있게 도와주는 질문을 제공한다. 이 질문들은 학생들이 과제 특성을 고려할 수 있게 해 주며, 목표 설정을 도와주고, 협동을 위한 계획을 세울 수 있도록 구성되었다. '협동과제에서 생긴 어려움을 해결하기 위해 나의 그룹은 무엇을 해야 하나요?' '협동과제에서 생긴 어려움에서 무엇이 가장 중요한가요?'가 그 예시이다. SPT(Hadwin, Miller, & Webser, 2013)는 거시적 스크립트의 세 번째 단계인 그룹 계획에 통합되어 IPT와 같은 질문을 제공한다. 하지만 SPT는 그룹원들이 질문에 대해 서로 토론이 가능하도록 하여 그룹에서 한 가지 질문을 도출하도록 하게 한다. SEST(Webster &

Hadwin, 2012)는 협동과제의 처음, 중간, 마지막에 제공되어 학습자들이 협동과제에서 경험한 것에 대한 순간의 감정을 기록할 수 있게 해 준다. 학습자들은 자신의 감정을 잘 나타내고 있는 단어를 보기 중에 선택하여 진술문을 완성한다. 이를 통해 학습자들은 중요하게 느껴지는 감정, 이를 위한 목표, 이 목표를 성취하기 위한 전략을 완성한다. 마지막으로 IRT(Hadwin & Miller, 2013)는 거시적 스크립트의 다섯 번째 단계인 개인 성찰에 제공된다. 이 도구는 일련의 질문을 제공하여 협동과제를 위한 그들의 조절 과정에 대한 자기평가, 자기성찰, 자기인식을 촉진시킨다.

전형적으로 스크립트 도구는 기존의 컴퓨터 기반 협력학습환경에서 학습자들이 협력학습 동안 참여해야 할 활동들에 대한 순서를 구체화해 주고 순서를 제공해 주고 안내해 줌으로써 원활한 협력학습이 일어날 수 있도록 그 과정을 지원해 왔다. 하지만 Miller와 Hadwin(2015)은 스크립트 도구가 조절 과정에 초점이 맞추어져 컴퓨터 기반 협력학습환경에서 학습자들의 자기조절과 사회적 조절을 직접적이고 명시적 방법으로 지원하고자 시도하였다. 협력학습환경에서 스크립트 도구를 제공하는 것은, 과제수행을 위한 구체적인 단계와 질문 프롬프트를 통하여 개인조절과 사회적 조절 과정을 촉진할 수 있지만 학습자의 조절 과정에 대한 자율성을 제한할 수 있다는 단점이 있다. 또한 비교적 선형적으로 안내된 조절 과정이 모든 학습자에게 효과적이지 않을 수 있다는 점에 유념할 필요가 있다. 하지만 더 많은 실증연구를 통해 스크립트 도구가 자기조절 및 사회적 조절에 어떤 영향을 미치는지 더 알아볼 필요가 있다.

5. 결론 및 요약

지금까지 이 장에서는 문제해결에서 자기조절의 정의, 역할 및 자기조절을 측정하는 도구에 대해서 살펴보았다. 또한 사회적 상호작용을 통한 비구조 문제가 수업에 많이 활용됨에 따라 다른 사람과의 협력 및 상호작용을 통한 사회적 조절의 정의와 현재 가지고 있는 이슈에 대해서도 짚어 보았다. 협력학습에서의 사회적 조절 연구 분야는 개념 정의와 용어 사용, 측정 도구 및 방법 등 해결해야 할 문제가 많지만, 이는 연구자들에게는 이 분야의 발전을 선도하거나, 기여할 수 있는 기회가 될 것이다. 마지막으로, 교육공학자들의 창의적인 생각과 아이디어를 통해 현재까지 이루어지고 있는 연구 방법을 뛰어넘는 연구가 나오기를 기대한다. 또한 자기조절 및 사회적 조절을 지원하고 향상시킬 수 있는 혁신적이고 창의적인 툴과 학습방법이 개발되어 활용될 수 있기를 기대한다.

참고문헌

Biggs, J., Kember, D., & Leung, D. Y. P. (2001). The revised two-factor study process questionnaire: R-SPQ-2F. *British Journal of Educational Psychology, 71*, 133-149.

Cho, K., & Cho, M. -H. (2013). Training of self-regulated learning skills on a social network system. *Social Psychology of Education, 16*(4), 617-634.

Cho, M.-H., Lim, S. M., & Lee, K. W. (2017). Does documenting the regulation process on a blog enhance pre-service teachers' self- and co-regulation in a collaborative project? *Australasian Journal of Educational Technology, 33*(4), 166-179.

DiDonato, N. C. (2013). Effective self- and co-regulation in collaborative learning groups: An analysis of how students regulate problem solving of authentic interdisciplinary tasks. *Instructional Science, 41*, 25-47.

Duncan, T. G., & McKeachie, W. J. (2005). The making of the motivated strategies for learning questionnaire. *Educational Psychologist, 40*(2), 117-128.

Hadwin, A. F., & Miller, M. (2013). *CSCL challenge regulator* (version 2.0). Victoria, BC, Canada: University of Victoria.

Hadwin, A. F., Järvelä, S., & Miller, M. (2011). Self-regulated, co-regulated, and socially shared regulation of learning. In B. Zimmerman & D. Schunk (Eds.), *Handbook of self-regulation of learning and performance* (pp. 65-84). New York: Routledge.

Järvelä et al. (2015). Enhancing socially shared regulation in collaborative learning groups: Designing for CSCL regulation tools. *Educational Technology Research and Development, 63*(1), 125-142.

Järvelä, S., & Hadwin, A. F. (2013). New frontiers: Regulating learning in CSCL. *Educational Psychologist, 48*(1), 25-39.

McCaslin, M. M., & Burross, H. L. (2011). Research on individual differences within a sociocultural perspective. *Teachers College Record, 113*(2), 325-349.

Miller, M., & Hadwin, A. (2015). Scripting and awareness tools for regulating collaborative learning: Changing the landscape of support in CSCL. *Computers in Human Behavior, 52*, 573-588.

Miller, M., Webster, E. A., & Hadwin, A. F. (2013). *CSCL solo planner* (version 3.0). Victoria, BC, Canada: University of Victoria.

Panadero, E. (2017). A review of self-regulated learning: Six models and four directions for research. *Frontiers in Psychology, 8*, 422.

Pintrich, P. R. (2000). The role of goal orientation in self-regulated learning. In M. Boekaerts, P. Pintrich, & M. Zeidner (Eds.), *Handbook of self-regulation* (pp. 451-502). San Diego, CA: Academic Press.

Pintrich, P. R. (2004). A conceptual framework for assessing motivation and self-regulated learning in college students. *Educational Psychology Review, 16*(4), 385-407.

Pintrich, P. R., Smith, D. A. F., Garcia, T., & McKeachie, W. J. (1993). Reliability and predictive validity of the Motivated Strategies for Learning Questionnaire (MSLQ). *Educational and Psychological Measurement, 53*, 801-813.

Rogat, T. K., & Linnenbrink-Garcia, L. (2011). Socially shared regulation in collaborative groups: An analysis of the interplay between quality of social regulation and group processes. *Cognition and Instruction, 29*(4), 375-415.

Schoor, C., Narciss, S., & Körndle, H. (2015). Regulation during cooperative and collaborative learning: A theory-based review of terms and concepts. *Educational Psychologist, 50*(2), 97-119.

Schraw, G., & Dennison, R. S. (1994). Assessing metacognitive awareness. *Contemporary Educational Psychology, 19*, 460-475.

Vauras, M., & Volet, S. (2013). The study of interpersonal regulation in learning and its challenge to the research methodology. In S. Volet, & M. Vauras (Eds.), *Interpersonal regulation of learning and motivation* (pp. 1-13). New York: Routledge.

Volet, S., Summers, M., & Thurman, J. (2009). High-level co-regulation in collaborative learning: How does it emerge and how is it sustained? *Learning and Instruction, 19*, 128-143.

Webster, E. A., & Hadwin, A. F. (2012). *Socio-emotional sampling tool* (version 1.0). Victoria, BC, Canada: University of Victoria.

Winne, P. H., & Hadwin, A. F. (1998). Studying as self-regulated learning. In D. J. Hacker, J. Dunlosky, & A. C. Graesser (Eds.), *Metacognition in educational theory and practice* (pp. 277-304). Mahwah, New Jersey: Lawrence Erlbaum.

Winne, P. H., & Hadwin, A. F. (2008). The weave of motivation and self-regulated learning. In D. H. Schunk & B. J. Zimmerman (Eds.), *Motivation and self-regulated learning: Theory, research, and applications* (pp. 297-314). New York, NY: Lawrence Erlbaum.

Wolters, C. A., Pintrich, P. R., & Karabenick, S. A. (2005). Assessing academic self-regulated learning. In K. Moore & L. Lippman (Eds.), *What do children need to flourish? Conceptualizing and measuring indicators of positive development* (pp. 251-270). New York: Springer.

Zimmerman, B. J. (2008). Investigating self-regulation and motivation: Historical background, methodological developments, and future prospects. *American Educational Research Journal, 45*(1), 166-183.

Zimmerman, B. J. (2011). Motivational sources and outcomes of self-regulated learning and performance. In B. J. Zimmerman & D. H. Schunk (Eds.), *Handbook of self-regulation of learning and performance* (pp. 49-64). New York, NY: Routledge.

CHAPTER 9

협력적 문제해결

조영환(서울대학교)

1. 서론

학교시험과 달리 일상생활과 직장에서 마주치는 많은 문제 상황에서 다른 사람과의 협력은 매우 중요한 의미를 가진다. 만약 학교시험 중에 다른 사람과 생각을 공유한다면 부정행위로 간주될 것이다. 그러나 회사에서 복잡하고 역동적인 문제를 해결하기 위해서는 프로젝트 팀을 구성하여 여러 사람의 지식과 의견을 공유하는 것이 필요하다. 마치 여러 대의 컴퓨터를 서로 연결하여 복잡한 일을 단시간에 처리할 수 있는 것처럼 분업을 통해서 효율적으로 문제를 해결할 수 있다. 그뿐만 아니라 실제적인 문제를 분석하고 다양한 해결안을 탐색하며 여러 가지 대안 중에서 최적의 해결안을 선택하는 과정에서 협력은 매우 중요한 역할을 한다. 개인이 혼자서 생각하지 못하는 부분을 다른 사람의 질문이나 논의를 통해 알 수 있다. 특히 비구조 문제의 경우, 다양한 해결안이 존재하는데 많은 사람이 자신의 견해만 옳다고 생각하거나 상반되는 의견들을 충분히 고려하지 못하는 편견에 빠지기 쉽다 (Jonassen & Cho, 2011). 이 경우, 협력적 문제해결을 통해서 보다 효과적인 해결안을 도출할 수 있을 것이다.

여러 국제기구에서는 협력적 문제해결력의 중요성을 인식하고 이를 학교 교육에서 추구해야 할 21세기 역량 중의 하나로 정의하고 있다(Voogt & Roblin, 2012). 호주, 미국, 핀란드, 싱가포르 등의 선진국과 시스코, 인텔, 마이크로소프트와 같은 ICT 기업의 지원을 받아서 실시된 ATC21S(Assessment and Teaching of 21st Century Skills) 프로젝트에서는 협력적 문제해결력을 평가하기 위한 개념적 틀과 도구를 개발하였다. 그리고 2015년에 경제협력개발기구(Organisation for Economic Co-operation and Development: OECD)에서 실시한 국제학업성취도 평가인 PISA(Programme for International Student Assessment)에서 학생들의 협력적 문제해결력을 컴퓨터를 이용하여 평가하였다. 이러한 예들은 모두 협력적 문제해결력이 현재뿐만 아니라 미래 지능정보화 사회에서도 매우 중요한 역량이 될 것이라는 것을 시사한다. 최근 우리나라에서 추진 중인 교육개혁에 있어서도 문제중심학습과 프로젝트학습을 비롯하여 학습자 중심의 협력적 문제해결 활동이 교육과정에서 큰 비중을 차지하고 있다. 이처럼 학교 안과 밖에서 협력적 문제해결의 중요성이 점차 증대되고 있다.

이 장에서는 먼저 협력적 문제해결이 효과적인 이유에 대해서 살펴보겠다. "백지장도 맞들면 낫다."라는 속담이 있듯이 개별적으로 해결하기 어려운 문제도 협력을 통해 쉽게 해결하는 경우가 있다. 그렇지만 협력적 문제해결이 개별적으로 문제를 해결하는 것보다 항상 효과적이라고 단언하기는 어렵다. 어떤 상황에서 협력적 문제해결이 더 효과적인지 혹은 효과적이지 않은지와 왜 그러한 현상이 나타나는지를 이해하는 것이 필요하다. 그리고 협력적 문제해결을 수행하는 과정에서 그룹 간의 차이가 나타나는 경우가 많은데, 성공적으로 문제를 해결하는 그룹은 어떠한 특성을 가지는지 살펴보겠다. 개인과 그룹의 역량에 따라서 협력적 문제해결의 과정과 결과에 큰 차이가 나타날 수 있다. 마지막으로, 교수자가 협력적 문제해결을 촉진하기 위해서 활용할 수 있는 도구와 교수 방법에 대해서 살펴보겠다. 최근에는 온라인에서 협력적 문제해결 과정을 지원하고 학습자 간의 상호작용을 촉진하기 위한 스캐폴딩(scaffolding) 도구들이 많이 개발되었다. 그러나 이러한 도구를 제공하는 것만으로 협력적 문제해결이 증진되는 것은 아니기 때문에 보다 체계적으로 협력적 문제해결을 위한 학습환경을 설계하는 것이 필요하다.

2. 협력적 문제해결의 학습효과

일상생활 속에서 개인이 혼자서 해결할 수 없는 문제를 다른 사람과 협력함으로써 효과적으로 해결하는 경우가 종종 있다. 반대로, 다른 사람과 함께 문제를 해결하는 것이 혼자서 문제를 해결하는 것과 유의미한 차이가 없거나 비효율적으로 느껴지는 경우도 있다. 이러한 차이는 왜 나타나는 것일까?

협력적 문제해결 과정에서 사회인지적 갈등(sociocognitive conflict)을 통해 새로운 지식을 생성할 수 있다(Nussbaum, 2008). 서로 다른 관점을 가진 학습자들이 공동의 해결안을 만들기 위해 토론을 함으로써 새로운 지식을 획득할 수 있다. Schwarz 등(2000)은 고등학교의 학습부진 학생들을 대상으로 6개의 숫자를 주고 주어진 조건(예: 가장 큰 숫자, 가장 작은 숫자, 1에 가장 가까운 숫자)에 맞는 소수를 만들도록 하였다. 두 명씩 짝을 이루어서 과제를 해결했는데, 소수에 대한 서로 다른 개념적 오류(conceptual bugs)를 가진 학생들이 의견의 차이를 좁히기 위해서 서로 주장을 하고 계산기를 이용하여 자신들이 세운 가설을 검증하였다. 이 과정에서 학생들은 소수에 관한 새로운 개념을 스스로 생성하고 내면화하였다. Schwarz 등(2000)은 이러한 현상을 "Two wrongs make a right(잘못된 두 개가 옳은 것 하나를 만든다)." 라고 하였다. 그러나 이 연구에서 유사한 종류의 개념적 오류를 가진 사람들이 짝이 되거나 개념적 오류를 가진 사람과 그렇지 않은 사람이 짝이 되는 경우에는 협력적 문제해결을 통해 새로운 지식을 학습하는 것이 어려웠다. 학습자들 간에 생각의 차이가 없거나 두 명 중에 학업성취도가 높은 한 명이 주도적인 역할을 할 경우에는 협력적 문제해결 과정에서 논증이나 가설 검증이 잘 일어나지 않기 때문이다.

협력적 문제해결이 효과적인 또 다른 이유는 여러 사람의 생각을 통합하는 과정에서 해결안을 더 정교하게 발전시킬 수 있다는 점이다. 한 사람이 제안한 해결안에 대해서 다른 사람들이 예나 추가적인 설명을 제공할 수도 있고 의문이 드는 점에 대해 질문을 할 수도 있다. 이러한 과정을 거치면서 다양한 관점이 반영된 해결안을 효과적으로 도출할 수 있을 뿐만 아니라 문제에 관한 깊이 있는 이해를 할 수 있다. Shirouzu 등(2002)은 대학생들에게 정사각형의 색종이를 주고 색종이의 3/4의 2/3(혹은 2/3의 3/4)만큼 빗금을 치도록 하였다. 혼자서 이 문제를 해결할 때보다 두 명의 학습자가 협력적으로 문제를 해결할 때 색종이를 접는 대신에 수학 지식을 사용하여 문제를 해결하는 비율이 증가하였다. 두 명의 학습자는 협력적 문제해결 과정에서 과제를 수행하는 역할(task-doer)과 과제수행을 점검하는 역할(monitor)을 서로 번갈아 가면서 하였다. 점검하는 역할을 맡은 학습자는 문제를 해결하는 학습자가 생각하지 못한 다양한 관점을 제시하였는데, 전자가 후자에 비해 문제해결로 인한 인지부하가 적기 때문에 더 광범위하고 유연한 생각을 할 수 있었다. 이 연구에서 학습자들은 다양한 문제해결 전략을 협력적으로 생성하고 통합함으로써 효과적으로 문제를 해결할 수 있었다.

인지적 정교화(cognitive elaboration)에 관한 연구에 따르면, 학생들이 문제를 해결하기 위해 서로 의견을 공유하고 논의하는 과정에서 개념들 간의 관계를 재구성하거나 새로운 정보를 기존의 지식과 통합하는 일이 활발하게 이루어진다(Nussbaum, 2008). 특히 학생들이 자신의 주장을 예나 근거를 가지고 자세하게 설명한다면 단순히 주장만 하는 경우에 비해서 더 많은 지식을 획득할 수 있다(Chinn et al., 2000). Cho 등(2014)은 수학 예비교사들에게 각자 컴퓨터를 이용하여 수업계획서에 대한 개념지도(concept map)를 작성한 다음에 다른 학습자와 개념지도를 서로 비교하고 협력적으로 조별 개념지도를 작성하도록 하였다. 이 과정에서 학생들은 개념지도의 공통점과 차이점을 비교하면서 새로운 개념 노드(node)나 링크(link)를 추가하거나 기존의 노드와 링크를 수정함으로써 개별적으로 작성한 개념지도보다 더 정교한 개념지도를 작성하였다. 개념지도는 학생들의 지식을 시각적으로 표상하기 때문에 협력과제를 수행하는 과정에서 학생들의 지식이 더 정교화되었다고 볼 수 있다.

Chi 등(2008)은 물리학 문제를 튜터와 함께 해결하는 장면을 담은 비디오를 대학생들에게 보여 주고 한 집단의 학생들에게는 비디오에서 나온 문제를 협력적으로 해결하도록 하였고, 다른 집단의 학생들에게는 개별적으로 해결하도록 하였다. 그 결과, 협력적으로 문제를 해결한 집단의 학생들이 더 많은 지식을 획득하였다. 비디오 대신에 물리학 교재를 제공한 경우에도 문제를 협력적으로 해결한 집단이 개별적으로 해결한 집단보다 더 높은 성취를 보였다. 특히 협력적으로 문제를 해결하는 과정에서 그룹원들이 동등하게 참여하면 그렇지 않은 경우보다 더 많은 학습이 이루어졌다. 학습자들이 더 적극적으로 협력적 문제해결에 참여하면 앞에서 언급한 사회인지적 갈등과 인지적 정교화가 더 활발하게 이루어짐으로써 지식 획득에 긍정적인 영향을 미칠 수 있다.

만약 협력적 문제해결 과정에서 학습자들이 적극적으로 상호작용을 하지 않더라도 협력적 문제해결은 효과적일까? 선행연구에 따르면, 협력적 문제해결 활동을 하더라도 학습자 간의 상호작용이 부족하다면 그 효과는 크게 감소한다. Chi(2009)는 학습활동을 크게 소극적(passive), 적극적(active), 구성적(constructive), 상호작용적(interactive) 학습으로 구분하고, 전자에서 후자로 갈수록 학습효과가 증가한다고 하였다. 협력적 문제해결을 포함한 상호작용적 학습에서 학습자가 자신의 생각을 말하는 것은 구성적 학습활동과 동일하지만 다른 학습자가 질문을 하고, 새로운 관점을 제시하고, 추가적인 정보와 피드백을 제공하는 것이 상호작용적 학습의 효과를 더 증진시킨다. 다만, 상호작용적 학습이 효과적이기 위해서는 그룹원들이 모두 상호작용에 기여해야 한다. 만약 한 학습자가 자신의 생각만 이야기하고 다른 그룹원의 의견을 무시하거나 다른 그룹원이 아무런 반응을 하지 않는다면, 협력적 문제해결은 개별적 문제해결과 아무런 차이가 없을 것이다(Cho & Lee, 2013; Craig et al., 2004). Chi(2009)는 이러한 형태의 상호작용을 개별적 대화(individual dialogue)라고 불렀으며, 그룹원들이 모두 참여하여 적극적으로 상호작용을 하는 공동 대화(joint dialogue)와 구분하였다. 협력적 문제해결 과정에서 공동 대화가 아니라 개별적 대화가 주로 이루어진다면 학습자 간 상호작용으로부터 얻는 학습의 효과가 사라질 것이다.

그런데 협력적 문제해결이 긍정적인 효과만 있는 것은 아니다. 개별적 문제해결과 비교했을 때 협력적 문제해결은 더 많은 노력과 비용이 요구된다. Kirschner 등(2009)은 협력적으로 문제를 해결하는 학습자 그룹을 하나의 정보처리 시스템에 비유하였다. 문제를 해결하는 데 필요한 인지부하(cognitive load)를 학습자들이 서로 나누어 가짐으로써 복잡하고 어려운 문제를 효율적으로 해결할 수 있다. 마치 컴퓨터에서 램(RAM)의 용량이 늘어날수록 정보처리가 더 신속하게 이루어지는 것과 같다. 인지부하 이론에 따르면, 사람의 작업기억(working memory) 용량이 제한되어 있기 때문에 개인이 복잡한 문제를 해결할 경우 자신의 작업기억 용량보다 더 많은 인지부하가 발생하여 학습이 효과적으로 이루어지지 못한다. 만약 복잡한 문제를 협력적으로 해결한다면 학습자의 인지부하가 감소하여 학습이 효과적으로 이루어질 수 있다. 그러나 이 과정에서 학습자들이 서로의 생각을 조절하고 의사소통을 해야 하기 때문에 개별적 문제해결에서는 불필요한 인지부하가 추가적으로 발생한다. Kirschner 등(2009)은 이러한 인지부하를 거래비용(transaction cost)이라고 불렀다. 과제가 복잡할 때는 협력을 통해 인지부하가 분산되는 효과가 거래비용을 무시할 만큼 크지만, 혼자서 수행할 수 있을 만큼 단순한 과제의 경우에는 협력의 효과가 적고 거래비용이 상대적으로 크기 때문에 협력이 비효율적일 수 있다.

이러한 가설을 증명하기 위해서 Kirschner 등(2011)은 고등학생들이 개별적으로 혹은 협력적으로 생물학 문제를 해결하거나 예제(worked example)를 가지고 공부하도록 하였다. 연구자가 제공한 아홉 가지의 유전 정보를 이용하여 앞으로 태어날 아이의 유전 정보를 예측하는 문제를 사용하였다. 그리고 협력학습 조건에서 긍정적 상호의존성을 촉진하기 위해 각 그룹원들에게 세 개의 서로 다른 유전 정보를 제공하였다. 협력적으로 문제를 해결하거나 예제를 학습하기 위해서는 그룹원들이 각자 가지고 있는 정보를 공유하는 것이 필요했다. 연구 결과, 문제해결 조건에서는 세 명이 협력적으로 문제를 해결한 집단이 혼자서 문제를 해결한 집단보다 더 많은 지식을 획득하였지만, 예제를 학습하는 조건에서는 혼자서 공부한 집단이 조금 더 높은 성취를 보였다. 문제해결학습이 예제 기반 학습보다 더 많은 인지부하를 요구한다는 점을 고려할 때, 이 연구의 결과는 복잡한 과제를 수행할 때는 협력이 효과적이지만 단순한 과제를 수행할 때는 효과적이지 않다는 가설을 지지한다. 그와 동시에 협력이 긍정적 효과만 가지는 것이 아니라 협력 과정에서 거래비용이 발생할 수 있다는 것을 보여 준다.

그리고 거래비용과 같은 인지적 측면뿐만 아니라 사회적 측면에서도 협력적 문제해결의 학습효과를 방해하는 요소들이 있다(Nokes-Malach, Richey, & Gadgil, 2015). 대표적인 예로, 협력적으로 문제를 해결하는 과정에 적극적으로 참여하지 않고 다른 그룹원들이 자신이 해야 할 일까지 해 주기를 기대하는 사회적 태만(social loafing)이 있다. Johnson과 Johnson(2009)에 따르면, 각 그룹원들이 협력적 문제해결에 무엇을 기여했는지 파악하기 어렵거나, 그룹원들이 서로 중복되는 일을 할 가능성이 높거나, 그룹의 응집력이 약할 경우에 사회적 태만이 나타나기 쉽다. 그리고 다른 그룹원들의 부정적인 평가가 두려워서 자신의 의견이나 해결안을 공유하지 않고 소극적으로 참여하는 경우가 있다. 그룹원들 간의 친밀감이 부족하거나 신뢰성이 낮다면 적극적인 상호작용이 일어나지 않고 학습효과도 상당히 감소할 것이다. Garrison과 동료들(2010)은 탐구 공동체에서 학습자들 간의 사회적 실재감(social presence)이 지식을 구성하는 데 필요한 인지적 실재감(cognitive presence)에 유의미한 영향을 미치는 것을 발견하였다. 또한 Johnson과 Johnson(2009)도 그룹원들 간의 긍정적인 상호의존성이 협력학습의 결과에 주요한 영향을 미친다는 것을 여러 연구에서 확인하였다. 그룹원들이 서로 무관심하거나 경쟁관계에 있거나 심한 갈등을 겪는다면 협력적 문제해결의 긍정적 효과를 기대하기 어려울 것이다.

이상의 연구들을 종합하면, 협력적 문제해결에서 학습자들은 적극적인 상호작용을 통해 혼자서 문제를 해결하는 것보다 더 많은 지식을 획득할 수 있다. 다만, 개별적 대화처럼 상호작용이 한 사람에 의해 주도되거나 서로 상대방의 의견을 무시하는 상황에서 협력적 문제해결은 효과적이지 않으며, 거래비용의 발생으로 인해서 학습에 부정적인 영향을 미칠 수도 있다(Cho & Lee, 2013). 그렇기 때문에 협력적 문제해결의 긍정적 효과를 극대화하고 제한점을 최소화하기 위한 노력이 필요하다.

3. 개인과 그룹의 협력적 문제해결 역량

협력적 문제해결력을 향상시키기 위한 교육과정과 평가도구를 개발하기 위해서는 먼저 협력적 문제해결을 성공적으로 수행하는 데 필요한 학습자의 역량을 정의하는 것이 필요하다. 즉, 협력적 문제해결을 성공적으로 수행하는 사람은 그렇지 않은 사람과 어떤 점에서 차이가 있는지를 분석하고 그 차이를 줄이기 위한 교육이 이루어져야 한다. 그런데 협력적 문제해결은 그룹 단위로 이루어지기 때문에 그룹원이 각자 뛰어난 문제해결능력을 가지고 있더라도 항상 성공적으로 협력을 하는 것은 아니다(Barron, 2003; Woolley et al., 2010). 그룹은 개인의 합 이상을 의미하기 때문에 그룹원들 간의 관계에 따라서 협력적 문제해결 과정이 달라질 수 있다. 다음에서는 개인의 협력적 문제해결력에 대해서 먼저 살펴보고 협력적 문제해결을 성공적으로 수행하는 그룹의 특성을 논의하겠다.

1) 개인의 협력적 문제해결력

어느 그룹에 있든지 공동의 목표를 성취하기 위해서 효과적으로 그룹원들과 협력을 할 수 있는 사람이 있다. 반면에, 혼자서는 문제를 잘 해결하지만 그룹 활동을 하면 다른 그룹원들과 쉽게 갈등을 일으키거나 소극적으로 문제해결에 참여하는 사람도 있다. 학교뿐만 아니라 직장과 일상생활 속에서도 협력적 문제해결력은 개인의 삶과 사회의 발전에 큰 영향을 미치고 있다. 예컨대, 회사에서 직원을 선발할 때는 개인의 학력이나 능력이 중요하지만, 직원을 해고할 때는 다른 사람과 협력하는 방식과 팀워크 역량이 의사결정에 많은 영향을 미친다(Binkley et al., 2012). 그렇기 때문에 개인의 협력적 문제해결력을 평가하고 향상시키기 위한 노력이 교육을 통해 체계적으로 이루어져야 한다.

Binkley 등(2012)은 21세기 역량을 평가하는 시스템을 제안하면서 10개의 대표적인 역량들을 조작적으로 정의하였다. 그중에서 협력과 팀워크를 일하는 방식에 관한 역량으로 분류하고 지식, 기술, 태도(가치) 측면에서 정의하였다. 예컨대, 협력을 잘하기 위해서는 자신과 다른 사람의 장점 및 단점을 인식하고 성공적인 그룹 활동을 위해 각자 어떤 역할을 맡아야 하는지 알아야 한다. 또한 그룹의 목표를 성취하기 위해 일의 우선순위를 정하고 계획을 세우고 프로젝트를 관리하는 기술이 필요하며, 자신과 다른 의견이나 관점에 대해서 열린 마음을 가지고 문화적 다양성을 존중해야 한다. 협력적 문제해결을 성공적으로 수행하는 사람은 어떻게 효과적으로 협력할 수 있는지에 관한 많은 지식과 기술을 가지고 있을 뿐만 아니라 다른 사람을 존중하고 배려하는 태도를 가지고 있다.

그리고 Rummel과 Spada(2005)는 예제와 스크립트를 이용하여 협력적 문제해결력을 향상시키는 방법을 개발하기 위해 협력적 문제해결력의 구성요소를 탐구하였다. Rummel과 Spada(2005)에 따르면, 협력적 문제해결을 효과적으로 수행하기 위해서는 거시적 수준에서 시간을 관리하고 역할을 분배하고 일의 순서를 정하는 것과 같은 조정(coordination) 역량이 필요하다. 그리고 미시적 수준에서는 그룹원들과 서로 지식을 공유하고 질문을 주고받고 번갈아 가면서 생각을 말하는 것과 같은 의사소통 역량이 필요하다. 그리고 문제에 관한 영역 특수 지식을 활용하여 공동의 해결책을 만들어 내는 것도 협력적 문제해결에 있어서 중요한 역할을 한다. 이러한 세 가지 요소를 활용하여 예제와 스크립트를 개발함으로써 학습자들의 협력적 문제해결 과정을 효과적으로 지원할 수 있다. 그리고 Woolley 등(2010)은 다른 사람의 감정이나 관점을 정확히 인식하고, 이해하고, 존중하는 사회적 감수성(social sensitivity)이 그룹의 과제수행 결과와 밀접한 관련성이 있다는 것을 발견하였다. 특히 남성보다 여성 참가자의 사회적 감수성 점수가 높게 나타났는데, 그 결과 그룹에서 여성의 비율이 높을수록 효과적으로 협력이 이루어졌다. 이 연구는 협력적 문제해결을 위해서는 다른 사람과 지식을 공유하고 함께 과제를 수행하기 위한 사회적 역량이 매우 중요하다는 것을 보여 준다.

이러한 선행연구들에 기반하여 ATC21S 프로젝트에서는 협력적 문제해결력을 평가하기 위한 도구를 개발하고 학생들의 발달 수준을 고려한 역량 중심의 교육을 제안하였다(Griffin et al., 2013). 이 프로젝트에서는 학생들의 협력적 문제해결력을 사회적 · 인지적 측면의 하위 기술에 초점을 두고 관찰 가능한 행동지표를 이용하여 평가하려고 하였다(Hesse et al., 2015). 협력적 문제해결을 위해서는 사회적 기술과 인지적 기술이 모두 필요한데, 전자는 그룹원들과의 협력을 위해 필요하고 후자는 문제해결과 밀접한 관련성이 있다. Hesse 등(2015)에 따르면, 사회적 기술은 참여, 조망수용(perspective-taking), 사회적 조절 기술을 하위 요소로 포함하고, 인지적 기술은 과제조절과 학습 및 지식 생성(knowledge building) 기술을 포함한다.

사회적 기술의 첫 번째 하위 요소는 참여 기술이다. 협력적 문제해결을 위해서는 두 명 이상의 사람들이 함께 문제를 표상하고 해결안을 생성해야 하기 때문에 사회적 기술이 매우 중요하다. 협력적 문제해결을 위한 최소한의 조건으로 개인이 알고 있는 정보나 생각을 다른 그룹원들과 공유하고 문제를 공동으로 해결하는 데 참여하려는 의지와 기술이 필요하다. Hesse 등(2015)은 참여 기술이 행위(action), 상호작용, 과제수행의 세 가지 요소로 구성된다고 하였다. 행위는 다른 그룹원들과 무관하게 이루어지는 개인의 일반적인 참여 수준을 의미하고, 상호작용은 다른 사람과 의견이나 질문을 서로 주고받는 것을 의미한다. 그리고 과제수행은 공동의 목표를 성취하기 위해서 끈기와 열정을 가지고 참여하는 것을 의미한다. 초기에 협력적으로 문제를 해결하려는 노력이 실패하더라도 전략을 바꾸어 가며 지속적으로 문제해결을 시도하는 사람은 과제수행 역량이 높다고 볼 수 있다.

사회적 기술의 두 번째 하위 요소는 조망수용 기술이다. 협력적 문제해결 과정에서 다른 그룹원의 관점에서 문제를 바라보는 것을 조망수용이라고 하며, 모든 그룹원이 동의하는 해결안을 도출하기 위해서 꼭 필요한 역량이다. 조망수용은 앞에서 언급한 사회적 감수성이나 공감과 같은 정서적 역량과 관련이 있으며, 다른 그룹원의 요구나 이해 수준을 고려하여 의사소통을 하는 능력을 의미한다(Hesse et al., 2015). ATC21S 프로젝트에서는 조망수용 기술을 다른 사람의 주장에 대해서 적절히 반응을 하는 기술(responsive skills)과 다른 사람의 관점을 고려하여 자신의 생각을 말하는 기술(audience awareness skills)을 포함하는 것으로 보았다. 논증을 할 때 자신의 주장을 뒷받침하는 근거만 이야기하고 다른 관점이나 주장에 대해서 고려하지 않는 경우가 많은데(Jonassen & Cho, 2011), 높은 수준의 조망수용 기술을 가진 사람일수록 협력적 문제해결 과정에서 반대 의견을 포함한 다양한 관점을 고려할 것이다.

사회적 기술의 세 번째 하위 요소는 사회적 조절 기술이다. 사회적 조절 기술은 그룹원들의 장단점을 인식하고 공동의 해결안을 도출하기 위해 서로 다른 관점이나 의견을 조절하는 능력이다. 협력적 문제해결에서 그룹원들의 다양한 관점과 전문성이 효과를 발휘하기 위해서는 사회적 조절 기술이 필요하다. 앞에서 협력적 문제해결이 학습에 도움이 되는 이유로 사회인지적 갈등에 관한 설명을 하였는데(Schwarz et al., 2000), 그룹원들이 서로 상충되는 의견을 제시하더라도 그 의견들이 충분히 논의되지 않거나 공동의 해결안으로 발전되지 않는다면 협력적 문제해결의 학습효과는 미비할 것이다. 사회적 조절을 위해서는 자신과 다른 그룹원들의 장단점과 전문성을 정확히 파악하는 역량과 함께 그룹원들이 문제와 해결안에 대해서 서로 상충되는 의견을 제시했을 때 그 의견들을 비교하여 최적의 안을 도출하는 협상 기술이 필요하다. 또한 책임감을 가지고 그룹원들과 함께 문제해결을 위한 계획을 세우고 다양한 의견을 조율하는 데 적극적으로 참여하는 것이 필요하다.

사회적 기술과 달리 인지적 기술은 개별적 문제해결에서도 요구되는 역량이다(Griffin et al., 2013). 문제를 효과적으로 표상하고 해결안을 도출하기 위해서는 귀납적, 연역적, 유추적 추론을 해야 하며 문제해결을 위한 계획을 세우고 진행과정을 지속적으로 점검하고 조절해야 한다. 인지적 기술 중에서 과제조절 기술은 유연하고 체계적인 방식으로 문제를 분석하고 계획을 세우고 해결안을 생성하며 문제해결 과정을 점검하는 능력을 의미한다(Hesse et al., 2015). 계획을 세울 때는 문제를 분석하여 하위 과제를 도출하고, 성취하고자 하는 목표를 구체적으로 제시하는 것이 필요하다. 또한 어떤 전략을 사용해서 문제를 해결할 것인지에 대한 계획도 세워야 한다. 수단-목적 분석(means-ends analysis)처럼 모든 문제에 적용 가능한 일반적인 전략도 있지만, 이러한 전략보다는 특정 문제의 내용과 유형에 맞는 전략을 선택하는 것이 더 효과적이다(Jonassen, 2011). 예컨대, 여행계획 세우기처럼 일상생활 속에서 마주치는 비구조 문제의 경우에는 다양한 방식으로 문제를 정의할 수 있고 하나의 정답이 존재하지 않기 때문에 수학문제를 해결하듯이 문제에 접근해서는 안 된다. 그리고 협력적으로 문제를 해결하는 과정에서 예상하지 못한 어려움이 발생하거나 계획과 다르게 일이 진행될 수 있다. 이때 계획과 실제 문제해결 과정을 서로 비교하고 점검하여 어떤 점이 부족한지 파악하고 개선방안을 찾는 것이 필요하다. 문제를 효과적으로 해결하는 사람일수록 문제해결 과정에서 발생하는 모호함에 대해서 인내심을 가지고 예상하지 못한 난관에 부딪혔을 때 유연하게 문제해결 계획을 수정한다.

과제조절 기술과 함께 협력적 문제해결을 통해 학습을 하고 지식을 생성하는 기술이 필요하다. 협력적 문제해결 과정에서 수집한 정보와 다양한 의견들을 통합하여 문제와 관련된 내용지식을 획득할 수 있다. 새로운 사실이나 정보를 획득할 수도 있고 이러한 정보들 간의 관계와 문제에 영향을 미치는 요인에 대한 지식을 학습할 수도 있다. 더 고차적인 수준에서는 문제에 관한 가설을 세우고 검증할 수 있는 역량도 함양할 수 있다. 더욱이, 협력적 문제해결 경험을 통해 다른 사람과 어떻게 협력을 해야 하는지를 학습하고 보다 적극적으로 협력적 문제해결에 참여할 수 있다. 사회문화적 접근에 따르면, 협력적 문제해결은 학교 밖의 다양한 공동체에서 이루어지고 있는 실천 중의 하나이며, 이 실천에 참여함으로써 공동체의 구성원으로 성장하는 것을 학습으로 볼 수 있다(Sfard, 1998). 우수한 학습 및 지식생성 기술을 가진 학습자일수록 협력적 문제해결을 통해 새로운 지식이나 기술을 획득하고 공동체의 구성원으로 성장하는 데 유리할 것이다.

2) 성공적인 그룹의 특성

협력적 문제해결에 있어서 앞에서 살펴본 학습자 개인의 역량도 중요하지만 누구와 함께 협력을 하는지도 매우 중요하다. Woolley 등(2010)은 개인의 지능처럼 그룹이 다양한 종류의 과제를 수행할 때 공통적으로 적용되는 능력이 있다고 보았으며, 그러한 일반적인 능력을 집단지성(collective intelligence)이라고 불렀다. 국어 수업에서 협력적으로 문제를 잘 해결하는 그룹은 과학이나 사회 수업에서도 협력을 잘할 것이라고 예상할 수 있는데, 이러한 예상은 암묵적으로 집단지성을 가정하고 있다. Woolley 등(2010)은 집단지성의 존재를 밝히기 위해서 세 명으로 구성된 그룹들에게 퍼즐, 브레인스토밍, 도덕적 판단 등의 다양한 과제를 해결하도록 하고 이 과제들의 수행 정도를 평가하였다. 그룹의 수행 정도에 대한 요인분석을 통해서 하나의 요인이 다양한 과제에 대한 그룹 간의 차이를 40% 이상 설명하는 것을 발견하였다. 이는 집단지성이 존재한다는 것을 뒷받침하는 중요한 증거이다.

그리고 Woolley 등(2010)은 복잡한 과제를 협력적으로 수행하는 데 있어서 개인지능과 집단지성이 어떠한 역할을 하는지 조사하였다. 그룹원들의 개인지능 평균과 최대값은 협력적 과제수행 결과에 유의미한 영향을 미치지 못한 반면에, 집단지성은 통계적으로 유의미한 영향을 미치는 것으로 나타났다. 즉, 그룹원 각자의 능력보다는 그룹의 특성인 집단지성이 협력적 문제해결에서 더 중요한 역할을 하였다. 이 연구 결과는 6학년 학생을 대상으로 협력적 문제해결의 성공요인을 조사한 Barron(2003)의 연구와 일치한다. Barron(2003)의 연구에서도 학생들의 사전 성취도는 협력적으로 수학문제를 해결하는 데 유의미한 영향을 미치지 못했으나, 학생들 간의 상호작용 패턴이라는 그룹의 특성이 협력적 문제해결에서 중요한 역할을 하였다.

집단지성이 높은 그룹이 다양한 과제를 성공적으로 수행할 수 있다면, 그 그룹은 어떠한 특성을 가지고 있을까? 협력학습에 관한 선행연구에 따르면, 문제를 성공적으로 해결하는 그룹 혹은 새로운 지식을 효과적으로 생성하고 공유하는 그룹은 그렇지 않은 그룹과 학습자 간 상호작용 패턴에 있어서 큰 차이를 보인다. Barron(2003)은 성공적으로 수학문제를 해결한 그룹과 그렇지 않은 그룹을 서로 비교하였는데, 서로 의견을 주고받은 횟수와 타당한 해결전략을 제안한 횟수에 있어서 두 집단 간의 유의미한 차이가 없었다. 반면에, 세 명의 그룹원 중의 한 명이 타당한 해결전략을 제안했을 때 다른 그룹원들이 어떻게 반응을 했는지를 조사한 결과에 있어서는 유의미한 차이가 나타났다. 성공적으로 문제를 해결한 그룹은 타당한 제안에 대해서 의견을 수용(48%)하거나 토론(22%)을 하는 비율이 높았으나, 성공적으로 문제를 해결하지 못한 그룹은 타당한 제안을 무시하거나 거부하는 비율(76%)이 매우 높게 나타났다. 성공적으로 문제를 해결한 그룹은 타당한 제안에 대해서 아무런 반응을 하지 않거나 근거 없이 반대하는 경우(30%)가 상대적으로 적게 나타났다. 그리고 성공적인 그룹일수록 상대방의 의견에 관심을 가지고, 공동의 문제해결 공간(joint problem-solving space)을 만들어서 생각을 공유하며, 그룹원들의 주의가 분산되지 않도록 점검하고 조정하였다. 예컨대, 문제해결 전략에 대한 그룹원들의 생각을 노트에 요약할 때 그 내용을 소리 내어 읽거나 모든 그룹원이 노트에 적힌 내용을 보면서 공동으로 문제를 해결하였다. 반면에, 그룹원들이 서로 경쟁적인 관계를 가지거나 각자 자신의 문제해결 전략에만 관심이 있을 경우 논의에 참여할 기회가 공평하게 주어지지 않거나 소외되는 그룹원이 발생함으로써 협력적 문제해결이 방해를 받았다. Woolley 등(2010)의 연구에서도 그룹에서 한두 사람이 말할 기회를 독차지하는 경우 집단지성 점수가 낮게 나타났다. 이는 모든 그룹원이 적극적으로 문제해결에 참여해야 상호작용적 학습이 효과적으로 이루어진다는 Chi(2009)의 주장과도 일치한다.

Wegner(1987)는 그룹원들이 대화를 통해 공동으로 지식을 부호화하고 저장하고 인출하는 시스템을 교류기억(transactive memory)이라고 하였다. 개별적으로 문제를 해결할 때는 자신의 기억에만 의존하는 경우가 많은데, 협력적 문제해결 과정에서는 그룹원들이 각자 가지고 있는 다양한 전문성을 충분히 활용하는 것이 필요하다. 각 그룹원들이 협력적 문제해결에 필요한 지식을 모두 가지고 있는 것보다 그룹원들이 지식을 서로 나눠서 기억하고 있다가 필요할 때 통합하는 것이 더 효율적이다. 김문중과 권기한(2015)은 기업 맥락에서 교류기억의 역할을 조사하였는데, 그룹원들이 각자 가지고 있는 전문성을 잘 이해하고 원활하게 업무를 조정할 수 있는 교류기억 시스템을 가질수록 높은 업무성과를 보이는 것으로 나타났다. 그리고 Michinov와 Michinov(2009)는 교류기억을 전문화(specialization), 신뢰성(credibility), 조정(coordination)이라는 세 가지 차원에서 측정하고, 대학생들이 다섯 번에 걸쳐 협력적으로 작성한 신경심리학 실험 보고서와 교류기억 간의 관련성을 조사하였다. 연구 결과, 조정 차원에서 높은 점수를 받은 그룹일수록 다섯 번의 실험 보고서 과제를 전반적으로 더 잘 수행하였으며, 신뢰성은 그룹의 과제수행도가 점차 향상되는 데 유의미한 영향을 미치는 것으로 나타났다.

그런데 교류기억은 고정된 것이 아니라 그룹의 경험과 함께 성장한다. 많은 사람이 처음 만들어진 그룹에서는 상대방이 무엇을 잘할 수 있고 어떤 기대를 가지고 있는지 모르기 때문에 의견충돌이 쉽게 발생하는 것을 경험한다. 그러나 같은 그룹원들과 지속적으로 대화를 하고 서로를 관찰하고 과제를 수행하기 위해 협력한다면 서로를 더 잘 이해할 수 있을 뿐만 아니라 그룹원들과 어떻게 분업을 하는 것이 효과적이며 다양한 의견을 어떻게 통합하고 조정해야 하는지에 대한 지식을 발전시킬 수 있다(Lewis, Lange, & Gillis, 2005; Wegner et al., 1991). 즉, 지속적인 협력 경험을 통해 그룹의 교류기억도 발전한다. 마치 수술실에서 오랜 기간 함께 일을 해 온 의사와 간호사처럼 직접 말을 하지 않더라도 다른 그룹원이 무엇을 필요로 하는지 알고 원활하게 협력을 할 수 있다. Lewis 등(2005)은 그룹원들이 함께 정보를 교환하고 과제를 수행하는 경험이 그룹의 교류기억을 형성하는 데 효과적일 뿐만 아니라 새로운 과제를 수행하는 데 전이될 수 있다는 것을 주장하였다. 동일한 그룹에서 오랜 기간 문제를 해결한 경험이 있는 학습자들은 누가 무엇을 잘하는지에 관한 지식과 함께 문제에 대한 그룹 차원의 통합된 지식을 형성하기 때문에 새로운 문제를 해결할 때 더 효과적으로 협력을 할 수 있다. 그렇지만 만약 교수자가 기존의 그룹을 무시하고 새롭게 그룹을 편성한다면 축적된 그룹의 교류기억은 사라질 가능성이 높다.

교류기억에 관한 연구와 마찬가지로, 공유정신모형(shared mental model)에 대한 연구에서도 그룹원들이 과제와 관련된 지식, 의사소통 기술, 과제에 대한 태도, 역동성과 상호작용, 자원과 환경 등에 대한 지식과 신념을 서로 공유할수록 성공적으로 문제를 해결할 수 있다고 주장한다(Johnson & Lee, 2008). 협력적으로 문제를 해결하는 과정에서 그룹원들이 공동의 목표와 문제해결 전략을 계획하고 상호작용과 의사소통 방식을 공유하며 모두가 적극적으로 참여할 수 있는 분위기를 만든다면 그룹의 문제해결뿐만 아니라 각 그룹원의 학습에도 긍정적인 영향을 미칠 것이다. 반면에, 그룹원들이 서로 공유하는 부분이 적을수록 협력적 문제해결 과정에서 갈등이 심해지거나 서로를 이해하기 위해 많은 노력을 기울여야 할 것이다. Johnson과 Lee(2008)는 대학원생들이 4개월 동안 소그룹 활동을 하는 과정에서 공유정신모형이 점차 향상되는 것을 발견하였으며, 공유정신모형은 그룹과 개인의 수행과 밀접한 관련성을 보였다. 조일현(2010)도 프로젝트 수업에서 그룹원의 특성과 그룹원 간 상호작용 방식에 대한 공유정신모형이 그룹의 성과에 긍정적인 영향을 미치는 것을 발견하였다.

다음으로, 성공적인 그룹의 주요한 특성 중 하나인 사회적으로 공유된 학습조절(socially shared regulation of learning)에 대해서 살펴보겠다(이 책의 8장 참고). 협력적으로 문제를 해결하기 위해서 학습자들은 공동으로 계획을 세우고, 문제해결 과정을 점검하고, 문제해결 전략이나 협력 방식을 조절해야 한다. 개별 학습자가 스스로 학습 계획을 세우고, 점검하고, 조절하고, 성찰하는 것을 자기조절학습이라고 하는데, 사회적으로 공유된 학습조절은 그룹원들이 모두 참여하여 그룹의 협력 과정을 조절하는 것을 의미한다(Grau & Whitebread, 2012; Hadwin & Oshige, 2011). 자기조절학습 능력이 학업성취도와 밀접한 관련성이 있듯이 사회적으로 공유된 학습조절은 그룹의 과제수행에 유의미한 영향을 미칠 수 있다. Malmberg 등(2015)은 컴퓨터 기반 협력학습에서 예비교사들이 공동으로 작성한 그룹 보고서의 점수를 기준으로 고성취와 저성취 집단을 구분하고 사회적으로 공유된 학습조절에 있어서 두 집단 간에 어떠한 차이가 있는지를 조사하였다. 흥미롭게도, 고성취 집단은 전반적으로 과제의 내용과 관련된 인지적 측면(69%)에 초점을 두고 사회적으로 공유된 학습조절이 이루어진 반면에, 저성취 집단은 환경이나 시간처럼 과제의 외적인 측면(45%)을 조절하는 데 많은 노력을 기울였다. 고성취 집단과 비교했을 때 저성취 집단에서는 인지적 측면의 조절(43%)이 상대적으로 낮았으며, 그룹원들 간의 긍정적 관계와 신뢰를 형성하기 위한 사회적 측면의 조절이 전혀 없었다. 저성취 집단은 언제 어디에서 협력할 것인지를 정하는 데 많은 어려움을 겪었기 때문에 그룹원들 간의 사회적 관계나 과제의 내용에 대한 조절이 부족했을 수 있다. 또한 Kwon 등(2014)은 성공적인 그룹일수록 협력의 초기에 과제의 내용과 전략, 개인의 역할, 스케줄 등에 관한 조절활동이 많이 이루어지고 그 이후로 조절활동이 차츰 감소하는 것을 발견하였다. 반면에, 협력의 초기에는 그룹의 조절활동이 적다가 과제 마감일에 가까워질수록 조절활동이 증가하는 경우에는 협력이 성공적으로 이루어지지 않았다. 사회적으로 공유된 학습조절이 협력적 문제해결의 초기에 활발하게 이루어진다면, 효과적으로 그룹의 규범을 정하고 앞에서 언급한 교류기억을 형성할 수 있기 때문에 협력의 어려움이나 조절의 필요성이 감소할 것이다.

Meier 등(2007)은 선행연구를 종합해서 협력적 문제해결의 질을 평가하는 아홉 가지 기준을 도출하였다. 이 기준들은 앞에서 살펴본 성공적인 그룹의 특성에 관한 연구에서 강조하고 있는 내용을 골고루 포함하고 있다. Meier 등(2007)이 제시한 성공적인 그룹의 조건은 다음과 같다. 첫째, 상호 이해(mutual understanding)를 유지하기 위해 다른 그룹원이 쉽게 이해할 수 있도록 말하고 자신이 말한 내용을 이해했는지 확인한다. 또한 상대방의 말에 적절히 반응하고 모호한 부분이 있을 때는 다시 설명해 줄 것을 요청한다. 둘째, 여러 명이 동시에 말하거나 대화 순서에 관한 혼돈 없이 부드럽게 대화를 이끌어 간다. 셋째, 그룹원들이 개별적으로 가지고 있는 문제해결에 관한 정보를 가능한 한 많이 공유한다. 넷째, 다양한 의견에 관한 논증을 통해 모든 그룹원이 동의하는 결론을 내린다. 다섯째, 문제를 해결하기 위한 하위 과제를 체계적으로 구분하고 그룹원들의 전문성을 고려하여 동등하게 배분한다. 여섯째, 정해진 시간 안에 문제를 해결하기 위해서 시간계획을 세우고 각 하위 과제를 수행하는 데 충분한 시간이 있는지를 점검하고 조절한다. 일곱째, 기본적인 테크놀로지 사용법을 익히고 협력적 문제해결을 위해 테크놀로지를 어떻게 사용할지 공동으로 정한다. 여덟째, 모든 그룹원이 문제해결 과정에 균등하게 참여하고 서로 상대방을 존중하며 활발하게 의견을 교환한다. 아홉째, 각 그룹원은 자신이 맡은 과제에 주의를 집중하고 즐거운 마음으로 문제를 해결하기 위해 최선을 다한다. 이러한 기준은 협력적 문제해결 과정을 체계적으로 평가하는 데 유용하게 활용될 수 있다. 그런데 이 기준들을 모두 충족시키면서 협력적으로 문제를 해결하는 것은 초보자들에게 매우 어려운 일이다(Rummel et al., 2009). 그렇기 때문에 교수자는 협력적 문제해결을 지원하기 위한 전략을 세우고 각 그룹의 특성에 맞게 적응적 지원을 하는 것이 필요하다. 이와 관련해서 협력적 문제해결을 촉진하기 위한 학습환경 설계와 교수지원 방안을 다음에서 살펴보겠다.

4. 협력적 문제해결 활동의 설계와 교수지원

교수자는 협력적 문제해결이 학습에 미치는 긍정적 효과를 극대화하고 개인과 그룹의 협력적 문제해결 역량을 향상시키기 위해서 교수 및 학습과 관련된 다양한 요소를 고려하여 수업을 설계해야 한다. 앞에서 살펴본 것처럼 협력적 문제해결 역량은 지식전달 위주의 교육으로는 쉽게 함양하기 어려운 인지적, 정의적, 사회적 측면을 가지고 있다. 이러한 역량을 함양시키기 위해서는 협력적 문제해결의 경험을 많이 가지는 것이 필요하나, 단지 협력의 기회를 가지는 것만으로는 학습에 긍정적인 효과를 기대하기 어렵다. 교수자는 교육이론과 학습자의 요구를 반영하여 협력적 문제해결 활동을 체계적으로 설계해야 할 뿐만 아니라 학습자들의 협력 과정을 유심히 점검하고 적절한 시기에 필요한 교수지원을 제공해야 한다. de Hei 등(2016)은 그룹 활동이 효과적으로 이루어지지 않는 원인으로 학생들과 교사의 거부감, 테크놀로지 사용의 어려움, 교수학습이론에 기반하지 않은 설계, 설계 요소들 간의 부조화를 지적하였다. 그리고 협력적 문제해결을 포함한 그룹 활동을 설계할 때 교수자는 상호작용, 학습 목표와 결과, 평가, 과제의 특성, 구조화, 안내, 그룹 구성, 자원 등을 고려해야 한다고 주장하였다. 이러한 요소들이 서로 상충하지 않고 조화를 이룰 때 협력적 문제해결의 학습효과가 크게 증진될 것이다. 다음에서는 교수자들이 협력적 문제해결을 설계할 때 어려워하거나 쉽게 결정하지 못하는 부분을 중심으로 선행연구를 살펴보겠다.

첫째, 협력적 문제해결을 위해서 학습자들에게 어떤 과제를 제공할 것인지를 설계해야 한다. 대부분의 협력적 문제해결 상황에서는 학습자의 일상생활이나 미래의 직업과 관련된 복잡한 비구조 문제를 학습자에게 제공한다. 앞에서 소개한 Kirschner 등(2011)의 연구에서 나타난 것처럼 학습자가 혼자서 해결할 수 있는 간단한 과제의 경우 협력 과정에서 발생하는 거래비용에 비해 협력학습의 효과가 적을 것이다. 복잡한 과제일수록 협력의 필요성이 증대될 가능성이 높다. 그러나 과제가 너무 복잡해서 초보 학습자들이 협력적으로 과제를 수행할 수 있는 범위를 넘어선다면 오히려 학습에 부정적인 영향을 미칠 것이다. Nokes-Malach 등(2012)은 근접촉진영역(zone of proximal facilitation) 안에서 학습자의 지식과 경험을 고려하여 너무 어렵지 않으면서도 활발한 상호작용을 촉진할 수 있는 문제를 제공해야 한다고 주장하였다. 근접촉진영역은 Vygotsky(1978)의 근접발달영역(zone of proximal development)과 비슷한 개념인데, 학습자들이 혼자서 문제를 해결하는 것보다 협력을 할 때 더 많은 학습이 일어날 수 있는 과제의 범위를 의미한다. 근접촉진영역을 벗어나서 학습자가 혼자서 해결할 수 있는 문제나 협력을 통해서 해결할 수 없는 문제를 제공한다면 협력적 문제해결의 효과는 감소할 것이다.

과제의 복잡성과 함께 문제의 구조화 정도를 고려해야 한다. 수학문제와 같은 정구조 문제(well-structured problem)는 문제의 요소들이 명확하게 정의되어 있으며, 문제를 해결하는 최적의 방안이 존재하고, 해결안에 대한 평가 기준이 구체적으로 정해져 있다. 반면에, 우리가 일상생활 속에서 부딪히는 비구조 문제(ill-structured problem)의 경우에는 문제를 명확히 정의하기 어려우며, 다양한 해결방안이 존재하며, 평가 기준이 모호하기 때문에 어떤 해결안이 다른 해결안보다 더 좋은지 판단하기 어렵다(Jonassen, 1997). 예컨대, 국가에서 교육정책을 정하고, 기업에서 투자계획을 세우고, 친구들과 여행계획을 세우고, 교사가 수업을 설계하는 것은 모두 하나의 정답이 존재하지 않는 비구조 문제에 속한다. 일반적으로 비구조 문제일수록 학습자들이 문제를 정의하고 해결하는 과정에서 다양한 의견을 제시하고 활발하게 상호작용을 할 수 있기 때문에 협력적 문제해결에 더 적합할 것이다(CTGV, 1992).

Hung(2015)은 문제의 구조화 정도와 학습자의 자기주도성을 두 축으로 하여 문제중심학습 모형을 분류하였다. 순수 문제중심학습 모형에서는 학습자들이 실제적이고 비구조화된 문제를 자기주도적이고 협력적으로 해결하며, 그 과정에서 다양한 해결안을 도출하고 평가한다. [그림 9-1]의 중간에 제시되어 있는 프로젝트 기반 학습에서는 학습자들이 먼저 교수자로부터 내용지식을 배우고 그 지식에 기반하여 협력적으로 프로젝트를 수행한다. 프로젝트 기반 학습에서는 순수한 문제중심학습에 비해서 학습자의 자기주도성이 감소하지만, 여전히 비구조 문제가 사용된다. 반면에, 교수자의 강의 이후에 학습한 지식을 적용하여 연습문제를 해결하도록 하는 수업에서는 정구조 문제가 많이 사용된다. Hung(2015)은 정구조 문제를 사용하는 수업일수록 학습자보다는 교수자의 역할이 중요하고, 비구조 문제를 사용할수록 학습자 중심으로 수업이 운영된다는 것을 발견하였다. 자기주도성과 마찬가지로, 비구조 문제를 사용하는 수업일수록 소그룹의 협력활동을 강조한다. 정답이 없는 문제일수록 다양한 관점에서 문제를 분석하고 해결안을 도출하고 평가하는 것이 필요하기 때문이다. 정구조 문제의 경우, 정답을 알고 있는 한 명에 의해서 문제가 해결될 수 있기 때문에 학습자들 간의 토론이 활발하게 일어나지 않거나 무임승차자가 나타날 수 있다.

비록 문제가 잘 구조화되어 있더라도 혼자서 해결하기 어려운 정도의 복잡성을

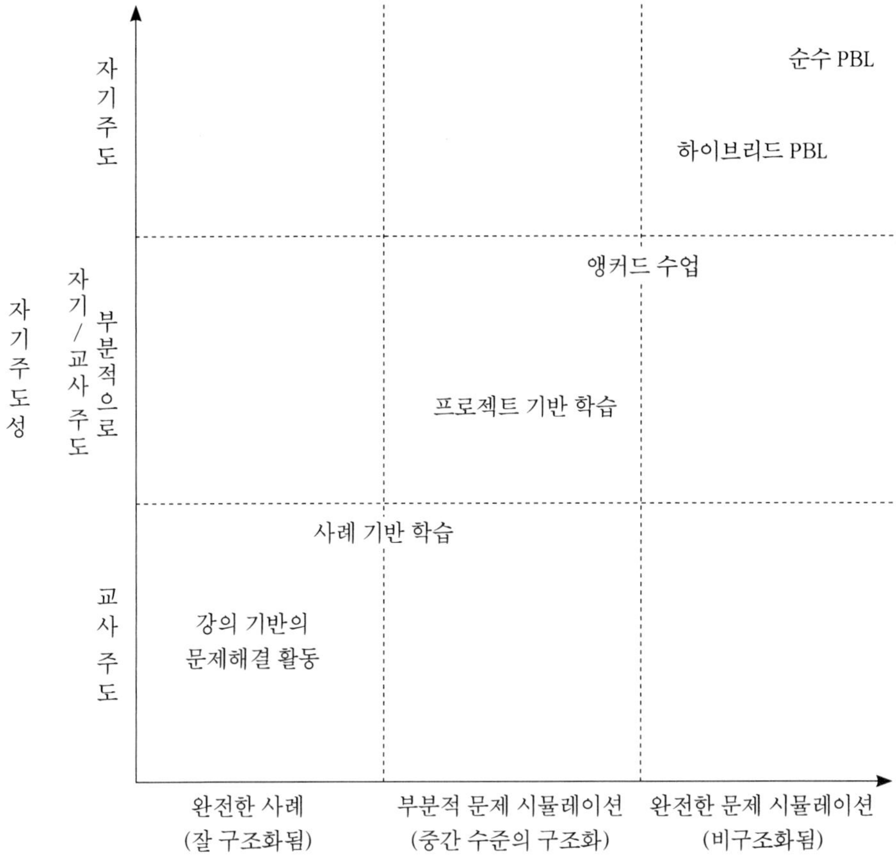

[그림 9-1] 여섯 가지 문제중심학습 모형(Hung, 2011, p. 82)

가지고 있다면, 협력적 문제해결이 효과적일 수 있다. Kapur(2010)는 중학생들에게 복잡한 수학문제를 주고 협력적으로 문제를 해결하도록 하였는데, 협력적으로 문제를 해결하는 과정에서 학생들은 다양한 방식으로 문제를 표상하고 여러 가지 해결방법을 탐색하면서 활발하게 상호작용을 하였다. 많은 그룹이 스스로 문제를 해결하는 데 큰 어려움을 겪었지만, 협력적 문제해결 활동 이후에 교사가 문제와 해결안에 대한 설명을 하였을 때 효과적인 학습이 이루어졌다. 그 결과, 교사의 설명을 듣고 개인적으로 연습문제를 해결한 통제집단에 비해서 협력적으로 문제를 해결한 집단이 사후검사에서 더 높은 점수를 획득하였다. Kapur(2010)는 이러한 협력적 문제해결 활동을 생산적 실패(productive failure)라고 불렀는데, 복잡한 문제를 공동으로 해결하는 과정에서 교수자가 아무런 도움을 제공하지 않기 때문에 학생들이 문제해결에 실패할 가능성이 높다. 그렇지만 이러한 실패경험은 학생들이 문제와 해결안을 다양하게 표상하고 교사의 설명을 들으면서 자신의 생각을 되돌아보고 문제와 관련된 개념, 표상, 방법들을 더 깊이 있게 이해할 수 있기 때문에 전통적 수업보다 더 생산적이다. 이 연구는 수학처럼 정구조 문제를 많이 해결하는 영역에서도 협력적 문제해결 활동이 효과적일 수 있다는 것과 동시에 교수자가 설명이나 도움을 제공하기 전에 학습자들이 문제와 해결안을 충분히 탐색할 수 있도록 시간을 주는 것이 필요하다는 것을 시사한다. 즉, 강의 이후에 개별적으로 단순한 문제를 해결하도록 하는 것보다 강의 전에 협력적으로 복잡한 문제를 해결하도록 하는 것이 더 효과적일 수 있다.

협력적 문제해결을 위한 과제를 설계할 때 학습자의 동기를 향상시키고 유의미 학습을 촉진하기 위해서 학습자의 삶과 밀접한 관련성이 있거나 학습자가 가치 있게 생각하는 과제를 선정할 필요가 있다. 과거 학교 교육에서는 실제적인 맥락 없이 여러 맥락에 적용 가능한 추상적인 지식을 가르치는 데 초점을 두었다. 그러나 학교에서 배운 추상적인 지식을 학교 밖의 실제적인 문제 상황에 적용하지 못하는 것에 대한 비판이 지속적으로 제기되었으며, 상황인지(situated cognition)를 주장하는 학자들은 지식을 획득하는 것보다 공동체의 활동에 참여함으로써 지식을 실제적인 맥락에서 사용하는 것을 더 강조한다(Brown, Collins, & Duguid, 1989; Cho, Caleon, & Kapur, 2015). 또한 대표적인 학습동기 이론인 기대-가치 이론에 따르면, 학습자의 행동과 성취도는 자신이 특정 과제를 얼마나 잘할 수 있을 것인가와 그 과제가 얼마나 가치 있는 일인가에 대한 신념에 달려 있다(Wigfield & Eccles, 2000). 만약 과제가 실제적인 맥락을 포함한다면, 학습자들은 그 과제에 더 많은 흥미를 느끼고, 학교에서 배운 내용을 학교 밖에서 적용할 수 있다는 점에서 과제의 중요성을 높이 평가할 것이다.

이러한 이유에서 협력적 문제해결을 위한 다양한 수업모형에서 실제적인 맥락을 문제에 포함시켜서 제공할 것을 권장하고 있다. 예컨대, CTGV(Cognition and Technology Group at Vanderbilt, 1992)에서 개발한 앵커드 수업(anchored instruction)에서는 학생들이 수학 지식을 실제적인 맥락에서 학습할 수 있도록 돕기 위해서 복잡한 수학문제와 문제해결에 필요한 정보들을 비디오 형태로 제공하였다. CTGV에서 개발한 재스퍼 우드베리 시리즈에는 총을 맞아 긴급치료가 필요한 대머리독수리를 구출하는 것과 같은 실제적인 문제 상황이 15~20분 동안 비디오로 제공되고 학습자들은 협력적 문제해결을 위해 비디오 속에 제시된 문제를 분석하여 하위 문제를 도출하고 수학적 지식을 활용하여 다양한 해결안을 생성하고 평가한다. 앵커드 수업 이외에도 구성주의에 기반한 다양한 수업모형에서 실제적인 문제를 중심으로 교수학습활동을 설계한다(Jonassen, 1999). 실제적인 문제는 그 자체로 학습자들에게 흥미로울 뿐만 아니라 특정 지식을 왜 배워야 하는지와 언제 그 지식이 유용하게 활용될 수 있는지에 대한 이해를 돕는다.

둘째, 협력적 문제해결을 위해 그룹을 어떻게 구성할 것인지를 정해야 한다. Woolley 등(2010)과 Barron(2003)의 연구에서 나타난 것처럼 그룹은 개인의 합 이상을 의미하기 때문에 그룹을 어떻게 구성하는지에 따라서 협력적 문제해결의 효과가 달라질 수 있다. 변영계와 김광휘(1999)는 협력학습을 위한 그룹의 크기로 4명이 가장 이상적이며, 학생들 간의 이질성을 크게 만들기 위해서 학습능력이 높은 학생 1명, 중간인 학생 2명, 낮은 학생 1명으로 그룹을 구성하고 남녀 비율은 동일하게 하는 것이 좋다고 하였다. 초·중등학교 맥락에서 그룹원이 많아지면 소외되거나 수동적으로 참여하는 학생이 나타날 수 있고 학생 수가 홀수인 경우에는 짝 활동을 하는 데 어려움이 발생한다. 그리고 그룹을 이질적으로 구성할 경우 또래끼리 가르치고 지원하는 활동이 활발하게 이루어질 수 있다.

Chiriac와 Granström(2012)은 13세에서 16세 사이의 학생들이 그룹 활동에 대해서 어떤 인식을 가지고 있는지를 조사하였다. 학생들은 약 3명으로 구성된 그룹이 가장 좋다고 인식하였으며 한 그룹에 6명 이상이 포함되거나 너무 적은 수의 학생이 포함되면 협력학습에 부정적인 영향을 미친다고 인식하였다. 그러나 3명으로 그룹을 구성할 경우, 두 명이 짝을 이루어 문제해결을 주도하고 나머지 한 명이 소외될 가능성이 높기 때문에 많은 교사들이 그룹을 3명으로 구성하는 것보다 4~6명으로 구성하는 것을 더 선호한다(Kutnick, Blatchford, & Baines, 2002). 그리고 Webb(1991)은 남자와 여자의 비율이 동일할 때 소그룹에서 학습자들 간의 상호작용이 더 효과적으로 이루어진다는 것을 발견하였다. 그룹에서 남자와 여자의 수가 동일할 때는 설명이나 정보를 서로 주고받고 질문을 하는 빈도에 있어서 성별에 따른 차이가 없었지만, 남자의 수가 많거나 여자의 수가 많을 때 여학생들은 질문에 대한 답을 얻거나 도움을 받는 데 어려움을 겪었다. 이러한 연구 결과는 남자와 여자의 비율이 동일하고 4명으로 구성된 그룹이 협력학습에 있어서 가장 이상적이라는 변영계와 김광휘(1999)의 주장과 일치한다.

그러나 그룹을 4명으로 구성하는 것이 협력적 문제해결에 있어서 항상 효과적이라고 보기는 어렵다. Kutnick 등(2002)은 초등학교에서 학생들이 알고 있는 지식을 새로운 영역에 적용하는 과제를 수행할 때는 그룹을 2~3명으로 구성하고 새로운 정보를 소개하는 과제를 수행할 때는 7~10명으로 그룹을 구성하는 경우가 많다는 것을 발견하였다. 이 연구는 과제의 성격에 따라서 그룹의 크기를 조절하는 것이 더 바람직하다는 것을 보여 준다. 과제의 복잡성이 증가하거나 문제를 다양한 관점에서 논의하는 것이 필요하다면 그룹의 크기를 증가시키는 것이 필요하다. 물론 그룹이 커질수록 학습자들 간의 거래비용도 증가하고 사회적 태만이나 무임승차와 같은 문제가 발생할 가능성도 높아진다. 이러한 점들을 모두 고려하여 그룹의 크기를 결정하는 것이 필요하며 그룹의 크기에 따라 예상되는 문제점을 최소화하기 위한 대비책을 세워야 할 것이다.

그리고 학습자들 간의 상호작용을 촉진하기 위해 학습능력이 다양한 학생들이 한 그룹을 이루도록 할 수 있다. Wiedmann 등(2015)은 3명이 한 그룹이 되어서 복잡한 수학문제를 해결하도록 하였는데, 수학 성취도가 높은 학생과 낮은 학생으로 구성된 혼합 그룹이 동질적인 그룹에 비해서 더 다양한 방식으로 문제를 해결하려고 하였다. 그리고 문제를 해결하기 위해 다양한 방식으로 접근할수록 사후검사에서 더 높은 점수를 얻었다. 이 연구는 학업성취도에 있어서 이질적인 그룹이 동질적인 그룹보다 더 효과적이라는 것을 보여 준다. 특히 수학 성취도가 낮은 학생들로만 구성된 그룹에 비해서 혼합 그룹이 협력적 문제해결 과정과 학습결과에 있어서 더 높은 성취를 보였다. 그러나 이러한 주장에 대해서 능력이 서로 다른 학생들로 그룹을 구성하는 것이 항상 효과적인 것은 아니라는 연구 결과가 있다. Webb(1991)에 따르면, 학업성취도가 중간인 학생은 학업성취도가 높은 학생과 낮은 학생이 모두 포함된 이질적인 그룹에서보다 학업성취도가 중간인 학생들로만 구성된 동질적인 그룹에서 더 많은 설명을 주고받고 더 높은 학습결과를 보였다. 매우 이질적인 학생들로 구성된 그룹에서 성취도가 중간인 학생들은 다른 학생들에 비해서 도움을 요청하거나 설명을 하는 데 소극적인 모습을 보였다. 반면에, 학업성취도가 높거나 낮은 학생들은 동질적인 그룹보다는 이질적인 그룹에서 더 활발하게 상호작용에 참여하고 높은 성취를 보였다. 학업성취도가 높은 학생들로 구성된 그룹에서 학생들은 서로에게 질문을 하거나 설명을 할 필요성을 적게 느낄 수 있다. 반대로, 학업성취도가 낮은 학생들로 구성된 그룹에서는 문제를 해결하거나 정확한 설명을 하는 데 많은 어려움을 겪을 수 있다.

그룹 구성과 관련해서 한 번 만들어진 그룹을 얼마 동안 유지할 것인지도 협력적 문제해결 활동을 설계할 때 주요한 이슈이다. Wilson 등(2004)은 동일한 그룹을 지속적으로 유지하는 것이 학습 공동체에 대한 소속감과 정체성을 발전시키는 데 도움이 된다고 하였다. 만약 그룹원들이 계속 변한다면 공유하는 경험과 기억이 적기 때문에 교실 안에서 학습공동체를 만드는 것이 매우 어려울 것이다. 교류기억에 관한 연구들도 협력적 문제해결 경험이 많은 그룹일수록 서로를 잘 이해하고 다양한 의견을 효과적으로 조정할 수 있지만, 그룹이 재편성되면 기존의 교류기억이 사라지기 때문에 그룹의 문제해결 역량이 감소될 수 있다고 하였다(Lewis, Lange, & Gillis, 2005; Wegner et al., 1991). 동일한 그룹이 오랜 기간 유지된다면 더 많은 교류기억을 공유할 수 있기 때문에 더 효과적으로 문제를 해결하고 공동체 의식을 함양할 수 있을 것이다.

그러나 이러한 주장과 달리 그룹을 주기적으로 재편성해야 한다는 주장을 지지하는 연구 결과도 있다. 만약 한 그룹의 학생들이 오랜 기간 협력활동을 수행할 경우 자신이 속한 그룹을 편애하고 다른 그룹에 대해서 적대감을 가질 수 있다. 변영계와 김광휘(1999)는 이러한 그룹 간 편파(intergroup bias)가 나타나는 것을 방지하기 위해서 5~6주에 한 번씩 주기적으로 그룹을 재편성하는 것이 바람직하다고 하였다. Tomcho와 Foels(2012)도 메타분석을 통해 학생들이 오랜 기간 그룹 활동에 참여할수록 협력학습의 효과가 감소하는 것을 발견하였다. 장기간 같은 그룹에서 협력활동을 할 경우 서로를 편하게 생각하기 때문에 자신이 해야 할 일을 다른 그룹원에게 떠넘기는 사회적 태만이 나타날 가능성이 높아진다. 그렇기 때문에 짧은 기간 그룹 활동을 실시하고 주기적으로 그룹을 재편성하는 것이 사회적 태만을 방지하는 데 효과적일 수 있다. 그러므로 동일한 그룹을 얼마 동안 유지할 것인가와 관련해서 서로 상반되는 의견들을 잘 절충하여 협력적 문제해결 활동을 설계하는 것이 필요하다. 만약 주기적으로 그룹을 재편성할 계획을 세웠다면, 새로 그룹을 편성한 다음 그룹원들이 서로 소속감과 교류기억을 공유할 수 있도록 도와야 할 것이다.

그리고 복잡한 문제를 해결하기 위해서 오랜 기간 동일한 그룹을 유지해야 된다면, 그룹 간 편파나 사회적 태만이 발생하지 않도록 하기 위해서 교수자가 협력 과정을 주기적으로 점검하고 피드백을 주어야 할 것이다.

셋째, 협력적 문제해결 과정에서 효과적인 상호작용이 이루어지도록 하기 위한 교수지원이 필요하다. 모든 그룹원이 적극적으로 문제해결 과정에 참석할 때 혼자서 생각하기 어려운 해결안을 도출할 수 있으며 학습효과도 크게 향상된다(Barron, 2003; Chi, 2009). 그럼에도 불구하고, 많은 학생들이 자신의 생각을 어떻게 표현해야 하는지, 다른 그룹원의 주장에 어떻게 반응해야 하는지, 어떤 질문이 효과적인지 등에 대한 지식이 부족하다. 예컨대, 다양한 해결안에 대해서 비판적으로 검토하기보다는 다른 사람의 의견에 쉽게 동조하거나 자신과 다른 견해를 무시하는 경우가 종종 발생한다. 이러한 문제를 해결하기 위해서 교사는 학생들에게 협력적 문제해결을 위해서 해야 할 것과 하지 말아야 할 것에 대한 구체적인 행동지침과 상호작용 전략을 가르칠 수 있다. King(1994)은 초등학생들에게 효과적으로 질문하는 방법을 가르침으로써 학생들 간의 상호작용을 증진시키고자 하였다. 교사는 학생들에게 학습내용과 경험을 서로 연결하여 질문하는 법에 대한 시범을 보이고 학생들이 질문하는 법을 내면화할 수 있도록 스캐폴딩(scaffolding)을 제공하였다. 그리고 학생들이 서로 질문을 주고받는 연습을 하였는데, 그 과정을 돕기 위해 질문에 관한 프롬프트(prompt) 카드를 제공하였다. 예컨대, 이해에 관한 질문을 돕기 위해 "_____은 무엇을 의미하는가?"와 "_____은 왜 중요한가?"와 같은 프롬프트를 제공하였으며, 학습내용을 서로 연결하는 것을 돕기 위해 "_____와 _____는 어떤 점이 유사한가?"와 "_____가 _____에 어떤 영향을 미치는가?"와 같은 프롬프트를 제공하였다. 그리고 학습내용과 경험의 연결을 촉진하기 위해서 "_____가 _____을 위해 어떻게 활용될 수 있는가?"와 "_____는 이전에 배운 _____와 어떤 관련이 있는가?"와 같은 프롬프트가 사용되었다. King(1994)에 따르면, 질문에 관한 교육을 받은 학생들이 그렇지 않은 학생들보다 지식 구성에 도움이 되는 질문과 설명을 더 많이 하였으며, 학습결과 측면에서도 더 높은 점수를 얻었다. Cho 등(2011)은 학습자 간 상호작용에 있어서 질문 유형과 응답 유형이 밀접한 관련성을 가진다는 것을 발견하였다. 그렇기 때문에 질문하는 방법을 가르치는 것은 학습자 간 상호작용의 질을 높이는 데 긍정적인 영향을 미칠 수 있다.

협력적 문제해결의 단계별 활동이나 역할에 따른 활동을 스크립트(script)로 만들어서 학습자들에게 제공하는 것도 상호작용을 촉진하는 데 효과적일 수 있다. 특히 컴퓨터 기반 협력학습에서 스크립트에 관한 연구가 활발하게 이루어지고 있다. Weinberger 등(2005)은 텍스트 기반의 비동시적인 온라인 토론에서 대학생들에게 사례를 분석하는 과제를 주고 세 명이 한 조를 이루어서 과제를 수행하게 하였다. 연구자들은 학생들이 다른 그룹원의 의견에 쉽게 동조하여 잘못된 결정을 내리는 것을 방지하기 위해 각 학생이 한 사례에 대해서 분석가 역할을 맡고 다른 두 사례에 대해서는 구성적 비평가 역할을 하도록 하였으며 각 역할에 맞는 스크립트를 만들어서 온라인 토론 글을 작성할 때 자동적으로 참고할 수 있도록 하였다. 또한 Weinberger 등(2005)은 비디오 기반의 동료 교수(peer teaching)에서 튜터(tutor)와 튜티(tutee)가 단계별로 어떤 활동을 해야 하는지를 스크립트로 만들어서 제공하였다. 예컨대, 첫 번째 단계에서 튜터는 읽기자료를 설명하고 튜티는 내용 이해와 관련된 질문을 한다. 두 번째 단계에서는 튜티가 튜터가 말한 내용을 공유된 화면에 적고 튜터는 튜티의 활동을 도와준다. 이처럼 각 단계에서 튜터와 튜티가 어떤 활동을 해야 하는지에 관한 스크립트를 학생들에게 구체적으로 제시한다면, 협력학습에 긍정적인 영향을 미칠 수 있다.

스크립트는 협력적 문제해결 과정을 효과적으로 조절하도록 돕는 방법으로도 유용하게 활용될 수 있다. 협력적 문제해결의 경험이 부족한 학습자는 문제해결을 위한 계획을 세우고 협력 과정을 주기적으로 점검하고 조절하는 데 어려움을 겪을 수 있다. 이러한 학습자를 위해 Miller와 Hadwin(2015)은 컴퓨터 기반 협력학습에서 사용할 수 있는 거시적 수준과 미시적 수준의 스크립트를 개발하였다. 거시적 스크립트는 협력적 문제해결을 위한 다섯 단계(전문성 준비, 개인 계획, 그룹 계획, 과제 실행, 개인 성찰)를 제시하고 각 단계별로 학습자들이 개별적으로 혹은 그룹원들과 함께 언제까지 무엇을 해야 하는지를 제시하였다. 그리고 각 단계별로 학생들에게 보다 자세한 안내를 하기 위해서 질문 프롬프트(예: 협력과제를 위해 무엇을 해야 하는가? 협력과제에서 무엇이 가장 중요한가?)와 문장을 시작하는 글(예: 오늘 있었던 그룹 활동을 생각하면, 나는 ____한 느낌이 든다.)을 미시적 스크립트로 사용하였다. 이러한 스크립트는 협력적 문제해결을 위한 자기조절과 사회적 조절을 돕는 데 효과적일 것이다.

또한 시각자료를 이용하여 그룹원들이 서로 협력과정에 대한 인식을 공유하고 그룹 안에서 발생하는 문제나 어려움을 효과적으로 점검하고 조절할 수 있도록 도울 수 있다. Miller와 Hadwin(2015)은 질문 프롬프트를 이용하여 협력활동에 대한 학생들의 인식을 조사하였는데, 그룹 단위로 그 결과를 종합하여 막대그래프로 제시함으로써 다른 그룹원이 어떤 생각을 하는지를 쉽게 인식할 수 있도록 도왔다. Järvelä 등(2015)도 그룹 인식을 돕기 위해서 학생들이 협력과정에 대해서 어떻게 생각하고 느끼는지를 5점 척도로 조사한 다음 레이더 형태의 그래프로 만들어서 학생들에게 제공하였다. 그리고 조영환 등(2015)은 학생들의 인식이 아니라 온라인 토론에서 수집한 로그파일(logfile)과 메시지를 분석하여 참여도, 참여시기, 상호작용 패턴(사회연결망), 토론 글의 유형을 그래프로 제공하였다. 이러한 시각자료는 학습자들이 협력과정에서 자신의 행동을 스스로 성찰하고 조절하는 데 유용할 뿐만 아니라 그룹 수준에서 협력적 문제해결을 위해 사회적으로 공유된 학습조절을 하는 데 효과적으로 활용될 수 있다.

마지막으로, 교수자는 협력적 문제해결의 학습결과를 어떻게 평가할 것인지를 설계해야 한다. 먼저, 협력적 문제해결에 대한 평가를 어떤 수준에서 할 것인지를 고려해야 한다. 이론에 따라서 분석의 수준이 달라질 수 있는데, 사회적 인지주의나 구성주의에서는 협력적 문제해결 과정에서 그룹원들과의 상호작용이 개인의 발달과 학습에 어떠한 영향을 미치는지에 관심이 있다. 반면에, 사회문화적 접근에서는 개인보다는 공동체 수준에서 협력적 문제해결 활동이 학생들을 사회 구성원으로 성장시키는 데 어떠한 영향을 미치는지를 연구한다. Stahl(2013)은 기존의 협력학습에 관한 연구가 개인이나 공동체 수준에서 이루어지고 있다는 점을 지적하면서 앞으로 소그룹 수준의 연구가 더 활발하게 이루어져야 한다고 주장하였다. 학생들이 공동으로 문제를 정의하고 해결하는 데 있어서 개인의 능력으로 설명하기 어려운 그룹의 역량이 존재한다. Woolley 등(2010)은 이러한 역량을 집단지성이라고 불렀으며, Stahl(2013)은 그룹 인지(group cognition)라고 하였다. 이처럼 협력적 문제해결의 효과를 평가하는 데 있어서 개인, 그룹, 공동체 수준의 분석이 모두 가능하지만, 학교 교육에서는 주로 개인과 그룹 수준의 평가가 이루어진다.

그리고 협력적 문제해결의 결과에 대한 평가와 함께 과정에 대한 평가가 필요하다. 교육현장에서 가장 많이 이루어지는 평가방식은 협력적 문제해결의 그룹 산출물에 대한 평가이다. 예컨대, 교수자는 문제중심학습에서 학생들이 협력적으로 작성한 그룹 보고서나 창작물을 사전에 개발한 루브릭(rubric)을 이용하여 평가할 수 있다. 비구조 문제의 경우, 단일 정답이 존재하지 않기 때문에 어떠한 기준에서 협력적 문제해결의 결과물을 평가할 것인지에 대한 기준을 루브릭의 형태로 개발하는 것이 필요하다(Jonassen, 2011). 루브릭은 학생들의 수행을 몇 개의 차원으로 구분하고 각 차원의 성취 수준을 몇 개의 범주로 나누어서 명시적으로 서술한다. 교수자는 루브릭을 이용하여 그룹의 산출물을 평가할 뿐만 아니라 어떤 점을 개선해야 하는지에 대한 피드백을 제공할 수 있다. 또한 학생들은 루브릭에서 현재 그룹의 수행 수준을 확인하고 성공적인 문제해결을 위해 어떤 점을 개선해야 할 것인지를 논의할 수 있다. 이런 점에서 그룹의 산출물에 대한 평가를 형성평가의 형태로 실시할 수도 있다. 예컨대, 옥미례, 조영환, 허선영(2016)은 초등학생들이 협력적으로 모형자동차를 디자인하는 과정에서 그룹의 중간 산출물인 프로토타입(prototype)에 대해서 학생들이 루브릭을 이용하여 동료평가를 실시하고 포스트잇을 이용하여 피드백을 서로 주고받도록 하였다. 동료평가를 실시하기 전에 학생들에게 루브릭에 대한 충분한 설명과 연습기회가 주어진다면 협력적 문제해결에 대한 형성평가를 위해 동료평가를 유용하게 활용할 수 있다.

그런데 그룹의 산출물만으로는 협력적 문제해결의 학습효과를 충분히 평가하기 어렵다. Kirschner 등(2009)은 선행연구에서 협력학습의 긍정적 효과가 일관성 있게 나타나지 않는다는 점을 지적하면서 협력학습의 효과를 평가하는 방식을 개선해야 한다고 하였다. 예컨대, Kirschner 등(2009)은 그룹의 수행과 함께 개별 학습자들이 어떤 지식을 새롭게 학습했는지를 평가해야 한다고 주장하였다. 만약 그룹원들 중에 무임승차자가 있다면, 그룹의 수행 수준이 높다고 하더라도 모든 그룹원의 학업성취도가 높지는 않을 것이다. 그렇기 때문에 성취과제 분담학습(student team achievement division)과 같은 협동학습 모형에서는 그룹 활동 이후에 모든 학생들이 개별적으로 퀴즈를 풀고 평상시 성적과 비교하여 개별 향상 점수를 산출한다. 그리고 개별 향상 점수를 합산하여 그룹 점수를 산출하고 그 결과에 따라서 그룹별로 보상을 제공한다(Slavin, 1990). 이처럼 개별 학습자의 성취도를 평가한다면, 협력적 문제해결의 효과를 보다 타당하게 평가할 수 있고 각 그룹원들의 개별적인 책무성을 강조함으로써 사회적 태만과 같은 문제를 줄일 수 있다(Johnson & Johnson, 2009).

앞에서 언급한 평가방법들은 주로 협력적 문제해결의 과정보다는 결과에 초점을 두고 있다는 점에서 한계를 가진다. 학습자가 협력적 문제해결 과정에 어떻게 참여하는지와 다른 학습자와 어떻게 상호작용을 하는지를 분석하면 개인 혹은 그룹의 역량을 더 효과적으로 평가할 수 있기 때문이다. 예컨대, ATC21S와 PISA에서는 컴퓨터 혹은 인터넷을 이용하여 학습자들이 실제적으로 문제를 해결하는 과정에서 상호작용 자료를 수집하여 개인의 협력적 문제해결력을 평가한다. 또한 협력적 문제해결 과정을 점검할 수 있다면, 학습자들이 협력적 문제해결을 끝마치기 전에 교수자가 적응적인 지원을 할 수 있다. 학습자들의 참여가 불균등하게 이루어지거나 그룹원들 간의 갈등이 적정 수준보다 너무 낮거나 높다는 것을 쉽게 파악할 수 있다면 협력적 문제해결에 대한 교수지원이 더 효과적으로 이루어질 것이다.

그러나 협력적 문제해결 과정에 대한 평가는 현실적으로 많은 어려움을 가진다. 선행연구들(예: Barron, 2003; Cho et al., 2011)에서는 연구자들이 학습자들의 상호작용 메시지를 코딩스킴(coding scheme)을 이용하여 직접 분류하였는데, 이러한 분석에 상당히 많은 시간이 소요되기 때문에 협력적 문제해결 과정에서 적응적 지원을 하는 것이 매우 어렵다. 자료 수집과 분석에 걸리는 시간을 줄이기 위해서 자기보고식 설문조사를 실시할 수 있으나, 학습자의 기억에 의존한다는 점에서 협력적 문제해결 과정에 대한 정보가 왜곡될 수 있다. 이러한 문제를 해결하기 위해 Rosé 등(2008)은 머신러닝에 기반한 TagHelper와 같은 텍스트 분류 도구를 이용하여 컴퓨터 기반 협력학습에서 학습자의 상호작용 메시지를 자동으로 분석할 것을 제안하였다. 앞으로 인공지능 기술이 더 발달한다면, 협력적 문제해결 과정에서 학습자들의 메시지를 자동으로 코딩하여 상호작용 패턴을 분석하고 그 결과를 적응적 지원에 활용할 수 있을 것이다.

5. 결론

많은 사람이 미래교육에서 협력적 문제해결력을 주요한 교육목표로 삼아야 한다는 점에 공감하고 있다. 선진국에서는 21세기 인재를 양성하는 데 있어서 4C(Creativity, Critical thinking, Communication, and Collaboration)라고 불리는 핵심 역량을 강조하고 있는데, 이 역량들은 모두 협력적 문제해결과 밀접한 관련성을 가진다. 우리나라 교육과정에서도 의사소통과 협력 역량을 비롯하여 창의적 사고와 문제해결력을 주요한 목표로 삼고 있다. 그리고 최근 사회적 구성주의와 사회문화적 접근에 대한 관심이 높아지면서 교육연구의 초점이 개인의 문제해결에서 그룹의 문제해결로 점차 옮겨 가고 있다. 비록 Jonassen(2011)은 협력적 문제해결을 개인의 문제해결과 구분하여 논의하지는 않았지만, Stahl(2013)을 비롯한 여러 학자가 개인의 능력으로 환원시킬 수 없는 협력적 문제해결의 독특한 특성에 대해 연구를 하고 있다. 그 결과, 단순히 학생들을 그룹에 배정하고 과제를 준다고 해서 효과적으로 학습이 이루어지는 것은 아니며, 학습자들 간의 상호작용 패턴에 따라서 협력적 문제해결의 효과가 크게 달라질 수 있다는 것을 발견하였다.

그룹의 협력적 문제해결 역량이 다양하기 때문에 교수자는 학습자들의 협력적 문제해결 과정을 지속적으로 점검하고 적응적인 지원을 제공하는 것이 필요하다. 이를 위해서 개인 혹은 그룹 수준에서 문제해결 역량을 평가하는 방법에 대한 연구가 지속적으로 이루어져야 한다. 협력적 문제해결의 산출물이나 개인의 성취도뿐만 아니라 협력적 문제해결 과정에서 수집된 자료를 이용하여 협력적 문제해결 역량을 다양한 측면에서 평가하고 개인과 그룹이 협력적 문제해결을 위해 개선할 점을 피드백으로 제공할 필요가 있다. 또한 교수자는 협력적 문제해결을 촉진하기 위해 어떤 과제를 선택하고, 어떻게 그룹을 구성하고, 어떠한 도구나 방법을 사용하여 학습자 간의 상호작용을 촉진할 것인지에 대한 계획을 미리 세우고 협력적 문제해결 과정에서 학습자들의 반응에 따라서 계획을 적응적으로 수정해야 한다. 정보통신기기의 발달로 인해서 협력적 문제해결을 지원하는 학습환경도 급속히 변화하고 있으며, 스마트폰이나 가상현실과 같은 첨단 테크놀로지를 협력적 문제해결에 어떻게 활용할 것인지에 대한 연구가 보다 활발하게 이루어질 필요가 있다. 예컨대, Looi 등(2010)은 모바일 기기를 이용하여 학교 안과 밖의 경험을 연결하는 단절 없는 학습(seamless learning)을 주장하였다. 학교에서 배운 지식을 학교 밖의 문제를 해결하는 데 적용하거나 학교 밖에서 발견한 문제를 학교 안에서 논의하는 데 스마트폰을 비롯한 모바일 기기를 유용하게 활용할 수 있다. 이는 첨단 테크놀로지를 활용함으로써 협력적 문제해결의 범위와 방식이 획기적으로 변할 수 있다는 것을 시사한다.

그런데 협력적 문제해결을 우리나라 초·중등교육에 도입할 때 주의해야 할 점이 있다. 협력적 문제해결 활동이 기존의 교육체제와 어떤 점에서 조화를 이루고 어떤 점에서 상충하는지를 면밀히 살펴보아야 한다(조영환 외, 2014). 협력적 문제해결은 학생들의 적극적 참여를 필요로 하기 때문에 교사 주도의 강의식 수업에 익숙한 학생들은 교사의 의도와 다르게 행동할 수 있다. 예컨대, 학생들이 문제에 대한 해결안을 스스로 탐색하지 않고 교사에게 정답을 물어보거나 다양한 해결안을 비교하기보다는 다른 사람의 의견에 쉽게 동조하여 빠르게 결론을 내릴 수 있다. 또한 개별적으로 공부하고 평가받는 데 익숙한 학생들은 협력의 필요성을 적게 느끼고 협력적 문제해결에 소극적으로 참여할 수 있다. 그러므로 체제적 관점에서 협력적 문제해결 활동이 기존의 학교 교육 맥락과 잘 통합될 수 있도록 설계하는 것이 필요하다.

참고문헌

김문중, 권기한(2015). 정보교류체제, 지식공유와 지식활용이 성과에 미치는 영향. **기업경영연구**, 63, 249-267.

변영계, 김광휘(1999). **협동학습의 이론과 실제**. 서울: 학지사.

옥미례, 조영환, 허선영(2016). 초등 디자인 교육에서 동료평가를 위한 학습자 지원전략 개발 및 적용. **교육과학연구**, 47(2), 23-52.

조영환, 김윤강, 황매향(2014). 3차원 가상세계 역할놀이를 통한 초등학교 예비교사의 문제해결력 증진 방안에 관한 사례연구. **교육공학연구**, 30(1), 45-75.

조영환, 박현정, 김정연, 석유미, 이신혜(2015). 온라인 토론 촉진을 위한 피드백의 역할 탐색. **아시아교육연구**, 16(2), 289-313.

조일현(2010). 대학 프로젝트 수업 환경에서 분업화, 상호작용, 공유정신모형이 팀 수행성과와 개인 학습에 미치는 영향. **교육공학연구**, 26(3), 1-20.

Barron, B. (2003). When smart groups fail. *The Journal of the Learning Sciences, 12*, 307-359.

Brown, J. S., Collins, A., & Duguid, P. (1989). Situated cognition and the culture of learning. *Educational Researcher, 18*, 32-42.

Binkley, M., Erstad, O., Herman, J., Raizen, S., Ripley, M., Miller-Ricci, M., & Rumble, M.

(2012). Defining twenty-first century skills. In P. Griffin, B. McGaw, & E. Care (Eds.), *Assessment and teaching of 21st century skills* (pp. 17-66). Dordrecht: Springer.

Care, E., Scoular, C., & Griffin, P. (2016). Assessment of collaborative problem solving in education environments. *Applied measurement in education, 29*(4), 250-264.

Chinn, C. A., O'Donnell, A. M., & Jinks, T. S. (2000). The structure of discourse in collaborative learning. *The Journal of Experimental Education, 69*, 77-97.

Chi, M. T. H. (2009). Active-constructive-interactive: A conceptual framework for differentiating learning activities. *Topics in Cognitive Science, 1*, 73-105.

Chi, M. T. H., Roy, M., & Hausmann, R. G. M. (2008). Observing tutorial dialogues collaboratively: Insights about human tutoring effectiveness from vicarious learning. *Cognitive Science, 32*, 301-341.

Chiriac, E. H., & Granström, K. (2012). Teachers' leadership and students' experience of group work. *Teachers and Teaching, 18*(3), 345-363.

Cho, Y. H., Caleon, I. S., & Kapur, M. (2015). Authentic problem solving and learning for twenty-first century learners. In Y. H. Cho, I. S. Caleon, & M. Kapur (Eds.), *Authentic problem solving and learning in the 21st century: Perspectives from Singapore and beyond* (pp. 3-16). Singapore: Springer.

Cho, Y. H., Ding, N., Tawfik, A., & Chávez, Ó. (2014). Computer-supported collaborative concept mapping for learning to teach mathematics. *Journal of Applied Instructional Design, 4*(1), 21-33.

Cho, Y. H., Lee, J., & Jonassen, D. H. (2011). The role of tasks and epistemological beliefs in online peer questioning. *Computers and Education, 56*(1), 112-126.

Cho, Y. H., & Lee, S. E. (2013). The role of co-explanation and self-explanation in learning from design examples of PowerPoint presentation slides. *Computers & Education, 69*, 400-407.

Cognition and Technology Group at Vanderbilt. (1992). The Jasper experiment: An exploration of issues in learning and instructional design. *Educational Technology Research and Development, 40*(1), 65-80.

Craig, S. D., Driscoll, D. M., & Gholson, B. (2004). Constructing knowledge from dialog in an intelligent tutoring system: Interactive learning, vicarious learning, and pedagogical agents. *Journal of Educational Multimedia and Hypermedia, 13*, 163-183.

de Hei, M., Strijbos, J.-W., Sjoer, E., & Admiraal, W. (2016). Thematic review of approaches to design group learning activities in higher education: The development of a comprehensive framework. *Educational Research Review, 18*, 33-45.

Garrison, D. R., Cleveland-Innes, M., & Fung, T. S. (2010). Exploring causal relationships among teaching, cognitive and social presence: Student perceptions of the community of inquiry framework. *Internet and Higher Education, 13*, 31-36.

Grau, V., & Whitebread, D. (2012). Self and social regulation of learning during collaborative activities in the classroom: The interplay of individual and group cognition. *Learning and Instruction, 22*, 401-412.

Griffin, P., Care, E., Bui, M., & Zoanetti, N. (2013). Development of the assessment design and delivery of collaborative problem solving in the Assessment and Teaching of 21st Century Skills project. In E. McKay (Ed.), *ePedagogy in online learning: New developments in web-mediated human-computer interaction* (pp. 55-73). Hershey, PA: IGI Global.

Hadwin, A., & Oshige, M. (2011). Self-Regulation, coregulation, and socially shared regulation: Exploring perspectives of social in self-regulated learning theory. *Teachers College Record, 113*(2), 240-264.

Hesse, F., Care, E., Buder, J., Sassenberg, K., & Griffin, P. (2015). A framework for teachable collaborative problem solving skills. In P. Griffin & E. Care (Eds.), *Assessment and teaching of 21st century skills: Methods and approach* (pp. 37-56). Dordrecht: Springer.

Hung, W. (2011). Theory to reality: A few issues in implementing problem-based learning. *Educational Technology Research & Development, 59*(4), 529-552.

Hung, W. (2015). Problem-based learning: Conception, practice, and future. In Y. H. Cho, I. S. Caleon, & M. Kapur (Eds.), *Authentic problem solving and learning in the 21st century: Perspectives from Singapore and beyond* (pp. 75-92). Singapore: Springer.

Järvelä, S., Kirschner, P. A., Panadero, E., Malmberg, J., Phielix, C., Jaspers, J., . . . Järvenoja, H. (2015). Enhancing socially shared regulation in collaborative learning groups: Designing for CSCL regulation tools. *Educational Technology Research and Development, 63*, 125-142.

Johnson, D. W., & Johnson, R. T. (2009). An educational psychology success story: Social interdependence theory and cooperative learning. *Educational Researcher, 38*, 365-379.

Johnson, T. E., & Lee, Y. (2008). The relationship between shared mental models and task performance in an online team-based learning environment. *Performance Improvement Quarterly, 21*(3), 97-112.

Jonassen, D. H. (1997). Instructional design models for well-structured and ill-structured problem-solving learning outcomes. *Educational Technology Research and Development, 45*(1), 65-94.

Jonassen, D. H. (1999). Designing constructivist learning environments. In C. M. Reigeluth (Ed.), *Instructional design theories and models: A new paradigm of instructional theory* (2nd ed., pp. 215-239). Mahwah, NJ: Lawrence Erlbaum Associates.

Jonassen, D. H. (2011). *Learning to solve problems: A handbook for designing problem-solving learning environments*. New York: Routledge.

Jonassen, D. H., & Cho, Y. H. (2011). Fostering argumentation while solving engineering ethics problems. *Journal of Engineering Education, 100*(4), 680-702.

Kapur, M. (2010). Productive failure in mathematical problem solving. *Instructional Science, 38*, 523-550.

King, A. (1994). Guiding knowledge construction in the classroom: Effects of teaching children how to question and how to explain. *American Educational Research Journal, 31*(2), 338-368.

Kirschner, F., Paas, F., & Kirschner, P. A. (2009). A cognitive load approach to collaborative learning: United brains for complex tasks. *Educational Psychology Review, 21*, 31-42.

Kirschner, F., Paas, F., Kirschner, P. A., & Janssen, J. (2011). Differential effects of problem-solving demands on individual and collaborative learning outcomes. *Learning and Instruction, 21*, 587-599.

Kutnick, P., Blatchford, P., & Baines, E. (2002). Pupil groupings in primary school classrooms: Sites for learning and social pedagogy? *British Educational Research Journal, 28*(2), 187-206.

Kwon, K., Liu, Y.-H., & Johnson, L. P. (2014). Group regulation and social-emotional interactions observed in computer supported collaborative learning: Comparison between good vs. poor collaborators. *Computers & Education, 78*, 185-200.

Lewis, K., Lange, D., & Gillis, L. (2005). Transactive memory systems, learning, and learning transfer. *Organization Science, 16*(6), 581-598.

Looi, C.-K., Seow, P., Zhang, B., So, H.-J., Chen, W., & Wong, L.-H. (2010). Leveraging mobile technology for sustainable seamless learning: A research agenda. *British Journal of Educational Technology, 41*(2), 154-169.

Malmberg, J., Järvelä, S., Järvenoja, H., & Panadero, E. (2015). Promoting socially shared regulation of learning in CSCL: Progress of socially shared regulation among high- and low- performing groups. *Computers in Human Behavior, 52*, 562-572.

Meier, A., Spada, H., & Rummel, N. (2007). A rating scheme for assessing the quality of computer-supported collaboration processes. *International Journal of Computer-Supported Collaborative Learning, 2*, 63-86.

Michinov, N., & Michinov, E. (2009). Investigating the relationship between transactive memory and performance in collaborative learning. *Learning and Instruction, 19*, 43-54.

Miller, M., & Hadwin, A. (2015). Scripting and awareness tools for regulating collaborative learning: Changing the landscape of support in CSCL. *Computers in Human Behavior, 52*, 573-588.

Nokes-Malach, T. J., Meade, M. L., & Morrow, D. G. (2012). The effect of expertise on collaborative problem solving. *Thinking & Reasoning, 18*(1), 32-58.

Nokes-Malach, T. J., Richey, J. E., & Gadgil, S. (2015). When is it better to learn together? Insights from research on collaborative learning. *Educational Psychology Review, 27*, 645-656.

Nussbaum, E. M. (2008). Collaborative discourse, argumentation, and learning: Preface and literature review. *Contemporary Educational Psychology, 33*(3), 345-359.

Rosé, C., Wang, Y.-C., Cui, Y., Arguello, J., Stegmann, K., Weinberger, A., & Fischer, F. (2008). Analyzing collaborative learning processes automatically: Exploring the advances of computational linguistics in computer-supported collaborative learning. *International Journal of Computer-Supported Collaborative Learning, 3*(3), 237-271.

Rummel, N., & Spada, H. (2005). Learning to collaborate: An instructional approach to promoting collaborative problem solving in computer-mediated settings. *The Journal of the Learning Sciences, 14*, 201-241.

Rummel, N., Spada, H., & Hauser, S. (2009). Learning to collaborate while being scripted or by observing a model. *International Journal of Computer-Supported Collaborative Learning, 4*, 69-92.

Schwarz, B. B., Neuman, Y., & Biezuner, S. (2000). Two wrongs may make a right ... if they argue together! *Cognition and Instruction, 18*(4), 461-494.

Sfard, A. (1998). On two metaphors for learning and the dangers of choosing just one. *Educational Researcher, 27*(2), 4-13.

Shirouzu, H., Miyake, N., & Masukawa, H. (2002). Cognitively active externalization for situated reflection. *Cognitive Science, 26*, 469-501.

Slavin, R. E. (1990). *Cooperative learning: Theory, research, and practice*. Englewood Cliffs, NJ: Prentice Hall.

Stahl, G. (2013). Theories of cognition in collaborative learning. In C. E. Hmelo-Silver, C. A. Chinn, C. K. K. Chan, & A. M. O'Donnell (Eds.), *The international handbook of collaborative learning* (pp. 74-90). New York: Routledge.

Tomcho, T. J., & Foels, R. (2012). Meta-analysis of group learning activities: Empirically based teaching recommendations. *Teaching of Psychology, 39*(3), 159-169.

Voogt, J., & Roblin, N. P. (2012). A comparative analysis of international frameworks for 21st century competences: Implications for national curriculum policies. *Journal of Curriculum Studies, 44*(3), 299-321.

Vygotsky, L. S. (1978). *Mind in society: The development of higher psychological processes*. Cambridge, MA: Harvard University Press.

Webb, N. M. (1991). Task-related verbal interaction and mathematics learning in small groups. *Journal for Research in Mathematics Education, 22*(5), 366-389.

Weinberger, A., Ertl, B., Fischer, F., & Mandl, H. (2005). Epistemic and social scripts in computer-supported collaborative learning. *Instructional Science, 33*(1), 1-30.

Wegner, D. M. (1987). Transactive memory: A contemporary analysis of the group mind. In B. Mullen & G. R. Goethals (Eds.), *Theories of group behavior* (pp. 185-208). New York: Springer-Verlag.

Wegner, D. M., Erber, R., & Raymond, P. (1991). Transactive memory in close relationships. *Journal of Personality and Social Psychology, 61*(6), 923-929.

Wiedmann, M., Leach, R. C., Rummel, N., & Wiley, J. (2015). Mathematical skills and learning by invention in small groups. In Y. H. Cho, I. S. Caleon, & M. Kapur (Eds.), *Authentic problem solving and learning in the 21st century: Perspectives from Singapore and beyond* (pp. 249-265). Singapore: Springer.

Wigfield, A., & Eccles, J. S. (2000). Expectancy-value theory of achievement motivation.

Contemporary Educational Psychology, 25, 68-81.

Wilson, B. G., Ludwig-Hardman, S., Thornam, C. L., & Dunlap, J. C. (2004). Bounded community: Designing and facilitating learning communities in formal courses. *International Review of Research in Open and Distance Learning, 5*(3), 1-22.

Wolfe, C. R., & Britt, M. A. (2008). The locus of the myside bias in written argumentation. *Thinking & Reasoning, 14*, 1-27.

Woolley, A. W., Chabris, C. F., Pentland, A., Hashmi, N., & Malone, T. W. (2010). Evidence for a collective intelligence factor in the performance of human groups. *Science, 330*(6004), 686-688.

CHAPTER 10

뇌과학과 학습: 학습현상의 물질적 기반

조규락(영남대학교)

학습은 변화(change)를 가정한다. 이때의 변화란 유전적인 시간표에 따른 성숙이나 피로와 약물 등에 의한 일시적인 변화가 아니다. 그것은 자신을 둘러싼 환경과의 상호작용 속에서 후천적 경험의 결과로 생기는 비교적 지속적인 혹은 영속적인 변화이다. 정상적인 아기가 일정한 기간이 지나 저절로 일어서고 걷게 되는 것이나 해열제를 먹어 열이 내리는 변화는 김소월의 「진달래꽃」을 암기하고, 자동차를 운전하며, 2차 방정식을 풀 수 있는 등의 특정 노력이 필요한 변화와는 성질이 아주 다르다. 따라서 누군가 학습했다면, 연습이나 훈련, 반복적인 활동과 같은 후천적인 노력을 통한 경험을 했다는 것이며, 그 결과로 무엇인가가 변화했다는 것을 뜻한다. 예컨대, 자동차를 운전할 수 있게 되었다는 것이 학습에서의 변화라면 전에는 운전을 하지 못했다는 것이고, 오늘 하루만 운전할 수 있게 된 것이 아니라 앞으로도 계속 운전할 수 있게 되었다는 것이며, 이는 어떤 경험의 결과라는 것이다.

학습을 이처럼 어떤 경험을 통해 나타난 결과로 파악하는 것은 학습을 심리적·정신적 현상으로 이해하는 것과 같다. 후천적 경험은 인간의 심리적·정신적 현상에 영향을 미치고 이것이 특정 변화를 일으키게 만드는 것이 학습현상인 것이다. 그리고 변화의 과정과 증거를 심리적 · 정신적 현상 수준에서 찾으려는 것이다. 이러한 수준에서 학습을 설명하는 체계인 학습이론은 학습현상이 언제, 어떻게, 어째서 발생하는지 체계화하기 위하여 학습 발생 기제를 개념화하고 이를 분석의 단위로 삼아 학습현상을 설명한다. 이때 학습이론의 수준과 단위에서 사용되는 개념들은 구성(construct)된 것들이다. 의도적인 학습은 이 수준과 단위 안에서 조작되고(manipulated), 처방되며(prescribed), 설계된다(designed). 학습이론과 학습이론에서 파생되거나 영향을 받은 교수이론, 교수설계 모형 등은 이런 분석의 수준과 단위에 영향을 미치는 사회적 · 문화적 요인들을 고려하게 된다.

그런데 만일 분석의 수준과 단위를 더 작게 하여 변화의 과정과 증거를 심리적 · 정신적 현상 수준에서만 머무르지 않고 실제의 물질적 흔적에서 찾고자 하면 어떨까? 행동의 변화가 순수한 심리적 · 정신적 현상이 아니라 물질적 변화를 바탕으로 나타난 현상이라면? 심리적인지 혹은 정신적인지 모를 두통이 타이레놀이라는 물질적 약을 먹었더니 괜찮아진다. 이는 물질적 변화로 심리적 · 정신적 현상이 달라진 것이다. 학습도 마찬가지 아닐까? 학습이 순수하게 심리적이고 정신적인 현상일까?

인지주의에 따르면, 인지구조의 내재적 변화 때문에 행동의 변화가 발생한다고

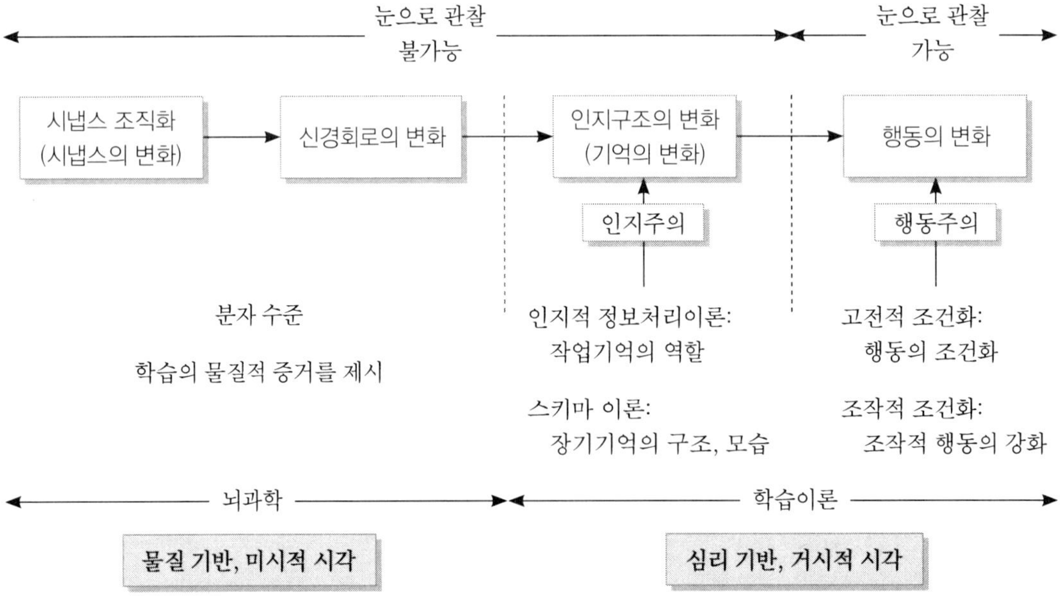

[그림 10-1] 학습 설명 모형

하는데, 그렇다면 내재적 인지구조의 변화에 대한 실제적 · 물질적 흔적 혹은 증거가 어디엔가 있어야 하지 않을까? 이 글은 그 흔적과 증거를 세포 수준이나 분자 수준에서 찾아야 한다고 주장한다. 즉, 학습이 변화라면 세포 수준과 분자 수준에서 물질적 변화가 일어나야 한다고 보는 것이다. 그리고 물질적 변화가 심리적 혹은 정신적 수준에서 변화를 일으키는 것이라고 본다. [그림 10-1]은 이 장의 설명 모형이다.

이러한 설명이 어느 현상을 보다 작거나 더 기본적인 실체로 설명하려 한다는 환원주의(reductionism) 성격을 갖고 있다는 큰 비판을 받게 될지 모른다. 심리적 · 정신적 수준의 설명을 물질적 수준에서 설명하는 것에 대한 반대와 비판이다. 이것은 물질적 변화가 학습을 통해 얻게 되는 깨달음과 심리적인 감동, 그에 따른 심오한 사고의 변화를 유의미하게 설명할 수 없다는 이의제기이다. 이 비판은 눈에 보이지 않는 작은 물질의 변화로 학습현상을 설명하려는 미시적 이해가 심리와 사회라는 입장에서 학습을 설명하려는 거시적 이해의 특성들을 설명하지 못한다는 창발성의 문제제기와도 연결된다. 또한 제반 사회과학을 진화론에 바탕을 둔 생물학으로 환원하여 설명하려 한다는 사회생물학(Wilson, 1998)에 대한 비판과도 연결된다.

그러나 인도의 타지마할이나 이탈리아의 베드로 성당의 미학적 아름다움이나 종교적 숭고함, 그 사연들이 주는 감동은 물질적 설명이 추가되었더라도 폄훼되지 않는다. 예컨대, 그 건축물은 특정한 재료의 물질로 이루어져 있다는 설명, 설계와 건설 시 중력이라는 물리적 법칙에 거스르지 않도록 고려했다는 설명, 벽에서 반사되는 빛의 물질적 특징인 파장을 우리는 색(色)으로 보고 있다는 설명, 색과 형태는 생물학적으로 입력되는 감각과 지각을 통해 이루어진다는 물질적 설명 말이다. 타지마할과 베드로 성당의 아름다움은 물질적 바탕을 전제로 한다. 따라서 물질적 기반을 둔 설명이 심리나 정신, 사회라는 보다 거시적 차원에 기반을 둔 설명보다 단순하다고 비판을 할 수는 있어도 틀린 설명은 아니다. 긍정적인 시각에서 보면 오히려 거시적 설명의 기본 바탕으로서 시사점을 제공한다.

학습도 마찬가지이다. 행동 또는 인지구조가 변했다면 물질적으로 무언가가 변했다고 생각하는 것은 잘못된 생각이 아니다. 겉으로 보이는 행동이 변했다면, 변화된 행동을 하게 만드는 인지구조가 변했고, 인지구조를 변하게 하는 물질적인 변화나 흔적이 있다고 추론하는 것이 타당하다. 또한 행동과 인지 변화의 처리, 저장 장소가 뇌에 있다면 이러한 물질적 변화와 흔적은 뇌에 남게 된다고 보는 것도 타당하다. 이 장은 이러한 문제의식에 따라 행동과 인지구조의 이면에 있는 증거를 뇌과학에서 알아보고 학습과 교육에 주는 시사점을 살펴보고자 하였다.

1. 학습의 심리적 · 거시적 이해[1)]

글을 읽고 쓰게 되었다는 것, 여러 꽃을 구별할 수 있게 되었다는 것, 한글의 원리가 무엇이며 그 업적이 무엇인지 말할 수 있다는 것, 이 모두가 학습현상이라면, 학습이론은 이런 학습현상을 설명할 수 있어야 한다. 지금까지 등장한 학습이론들은 많이 있지만, 이들의 설명이 서로 상이한 학습현상을 대상으로 하지 않는다. 동일한 학습현상을 다른 방식으로 설명한다는 뜻이다. 이 장에서는 행동주의와 인지주의를 예시한다. 이들은 공통적으로 객관주의 인식론에 기반하고 있지만, 한 이론은 학습결과의 외적인 면에, 다른 이론은 내적인 면에 초점을 두고 있다는 점, 그리고 상당히 상이한 기제를 갖고 있다는 차이점을 갖는다. 즉, 학습을 무엇으로 보느냐 하는 관점의 차이, 학습이 어떻게 발생하느냐 하는 기제(mechanism)에 대한 차이가 존재한다.

행동주의 학습이론과 인지주의 학습이론은 심리적 · 정신적 수준에서 학습을 설명하는 대표적인 학습이론이다. 행동주의는 자극과 반응의 연합 결과로 나타난 심리적 · 정신적 현상의 결과가 행동을 변화시킨다고 하면서 외재적 자극과 강화, 이 자극과 강화에 의해 유발되는 유기체의 반응 및 행동을 분석한다. 인지주의는 직면하는 정보에 대한 인지적 혼란이나 갈등상태를 해결하려는 과정의 결과로 나타난 심리적 · 정신적 현상이 인지구조 혹은 스키마를 변화시킨다고 하면서 제시되는 정보, 처리의 단계와 전략, 처리된 정보의 저장형태로서의 기억 등을 분석한다. 이런 분석단위는 심리적 · 정신적 수준이 거시적 측면에서 학습을 설명하고 있음을 나타낸다.

1) 사회과학 전통에서 비롯된 학습이론은 인간과 동물을 대상으로 수행되었던 학습심리학의 연구 성과이다. 학습을 심리적 과정으로 이해하며, 심리보다 더 작은 단위의 분석은 실시하지 않는다. 대신에 심리학으로서 학습이론은 심리적 과정과 발달을 사회나 문화적 특성에 연결하여 분석하고 이해하고자 한다.

1) 행동의 변화: 행동주의

행동주의(behaviorism)는 그 이름에서 유추할 수 있듯이 학습의 결과를 '행동(behavior)'의 변화로 본다. 이때 행동은 관찰이 가능한 거시적 행동이라는 중요한 특징을 가지고 있다. 마음 안에서의 행동처럼 사람들은 관찰할 수 없는 것에도 '행동'이라는 용어를 사용하는데, 행동주의에서 그것은 단순한 수사(修辭)적 의미만을 가지고 있을 뿐이다. 행동주의가 말하는 행동은 실제 우리가 맨눈으로 직접 볼 수 있는 행동을 뜻한다. 눈으로 관찰할 수 없는 행동, 예컨대 마음이나 머릿속에서 발생하는 생각, 사고 등은 객관적으로 측정할 수 없기 때문에 비과학적이라며 비판을 한다.

행동주의는 행동의 변화를 일으키는 기제를 자극(stimulus)과 반응(response)의 연합(association)으로 설명한다. 특정한 반응을 하도록 만드는 특정한 자극을 지속적으로 가하면 그 자극과 반응은 서로 결합된다는 것이다. 물론 반응이란 눈으로 볼 수 없는 내적 반응을 뜻하는 것이 아니라 눈으로 볼 수 있는 외적 행동이다. 행동주의는 학습의 기제가 자극과 반응의 연합이라는 점에서 각각의 영어 단어의 첫 글자를 따서 SR이론이라고도 한다. 자극과 반응의 기제를 어떻게 운용하느냐에 따라 행동주의 학습이론은 여러 하위 이론으로 나누어진다.

자극과 반응의 연합은 배고플 때 음식을 보면 침이 나온다거나, 갑자기 뱀을 보면 놀라서 움찔하는 것처럼 생물학적으로 결정되어 있는 무조건자극과 무조건반응에서 연결된다. 또한 연합은 종소리와 작은 강아지처럼 아무런 관계가 없거나 해가 없는 중립적인 자극과 인사하기, 손 흔들기 같은 중립적인 반응 혹은 사회적인 반응까지도 가능하다. Pavlov는 개 실험을 통해 중립자극과 중립반응을 조건자극, 조건반응으로 연합시킬 수 있다는 것을 증명했다. 또한 Watson은 생후 11개월 된 Albert라는 아기를 대상으로 실험함으로써 공포와 같은 정서반응도 자극과 반응의 연합을 통해 일으킬 수 있다는 것을 보여 주었다. 허기진 쥐, 병아리, 고양이 등을 미로상자, 문제해결상자에 넣어 실험한 Thorndike는 반복된 연습을 통해 시행착오가 줄어들고 올바른 반응이 빨리 나타난다는 것을 밝히고 시행착오설이라고 했다. 또 미로를 나오거나 문제를 해결하면 먹이와 같은 만족스러운 보상을 제시할 때는 자극과 반응의 연합이 강해지고 보상이 없을 때는 연합이 느슨해진다는 것을 발견하고 효과의 법칙이라고 했다. Thorndike는 학습 발생의 조건으로 미로나 문제와 같은 자극뿐만 아니라 먹이와 같은 적절한 보상을 추가하였다.

Thorndike가 제시한 학습에서의 보상은 Skinner에 의해 강화(reinforcement)의 개념으로 더욱 발전하였다. 지금까지 연구에서는 유기체가 하는 반응은 자극에 대한 수동적 반응의 행동이었다. 즉, 자극이 먼저 제시된 후 행동을 하는 것이다(자극 → 반응). 이를 고전적 조건화(classical conditioning)라고 한다. 그러나 Skinner는 자극과 반응의 순서를 뒤집었다. 그는 유기체의 능동적이며 자발적인 반응에 초점을 두고, 유기체가 스스로 실험자가 기대하는 반응을 하면 유기체가 바라는 자극을 제시한 것이다(반응 → 자극). 이를 조작적 조건화(operant conditioning)라고 한다. 이때 유기체가 바라는 자극이 강화이며, 유기체가 하는 행동은 조작적 반응 또는 조작적 행동이라 하였다. 그의 연구에 따르면 학습자의 특정 행동을 변화시키려 한다면, 즉 학습을 발생시키려 한다면, 학습자가 바라는 강화물이 무엇인지 파악한 후 그가 특정 행동을 했을 때 사전에 준비된 강화물을 제공하는 것이다.

고전적 조건화든지 조작적 조건화든지 행동의 변화는 이처럼 학습자의 외부에서 제시되는 자극에 의해 강하게 영향을 받는다. 결국 학습은 학습자의 외부 환경의 특성을 변화시켜 자극으로 만들어 제시함으로써 특정한 행동을 하도록 유도하는 것이다. 행동주의에서의 학습은 학습자의 외부 환경의 특성을 변화시켜 자극으로 만들고 그 자극과 특정한 행동을 연합하는 것이다. 학습과정의 통제는 자극과 반응의 연쇄를 연합하는 강화를 조작하는 것이며, 학습과정의 통제자로서 교사는 학습자의 특정 반응을 유도하는 학습자의 외재적 자극들과 강화물을 처방하여 교수학습 과정에 배치시키는 전문가이다.

2) 인지구조의 변화: 인지주의

인지주의(cognitivism)는 그 이름에서 유추할 수 있듯이 학습의 결과를 '인지구조(cognitive structure)'의 변화로 본다. 그러나 인지구조는 행동주의에서 말하는 눈에 보이는 행동과는 달리, 눈으로 관찰이 가능하지 않다. 인지구조의 변화는 행동주의가 배격하는 인간의 내적 사고 과정의 변화로 생기는 것이기 때문이다. 인지주의는 학습을 가시적 행동으로 표현되는 것뿐만 아니라 가시적 행동이 아니더라도 학습자 내부에서 변화가 발생한다면, 그리고 그것이 언젠가 행동에 영향을 미친다면 그

것도 학습이라고 인정한다는 측면에서 행동주의와 구별된다. 행동의 변화는 우선 학습자 내부의 변화가 선행되어야 한다는 것이다. 따라서 인지주의에서는 눈으로 관찰할 수 있는 것이 학습의 절대적 조건이 아니다. 변화가 가시적이지 않다고 하더라도 인지구조의 변화는 행동주의와 마찬가지로 여전히 거시적인 변화다. 인지주의에서 말하는 인지구조의 변화는 현미경을 갖고서도 관찰할 수 있는 성질이 아니기 때문이다. 사실상, 인지구조가 어떻게 생겼는지에 대한 세밀한 실제적 구조는 알 수 없다.

인지구조를 변하게 만드는 학습의 기제는 인지적 혼란이나 갈등이다. 학습자가 새로운 정보를 접하면, 그는 기존에 가지고 있는 인지구조를 통해 그것을 설명하고 해석하려 한다. 그런데 기존의 인지구조가 그것을 설명할 수 없거나, 서로 충돌하여 해석이 불가능하거나, 그것에 대한 인지구조가 처음부터 없을 때 학습자는 인지적 혼란과 갈등을 경험한다. 이 혼란과 갈등의 해소를 위해서는 기존의 인지구조를 바꾸거나 새로운 인지구조를 만들어 가져야 한다. 이제 바뀐 새로운 인지구조는 또 다른 새로운 정보에 대한 설명과 해석의 기준이 되며, 새로운 정보를 접할 때마다 지속적으로 수정된다. 인지구조는 인지주의를 강조하는 용어일 뿐이며, 일반적으로는 인지구조의 변화가 머리 안의 기억 속에 저장되는 것이기 때문에 인지구조는 '기억(memory)' 혹은 '기억의 구조'와 거의 동일한 의미로 사용된다.

인지이론도 여러 하위 이론으로 세분화되는데, 그 세분화는 기억의 어느 측면을 강조하느냐에 달려 있다. 크게는 인지의 발달이론과 인지의 구조이론으로 나누어진다. 인지 발달이론에는 Bruner의 표상발달론, Piaget의 발생적 인지발달론, Vygotsky의 사회문화적 심리발달론[2] 등이 있고, 구조이론에는 작업기억 안에서 정보의 처리를 강조하는 인지적 정보처리이론과 장기기억의 구조를 강조하는 스키마 이론 등이 있다. 발달이론은 학습의 초점을 유기체의 시간의 단계적 성숙에 따른 신

2) 학자들에 따라 Piaget는 인지적 구성주의, Vygotsky는 사회적 구성주의를 주장하기 때문에 모두 인지주의 학자가 아니라 구성주의 학자로 보는 경우도 있다. 그러나 이는 현대의 학자들이 그렇게 이름 붙인 것이다. 이들이 살아 있을 때 구성주의는 없거나 극히 미약했다. Piaget는 행동주의를 비판한 인지주의 계열의 학자로 살았으며, Vygotsky는 안타깝게도 1930년대 30대의 나이에 일찍 요절했기 때문에 구성주의의 본격적인 태동도 몰랐다. 물론 이들의 이론들이 지식은 인지적으로, 사회적으로 구성된다는 측면에서 구성주의적 시각을 반영하지만, 구성된 결과로서의 지식의 성격은 인지주의가 말하는 지식의 성격에 더 가깝다. 필자는 구성된 결과로서 지식의 성격에 따라 학자를 구분하는 것이 더 타당하다고 생각한다.

체적 · 정신적 발달에 두지만 각 단계 안에서 발생하는 학습의 결과와 기제는 기본적으로 구조이론에 따른다. 따라서 이 절에서는 인지의 구조이론만 다룬다.

인지적 정보처리이론(cognitive information processing theory)은 인지과학자, 신경심리학자, 뇌과학자 등 워낙 많은 학자가 자신들의 이론을 설명하기 위해 차용하는 이론이다. 특히 Atkinson과 Shiffrin(1968)이 제안한 기억의 다중저장 · 다중단계이론(multistore · multistage theory of memory)에 근거하는데, 정보가 감각기억(sensory memory)에서 단기기억(short-term memory)을 거쳐 장기기억(long-term memory)으로 처리되는 과정에서 발생하는 인지구조의 변화를 학습으로 본 것이다. 그리고 변화된 인지구조는 기억이라는 이름으로 장기기억에 저장된다.

이 이론은 이론 성립의 초기부터 컴퓨터의 정보처리과정에 종종 비유되었다. 컴퓨터의 키보드, 마우스 등을 통해 입력된 외부 정보가 컴퓨터의 CPU(Central Processing Unit: 중앙처리장치)에 의해서 처리되어 화면이나 프린터를 통해 출력되고 하드 디스크(hard disk)라는 저장장치에 저장되는 것처럼, 인간의 감각기관을 통해 들어오는 외부의 새로운 정보가 장기기억에서 불러낸 정보와 함께 뇌의 작업기억(working memory)에 의해서 처리되어 행동이나 말로 출력되고 뇌 안의 장기기억에 저장되는 것으로 보는 것이다.

감각기관을 통해 입력된 정보 중에서 많은 것이 유실되어 사라지지만, 선택적인 주의집중(selective attention)이 일어나고 형태재인(pattern recognition)이 발생한 정보는 감각기억을 지나 작업기억으로 보내져 그곳에서 장기기억에서 인출(retrieval)된 정보와 상호작용하면서 더 세밀하게 처리된다. 최근의 이론에 따르면 작업기억은 시공간 스케치패드와 음운루프(또는 언어 리허설)라는 장치를 가지고 있는데, 전자를 통해 시각과 공간의 정보를 처리하고, 후자를 통해 언어정보를 처리한다고 한다(Barrs & Gage, 2007). 이렇게 처리된 정보는 행동이나 말로써 출력되기도 하며, 군집화(chunking)나 시연(rehearsal)과 같은 부호화(encoding)의 과정을 거쳐 여러 종류의 기억이 되어 저장된다. 기억의 종류에는 의미기억(semantic memory), 일화기억(episodic memory), 서술기억(declarative memory), 절차기억(procedural memory) 등이 있다.

작업기억은 단기기억의 다른 이름으로 강조의 측면이 약간 다른 용어이다. 작업기억은 정보가 실제로 처리되는 장소와 역할의 측면을 나타내고 인지활동이 활성화되어 작동된다는 뜻을 가지고 있다. 때문에 어떤 학자는 '활성기억' '작동기억'으로 사용하기도 한다. 반면에, 단기기억은 처리할 수 있는 정보의 양과 시간에서 한계가 있다는 것을 나타낸다. 실제로 여러 연구를 통해 한꺼번에 처리할 수 있는 정보의 양은 대체적으로 ±7개(5~9개) 정도이며, 특정한 노력을 하지 않는다면, 보유시간은 약 20초 정도가 된다고 한다.

작업기억에서 처리된 모든 정보가 장기기억 속으로 저장되지는 않는다. 예컨대, 114에 전화를 걸어 문의한 전화번호가 잠시 동안 기억되었다가 전화를 하고 나면 생각나지 않는 것처럼 일부 정보는 즉각적인 활용을 위해서 처리되고 그 활용이 끝나면 쉽게 사라진다. 장기기억으로 넘어온 모든 것이 기억되고 회상되는 것은 아니지만 일단 장기기억 속에 저장된 정보는 영구히 저장되는 것으로 가정된다. 기억나지 않는다면 그건 장기기억에서 지워진 것이 아니라 간섭에 의해서 인출이 막힌 것이기 때문에 적절한 인출 단서가 주어지면 다시 기억난다는 것이다. 따라서 인지적 정보처리이론은 작업기억 혹은 단기기억의 인지적 처리 능력에는 한계가 있지만 장기기억의 저장 능력은 무한하다고 말한다. 그리고 말할 것도 없이 작업기억의 구조와 정보의 처리과정이 인지구조의 변화에 핵심이다.

그러나 인지적 정보처리이론에서 살펴본 것처럼 기억의 처리장치로서 작업기억뿐만 아니라 저장장치로서 장기기억도 매우 중요하다. 저장된 정보가 작업기억 속으로 인출되지 않으면 감각기억을 거쳐 작업기억으로 들어온 새로운 정보와의 상호작용은 발생하지 않기 때문이다. 또한 작업기억에서 부호화를 통해 처리된 정보가 나중에 다시 재사용되기 위해서는 장기기억 속에 언제든 필요한 경우에 인출될 수 있도록 저장되어야 하기 때문이다. 스키마 이론(schema theory)은 장기기억의 구조와 관련된 대표적인 인지주의 이론이다.

스키마라는 용어는 지식구조를 이루는 일반적이고 보편적인 자료구조(Bartlett, 1932)이며, 전형적 특성을 포함한 사건이나 대상의 범주를 나타내는 도식(Anderson, 1990)이다. A에 대한 스키마에는 A들이 공통적으로 갖고 있는 속성들, 아이디어, 기능, 절차, 관계 등이 들어 있다. 예컨대, 사자와 호랑이, 호랑이와 표범을 구별할 수 있는 사람들은 사자 스키마, 호랑이 스키마, 표범 스키마를 가지고 있을 것이다. 모두 고양이과 동물로서 전체적인 공통된 모습은 비슷하지만 특히 몸에 난 줄무늬 등에서 차이가 난다. 어떤 사람은 줄무늬가 유사한 표범과 재규어, 표범과 치타도 쉽게 구별할 수 있는데, 이 사람은 보다 분화된 스키마를 가지고 있다. 어부와 어류학자들은 일반인들보다 훨씬 더 잘 다양한 물고기들을 구분한다. 전문가는 그 분야의 분화된 스키마를 가지고 있는 셈이다.

스키마는 개념의 범주를 구별하는 능력만이 아니다. 어느 나라의 식당이나 레스토랑이든지 음식을 주문하고 먹고 계산하고 나오는 것과 같은 가장 핵심적인 공통된 특성들이 존재한다. 동시에 팁이 없고 주문이 비교적 간단한 한국에서의 식당과 팁 문화가 발달하고 전채요리, 메인, 디저트까지 주문이 복잡한 서양에서의 식당에서처럼, 혹은 가격이 비싼 고급 레스토랑과 가격이 저렴한 분식집에서처럼 주문과 계산 절차, 먹는 방법들에 상당히 다른 점들도 존재한다. 우리가 다양한 레스토랑들의 이런 차이점을 알지 못한 상태에서, 즉 레스토랑에 대한 분화된 스키마를 가지고 있지 않은 상태에서 서양 레스토랑에 간다면 어떻게 될까? 스키마 이론에 따르면, 특정한 장소에서만 통용되는 복장을 착용하고 거기에 어울리는 말과 행동을 할 수 있는 이유는 특정 장소와 그 장소에 특화된 행동 절차를 스키마로 저장하고 있기 때문이라고 한다. 스키마의 역할은 또한 정보와 지식의 해석 맥락을 제공한다. 작업기억에서 처리되고 있는, 혹은 이미 처리된 정보나 지식은 기존의 스키마와 항상 비교되기 때문에 정보 해석, 문제의 해결 과정과 출력으로서의 행동이나 말에 영향을 미친다.

인지적 정보처리이론과 스키마 이론은 상호 보완적인 이론으로 볼 수 있다. 전자는 작업기억에 초점을 두고 거기서 정보가 어떻게 처리되어 출력되고 그 일부가 저장되는지에 대한 과정을 설명하며, 후자는 스키마라는 장기기억의 구조에 초점을 두고 거기에 저장되었던 정보가 어떻게 작업기억으로 인출되어서 새로운 정보와 함께 처리되고 다시 저장되는지를 설명한다. 따라서 학습으로서 인지구조, 기억의 변화는 새롭게 들어오는 정보가 내재해 있던 기억의 지식과 상충되는 인지적 혼란이 발생할 때 이를 해결하려는 처리과정과 저장의 결과이다. 학습과정을 통제하거나 조정하는 일은 작업기억에서 처리해야 할 만큼 주의집중을 일으킬 수 있는 정보를 제시하는 것으로 시작된다. 교수학습과정의 전문가로서 교사는 이를 위해 인지적 혼란과 갈등을 유발하는 과제를 처방하여 배치한다.

2. 학습과 관련된 뇌와 뉴런의 구조 이해 및 학습에서의 역할

이 장은 앞 절에서 밝힌 바와 같이 사회과학적 전통의 학습이론과 자연과학적 뇌과학의 결과를 접목하는 데에 그 목적을 두고 있다. 그래서 뇌과학에서 연구되는 뇌의 구조와 기능에 대한 최소한의 이해는 필수적이다. 왜냐하면 생물은 구조가 기능을 결정하기 때문이다.[3] 그러나 구조 이해를 위한 해부학적 그림은 생략하고 필요한 내용을 글로 기술하였다. 이 장은 뇌과학의 연구 내용을 직접적으로 자세하게 다루는 것이 아니다. 뇌과학적 연구가 주제이며 중심 내용으로 쓰여진 전문 서적과 대중 서적이 이미 많이 출판되었다. 그 안에는 뇌와 뉴런에 대한 설명이 해부학적 사진이나 그림과 함께 자세히 나와 있다.

1) 뇌의 진화적 발달

동물들은 살아남기 위해 새롭게 변화하는 환경에 적응하여 왔다. 진화를 통해 환경에 성공적으로 변화한 종은 살아남았고, 성공적이지 못한 종은 멸종했다. 지금 현재 우리가 볼 수 있는 동물들은 진화를 거쳐 환경에 적응한 종들이다. 이처럼 진화란 어떤 공간적 생존 환경에 적응하려고 하는 생명체의 시간적 변천 과정을 말한다(박문호, 2013). 인간과 인간의 뇌 역시 진화를 거쳐 지금의 모습으로 변했다. 특히 인간의 뇌는 진화의 과정에서 점점 더 용량을 키워 왔다. 다른 모든 동물과 비교했을 때, 뇌의 절대적 크기가 아니라 몸의 크기 비율로 따져 인간의 뇌가 가장 크다. 가장 최근에 발달된 뇌의 피질들(전두엽, 두정엽, 측두엽, 후두엽)은 한정된 크기의 머리에 다 들어가기 위해 구겨 넣었다고 표현하는 것이 틀리지 않을 정도로 주름져 있다.

뇌가 이처럼 커진 진화적 이유는 여러 가지가 있지만, 직립보행을 할 수 있게 되

3) 예컨대, 우산의 확실한 이해는 우산의 기능과 우산의 구조를 모두 알아야 한다. 우산의 기능은 비를 피하기 위한 것이며, 우산의 구조는 중앙에 기둥처럼 된 막대가 있고 그 끝에 방사형 모양으로 살이 뻗어 있는데 그 위에 천으로 덮여 있는 것이다. 우산의 기능은 아는데 구조를 모른다면, 비를 피하는 데 사용할 수 있는 모든 것이 우산이라고 해도 무방할 것이며, 우산의 구조는 아는데 기능을 모른다면, 우산을 가지고 비를 피하는 데 사용하지 않고 다른 방식으로 변용하게 된다. 이때 그것을 반드시 우산이라고 부를 필요는 없다.

면서 두 손이 다른 동물처럼 발의 역할인 이동이나 도망가는 것에만 사용되지 않고 도구를 만들게 된 것이 주요한 이유로 제기된다. 두 손이 이동의 수단에서 벗어나 자유로워지고 삶의 유지에 필요한 각종 도구를 만드는 과정에서 손가락의 섬세한 운동이 가능해지고 이를 조절할 신경기능이 생긴다는 것이다. 점차 손으로 사용할 수 있는 도구의 분화가 다양하게 일어나고 쓰임새의 변화는 활발한 두뇌활동을 야기한다. 게다가 직립보행은 목의 근육만이 아니라 곧추선 척추로 머리를 받칠 수 있게 되어 커지면서 무거워지는 머리를 지탱할 수 있게 되었다.

그렇지만 뇌는 잘 설계된 작품이 아니다. 주어진 환경과 그 변화에 적응하기 위하여 기존의 구조와 기능 위에 새로운 구조와 기능들이 순차적으로 덧붙여지는 방식으로 발달해 왔다. 변화에 적응하기 위해 뇌의 모든 구조가 처음부터 다시 설계되는 것이 아니라 기존의 낡은 기능을 가진 기관 위에 새로운 기능을 가진 기관이 부착되는 방식이다.

인간의 성숙한 뇌를 보면 성장과 진화의 흔적이 보인다. 뇌의 가장 아래쪽에 척수와 직접적으로 연결된 뇌간과 그 주위의 기관들은 전두피질보다 오래된 기관이다. 뇌간이 조절하는 호흡, 심장 박동 등 생존에 기본적이고 필수적인 기능은 뇌 진화의 앞 단계에서 나타났으므로 뇌의 가장 안쪽과 뒤쪽에 자리한다. 반면에, 전두피질의 사고, 의사결정, 문제해결과 같은 고차적 기능은 진화의 마지막 단계에서 나타났으므로 뇌의 제일 바깥쪽과 앞쪽에 자리한다. 지구상의 모든 동물들 중에서 고차적 기능은 인간에게만 발견될 수 있고, 뇌 해부학적으로는 뇌의 제일 바깥쪽 부위인 인간의 대뇌피질이 다른 동물보다 월등히 많이 발달해 있다. 인간의 뇌의 진화는 뇌의 뒤와 안쪽에서 시작하여 앞과 바깥쪽에서 끝난 것이다. 인간에게서 뇌의 진화가 현재 상태에서 멈추지 않고 계속된다고 가정하면, 머리는 현재 상태보다 더 커지면서 앞짱구처럼 이마의 앞과 위쪽으로 불룩하게 솟아오를 것으로 예측할 수 있다.

이처럼 뇌는 속으로 들어가고 뒤로 갈수록 생존에 필수적인 원시적 기능의 기관이 배치되며, 바깥으로 나오고 앞으로 갈수록 생존에 유용하지만 필수적이지 않은 고차적 기능을 하는 기관이 배치되어 있다. 생존에 필수적이지 않다고 하여 고차적 기능의 중요성을 평가절하하는 것은 아니다. 사실, 고차적 기능은 생존에 매우 유용하며 유리하다. 다만, 고차적 기능이 생존에 반드시 필요한 조건은 아닌 것이다. 생존 자체가 안 되면, 고차적 기능은 쓸모없다. 고차적 기능은 원시적 기능을 전제로 존재하는 것이다. 고차적 기능의 능력이 없는 하등동물이 잘 살아가는 이유이다. 예컨대, 식물인간은 판단, 예측, 문제해결과 같은 고차적 기능을 수행할 수 없어도, 또는 언어를 유창하게 구사하는 능력이 없어도 생존하지만, 이들에게서 호흡이나 순환과 같은 생존과 직결된 기능을 제거하면 살아 있을 수 없다.[4)]

인간의 뇌는 척추동물의 진화과정에서 2개 혹은 3개의 층의 기관으로 진화했다. 2개의 층은 피질과 피질 밑에 있는 피질하 구조로 구분하는 것이며, 3개의 층은 맨 아래쪽부터 시작하여 바깥쪽으로 이루어진 생존의 뇌, 감정·정서의 뇌, 사고의 뇌로 구분하는 것이다. 어떤 학자는 이를 삼위일체의 뇌라고 표현했다(Barrs & Gage, 2007). 2개 혹은 3개의 층으로 구별되는 이 기관들은 신경회로를 통해 밀접히 연락을 주고받는다. 다음은 3개 층으로 구별되는 기관들 중에서 학습에서 중요한 역할을 하는 기관들과 이들을 신경회로로 연결하여 정보를 주고받는 신경세포인 뉴런과 뉴런의 역할을 살펴본다. 여기서 다루지 않는 뇌 기관과 기능에 대해서는 다른 뇌과학 서적을 참고하기를 바란다.

2) 생존의 뇌: 파충류의 뇌

당연하게도 진화 역사상 생존에 필수적인 기관과 기능은 시간적으로 가장 오래전에 나타났다. 생존에 가장 필수적인 기능을 하기 때문에 위치상 뇌의 가장 안쪽과 뒤쪽에 자리 잡았다. 이를 생존의 뇌 혹은 파충류의 뇌라고도 한다. 기본적인 생명과 관련한 뇌 구조들이 파충류에서 잘 나타나기 때문이다(김경진, 2016; Barrs & Gage, 2007). 여기에는 뇌간, 기저핵, 소뇌 등이 있다.

핵심적인 생존의 뇌 기관으로 호흡, 심장박동, 온도조절, 혈압 등을 조절하는 '뇌간'이 있다. 뇌간은 척수와 연결되어 뇌로 연결되는 주요 경로이기도 하면서, 망상체라 불리는 그물형성체를 형성하고 각성상태로 만들어 의식상태를 유지시킨다. 뇌간이 심각히 손상되면 의식상태가 되지 못하여 혼수상태인 코마에 빠지거나 죽게 된다. 동물의 진화는 움직임과 운동기술을 통해 변화하는 환경에 적응했다. '기

4) 호흡을 하고 있는 식물인간이 '진정한 의미에서 살아도 살아 있는 것이 아니다.'라고 말하는 사람은 생존의 의미를 사회·문화적 의미로 이해한다. 이는 사회·문화적으로 축조된 생존의 함축적 의미를 생물학적 생존의 의미에 부가한 것이다.

저핵'은 의도하는 움직임과 운동기술을 담당하는 뇌 기관이다. 사냥을 위해 먹이를 추적하거나, 추위나 더위를 피해 여기저기 목적하는 곳으로 이동하는 행동은 운동을 제어하는 기저핵의 역할이다. 운동기술은 또한 '소뇌'의 역할이기도 하다. 소뇌는 특히 신체의 근육 운동을 조절하면서 팔다리, 손발의 세밀하고 정교한 움직임을 좌우한다. 근육의 긴장도를 조절하고 운동출력의 타이밍을 맞춰서 팔다리의 세심한 협연을 가능하게 하는 것이다. 축구 선수, 배구 선수, 김연아의 멋진 장면들은 수년간에 걸친 근육 운동의 반복연습이 소뇌를 통해 이루어졌기 때문이다(박문호, 2013; Barrs & Gage, 2007).

운동과 운동기술은 의식 및 호흡과 심장박동 못지않게 생존에 필수적이다. 생존을 위해서 먹이를 찾아 먹어야 하며, 자연환경이나 다른 포식자들의 위협과 위험으로부터 도망쳐야 했기 때문이다. 운동과 관련된 기저핵과 소뇌가 생존의 뇌에 포함되어 있는 이유이다.

3) 정서와 감정의 뇌: 포유류의 뇌

생존의 뇌를 위로부터 감싸며 주로 인간의 정서와 감정의 기능을 하는 '변연계' 또는 '변연시스템'이 있다. 변연계를 이루는 핵심적인 뇌 기관들은 편도체, 해마이다. 이들의 역할은 특히 감정과 정서를 느끼게 하기 때문에 이를 정서와 감정의 뇌, 또는 포유류에서 발견된다고 하여 포유류의 뇌라고도 불린다(김경진, 2016).

'편도체'는 정서와 감정을 처리하고, '해마'는 의식적 경험의 내용을 처리한다. 때문에 편도체가 손상되면 두려움, 분노와 같은 정서를 느끼지 못하며, 해마가 손상되면 새로운 기억을 갖지 못한다. 특히 편도체는 정서 중에서 공포 학습과 밀접한 관련을 갖고 있다. 사실상, 공포는 오래전부터 생존에 중요한 정보와 자극이었다(박문호, 2013; Barrs & Gage, 2007). 포식자든 자연환경이든 자신보다 강한 존재가 훨씬 더 많을 것이기 때문에, 누구인지 모를 상대와 맞서 싸우는 것보다 도망치는 것이 유리했다. 대개 인간을 포함한 동물들은 공포를 느끼면 피하거나 숨는다.

기억에 저장되는 생존에 중요한 사건들은 그 사건의 감정적 측면과 사실적 내용으로 구성된다. 물론 이때 사건의 정서·감정적 측면의 기억은 편도체가, 사실적 내용의 기억은 '해마'가 처리한다. 그런데 변연계 안에 편도체와 해마가 함께 있으므로 정서기억과 인지기억은 신경회로상에서 구조적으로 연결되어 있다. 따라서 기억으로 구성되는 모든 고차적 능력은 정서나 감정이 연결되어 있는 셈이다. 그래서 인간의 사고나 판단이 정서와 감정에 영향을 받게 되며, 순전히 논리적으로 시작된 토론이라도 감정적으로 끝나 버리는 경우가 다반사이다.

인간은 정서적 사건을 경험하면 편도체의 영향으로 그 정서적 측면을 오랫동안 기억한다. 전쟁터에서 끔찍한 경험을 하고 돌아온 군인들이나 재난 현장에서 처참한 장면을 많이 목격한 구조대원들이 오랫동안 그 트라우마에 시달리는 이유는 편도체에서 그 당시의 정서를 처리해서이다. 물론 해마가 당시의 사실적 내용에 대해 기억처리를 하겠지만, 대체로 정서기억보다는 오래 지속되지 않는다. 오래전 학창시절의 기억을 떠올리려고 하면 주로 억울했던 기억, 선생님께 크게 야단맞았거나 칭찬받았던 기억, 친구들과 즐겁게 놀았던 기억, 즉 정서기억들과 더불어 관련된 사실들이 기억나게 마련이다. 때로는 어째서 억울했는지, 무엇을 하며 놀았는지는 기억나지 않는다. 그리고 정서기억의 도움 없이는 2차 함수의 근의 공식이나 시의 주제 등이 웬만해서는 기억나지 않는다.

4) 사고의 뇌: 영장류의 뇌

마지막으로 사고의 뇌라고 불리는 '피질'은 변연계를 감싸며 뇌의 맨 바깥쪽에 자리하고 있다. 피질은 사고, 예측, 언어, 명령의 집행과 같은 고차적 기능을 담당하고 있고, 이런 기능은 영장류에서만 나타나기 때문에 영장류의 뇌라고 한다(김경진, 2016). 피질에서의 고차적 기능은 생존의 뇌와 정서 · 감정의 뇌에서 처리된 정보들을 연합하여 재처리한 결과이다. 인간의 피질은 많은 주름으로 접혀 있는데, 그 이유는 크게 발전한 피질이 한정된 부피의 두개골 안에 들어가기 위해서 종이를 구겨 놓은 것처럼 접혀야 했기 때문이다. 피질은 좌뇌와 우뇌에 각각 1개씩의 후두엽, 두정엽, 측두엽, 전두엽으로 구성되어 있고, 좌뇌와 우뇌는 수많은 신경다발로 이루어진 뇌량으로 연결되어 양측의 뇌가 서로 정보를 교환하고 있다.

'후두엽'은 피질의 맨 뒤에 위치한 시각처리를 위한 장소이다. 눈에서 온 시각정보가 시상을 거쳐 이곳에서 정교하게 처리되어 피질의 다른 부위로 전달된다. '두정엽'은 머리의 정수리 부분에 위치하며 몸으로부터 전달된 체감각을 처리한다. 특히 후두엽에서 처리된 공간과 위치에 대한 시각정보가 이곳에서 체감각과 통합되면서 신체 공간의 자세와 위치를 제어하게 된다. 귀로부터 오는 청각정보의 처리와 이를 통한 언어의 이해는 '측두엽'이 담당한다. 후두엽에서 처리된 물체에 대한 시각정보가 이곳에서 통합되어 물체의 개념과 의미를 파악한다.

머리의 맨 앞쪽에 위치한 '전두엽'은 기본적으로 운동계획과 운동출력을 담당한다. 운동은 원하는 방향으로 균형 있는 자세로 자신의 위치를 지속적으로 3차원 공간에서 이동시키는 복잡하고 정교한 작업이다. 이를 위해 뇌의 모든 영역에서 모든 정보들의 통합이 요청된다. 이해된 언어를 입 밖으로 내보내는 것도 정교한 운동의 하나이다. 고차적 기능은 이런 운동계획과 운동출력에 기인한다. Llinas(2002)는 사고, 생각이 오랜 진화 기간 동안 운동이 내면화된 결과라고 말한다. 생존을 위한 진화경쟁에서 어떤 동물은 빠른 속도로 운동능력을 발전시켰고, 어떤 동물은 강한 힘으로 느린 운동능력을 보완했다. 인간은 느리고 힘도 약하지만 도구 사용과 같은 손의 세밀한 운동능력을 발전시켰고, 사고 · 언어 · 예측 능력으로 운동능력을 보완했다.

5) 뉴런과 정보전달

전술한 바와 같이 뇌의 각 구조들은 학습과 밀접히 관련된다. 그러나 학습의 발생은 뇌의 구조 자체에서 비롯되는 것이 아니라 뇌를 구성하고 있는 신경세포의 자극과 정보의 전달에 달려 있다. 사실상, 뇌는 전체가 신체 각 부분에서 들어오는 다양한 물리적 · 화학적 자극이나 정보를 처리하는 기관이며, 약 1천억 개 혹은 1조 개의 신경세포들로 이루어져 있다. 신경세포란 인간 신체의 각 부분에서 입력된 감각정보신호를 뇌로 전달하고, 뇌에서 신체의 각 운동세포로 운동정보신호를 전달하는 세포로서 뉴런(neuron)이라고 부른다. 즉, 뉴런은 정보의 신호를 주고받는 세포이며, 뇌에 가장 많이 분포한다.

뉴런도 다른 신체의 세포와 마찬가지로 세포이기 때문에 일반 체세포처럼 세포막, 세포체, 세포질, 미토콘드리아 등의 기본 구조를 모두 갖추고 있다. 그리고 세포체 안에는 핵이 있어서 DNA와 RNA에 의해 단백질 생성 등의 역할을 수행한다. 뉴런이 다른 신체 세포와 비교해서 다른 점이 있다면, 구조적으로 긴 축색(또는 축삭)

과 다수의 수상돌기로 이루어져 있어서 모양이 다르다는 점, 기능적으로 여러 뉴런이 연접되어 신경계를 형성하고 정보를 전달한다는 점이다. 뉴런은 다른 뉴런과 서로 연접되어 있다. 대개 한쪽 뉴런의 축색과 다른 쪽 뉴런의 수상돌기가 연접되어 있는데, 이 축색과 수상돌기는 서로 물리적으로 붙어 있는 것이 아니라 아주 작은 간극 혹은 틈을 사이에 두고 떨어져 있다. 이 간극을 시냅스(synapse)라고 하는데, 한쪽 뉴런 축색 종말단추의 시냅스 전막과 다른 쪽 뉴런 수상돌기의 시냅스 후막 사이의 작은 틈이다.

신경신호의 전달은, 즉 정보전달은 신체기관의 어느 한 뉴런 안에서 수상돌기-세포체-축색을 거쳐 축색종말단추까지 흐르고 시냅스를 건너 다른 쪽 뉴런으로 들어가는 과정을 반복하면서 목적지까지 전달된다. 이때 목적지까지 신호는 수많은 뉴런과 뉴런 사이의 시냅스를 거친다. 정보의 흐름에는 전기적 신호과정과 화학적 신호과정이라는 두 가지 전달 기제가 작동한다. 전기적 신호과정은 뉴런 내부에서의 정보전달 기제로 수상돌기에서 받아들여진 정보가 세포체와 길게 늘어진 축색을 거쳐 종말단추까지 세포막 사이의 전압차에 의해 이동해 가는 것이며, 화학적 신호과정은 뉴런들 사이의 간극인 시냅스를 건너는 과정이다. 어느 한 뉴런에서 시냅스를 건너 수상돌기를 거쳐 전달된 정보는 세포체에서 전기적 활동전위가 발생할 정도로 강해야 한다. 강하지 않으면 정보는 소멸하고 신호전달은 거기서 멈춘다. 하지만 전기적 활동전위를 발생시킬 정도로 강하면 그 정보는 전압차에 의해 축색의 종말단추까지 전달되고, 시냅스를 건너 다음 뉴런으로 정보를 전달한다.

시냅스를 건너는 화학적 신호과정은 신경전달물질이 담당한다. 신경전달물질은 이전 뉴런의 시냅스 전막에서 방출되어 시냅스로 확산되는데, 이 신경전달물질이 시냅스 간극을 건너 다른 뉴런의 시냅스 후막에 있는 자신의 모양과 딱 들어맞는 수용체(수용기)에 부착되는 것이다. 이때 신경전달물질이 시냅스 후 뉴런의 세포체에서 전기적 활성전위를 만들 만큼 충분히 부착되면, 이 뉴런에서 전기적 신호가 만들어지고 축색을 따라 정보를 전달하며 시냅스를 건너는 전기적-화학적 전달이 다시 시작된다. 한편, 시냅스 후막에 부착되었던 신경전달물질은 정보를 전달한 후에 수용기로부터 떨어져 나와 분해되거나 시냅스 전막으로 흡수되어 재사용된다.

뇌에는 약 1조 개의 뉴런이 있고 각 뉴런에 많은 시냅스가 있으므로 실제 시냅스 수는 셀 수 없이 많다. 수없는 시냅스에서 정보전달로 인한 전기적·화학적 발화가 여기저기서 동시에 발생하므로 깨어 있는 뇌는 비유적으로 아름답게 터지는 불꽃의 향연장이다. 뇌과학에서의 학습은 불꽃의 향연장에서 벌어지는 축제의 결과이다.

3. 학습의 물질적 · 미시적 이해[5)]

'행동'의 변화, '인지구조'의 변화 혹은 '기억'의 변화에서 '행동' '인지구조' '기억'은 그 자체로서 물리적으로 측정할 수 있는 개념이 아니라 구성된 개념이다. 따라서 아무리 배율이 높은 전자 현미경을 가지고도 관찰 자체가 불가능하다. 학습의 물질 기반의 미시적 이해는 행동의 변화, 인지구조의 변화가 물질에 기반하여 변화한다는 것을 이해하는 것이다. 이때 화학적 신경전달물질과 생성된 단백질로 인해 조직화된 시냅스와 변화된 신경회로가 그 변화의 증거가 된다. 신경전달물질, 단백질, 시냅스 및 신경회로는 모두 물질이기 때문에 배율이 좋은 현미경으로 관찰이 가능하다. 따라서 학습 전과 후의 시냅스와 신경회로의 연결 상태를 비교함으로써 변화를 확인할 수 있다. 즉, 학습 전과 후의 시냅스와 신경회로의 연결 상태가 달라졌다면, 학습했다고 말을 할 수 있다는 뜻이다.

그렇다면 얼마나 미시적인가? 신경전달물질은 대략 25nm(나노미터)에서 100μm(마이크로미터)의 신경세포 사이의 시냅스를 건너 확산한다. 이러한 화학물질들은 뇌의 넓은 영역에 분사되는 물질들이다. 이들은 신경세포 간의 분자적 의사소통을 증진하거나 차단함으로써 신경회로를 변화시키고 뇌를 변화시킨다.

1) 뇌과학과 인지적 정보처리이론의 관계

뇌과학(혹은 인지신경과학)은 자체의 독자적인 이론체계를 갖추었다고 보기 어렵다. 뇌과학에서 만날 수 있는 수많은 용어는 해부학적 구조나 기관의 이름이며, 실험과 관찰 결과의 이름일 뿐이다. 전두엽, 해마, 뉴런, 시냅스, 신경전달물질의 확산,

5) 뇌과학은 자연과학을 기반으로 하는 뇌에서 발생하는 현상을 뇌 안의 어떤 물질적 과정의 결과로 본다. 세포로 구성된 뇌는 세포로서의 물질대사를 하며 그것을 연구하기 위해 세포 수준뿐만 아니라 그보다 더 작은 분자 수준에서 관찰과 분석을 실시한다.

전기 · 화학적 신호 전달 등은 그 자체로 사고나 학습을 정확히 설명할 수 없다. 사고나 학습은 원래 심리적 현상이었으며, 이를 설명하는 개념체계들은 구성(construct)이기 때문이다. 구성은 어떤 실체가 아니라 가정된 혹은 추론된 개념이다.

예컨대, 지능은 어떤 실체가 있는 구체적 지칭이 아니다. 지능이란 다른 사람보다 과제를 빨리 완성하는 이유를 설명하기 위해서 머리가 우수한 정도를 가리키는 개념으로 암기력, 추론력, 공간 이해력, 문제해결력 등을 통한 추론된 개념인 것이다. 소위 지능지수라는 것은 암기와 추론하는 능력, 기하학적 공간 이해에 관한 다수의 문제를 풀도록 한 후 그 결과를 수치화한 결과이다. 인지주의 학습이론에서 주요 개념인 기억도 마찬가지이다. 기억은 어떤 실체를 구체적으로 지칭할 수 없다. 오래전에 배웠던 시 구절을 지금도 말할 수 있다는 것을 기억이라는 개념 없이 어떻게 설명할 수 있을까? 창고에 보관된 물건처럼 그 시가 뇌의 어딘가에 기억으로 보관되어 있어서 꺼내어 사용할 수 있다고 가정하면 편하다. 따라서 기억은 직접 관찰될 수 없고 추론될 뿐이다. 뇌의 해부학적 구조인 해마가 손상되니 새로운 시를 암기할 수 없다는 사실의 관찰로부터 해마가 기억을 형성하는 데 모종의 핵심적 역할을 한다고 추론하는 것이며, 측두엽의 일부를 제거하니 과거 알고 있던 사물의 이름을 말하지 못한다는 사실로부터 측두엽이 의미기억의 저장 장소라고 추론하는 것이다.

뇌과학은 실험과 관찰에 의해 밝혀진 실체에 대한 개념들을 인지적 정보처리이론이 다루는 추론된 개념들과 연계하여 설명하려 한다. 뇌과학은 고차원적 기능을 인지적 정보처리이론이라는 기능적 모형을 차용하는 것이다. 따라서 뇌과학에서도 기억과 기억에 관한 개념들은 핵심적 위치를 차지한다. 고차원적 기능에 대한 설명은 모두 기억의 개념을 기반으로 성립되는 것이기 때문이다. 이 때문에 학습을 뇌과학을 가지고 이해하려 할 때 인지적 정보처리이론의 이해는 필수이다.

학습에서 기억은 구성된 개념, 추론된 개념이라는 것을 간과해서는 안 된다. 과거의 행동주의는 관찰할 수 없다는 이유로 기억의 개념을 학습현상을 설명할 때 배척했으며, 최근의 구성주의 학습이론의 하나인 학습 생태심리학은 환경이 제공하는 어포던스를 지각하는 것만으로도 행동은 발생한다고 주장하면서 학습현상에서 기억을 배제하였다(조규락, 2003). 현재의 뇌과학은 아직 기억을 고수하고 있다. 하지만 현재의 기억 개념을 갖고 학습현상을 설명하는 것보다 대체 개념으로 설명하는 것이 뇌과학 실험과 관찰로 증명된다면, 모든 것이 바뀔 수 있다.

2) 학습과 기억

감각 및 지각을 통해 뇌로 밀려오는 다양한 자극과 정보는 뇌 안에서 처리를 거쳐 여러 형태의 기억이 되어 뇌의 어딘가에 저장되고, 필요한 순간에 인출되어 인지와 행동을 촉발하거나 조절한다. 기존의 기억은 다음에 뇌에서 일어날 기억 변화의 핵심적 역할을 한다. 왜냐하면 인출되는 기존 기억은 새로운 정보와 상호작용을 거쳐 그 기억이 확장되거나, 수정되거나, 소멸되어 아예 새로운 기억으로 대체될 수 있기 때문이다. 학습이란 이런 기억의 변화로 뇌가 변화하는 것이다. 이때 뇌가 물리적으로 변화하기 위해 기억이 물리적 혹은 물질적으로 뇌의 어딘가에 저장되어야 한다. 따라서 학습은 뇌 안에서 기억 저장을 수반한다.

학습, 즉 기억 저장은 시냅스들의 신경회로 연결의 변화와 관련된다. 신경회로에서 발생하는 발화나 억제는 신경회로 간의 연결을 강화하면서 기억을 형성하며, 유사하거나 동일한 신경회로에서 지속적인 연결 강화는 그 기억을 오랫동안 유지시킨다. 앞 절에서 기술한 것처럼, 기억에 관여하는 뇌의 부위가 많다는 것은 신경회로가 뇌의 전 영역에 걸쳐 분포하고 있다는 것이며 학습이 뇌의 전 영역에서 이루어지는 시냅스의 연결 변화로 이루어진다는 것을 나타낸다.

그런데 뇌는 돌처럼 굳어 있지 않고 역동적으로 변한다. 도시나 마을에서 옛 건물을 없애고 새로운 건물을 세우며, 좁은 길을 포장하고 넓히거나, 아예 새로운 길을 뚫는 것처럼, 뇌 안에서의 뉴런은 계속 자라 다른 뉴런과 연결되어 새로운 신경회로망을 형성하기도 하며, 기존의 회로망 속 연결이 끊어지기도 하고, 시간이 흐르면 죽어 사라지기도 한다. 아동들은 신경회로망 형성과 배선이 왕성하게 발생하는 시기에 있으며, 노인들은 기존의 회로망과 뉴런 및 시냅스가 없어지는 시기에 있다. 따라서 아동들은 지식을 스펀지처럼 빨리 학습하는 데 비해, 노인들을 학습시키는 것은 매우 어렵다. 또한 노인들의 경우, 연결 강도가 강한 회로망은 오래 유지되어 예전부터 하던 방식을 고집하여 남들로부터 고지식하고 꽉 막혀 있다는 평을 듣기도 한다.

학습되는 기억은 여러 형태이다(〈표 10-1〉 참조). 저장되는 내용을 기준으로 인지적 기억(cognitive memory), 정서와 감정의 기억(affective memory, 정의적 기억), 신체운동 기억(psycho-motor memory), 고전적 조건화(classical conditioning)라는 4개의 기억으로 나눌 수 있다.[6]

표 10-1 기억의 여러 형태

성격	의식적 · 외현적 기억		무의식적 · 암묵적 기억		
	서술기억		비서술기억		
형태 (내용)	인지적 기억		정서 · 감정 기억	신체 · 운동 기억	고전적 조건화
	의미기억, 사실기억	일화기억, 사건기억	섬광기억, 기분기억, 상태의존성 기억	절차기억	
예	여러 개념과 명제	내가 겪은 일들	유쾌한 기억, 슬픈 기억 등	습관, 운동기술, 악기연주 등	반사행동
처리 기관	해마와 내측두엽		편도체	기저핵	소뇌
연결 기관	대뇌피질(전두엽, 측두엽, 두정엽, 후두엽)				

인지적 기억은 다시 의미기억, 일화기억으로 나누는 것이 보통이다. 사실기억이라고도 하는 의미기억은 우리가 수업 시간이나 책을 통해 배운 내용들로서 수도, 대한민국, 서울, KTX 등과 같은 개념들과 '대한민국의 수도는 서울이다'처럼 개념들로 서술된 명제가 포함된다. 우리가 서로 대화를 할 수 있는 이유는 각자가 동일한 의미기억을 갖고 있기 때문이다. 일화기억은 개인이 겪은 일, 사건들이다. 내가 어제 보거나 듣거나 행했던 사건들이 여기에 들어간다. 예컨대, 어제 서울에 KTX를 타고 다녀왔다면, 그 사건은 나의 일화기억의 한 예이다. 나를 모르는 타인은 나의 이러한 일화기억을 모르겠지만, '어제' '서울' 'KTX' '타다' '다녀오다'라는 의미기억을 가지고 있을 것이며, 그 의미기억을 바탕으로 '어제 서울을 KTX 타고 다녀왔다'는 서술을 이해할 수 있다.

'지금은 그럴 기분이 아니야.'라고 말하는 경우가 많다. 이것은 그의 정서 상태를 나타내지만 그런 정서를 일으킨 기억이 존재한다는 뜻이다. 이때 명시적인 서술기억이 그런 정서 상태를 만들기도 하지만 이유도 모르게 그런 정서 상태가 되기도 한다. 정서 · 감정 기억에 영향을 받았기 때문이다. 이 기억은 인지적 기억보다 훨씬

6) 교육학에서는 이 중에서 앞의 3개의 기억(인지 · 정서 · 신체운동 기억)을 학습자가 교수학습과정을 통해 습득해야 할 내용 영역의 학습결과(learning outcomes) 혹은 학습목표(learning objectives)로 개념화하였다. 즉, 각각은 교육내용의 세 가지(인지적 · 정의적 · 심동적) 유형의 영역이며, 학습자가 도달해야 할 세 가지 유형의 학습목표이다.

강하게 작동한다. 의미기억으로 보면 별것 아닌 내용, 즉 이성적이고 논리적으로 따지면 화낼 일이 아니지만 감정적으로 흥분되어 싸우는 이유가 여기에 있다. 서술적인 의미와 내용보다는 정서와 감정이 훨씬 잘 기억되고 오래 파지된다. 정서적 충격이 매우 강하면 단 한 번의 충격으로도 그 장면과 당시의 사건이 생생하게 기억되기도 한다. 미국인에게 뉴욕에서 발생한 9 · 11 테러, 일본인에게 동일본 대지진 때문에 발생한 쓰나미와 원전 폭발사건, 한국인에게 수백 명의 어린 학생의 생명을 앗아간 세월호 사건은 섬광기억이 되어 절대 잊지 못할 사건이 된다. 사람의 다양한 정서와 감정 표현은 이런 정서 · 감정 기억의 부산물일 수 있다. 혹은 정서 · 감정 표현이 정서 · 감정 기억을 만들었을 수도 있다.

신체 · 운동적 기억은 습관과 운동기술처럼 몸에 밴 기억이며, 절차기억이라고도 한다. 전문적인 피아니스트는 한동안 연습을 하지 않아도 어렵지 않게 피아노곡을 연주할 수 있다. 테니스 선수는 자연스럽게 달려가 라켓으로 공을 친다. '오른손으로 잡은 라켓을 뒤로 보내면서 동시에 오는 공 방향으로 달려가되, 너무 가까이 가지 않도록 왼손을 뻗어 공과의 거리를 적당히 유지하고, 무릎은 굽히며 미리 뒤로 빼 둔 오른손을 부드럽게 타원을 그리면서 라켓으로 공을 맞춘 후 라켓이 왼쪽 어깨 뒤로 가도록 끝까지 휘두른다'와 같은 테니스 초보자에게 해당될 이런 설명은 선수에게는 굳이 필요 없다. 이런 설명을 알고 있다는 사실이 테니스를 잘하게 만드는 것이 아니기 때문이다. 그 설명은 단지 인지적인 지식일 뿐이다. 하지만 습관처럼 테니스 동작을 몸에 익히면, 이런 인지적 지식의 설명에 관계없이 자연스럽게 테니스 동작을 한다.

인간을 포함한 유기체는 생득적으로 어떤 자극에 대해서는 어떤 특정한 반사행동을 한다. 학습에 의하지 않고도 자극이 주어지면 반응하는 것이다. 그런데 생득적이 아니라 관계없던 자극에 대해서도 어떤 특정한 반사행동을 하는 경우가 있다. 즉, 관계없던 자극이라도 그것을 조건화를 통해 특정한 행동으로 연결시키면 특정한 반사행동을 하는 것이다. 이런 반사행동은 비서술기억이지만 정서 · 감정을 나타내는 기억도 아니고 신체 · 운동 기억에 포함시키기도 어렵다. 이런 반사행동을 유발하는 고전적 조건화는 기억의 한 형태라고 본다. 고전적 조건화는 행동주의 학자들인 Pavlov, Thorndike, Watson의 주장과 이론에 많이 의존하고 있다.

직접 체험으로 만들어지는 일화기억과는 달리, 의미기억은 그 기억을 형성할 때의 시간과 공간 정보가 없다. 그래서 서술로 되어 있는 지식은 기억하기가 어렵다. 두 기억은 서로 연결되어 있다. 비슷한 사건기억이 반복되면 공통된 정보와 특성을 얻을 수 있고, 시간이 지나 일화기억의 시간과 공간의 정보가 사라지면 공통된 정보와 특성이 의미기억으로 생겨난다.

또 일화기억이나 의미기억이 반복되어 공고해지면 절차기억으로 바뀐다(박문호, 2013). 테니스 선수는 '라켓' '공' '서브' '발리' '스트로크' 등의 개념과 서술된 경기 규칙(의미기억) 등을 반복하여 듣고, 동료나 상대편 선수들과 수도 없이 경기를 치루면서(일화기억) 점차로 테니스의 운동기술(절차기억)을 습득한다. 어떤 기억이든지 반복되면 습관을 형성하게 된다. 따라서 습관이 되어 절차기억으로 체화되면 삶의 과정 속에서 자연스럽게 드러나게 된다. 예컨대, 수십 년 경력의 낚시꾼은 저수지 어디에 낚시대를 던져야 할지 바로 알며, 훌륭한 군 지휘관은 어느 지역에 군영을 세워야 할지 척 안다. "세 살 버릇 여든까지 간다."라는 속담은 습관, 즉 절차기억의 중요성을 아주 잘 표현하고 있다.

학습의 과정은 또한 기억의 종류에 따라 외현적이며 의식적인 과정일 수도 있고, 암묵적이며 무의식적인 과정일 수도 있다. 어떤 기억은 의식적인 처리가 수반되어야 하고, 어떤 기억은 그럴 필요가 없다. 의미기억과 일화기억은 그것을 말하기 위해서는 의식적인 주의가 필요하지만, 운동기술, 악기연주는 습관처럼 자연스럽게 나오는 절차기억으로서 무의식적이다. 테니스 초보자는 배운 것을 의식적으로 집중을 해야 테니스 동작을 할 수 있지만, 선수는 그렇지 않다. 피아노 건반 위에서 피아니스트 손은 거의 무의식적으로 움직인다. 또 신호등이 빨간색으로 바뀌면, 자동적으로 자동차 브레이크에 발이 가는 것도, 사이렌 소리에 하던 일을 멈추고 고개를 좌우로 돌리는 것도 무의식적으로 발생한다. 초보 운전자가 거리에서 운전을 반복적으로 하게 되거나, 경찰차나 앰뷸런스의 사이렌을 자주 보고 듣게 되면 무의식의 절차 기억이 되는 것이다.

정서 · 감정 기억도 학습과정에 영향을 미친다. 정서 · 감정 기억은 의식적인 조절과 통제가 힘들고, 특히 일화기억이 생생하게 기억될 수 있도록 만들어 준다. 슬픈 영화를 시청하거나 졸업 앨범을 펼쳐 볼 때, 라디오에서 7080의 노래가 들려올 때, 오늘 처음 만난 사람이지만 그의 이름이 첫사랑의 이름과 같을 때, 갑자기 떠오르는 슬프거나 기쁘거나 아련한 기억들은 의식의 조절이나 통제 없이 불현듯 떠오르며, 종종 그때 어떤 일이 발생했는지 기억난다. 과거 어느 한여름 비 오는 날이거나 한겨울 함박눈이 내리는 날에 있었던 기분 좋거나 나쁜 경험은 비 오거나 눈 오는 날이 되면 그 사람의 전형적인 기분이 주체할 수 없는 감정상태에 빠져 버린다. 그런 사건의 사진이나 뉴스가 나오면 무의식적으로 그때의 일화기억이 무의식적으로 소환된다.

이처럼 기억의 형태와 종류, 성격이 다양하고 그 기억을 처리하는 뇌의 기관이 다르다는 것은 기억을 위한 별개의 뇌 시스템이 존재한다는 뜻이다.

3) 학습의 기제

(1) 시냅스 조직화

학습은 복잡하게 얽혀 있는 뉴런 속에서 이루어진다. 뉴런들은 끊임없이 다른 뉴런과 정보를 교환하는데, 그 장소는 뉴런 말단에 있는 시냅스이다. 학습을 포함한 사고, 생각 등 모든 정신 활동은 시냅스 작용의 결과이다. 예컨대, 어제 KTX를 타고 서울에 간 것이나 서울이 대한민국의 수도라는 것을 기억하는 것, 테니스 연습도 뇌 속의 뉴런들의 시냅스에서 처리되고 있다. 이 중에서 반복되어 공통의 패턴을 형성한 것은 시냅스에서 조직화가 이루어진다.

시냅스의 조직화를 위해서는 뉴런의 축색돌기의 수초화가 요청된다. 수초화는 축색돌기를 절연체로 감싸는 것을 말하는데, 이것이 뉴런 내에서 전기적 정보의 전달 속도를 높여 주어 시냅스 건너편의 뉴런에게 빠른 전달을 가능하게 해 준다. 사실, 태어날 때부터 온몸의 뉴런에서 축색돌기의 수초화가 진행되지만, 뇌의 전전두엽은 20세가 넘어서도 지속된다. 학습이 뇌에서 발생한다는 것으로 볼 때, 대뇌피질에서 뉴런의 수초화는 시냅스 조직화에 영향을 미친다(박문호, 2013).

단기기억은 시냅스 전과 후가 활성화된 상태로 잠시 동안 연결되어 있는 현상이다. 이는 시냅스에서 신경전달물질이 일시적으로 분비되어 발생한다. 단기기억은 피질과 해마 구조에 정보가 입력되면 신경전달물질의 분비로 시냅스 간의 연결이 활성화되며, 뉴런들 사이에서 부호화가 일어난다. 그러나 지속적으로 정보의 입력, 즉 자극이 제시되지 않으면 활성화된 상태와 부호화는 곧 사라진다. 기억이 저장되기 위해서는 시냅스 전 활성과 시냅스 후 활성을 조합시켜 시냅스 강도를 증강시켜야 한다(LeDoux, 2002). 이것을 가능케 하려면, 자극 반응에 신속하고 강하게 반응하도록 뉴런의 민감화를 유지시키는 일이 필요하다(박문호, 2013).

시냅스 조직화는 장기 강화와 장기 저하에 의해 더욱 강화된다. 장기 강화와 장기 저하는 기억이 장기기억이 되게 하는 핵심적 기제이다. 한 뉴런에서 다른 뉴런으로의 흥분이 장기적으로 증가하는 것이 장기 강화이며, 흥분이 장기적으로 감소되거나 억제되는 것이 장기 저하이다. 이 기제들은 뉴런 회로의 배열에 대한 효율적인 시냅스 연결을 설명한다. Hebb의 '함께 발화하는 뉴런들은 함께 연결된다'는 아이디어는 장기 강화와 장기 저하의 기제를 잘 보여 준다. 즉, 함께 발화하는 뉴런들은 뉴런의 집단화에 의해 하나의 입력으로 작용하므로 연결이 강하며, 어느 하나의 뉴런이 자극을 받아도 모두 발화하므로 자극에 대해 반복적인 강화가 이루어지기 쉽다. 장기 저하도 장기 강화와 마찬가지로 함께 발화가 저하됨으로써 반복적인 저하가 이루어지기 쉽다. 배선된 뉴런의 효율성 향상은 단기기억을 장기기억으로 저장시킨다. 대뇌피질에서 장기 강화는 글루타메이트라는 흥분성 신경전달물질이 작용하고, 장기 저하는 GABA라는 억제성 신경전달물질이 작용한다고 밝혀졌다(Barrs & Gage, 2007; LeDoux, 2002).

장기기억의 형성에는 이런 장기 강화와 장기 저하에 의해 촉발되는 최후의 과정으로서 단백질 합성으로 인한 경화과정이라는 분자적 기제가 남아 있다. 경화과정은 기억이 공고하게 되어 고정되어 영구히 남아 있게 됨을 뜻한다. 이 역할은 뉴런의 세포체 내에 있는 핵이 담당한다. 핵에서 유전자가 전사되고 번역되어 단백질을 합성하는 것이다. 이 합성된 단백질이 새로운 뉴런의 수상돌기를 만들어 새로운 시냅스를 형성시키고 궁극적으로는 세포적 변화를 일으킨다. 이를 통해 장기기억은 형성되고 유지된다(Barrs & Gage, 2007). LeDoux(2002)의 연구는 유전자 전사로 인한 경화과정을 잘 설명하고 있다.

(2) 신경회로의 변화

신경회로는 뉴런의 긴 구조의 축색과 수상돌기의 뉴런들이 서로 연결되어 있어서, 마치 전선이나 전기회로처럼 한쪽에서 다른 쪽으로 신호를 보내고 받는 연결선이다. 신체 곳곳의 감각세포로부터 뇌세포에 이르기까지 그리고 뇌세포에서 다시 신체 곳곳의 운동세포까지 뉴런은 이와 같은 회로로 연결되어 있다. 각 뉴런의 역할은 입력된 신호를 다른 뉴런으로 전달하는 것이다. 신체와 뇌가 상호 연결된 신경회로는 신체 감각기관에서 뇌로 향하는 상향성 감각정보와 뇌에서 신체 운동기관으로 향하는 하향성 운동정보를 전달하는 통로인 것이다. 즉, 전체 신경회로가 신호전달 체제이다.

한 뉴런의 수상돌기와 인접한 다른 뉴런의 축색으로 연결되어 있는 기본적인 신경회로의 모습은 동일하지만, 신체와 뇌를 연결하는 신경회로와 뇌 안 여러 구조끼리 상호 연결된 신경회로의 모습은 사뭇 다르다. 신체와 뇌를 연결하는 신경회로는 직선이나 종적인 형태로 다소 단조롭게 연결되어 있으며, 신호전달의 빠르기가 핵심이다. 감각-지각정보와 운동정보를 빨리 전달해야 하는 것이다. 반면에, 뇌 안에서의 신경회로는 서로 종적·횡적으로 복잡하게 연결되어 있으며, 전달된 신호해석이 핵심적 관심사이다. 뇌의 곳곳에 퍼져 저장되어 있는 중요한 기억들을 참조하여 의사결정을 해야 하기 때문이다. 뇌 안에서 들어온 감각-지각신호가 기존의 여러 기억들과 함께 해석되어 의사결정이 이루어지면, 이 결정은 운동신호로 전달되며 신체로 보내지는데, 그중의 일부 운동신호는 평가를 위해 다시 뇌로 재입력된다. 우리가 관찰하는 단일한 행동인 것처럼 보이는 것도 감각-지각-처리-운동이라는 일련의 신호의 흐름인 것이다. 예컨대, 뜨거운 물건을 우연히 잡았을 때 황급히 손을 떼는 행동은 손에서 감지되는 뜨거움의 정보가 뇌에 신경정보로 도달하여 처리되고 뇌가 손을 떼라는 의사결정과 명령을 손에 보내는 신호의 흐름이다.

학습을 일으키는 신경회로의 변화는 특히 뇌 안에서 연결된 뉴런 회로들의 변화를 뜻한다. 신경회로들의 변화는 기존의 신경회로들이 영구적으로 고정되어 있지 않다는 점을 뜻한다. 연결되었던 것이 느슨해지기도 하고 끊어지기도 하며, 새롭게 다시 연결되기도 하고, 전보다 강하게 연결되기도 하며, 아예 완전히 새로운 회로들이 만들어지기도 한다([그림 10-2] 참조).

신경회로의 변화는 앞서 기술한 시냅스 조직화를 포함한다. 즉, 자극이 지속적으로 유입되어 정보전달의 과정이 반복되면, 뉴런의 시냅스가 민감해지거나 혹은 둔감해지면서 정보의 전달이 효과와 효율에서 변화가 발생한다. 이것이 장기 강화와 장기 저하의 기제를 통해 경화과정이 발생하면 전에 없었던 수상돌기가 새롭게 만들어지기도 하며, 없어지기도 하는 것이다. 이처럼 시냅스 조직화란 이러한 지속적이고 반복적인 정보전달에 대한 실제로 바뀐 구조적인 변화를 말한다. 반면에, 신경회로의 변화는 뇌의 전 영역에서 발생하는 보다 규모가 큰 뉴런 회로들의 변화를 말

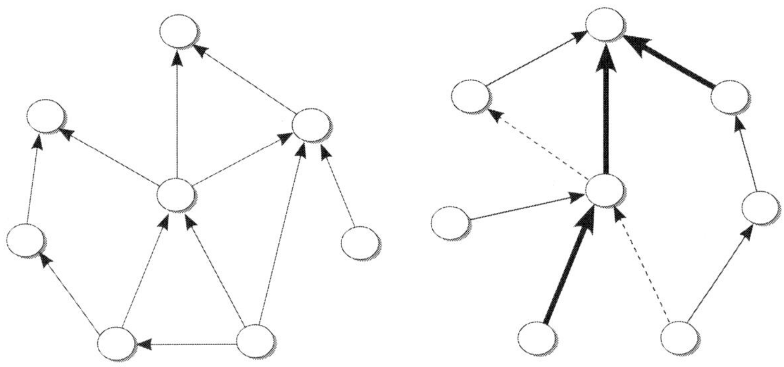

[그림 10-2] 변화된 신경회로

한다. 일단 신경회로의 변화가 발생하여 연결되면 이 연결된 신경회로 자체의 시스템적 경화과정이 이 연결을 공고히 한다.

4. 학습과 교육 연구의 시사점

학습현상의 물질적 증거로 시냅스의 조직화 및 신경회로의 변화가 뇌 전체에서 관찰된다. 이런 관찰을 통해 뇌과학은 고전적 조건화, 보상에 의한 학습(조작적 조건화), 관찰과 모방을 통한 학습 등과 같은 행동주의 심리학뿐만 아니라 동기와 주의집중, 사고와 문제해결, 도덕성과 사회적 인지와 같은 인지주의 심리학의 연구 결과들을 미시적으로 설명해 준다. 여러 뇌과학 관련 서적이 이와 같은 행동주의와 인지주의의 다양한 학습[7]을 기술하고 있으며, 적극적으로는 교육에 응용하려는 노력들도 보인다. 여기서는 이것들 외에 논쟁의 소지가 있다고 생각되는 시사점 몇 가지를 기술하였다.[8]

7) 심리적 · 거시적 수준에서 행동주의와 인지주의는 상호대립적인 측면이 있지만, 물질적 · 미시적 뇌과학 안에서는 인지적 정보처리이론의 개념과 기능적 체계 안에 행동주의가 포섭되어 있다. 뇌과학은 이 두 개의 이론을 굳이 구별하지 않는다.

8) 여기에 소개된 시사점 외에도 고민해야 할 많은 교육적 또는 학습적 시사점이 존재한다. 지면의 제한 때문에 모두 제시할 수 없었다.

1) 가소성

가소성(plasticity)은 변화 가능성으로, 학습은 가소성 때문에 발생한다. 뇌과학적으로 가소성은 두 개의 의미가 있다. 하나는 뇌 손상이 발생했을 때 자체적인 변화와 적응을 통해 그 손상으로 인한 기능을 어느 정도 회복하거나(회복 가소성), 새로운 환경과 경험을 통해 뉴런의 시냅스가 강화되거나 약화되는 변화를 말한다(적응 가소성).

우리가 주목할 점은 적응 가소성이다. 적응 가소성이 중요한 이유는 여러 가지이다. 첫째, 학습은 후천적인 노력의 결과이다. 공부법이나 학습법에서 여러 인지 전략은 시냅스 강화의 가소성을 높이는 방법들이다. 둘째, 학습은 평생 동안 지속될 수 있다. 가소성의 유연함이 나이가 들면서 점차 쇠퇴하지만 아예 없어지는 것은 아니다. 노인 학습이 어려운 이유의 하나가 가소성의 쇠퇴, 즉 신경회로가 공고히 굳어 있어서 변화될 수 있는 신경회로가 많이 남아 있지 않은 것이지만, 학습이 불가능한 것은 아니다. 셋째, 전문가의 신경회로는 가소성이 많이 낮지만 효율성을 증대시킨다. 전문가는 어느 분야에서 오랜 기간 동안 지식을 축적한, 즉 관련 수많은 신경회로망을 갖춘 사람이다. 이들의 회로망은 빽빽하며, 세밀하게 구조화되어 있다. 따라서 이 회로 구조를 변화시키기란 쉬운 일이 아니다. 소위 한 분야의 지독한 외골수는 자기의 설명만이 옳다고 주장하며 다른 분야의 설명을 잘 들으려 하지 않는다. 그러나 자기 관심 분야나 스스로 한 연구 내용은 아주 빠르게 처리되어 신경회로의 어느 한 곳에 잘 정착된다. 넷째, 학교 교육의 중요성을 지지한다. 학교 교육은 사회가 법과 제도로 규정한 교육과 학습을 위한 공식적 장이다. 이 시기는 장차 미래를 위한 준비이기도 하지만 다른 어느 때보다 시냅스와 신경회로의 변화가 가장 좋은 시기라는 점이다. 학교는 학생들의 학습을 도와주는 전문기관인 것이다.

2) 조기 교육과 결정적 시간

인지주의에서 인지발달이론은 인지와 행동이 신체적 성숙과 더불어 발달해 간다는 이론이다. 뇌과학의 결과는 이런 발달 단계에는 적절한 신경의 변화가 있음을 확인하였다. 그리고 만일 각 발달 단계에 적합한 신경 변화가 나타나지 않으면 인지 발달이 지체되거나 멈추는 결과가 초래된다. 어떤 인지능력은 피질에서 신경회로의 배선이 완료되면 고정되어 잘 변화되지 않기 때문이다. 이는 학습에서 결정적 시기와 조기 교육의 중요성이 대두되는 계기가 된다. 결정적 시기란 학습내용에 따라 배워야 할 특정한 시기가 있어서 이 시기가 지나면 그 특정한 학습내용을 배울 수 없다는 것이다. 결정적 시기는 주로 생애 초기에 있으므로 초기 교육이 중요하게 된다. 결정적 시기와 관련된 뇌과학적 연구 결과도 이를 뒷받침해 주는 것으로 보인다. 생애 초기의 일정한 시기 동안 눈을 가려 놓은 새끼고양이는 눈가림을 제거해도 정상적인 시력을 갖지 못했다는 연구는 유명하다. 생애 초기가 시력 발달의 결정적 시기인 것이다. 인간의 언어에서도 결정적 시기는 어릴 때이다. 어른과는 달리 아이는 두 개 이상의 언어를 동시에 습득하여 두 개 이상의 언어를 모국어처럼 사용할 수 있다(LeDoux, 2002).

그러나 학습내용에서 결정적 시기가 모두 어릴 때 있는 것은 아니며, 모든 학습내용에 결정적 시기가 정해져 있는 것도 아니다. 일부의 학습내용에 결정적 시기가 있을 뿐이며, 결정적 시기를 지난 학습내용의 학습이 전적으로 불가능한 것도 아니다. 조기 교육이 필요한 경우를 모든 학습내용에 대해 일반화시킬 필요는 없다.

3) 경험과 환경의 중요성

소위 '본성 대 양육' 혹은 '유전 대 환경'의 논쟁은 오래전부터 있어 왔다(Ridley, 2003; Wilson, 1978). 인간의 학습이나 행동이 본성, 즉 유전에 의해 미리 결정된 신경회로를 따르는 것인지 아니면 양육되는 환경에 의해 변화된 신경회로에 영향을 받는지에 대한 것이다. 본성과 유전 쪽은 생득적 요인에 의한 신체의 성숙과 발달이 예정된 생물학적 시간표에 따라 진행하듯이 행동도 그러하다고 주장한다. 일면 인지발달이론은 유전적인 인지의 발달과 행동을 지지한다. 반면에, 양육과 환경 쪽은 어떤 환경 속에서 어떤 경험을 하면서 양육되느냐를 중시한다. 환경론자들은 경험론자들로서 인간 발달은 외부적 환경의 영향을 받는다고 주장한다. 일면 행동주의는 자극으로서의 경험과 환경이 인지 발달과 행동을 지지한다. 어느 한쪽의 극단적인 주장을 하게 되면, 교육은 할 필요도 없고 할 수도 없다는 '교육무의미론' 혹은 '교육불가론'이 되거나 반대로 교육을 통해 무엇이든 다 이룰 수 있다는 '교육만능론'으로 흐른다. 행동주의자 Watson의 유명한 선언인 "나에게 건강한 12명의 유아를 달라. 잘 형성된 그리고 나 자신의 특별한 세계로 그들을 데려가서 양육하겠다. 나는 무선적으로 한 명을 선택하여 그를 내가 선택한 전문의, 변호사, 예술가, 사장, 심지어 거지, 도둑 등 그 무엇이 되도록 훈련시킬 수 있다."(Watson, 1913: Hock, 1992, p. 121에서 재인용)가 바로 그런 예이다. 전자의 경우 인간의 행동이 본성과 유전으로 이미 결정되어 있기 때문이며, 후자의 경우 인간의 행동은 백지 상태에서 태어나 경험에 의해 어떤 것이든 쓸 수 있기 때문이다.

그러나 뇌과학은 어느 한쪽이 아니라 유전과 환경과의 상호작용을 지지한다. 어떤 신경회로는 유전적으로 배선되지만 어떤 신경회로는 환경으로부터 직접 영향[9]을 받는다(박찬웅, 1998; Barrs & Gage, 2007). 환경의 경험이 없으면 필요한 신경회로는 배선되지 못하며, 그로 인해 인지적 · 신체적 장애가 발생한다. Wilson(1978)은 이를 후성유전이라고 말하면서 유전과 상호작용 모두를 인간의 행동에서 중요시한다.

따라서 인간의 행동은 어느 한쪽의 일방적인 영향력에 좌우되지 않는다. 예술가의 집안에서 예술가가 나오는 것은 집안의 유전자에 의한 것이기도 하지만 예술가적 집안의 환경에서 비롯된 것이기도 하다. 태어날 때 떨어져 서로 다른 환경에서 양육된 쌍둥이가 성인이 되어 유사한 행동을 하는 것은 유전적 영향이겠지만, 다른 점이 많다는 것도 사실이며, 이는 환경 때문이다. 국가가 출산을 유전공학으로 조절하는 사회가 아니라면, 현재 사회에서 일단 태어난 인간에게 본성과 유전은 어쩔 수 없는 상수이다. 상수를 두고 왈가왈부하는 것은 비생산적이다. 따라서 교육자와 교육학자는 환경과 경험이라는 변수에 관심을 가져야 한다. 1%의 변화 가능성만으로도 교육과 양육은 가치가 있다.

4) 지식교육과 창의성

인간의 많은 고차원적 능력 중에서 요즘처럼 창의성이 학습에서 중요하게 대두된 적이 없다. 부존자원이 부족한 우리나라에서 우수한 인적자원이 갖추어야 하는 능력, 4차 산업혁명에 대비하기 위해 필요한 역량 등 창의성은 다른 능력과 역량보

9) 환경의 직접적인 영향을 받는 시기가 앞서 설명한 결정적 시기이다.

다 최우선시된다. 영재학교, 과학고등학교 등 특수목적의 학교는 창의성 향상을 목적으로 한다.

창의성은 인지주의에서도 많이 연구되고 있는 분야의 하나이다. 창의성은 기억과 마찬가지로 구성된 개념이며 추론된 개념이다. 그렇기 때문에 창의성 개념에 대한 다양한 정의와 하위 개념들이 있고, 여러 측정 도구가 개발되어 있다.

뇌과학은 기억에 대한 신경회로의 배선들을 가지고 창의성을 설명하려고 한다. 창의성이란 수많은 유사하게 겹쳐진 시냅스의 신경회로에 전에는 경험하지 못한 새로운 정보가 여러 개의 기억 회로의 패턴에서 새로운 조합을 만들어 내는 것, 즉 전에 학습한 기억의 신경회로들이 새로운 방식으로 조합·연결되어 발현되는 것이다. 그런데 새로운 조합은 기존에 수많은 유사한 신경회로들이 이미 존재하고 있어야 함을 뜻한다. 신경회로가 하나면 새롭게 조합되거나 연결될 수가 없기 때문이다. 신경회로가 다양하기 위해서는 학습내용이 많아야 하며, 기억된 정보가 많아야 한다. 따라서 암기든 주입이든, 누구에게서 가르침을 받았건 자기주도적으로 학습했건 기억된 정보로서 많은 지식이 쌓여야 한다. 신경회로가 빈약하거나 없는 무(無)의 상태에서 창의성이 발휘되는 것이 아니다(Edelman, 1992). 따라서 많은 비판을 받는 지식교육이 어쩌면 창의성의 기본일지도 모른다.

5) 뇌기반 교육

어떤 뇌과학자와 인지주의자는 좌뇌가 수리와 논리적 능력이 우세하고, 우뇌는 예술과 공간적 능력이 우세하다고 하면서 이를 기반으로 뇌기반 교육을 주장한다. 이 주장의 요점은 수학과 과학은 좌뇌를 자극시켜야 하며, 음악이나 미술은 우뇌를 자극시켜야 한다는 것이다. 또 그동안 학교는 주로 주지주의 교과, 즉 수리와 논리적 과목의 지식교육이 절대적으로 우위에 있는 좌뇌 위주의 교육만 해 왔다고 적극적으로 비판한다.

뇌기반 교육은 뇌의 기능이 국재화되어 있다는 점에 기반한다. 인지적 영역의 기억은 해마를 중심으로, 정의적 영역의 기억은 편도체를 중심으로, 신체운동 영역의 기억은 기저핵과 소뇌를 중심으로 피질과 연결되는 시냅스와 신경회로의 변화라는 측면, 그리고 피질의 여러 엽들의 구별되는 기능도 국재화와 부합한다. 따라서 뇌기반 교육은 타당한 측면이 있다.

그러나 뇌의 기능이 국재화되어 있다는 사실로부터 교육을 그것에 맞추어 해야 한다는 뇌기반 교육의 당위가 도출되는 것은 아니며, 그렇게 교육하는 것이 좋은 것도 아니다. 먼저, 뇌의 모든 기능이 국재화되어 있지 않기 때문이다. 오히려 대뇌피질은 통합적 기능을 수행하고 있다. 또한 뇌과학에서 사용되는 많은 개념이 구성된 개념, 추론된 개념이라는 것은 그 개념들이 현재 잠정적으로 파악한 것이라는 점을 나타낸다. 어쩌면 그것이 우리가 잘 모르는 여러 복합 기능을 마치 하나의 기능인 것처럼 표현하고 있는지도 모르며, 반대로 우리가 잘 모르는 어느 하나의 통합된 기능을 여러 개념으로 표현하고 있는지도 모른다.

해마, 편도체, 소뇌, 기저핵이 인간의 능력에 핵심이 되는 신경회로를 각각 구별하여 구성한다고 해서 교육을 말할 때 이들이 피질보다 더 중요한 것은 아니다. 또 피질 각 엽들이 수행하는 개별적인 기능이 이들 사이에서 수행되는 통합적 기능보다 더 중요한 것도 아니다. 따라서 뇌과학의 결과를 교육에 응용하려 할 때, 피질에서의 통합적 기능에 초점을 맞추어야 하는 것이다.

뇌과학은 뇌의 기능을 물질적이며 미시적으로 탐구하여 분석하고 설명함으로써 학습현상을 심리적 현상으로 설명하는 학습이론에 과학적 증거를 제시하며 학습이론의 이론적 지향점을 예리하게 하고 설명력을 높여 준다. 교육과 학습에서 뇌과학의 역할은 여기까지면 충분하다. 교육과 학습을 향상시키려는 실제적인 역할은 심리적 · 거시적 수준의 학습이론 그리고 교육이론이 담당해야 한다.

참고문헌

김경진(2016). 인간의 뇌는 과연 특별한가. 강봉균, 강웅구, 권준수, 김경진, 김은준, 김종성, 신희섭, 전중환, 정수영 공저. **뇌(Brain): 모든 길은 뇌로 통한다**(pp. 46-79). 서울: 휴머니스트.

박문호(2013). **그림으로 읽는 뇌과학의 모든 것**. 서울: 휴머니스트.

박찬웅(1998). **뇌: 학습과 기억의 구조**. 서울: 서울대학교 출판부.

조규락(2003). 구성주의 학습이론 탐구. **교육공학연구**, 19(3), 3-40.

Anderson, J. R. (1990). *Cognitive psychology and its implications* (3rd ed.). New York, NY: Freeman.

Atkinson, R. C., & Shiffrin, R. M. (1968). Human memory: A proposed system and its control processes. In K. Spence & J. Spence (Eds.), *The psychology of learning and motivation* (Vol. 2). New York, NY: Academic Press.

Barrs, B. J., & Gage, N. M. (2010). **인지, 뇌, 의식: 인지신경과학 입문서** (*Cognition, brain, and consciousness*). (강봉균 역). 경기: 교보문고. (원저는 2007년에 출판).

Bartlett, F. C. (1932). *Remembering.* New York, NY: Cambridge University Press.

Edelman, G. M. (2006). **신경과학과 마음의 세계** (*Bright air, brilliant fire: On the matter of the mind*). (황희숙 역). 경기: 범양사. (원저는 1992년에 출판).

Hock, R. R. (2001). **심리학을 변화시킨 40가지 연구**. (*Forty studies that changed psychology: Explorations into the history of psychological research*). (유연옥 역). 서울: 학지사. (원저는 1992년에 출판).

LeDoux, J. (2005). **시냅스와 자아** (*Synaptic self*). (강봉균 역). 경기: 동녘사이언스. (원저는 2002년에 출판).

Llinas, R. (2007). **꿈꾸는 기계의 진화** (*I of the vortex*). (김미선 역). 서울: 북센스. (원저는 2002년에 출판).

Ridley, M. (2004). **본성과 양육** (*Nature via nurture: Genes, experience, and what makes us human*). (김한영 역). 경기: 김영사. (원저는 2003년에 출판).

Watson, J. B. (1913). Psychology as the behaviorist views it. *Psychological Review, 20*, 158-177.

Wilson, E. O. (2000). **인간 본성에 대하여** (*On human nature*). (이한음 역). 서울: 사이언스북스. (원저는 1978년에 출판).

Wilson, E. O. (2005). **통섭: 지식의 대통합** (*Consilience: The unity of knowledge*). (최재천, 장대익 공역). 서울: 사이언스북스. (원저는 1998년에 출판).

CHAPTER 11

첨단 테크놀로지와 함께하는 유의미 학습

조영환(서울대학교)
김관훈(서울대학교)

1. 서론

최근 테크놀로지의 급속한 발전으로 인해 사람들의 생활 방식이 크게 변하고 있다. 정보통신기술의 발달은 사람들이 새로운 정보를 얻고, 다른 사람과 대화를 하고, 여행을 떠나거나 물건을 사는 것과 같은 일상생활에 큰 영향을 미치고 있다. 예컨대, 누구나 SNS(Social Network Service)를 통해 손쉽게 자신의 이야기를 다른 사람과 실시간으로 공유할 수 있게 되면서 국내외에서 일어나는 다양한 뉴스를 언론매체보다 더 빨리 SNS로 접할 수 있다. 또한 상점에 가지 않더라도 인터넷으로 손쉽게 물건을 구매할 수 있으며, GPS(Global Positioning System) 정보를 이용하면 복잡한 도로를 피해 목적지까지 최단 시간에 갈 수 있고 특정 지역 주변의 유명한 음식점이나 관광지에 대한 정보를 스마트폰에서 확인할 수 있다.

마찬가지로, 테크놀로지는 학교에서 배우고 가르치는 방식에도 많은 영향을 미칠 수 있다. 전 세계적으로 스마트 기기, 가상현실, 3D 프린터 등의 첨단 테크놀로지를 활용하여 학교 교육을 개선하려는 노력이 꾸준하게 이루어지고 있다. 그중에는 과거의 교실 수업과 질적으로 큰 차이가 없는 방식으로 테크놀로지를 활용하는 경우가 있다. 예컨대, 지식을 효율적으로 전달하기 위해 교사의 수업장면을 동영상으로 만들거나 서책형 교과서의 내용을 디지털로 만들어서 학생에게 제공하는 경우가 있다. 이는 인터넷과 같은 정보통신기기를 이용하여 동일한 교육내용을 많은 사람에게 적은 비용으로 전달할 수 있다는 점에서 테크놀로지를 학교 교육에 효율적으로 적용한 것으로 볼 수 있다. 그러나 학습활동의 본질을 고려했을 때, 교사의 강의를 교실에서 듣는 것과 인터넷 동영상을 통해 듣는 것 사이에는 큰 차이가 없을 것이다. 마찬가지로, 교과내용을 책으로 읽는 것과 컴퓨터나 태블릿 PC로 읽는 것 중에서 어떤 것이 더 유의미 학습을 촉진한다고 말하기는 어려울 것이다. 두 경우 모두 주어진 정보를 읽고 지식을 획득한다는 점에서 동일하기 때문이다.

유의미 학습을 촉진하기 위해서는 새로운 테크놀로지를 통해 기존의 학교 교육에서 소극적이었던 학습자가 적극적이고 상호작용적으로 학습에 참여할 수 있도록 지원하는 것이 필요하다. 즉, 테크놀로지를 통해 교육의 겉모습뿐만 아니라 그 본질에 있어서 변화를 이끌어 내야 한다. 예컨대, Scardamalia와 Bereiter(1994)는 학교 교육이 학생들의 지식생성을 촉진하기보다는 제한한다고 비판하면서, 학생들이 스스로 질문과 가설을 만들고 탐구한 내용을 공유하면서 지식을 생성하고, 점검하고, 수정하고, 축적할 수 있는 Knowledge Forum이라는 네트워크 기반의 협력적 학습 환경을 개발하였다. 그 외에도 모바일 기기, 가상현실, 3D 프린터, 시뮬레이션 등을 활용하여 학습자의 고차적 사고와 협력활동을 지원하기 위한 연구들이 교육공학 분야에서 활발하게 이루어지고 있다. Howland, Jonassen과 Marra(2012)는 테크놀로지가 유의미 학습을 촉진하기 위해서는 학생이 테크놀로지로부터 배우는 것(learning from technology)이 아니라, 테크놀로지를 도구로 사용하여 자신의 생각을 표현하고, 지식을 탐구하고, 경험에 대해 성찰하고, 다른 사람과 대화를 하는 것과 같은 활동에 참여하는 것이 필요하다고 주장하였다. 후자의 경우를 테크놀로지와 함께하는 학습(learning with technology)이라고 한다. 첨단 테크놀로지를 통해 학교 교육을 변화시키고자 하는 교육자나 연구자는 특정 테크놀로지를 학교에 도입함으로써 학생들의 활동이 어떻게 변화되었는지 유심히 살펴야 하며, 긍정적인 변화를 이끌어 내기 위해 수업과 학습환경을 설계하고, 학생들을 적응적으로 지원할 필요가 있다.

이 장에서는 유의미 학습을 위한 도구로서 테크놀로지를 어떻게 활용할 수 있는지를 살펴보고자 한다. 특히 Jonassen(2013)이 제시한 학습의 기본 원리(first principles of learning)에 비추어 효과적인 테크놀로지 활용방법과 수업 사례를 제시하겠다. Jonassen은 자신의 구성주의 학습환경과 문제해결학습에 대한 연구 결과들을 종합하여 문제해결, 유추, 모델링, 인과추론, 논증이라는 학습의 기본 원리를 제시하였다. Jonassen은 Merrill(2002)이 제시한 교수의 기본 원리(과제중심, 활성화, 시범, 적용, 통합)와 달리, 구성주의를 기반으로 하여 교사가 어떻게 가르칠 것인가보다는 학생의 유의미 학습을 위해 요구되는 활동에 초점을 두었다. 다음에서는 먼저 학습의 기본 원리에 대해서 살펴본 다음, 각 원리와 관련해서 첨단 테크놀로지를 어떻게 활용할 수 있는지를 구체적인 예와 함께 알아보겠다.

2. 학습의 기본 원리

과거 학교 교육에서는 교사가 제공하는 지식이나 정보를 정확하게 기억하는 데 초점을 두었으며, 어떻게 하면 새로운 지식을 학습할 수 있는지에 관한 관심은 부족하였다. 그러나 최근에는 인공지능과 같은 첨단 테크놀로지의 발달 속도가 가속화되면서 학생들이 학교를 졸업한 이후에도 지속적으로 새로운 내용을 학습해야 한

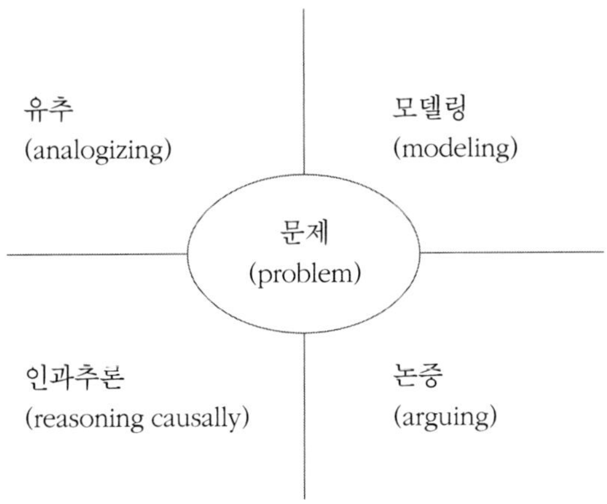

[그림 11-1] 학습의 기본 원리(Jonassen, 2013, p. 288)

다는 공감대가 확산되고 있다. 그렇기 때문에 학생들이 스스로 학습할 수 있는 역량을 길러 주기 위한 교육개혁이 전 세계적으로 이루어지고 있으며, 우리나라 역시 최근에 핵심 역량을 중심으로 교육과정을 개편하였다.

이러한 교육개혁은 전반적으로 교사가 어떻게 지식을 전달할 것인가보다는 학생들의 유의미 학습을 어떻게 지원할 것인가에 더 초점을 두고 있다. 그런 점에서, Jonassen(2013)이 제시한 학습의 기본 원리는 학습자 중심으로 교육을 설계하고 운영하는 데 많은 시사점을 줄 수 있다. [그림 11-1]에서 볼 수 있듯이 Jonassen은 문제 혹은 문제해결을 학습에 있어서 가장 중요한 요소로 보았으며, 문제를 해결하는 데 필요한 주요 활동으로 유추, 모델링, 인과추론, 논증을 제시하였다. 학생들은 개별적으로 혹은 다른 학생과 함께 이러한 문제해결 활동에 참여함으로써 지식을 깊이 있게 이해하고 미래 사회에 필요한 핵심 역량을 함양할 수 있다.

1) 문제해결

탐구 기반 학습, 문제중심학습, 프로젝트 수업 등 학습자 중심의 다양한 교수설계 이론과 모형들은 공통적으로 문제해결을 주요한 학습활동으로 여기고 있다. 학생들은 문제해결을 통해 학교에서 배운 지식을 실제적인 맥락에 적용할 수 있을 뿐만 아니라, 문제를 해결하는 과정에서 더 깊이 있게 사고하고 유의미한 지식을 획득하며 자기주도학습을 위한 역량을 향상시킬 수 있다. 교사 중심의 수업에서는 교사가 학습내용을 설명하고 예시를 제공한 이후에 학생들에게 연습문제를 해결하도록 하는 경우가 많은데, 이때 정답이 정해져 있고 몇 가지 원리와 절차를 적용하여 해결할 수 있는 정구조 문제(well-structured problem)를 자주 사용한다. 반면에, 학습자 중심의 수업에서는 교사의 설명을 듣기 전에 학생들이 모둠별로 다양한 방식으로 실제적인 비구조 문제(ill-structured problem)를 정의하고 해결하기 위해 노력한다(이 책의 2장 참고). 비구조 문제는 학생들이 일상생활 속에서 자주 마주치는 문제로서 하나의 정해진 답이 존재하지 않기 때문에 다양한 방식으로 문제에 접근할 수 있고, 어느 해결안이 더 효과적인지에 대한 평가가 어려운 문제를 의미한다(Jonassen, 1997). 이와 같이 문제가 학생들의 생활과 밀접한 관련성을 가질 경우 학생들의 상황흥미와 지적 호기심을 유발할 수 있으며, 문제해결 과정에서 학습한 내용을 학교 밖의 실제적인 맥락에 효과적으로 전이할 수 있다. 교사의 강의를 듣지 않고 학생들에게 복잡하고 비구조화된 문제를 해결하도록 할 경우 학생들이 문제해결에 실패할 가능성이 높다는 점을 우려하는 목소리가 있지만, 생산적 실패(productive failure)에 관한 연구에 따르면, 다양한 방식으로 문제를 표상하고 해결안을 탐색하는 실패경험이 오히려 학습내용을 깊이 이해하는 데 도움이 된다(Kapur, 2010). 그렇기 때문에 유의미 학습을 위해 문제해결을 중심으로 학습활동을 설계하는 것이 필요하다.

2) 유추

새로운 문제를 해결하기 위해서 자신이나 다른 사람이 과거에 문제를 해결한 경험으로부터 유추를 할 수 있다. 과거에 해결한 문제와 새로운 문제가 표면적으로는 서로 다르더라도 구조적인 특성이 동일하거나 유사하다면 과거에 효과적으로 적용된 해결안을 새로운 문제에 적용할 수 있다. 예를 들어, 경험이 부족한 초보자의 문제해결 과정을 지원하기 위해서 경험이 많은 사람의 성공적인 문제해결 사례를 제공해 줌으로써 유추를 촉진할 수 있다. 사례는 문제와 함께 문제가 어떤 맥락에서 발생하였으며, 다양한 해결안 중에서 어떤 것이 왜 선택되었고, 해결안을 적용한 결과 어떤 결과가 나타났으며, 이러한 경험으로부터 어떤 교훈을 얻을 수 있는지 등에 대한 정보를 포함하여야 한다(Kolodner, Owensby, & Guzdial, 2004). 학생은 자신이 직면한 문제 상황을 교사가 제공한 사례와 서로 비교함으로써 효과적인 해결안을 유추할 수 있을 것이다. 그리고 성공사례뿐만 아니라 실패사례를 학생들에게 제공하는 것도 문제를 해결할 때 주의해야 할 점을 보여 준다는 점에서 효과적일 수 있다(Tawfik & Jonassen, 2013). 이러한 유추 활동을 사례 기반 추론(case-based reasoning)이라고 부르기도 한다(이 책의 4장 참고).

Kolodner(1997)는 사람들이 자신의 경험을 사례 도서관(case library)이라고 불리는 기억 속에 저장하였다가 새로운 문제가 발생했을 때 가장 유사한 사례를 찾아서 적용하고, 그 결과에 따라서 사례 도서관의 내용을 추가하거나 구조를 수정한다고 하였다. 만약 많은 학생들이 자신의 문제해결 경험을 사례의 형태로 작성하여 다른 학생들과 공유하고 그 중에서 문제해결에 필요한 사례를 쉽게 검색할 수 있다면, 초보자도 문제를 효과적으로 해결할 수 있을 뿐만 아니라 사례를 비교하고 분석하는 과정에서 유의미한 학습이 일어날 것이다.

3) 모델링

문제를 해결하기 위해서는 문제에 관한 정신모형(mental model)에 기반하여 예측하고, 추론하고, 해결안을 탐색하는 것이 필요하다. 문제해결을 촉진하기 위해서 학생들에게 문제 상황을 하나의 시스템으로 보고 그 구성요소와 요소들 간의 관계 및 작동 원리를 기호로 나타내거나 시각화를 통해 외적으로 표현하도록 할 수 있다. 예컨대, 과학 시간에 새벽에 관찰한 수성, 금성, 화성, 달, 목성 사진을 학생에게 보여주고 이 행성들을 찰흙으로 만든 다음, 종이 위에 배치하도록 함으로써 태양계를 모델링하도록 할 수 있다. 이러한 모델링 과정을 통해 교사는 학생이 문제를 어떻게 이해하고 있는지 확인할 수 있으며, 외적으로 표현된 모형에 대해서 교사가 피드백을 주거나 여러 학생들이 만든 모형들을 서로 비교하도록 함으로써 학생이 가지고 있는 내적인 정신모형을 수정하거나 더 정교하게 발전시킬 수 있다. 이러한 과정을 통해 문제에 관한 외적 혹은 내적 모형이 발전할수록 문제를 더 잘 이해하고, 그 결과 더 효과적인 해결안을 만들 수 있다(이 책의 5장 참고). Jonassen(2013)은 학생에게 교사가 만든 모형을 제공하기보다는 학생이 스스로 자신의 모형을 만들도록 하는 것이 더 효과적이라고 주장하였다. 모형을 만드는 과정에서 학생들 간의 의미협상이 자연스럽게 이루어질 수 있고, 각자 자신이 만든 모형에 대해 주인의식을 가지고 적극적으로 모형을 만들고 수정하는 데 참여할 수 있기 때문이다.

4) 인과추론

효과적으로 문제를 해결하기 위해서는 문제의 원인을 분석하고 그에 맞게 해결안을 만드는 것이 필요하다. 또한 여러 개의 해결안이 있을 경우 각 해결안을 적용했을 때 문제가 어떻게 해결될 것인지를 미리 예측하고 설명하는 것이 최적의 해결안을 선택하는 데 많은 도움을 줄 수 있다. 실제적인 문제 상황 속에서 문제를 해결하기 위해서는 문제 공간(problem space)을 구성하는 핵심 요소들 간의 인과관계를 이해하는 것이 필요하다. 예컨대, 의사는 환자의 병을 효과적으로 진단하고 치료하기 위해서 과학적 지식과 경험에 기반하여 병의 원인을 합리적으로 추론한다.

인과추론을 위해서는 경험적인 자료로부터 변인들 간의 관계를 양적으로 파악하고 그 관계를 개념적으로 설명하는 것이 필요하다. 학생들은 일상생활이나 통제된 실험실에서 수집된 경험적 자료를 통해 변인들의 시간적 순서, 효과의 방향과 강도, 확률적 측면에 대해 추론을 할 수 있다. 한 변인이 양적으로 증가할 때 다른 변인이 함께 증가할 수도 있고, 감소할 수도 있으며, 두 변인이 아무런 관련성을 가지지 않을 수도 있다. 경험적 관찰을 통해 두 변인 간의 관련성을 인지하더라도, 이러한 관계가 어떻게, 왜 발생하는지를 설명할 수 없다면 인과관계에 대한 이해가 제대로 이루어졌다고 보기 어렵다. 즉, 원인과 결과를 매개하는 과정에 대한 개념적인 설명 또한 필요하다. 교사는 시각자료를 통해 문제와 관련된 변인들 간의 관계를 구조화하여 직접 제시하거나, 학생들이 시뮬레이션을 통해 여러 변인들을 직접 조작하며 변인들 간의 관계를 탐색하도록 함으로써 문제해결에 필요한 인과추론을 촉진할 수 있다(Jonassen & Ionas, 2008).

5) 논증

하나의 정답이 정해져 있지 않은 비구조 문제를 해결하기 위해서는 여러 가지 해결안 중에서 어떤 해결안을 선택할 것인지에 대해 논증을 할 필요가 있다(이 책의 3장 참고). 각 해결안마다 장단점이 있기 때문에 다양한 관점에서 문제를 이해하고 해결안을 서로 비교하는 것이 필요하다. 예컨대, 고등학교에서 학생들의 핵심 역량을 향상시키고 전인적 성장을 돕기 위해 학습자 중심의 수업을 할 것인지, 대학입시라는 현실적인 요구를 반영하여 성적 향상에 초점을 둔 교사 중심의 수업을 할 것인지를 결정하기 위해서 논증이 필요하다. 논증을 할 때는 자신의 주장을 뒷받침하는 근거와 이유를 체계적으로 설명해야 하며, 자신의 주장과 상반되는 견해에는 어떤 것이 있는지 제시하고, 여러 의견 중에서 자신의 의견이 더 타당한 이유를 설명해야 한다(Kuhn, 1991). 학생들이 그룹에서 문제를 해결할 때 각자 자신의 생각을 말하고 논증을 함으로써 공동의 해결안을 찾아갈 수 있다. 효과적인 논증을 위해서 교사는 학생들이 다양한 관점에서 문제를 생각하고, 구체적인 근거와 이론적인 설명을 기반으로 하여 논증하고, 서로 다른 관점을 비교하여 반박을 하거나 통합을 할 수 있도록 지원하는 것이 필요하다. 특히 많은 학생이 자신의 관점과 다른 관점을 인정하고 그 이유를 생각하는 데 큰 어려움을 겪는데, 이를 해결하기 위해 학생들에게 반론을 논증에 포함시키도록 안내하거나 다양한 입장을 가진 사람들의 주장을 근거와 함께 자료로 제공할 필요가 있다.

3. 테크놀로지와 함께하는 문제해결

문제의 유형과 속성에 따라서 문제를 해결하는 방식과 문제해결에 필요한 역량이 다를 수 있기 때문에 영역별로 서로 다른 테크놀로지를 사용하거나, 동일한 테크놀로지라도 그 사용방법을 다르게 할 필요가 있다. 예컨대, 과학 교과에서는 가상공간에서 반복해서 실험을 할 수 있는 시뮬레이션 프로그램이 유용할 수 있는 반면에, 사회 교과에서는 환경보호와 같이 주요한 이슈에 대해 다양한 입장을 공유하고 논증을 할 수 있도록 돕는 웹사이트가 더 유용할 수 있다. 또한 디자인 문제와 관련해서는 3D 프린터나 Scratch(https://scratch.mit.edu)와 엔트리(https://playentry.org) 같은 소프트웨어가 유용하게 활용될 수 있다. 교사는 문제의 속성에 따라서 문제해결 과정과 전략이 다르고, 효과적으로 사용할 수 있는 테크놀로지의 종류도 달라진다는 점을 염두에 두고 테크놀로지와 함께하는 문제해결 활동을 설계하는 것이 필요하다.

다양한 문제 중에서도 정답이 정해져 있지 않은 비구조화되고 실제적인 문제를 해결할 때 첨단 정보통신기기가 유용하게 활용될 수 있다. 학습자는 인터넷을 이용하여 전 세계의 수많은 정보와 자료에 접근함으로써 문제해결에 필요한 지식을 획득할 수 있으며, 3차원의 가상세계와 가상현실을 이용하여 실제적인 맥락에서 문제를 해결할 수 있다. 또한 모바일 기기를 이용하여 학교에서 배운 지식을 학교 밖의 문제를 해결하는 데 적용할 수 있을 뿐만 아니라 학교 밖에서 경험한 문제 상황을 다른 학생들과 손쉽게 공유할 수 있다. 다음에서는 실제적인 문제해결과 관련하여 세 가지 유형의 테크놀로지에 대해 살펴보겠다.

먼저, 인터넷의 정보 검색 기능을 문제해결에 활용하는 방법에 대해 알아보자. 인터넷을 통해 학습자들은 다양한 정보를 빠르고 쉽게 수집하고 활용할 수 있으나, 단순히 인터넷에서 정보를 검색하는 것만으로는 정보의 이해 및 학습을 보장하기 어렵다. 또한 인터넷에 있는 수많은 정보들이 모두 신뢰할 수 있는 것은 아니며, 학습자들은 정보의 바다를 헤매는 사이에 원래의 목표를 잃고 표류할 수도 있다(Howland, Jonassen, & Marra, 2012). 따라서 인터넷을 적절히 활용하기 위해서는 신뢰할 만한 정보를 찾고, 목적에 맞게 활용하고, 인터넷에서 찾은 정보를 비판적으로 검토하는 정보 리터러시가 필요하다.

이를 위해 Webquest(http://webquest.org)와 같은 웹사이트가 유용하게 활용될 수 있다. 샌디에이고 주립대학교의 Dodge와 March에 의해 개발된 Webquest는 인터넷 자료를 통해 학생들의 비판적인 정보 해석과 탐구활동을 지원한다. 인터넷 자료는 자료의 적절성과 신빙성을 고려하여 교사에 의해 사전에 선별되며, 선별된 자

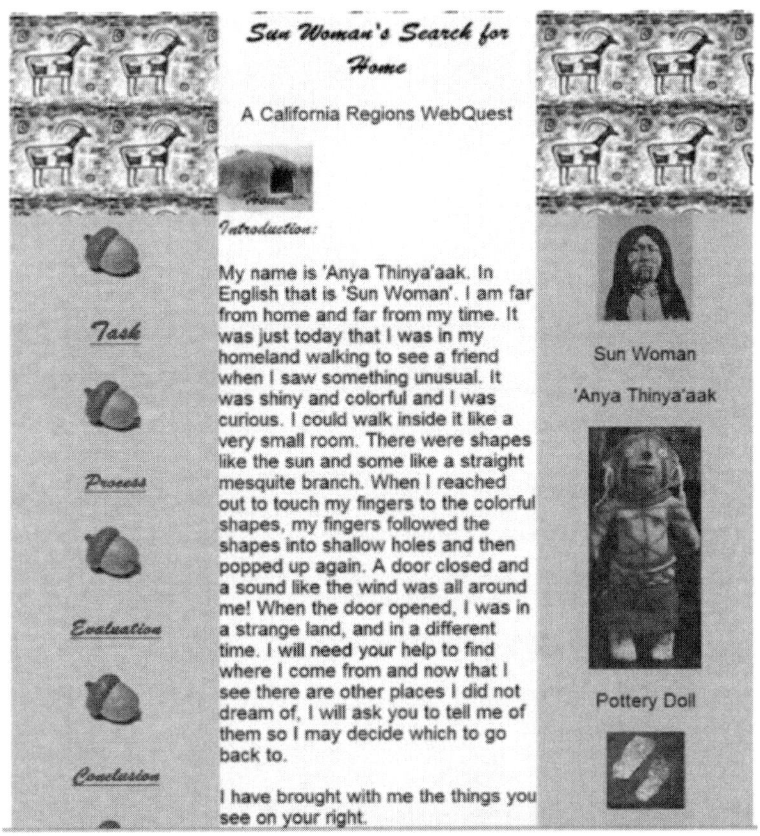

[그림 11-2] Webquest를 활용한 탐구활동(http://teachtech.weebly.com/webquests.html)

료는 하이퍼링크의 형태로 학급 웹사이트에 탑재된다. 학생들은 학급 웹사이트에 탑재된 자료를 바탕으로 비구조 문제에 대한 탐구활동을 수행하게 된다. 이때 교사는 [그림 11-2]에 제시된 것처럼 학생들에게 흥미로운 문제를 소개하고, 다양한 관점을 담은 자료, 학생의 수행에 대한 평가, 학급 단위의 성찰 등을 통해 정보에 대한 학생들의 비판적 사고를 촉진한다. Webquest는 단순한 정보 검색이 아닌 학생들이 협력적으로 정보를 분석하고, 통합하고, 평가하고, 문제를 해결하는 학습과정에 초점을 두며, 이를 통해 학생들의 정보 리터러시를 향상시킨다(Dodge, 2001; Kanuka, Rourke, & Laflamme, 2007).

Webquest는 탐구활동뿐만 아니라 토론 등 다양한 학습활동에도 효과적으로 활용될 수 있다. Kanuka 등(2007)은 대학생들을 대상으로 한 온라인 토론활동에서 학생들의 고차적 사고를 촉진하기 위해 매주 Webquest, 브레인스토밍, 온라인을 통한 해당 분야 전문가와의 실시간 토론 등 다양한 방식을 적용하여 주차별 토론활동을 구성하였다. 주차별로 학생들이 작성한 토론 글을 분석한 결과, 다른 방식을 적용하여 진행된 토론활동보다 Webquest를 활용한 토론활동에서 학생들이 올린 토론 글의 개수가 더 많았으며, 인지적 활동 또한 더 활발하게 이루어진 것으로 나타났다. 최근에는 Webquest를 모바일 환경에 구현하여 학생들이 언제 어디서든 모바일 기기를 통해 Webquest에 쉽게 접속할 수 있게 하려는 시도가 이루어지고 있다. 이를 통해 학생들은 일상생활 속에서 관련된 문제 상황을 경험한 직후 모바일 기기를 통해 바로 Webquest에 접속하여 탐구활동을 수행할 수 있다. Chang 등(2011)은 초등학생들을 대상으로 자원 재활용을 통한 환경 보호를 주제로 첫 번째 반에는 교실 내에서 전통적인 강의 형태의 수업을, 두 번째 반에는 교실 내에서 Webquest를 활용한 수업을, 세 번째 반에는 모바일 Webquest를 활용한 현장체험 수업을 실시한 후 각 수업 방법의 효과성을 비교하였다. 세 번째 반의 학생들은 [그림 11-3]에 제시된 것처럼 직접 재활용 분리수거장을 방문하여 PDA 기기를 통해 그룹별로 정보를 수집하고, 이를 바탕으로 모바일 Webquest에 제시된 과제를 협력적으로 수행하였다. 학습이 끝난 후 학생들에게 개인별로 학습한 내용을 파워포인트와 웹사이트 형태로 제작하게 한 결과, 모바일 Webquest를 활용하여 현장체험 수업에 참여한 학생들의 결과물에서 더 많은 내용지식이 관찰되었으며, 결과물의 완성도 자체도 더 높은 것으로 나타났다. 이처럼 Webquest는 학교 안팎에서 학생들이 정보를 비판

[그림 11-3] 모바일 Webquest를 활용한 현장학습(Chang et al., 2011, p. 1232)

적으로 검토하고, 이를 활용하여 문제를 해결하는 데 효과적으로 활용될 수 있다.

다음으로, 3차원 가상세계와 가상현실을 문제해결을 위해 활용하는 방법에 대해 알아보겠다. 실제적인 문제들 중에는 학교 안에서 체험하기 어려운 문제들이 있다. 의사가 환자를 치료하고, 변호사가 피고를 변호하고, 교사가 학생을 가르치고, 건축가가 집을 짓는 것과 같은 실제적인 문제를 학교 안에서 다루기에는 여러 가지 제한점이 있다. 특히 구체적이고 실제적인 맥락이 주어지지 않는다는 점에서 문제 상황에 몰입하기 어렵고, 학습자가 도출한 해결안이 실제 어떻게 적용될 수 있고 어떤 효과가 있을지 예측하기 어렵다. 이러한 제한점을 해소하기 위해서 최근에는 3차원의 가상세계와 가상현실을 교육에 적용하려는 시도가 활발하게 이루어지고 있다. [그림 11-4]에 제시되어 있는 것처럼 가상세계에서는 컴퓨터 모니터를 통해서 실제와 유사하게 만들어진 3차원의 가상공간을 아바타를 이용하여 체험하고 다른 학습자와 상호작용할 수 있다. 그리고 가상현실에서는 HMD(Head-Mounted Display)라는 장치를 이용하여 시각적으로 외부와 차단된 상태에서 가상공간의 경험에 몰

[그림 11-4] 3차원 가상세계 예시(세컨드 라이프)

입할 수 있다. 가상세계와 가상현실 모두 학습자에게 높은 물리적 실재감(physical presence)을 유발하며, 학습자가 학교 밖의 실제적인 맥락 속에서 문제를 해결할 수 있는 학습환경을 제공해 준다.

가상세계와 가상현실을 이용하여 실제적인 문제를 제공하면 학습흥미를 높여 줄 뿐만 아니라 문제해결력을 향상시켜 줄 수 있다. 예컨대, 가상현실을 이용하여 학습자에게 화재, 지진, 태풍과 같은 재난 상황에서 대피하는 문제를 제공할 수 있다. 이호준 등(2016)은 학습자가 HMD와 함께 웨어러블 모션 인식 센서를 팔과 다리에 착용하고 가상현실 속의 지하철 화재 상황에서 제한된 시간 안에 지하철의 문을 열고 탈출구를 찾아서 대피하는 시뮬레이션을 개발하였다. 이 시뮬레이션에 참여한 학습자들은 높은 현실감과 긴장감을 느꼈으며, 재난 안전 교육에 효과적이라고 인식하였다. 그리고 조영환, 황매향, 김윤강, 김명섭, 홍서연(2015)은 가상세계를 이용하여 예비교사를 위한 가상 교실을 만들고, 그 안에서 예비교사들이 학교폭력과 같은 실제적인 문제를 역할놀이를 통해 해결하도록 하였다. 예비교사들은 3차원의 실제적인 가상 교실 안에서 교사, 가해학생, 피해학생, 학급친구와 같은 역할을 나누고, 자신의 역할에 맞는 아바타를 이용하여 서로 언어적 · 비언어적 상호작용을 하면서 학교폭력 문제를 해결하였다. 예비교사들은 가상세계 속의 역할놀이에 높은 흥미를 가지고 적극적으로 참여하였으며, 이러한 활동을 통해 학교폭력에 대한 지식과 자기효능감이 향상되었다. 이처럼 가상세계나 가상현실이 제공하는 높은 실재감은 학습자가 문제 상황에 몰입할 수 있도록 도우며, 그 결과 유의미 학습을 촉진할 수 있다(Cho, Yim, & Paik, 2015).

또한 가상세계와 가상현실은 학습자에게 실제적인 문제 상황을 제공해 줄 뿐만 아니라 그 안에서 학습자들이 가상의 물체를 만들거나 변형할 수 있도록 지원해 준다. 이런 점에서 가상세계와 가상현실은 디자인 문제를 해결하는 데도 유용하게 활용될 수 있다. 예컨대, 가상의 미술관 안에 자신의 회화작품이나 조각품을 만들어서 적합한 장소에 위치시킬 수도 있으며(박지숙, 임성환, 2016), 가상의 공간 안에 새로운 건축물을 짓거나 기존의 건축물을 재설계할 수도 있다. 학습자는 가상공간에서 실제적인 창작물을 만드는 과정에서 수동적으로 지식을 받아들이는 것이 아니라 학습한 내용을 실제적 맥락 속에서 의미 있게 활용할 수 있다. Hung, Lee와 Lim(2012)은 싱가포르 중학생들에게 가상세계 안에서 지형을 변형하여 강을 만들도록 하였는데, 평소 강을 경험할 기회가 없었던 학생들은 산에서 바다로 흐르는 강의 모습을 상상하면서 가상세계 안에서 다양한 형태의 강을 만들었다. 이러한 활동은 학생들이 실제적인 맥락 안에서 지리 교과에서 배운 지식을 표현하고 깊이 있는 이해를 할 수 있도록 도왔다. 그리고 교사는 가상공간에서 학생들이 만든 창작물을 평가하여 학생들이 어떤 점에서 어려움을 겪고 있는지를 확인하고 적응적으로 학습을 지원할 수 있었다.

마지막으로, 모바일 기기가 어떻게 실제적인 문제해결과 학습을 지원하는지 살펴보자. 가상세계와 가상현실이 학생으로서 경험하기 어려운 실제적인 문제를 제공한다면, 모바일 기기는 학생들이 매일 경험하는 일상적인 생활 속에서 문제를 찾고 해결하는 데 도움을 줄 수 있다. 모바일 기기는 휴대가 간편하기 때문에 어디든지 가지고 다니면서 인터넷에 연결하여 다양한 정보와 자료를 검색하고 새로운 글, 이미지, 동영상 등을 다른 사람들과 공유하는 데 사용될 수 있다. 또한 우리나라의 스마트폰 보급률은 약 90%로 매우 높은 편이며 컴퓨터 사용률보다 더 높은 수치를 보인다. 이렇듯 많은 사람들이 모바일 기기를 보유하고 있으며, 사회적으로 무선인터넷망이 잘 구축되어 있다는 점에서 모바일 기기의 교육적 활용 가능성은 매우 높은 편이다.

모바일 기기는 단절 없는 배움(seamless learning)을 위해 학교 안에서의 학습과 학교 밖에서의 경험을 서로 연결하는 데 유용하게 활용될 수 있다. 예컨대, Wong 등(2010)은 중국어 숙어를 가르치는 수업에서 학생들에게 학교에서 배운 숙어와 관련된 장면을 자신의 일상생활 속에서 찾아서 모바일 기기로 사진을 찍고 숙어를 이용한 글을 작성한 다음, 위키(wiki)를 통해 다른 학생들과 사진과 글을 공유하고 서로 코멘트를 주고받도록 하였다. 이러한 과정을 통해 학교에서 배운 숙어를 일상생활에 적용함으로써 그 의미를 더 깊이 이해하였고 숙어를 다른 사람이 생각하지 못한 새로운 상황에 적용함으로써 그 의미를 창의적으로 재해석할 수 있었다. 그리고 과학관, 박물관, 역사적 장소 등에서 체험학습을 할 때도 학생들이 모바일 기기를 이용하여 기억에 남는 장면을 사진이나 동영상으로 촬영하고, 구글맵(Google Map)을 이용하여 다른 학생들과 공유할 수 있다. 체험학습 이후에는 학생들이 각자의 경험을 성찰하거나 다양한 경험을 비교하고 종합하기 위해 모바일 기기로 공유한 자료와 글을 활용할 수 있다(So, Kim, & Looi, 2008). 이처럼 모바일 기기를 이용하면 학교 밖의 실제적인 경험과 문제 상황을 학습의 기회로 삼을 수 있다는 장점이 있다.

모바일 기기는 실제적인 맥락에서 여러 명의 학습자가 공동으로 문제를 해결하도록 도울 뿐만 아니라, 학습자들이 새로운 문제를 발견하도록 돕는다. 예컨대, 환경보호라는 주제를 학습할 때 여러 학생들이 모바일 기기를 이용하여 일상생활 속에서 환경을 보호할 수 있는 사례를 사진과 동영상으로 촬영하여 공유하고 인터넷에서 함께 논의를 한다면 환경오염이라는 문제를 해결할 수 있는 실질적인 방안을 효과적으로 도출할 수 있을 것이다. 또한 학생들이 지역사회에서 발생하고 있는 환경오염의 문제를 모바일 기기로 촬영하고 공유한다면 교과서에서 다루지 않는 실제적인 문제를 발견할 수 있다. 이처럼 학생들이 스스로 문제를 만들고 공유하는 것을 돕기 위해서 스탠퍼드 대학교에서는 모바일 탐구학습 소프트웨어(Stanford Mobile Inquiry-based Learning Environment: SMILE)를 개발하였다. 이 소프트웨어를 이용하여 학생들은 교과서의 내용 중에 궁금한 점을 사진으로 찍어서 질문을 만들 수 있을 뿐만 아니라 노숙자, 학교폭력, 성차별과 같은 비구조 문제를 일상생활에서 찾아서 사진으로 찍고 다른 학생들과 질문을 공유할 수 있다(Buckner & Kim, 2014). 또한 SMILE에서는 다른 학생의 질문에 답을 하면 그 내용이 교사와 다른 학생들에게 공유되고, 학생들이 질문의 질에 대해서 상호 평가를 할 수도 있다. 이러한 소프트웨어는 학생들이 모바일 기기를 이용하여 손쉽게 문제를 만들고 공유할 수 있도록 도울 뿐만 아니라 상호 평가를 통해 더 좋은 문제를 만들 수 있도록 지원한다. 최근에는 딥러닝(deep learning) 기술을 이용하여 학생이 질문을 SMILE 웹사이트에 공유하면 그 질문의 수준(얼마나 깊이 있는 사고를 필요로 하는지)을 자동으로 분석하여 학생에게 적절한 피드백을 제공하고 있다.

4. 테크놀로지와 함께하는 유추

새로운 문제를 해결할 때 기존의 경험이나 사례로부터 유추를 할 수 있도록 하기 위해서는 다양한 사례를 수집하여 문제의 특성에 따라서 잘 분류하는 것이 필요하다. 사례 도서관 형태의 데이터베이스를 구축하여 초보자들도 손쉽게 다른 사람의 사례에 접근할 수 있다면 문제해결을 위한 유추 혹은 사례 기반 추론에 도움이 될 것이다. 그러나 유추를 촉진하는 데이터베이스를 구축하기 위해서는 다양한 문제 상황과 그와 관련된 사례를 수집해야 하기 때문에 많은 노력과 비용이 소요된다. 예컨대, 교사들이 수업 시간에 테크놀로지를 효과적으로 활용하는 방법에 대한 사례를 수집한다고 했을 때 학년, 교과내용, 학습환경, 교육방법에 따라 매우 다양한 사례가 존재할 뿐만 아니라 시간이 흐름에 따라서 새로운 테크놀로지가 등장하기 때문에 지속적으로 사례를 업데이트할 필요가 있다. 이러한 경우, 사례를 수집하는 데 따르는 비용을 줄이고 가능한 많은 양의 사례를 확보하기 위해서 온라인 공동체를 통해 사람들이 자발적으로 자신의 경험을 사례의 형태로 공유하도록 할 수 있다.

블로그, 위키와 같은 웹 2.0 도구와 SNS가 발달함에 따라 누구나 손쉽게 자신의 사례를 온라인 공동체에서 수많은 사람과 공유할 수 있게 되었다. 온라인 공동체에 사례를 공유하는 데에는 별도의 기술적 전문성이나 공식적인 권위가 필요하지 않으며, 따라서 초등학생부터 전문가에 이르는 다양한 사람들이 사례를 자유롭게 공유하고 논의할 수 있다. 웹 2.0 도구와 다양한 SNS를 통해 기존의 물리적 · 관습적 제약을 넘어 학습 공동체가 확장될 수 있으며, 다양한 상호작용과 협력 기회를 통해 풍부하고 의미 있는 학습 기회를 제공할 수 있다.

특히 위키는 학습자들이 온라인상에서 손쉽게 사례를 공유하고, 이를 바탕으로 공동으로 지식을 구축할 수 있는 플랫폼으로서 각광받고 있다. 위키는 참여자가 내용을 자유롭게 추가하거나 편집할 수 있는 웹사이트용 오픈 소스 서버 소프트웨어로, 학습자들은 별도의 승인 절차 없이 공동의 페이지에 사례를 공유하고 이에 대해 논의할 수 있다. 또한 위키에서는 이전에 편집된 내용과 사이트의 과거 형태를 확인하고 복원할 수 있는 기능을 제공하며, 이는 다양한 사례를 보관하는 데이터베이스의 역할을 담당하기에 적합하다. Lau 등(2017)은 초등학생들을 대상으로 한 탐구 기반 과학 프로젝트 활동에 위키를 사용하였다. 학생들은 위키를 통해 주제에 대한 마인드맵을 공유하고, 에너지 변환을 적용한 사진, 비디오, 웹사이트 등의 사례를 찾아 공유했으며, 이를 바탕으로 문제해결을 위한 그룹별 디자인 활동을 수행했다. 학생들은 위키 기반 학습 플랫폼의 편리성과 기록 저장 기능을 긍정적으로 인식했으며, 위키를 통한 사례 공유가 온라인뿐만 아니라 오프라인에서의 상호작용 또한 촉진한 것으로 드러났다. 그리고 위키를 통한 사례 공유를 통해 인터넷 검색 기술, 협력 기술, 비판적 탐구 기술 등 다양한 능력의 향상이 이루어졌음이 확인되었다.

위키 이외에도 다양한 웹사이트들이 사례를 공유하고 논의하는 데 사용될 수 있다. 인디스쿨(http://www.indischool.com)은 우리나라 초등학교 교사들을 위한 비영리 단체로서, 20만 명이 넘는 교사들이 참여하고 있는 온라인 공동체이다. 교사들은 온라인 게시판을 통해 익명으로 사례를 공유하며, 각각의 사례는 수업 중에 있었던 사건에 대한 묘사와 그에 대한 교사의 대처, 교사의 성찰 등을 포함하고 있다. 때로는 교수학습장면과 관련된 생생한 이해를 돕기 위해 관련된 영상이나 사진이 첨부된 사례가 공유되기도 한다. 또한 인디스쿨은 비슷한 관심사를 가진 교사들이 사례나 아이디어, 자료들을 쉽게 공유할 수 있도록 별도의 온라인 공간을 제공하고 있다. 공유된 사례들은 경험이 부족한 초보 교사들이 효과적인 교수학습에 대해 학습하고 성찰하는 기회를 제공할 뿐만 아니라, 교사들이 각 사례가 의미하는 바에 대해 논의하고 협력적으로 해결책을 탐구할 수 있는 기회를 제공한다.

이처럼 사례를 인터넷을 통해 쉽게 공유할 수 있게 되었지만, 많은 사례에 접근할 수 있다고 해서 유추가 효과적으로 이루어진다고 장담하기는 어렵다. 효과적인 유추를 위해서는 사례를 통해 문제해결에 필요한 원리를 학습하거나 새로운 문제에 적용할 수 있도록 안내하는 것이 필요하다. 예컨대, 학습자가 여러 개의 문제해결 사례를 비교하고 분석하여 공통된 원리를 도출해 내도록 함으로써 유추 전이를 촉진할 수 있다(Gentner, Loewenstein, & Thompson, 2003). 하나의 사례만 분석할 경우 그 사례에 적용된 일반적인 원리가 다른 맥락의 문제 상황에 적용될 것이라고 생각하기 어려운데, 둘 이상의 사례를 비교하면 맥락이 다르더라도 문제의 구조가 유사하다면 동일한 원리가 적용될 수 있다는 것을 학습할 수 있다. 많은 학습자가 문제의 구조적인 특성보다는 표면적인 특성에 따라서 문제를 분류하는 경향이 있는데(Chi, Feltovich, & Glaser, 1981), 서로 다른 사례를 비교해서 공통된 원리를 찾게 하면 문제의 구조적 특성에 더 많은 주의를 기울일 수 있고, 그 결과 유추 전이가 효과적으로 이루어질 수 있다.

그리고 사례 분석을 위해 전통적으로 텍스트 형태의 사례가 많이 활용되고 있지만, 최근에는 문제해결 장면을 더 생생하게 제공하기 위해 동영상과 같은 멀티미디어 자료를 사용하는 경우가 증가하고 있다. 예컨대, 학습자 중심의 교육경험이 부족한 예비교사들을 위해 교육경력이 많은 교사의 학습자 중심 수업장면을 동영상으로 보여 주고 그 특성을 분석한 다음, 의문이 드는 점에 대해 토론하도록 할 수 있다(Cho & Huang, 2014). 동영상은 말로 표현하기 어려운 교사와 학생 간의 상호작용 장면을 보여 줄 수 있으며, 교실 안에서 이루어지는 여러 가지 활동을 구체적인 맥락과 함께 제시해 준다는 장점을 가진다. 그렇기 때문에 예비교사들은 동영상 사례를 분석함으로써 학습한 내용을 그와 유사한 교실 상황에 효과적으로 적용할 수 있다.

동영상 사례를 분석할 때 여러 명의 학생들이 협력을 한다면 혼자서 분석을 할 때보다 더 다양한 측면에서 사례를 체계적으로 분석할 수 있다는 장점이 있다. 최근에는 협력적으로 동영상 사례에 주석을 달 수 있는 도구들이 개발되고 있다. 예컨대, [그림 11-5]에 제시되어 있는 CoVAA(Collaborative Video Annotation and learning Analytics)를 사용하면 여러 명의 학습자가 온라인에서 동영상을 보다가 중요한 부분에 멈춰서 주석을 달 수 있다(Tan et al., 2018). 한 학생이 남긴 주석은 다른 학생들과 자동으로 공유되며, 이는 여러 명의 학생들이 하나의 동영상 사례를 공동으로 분석하는 것을 효과적으로 지원한다. 주석은 동영상 아래에 있는 타임라인에 표시되며 주석을 선택하면 해당 내용을 읽을 수 있을 뿐만 아니라 그와 관련된 동영상 내용을 재생할 수 있다. 그리고 학생들이 동영상 사례에 대해서 토론을 할 수 있도록 오른쪽 창에는 온라인 토론 게시판이 함께 제공된다. 이를 통해 학생들이 다른 학생의 주석에 코멘트를 달거나 토론 게시판에서 서로 의견을 공유함으로써 동영상 사례와 관련된 지식과 기술을 협력적으로 학습할 수 있다.

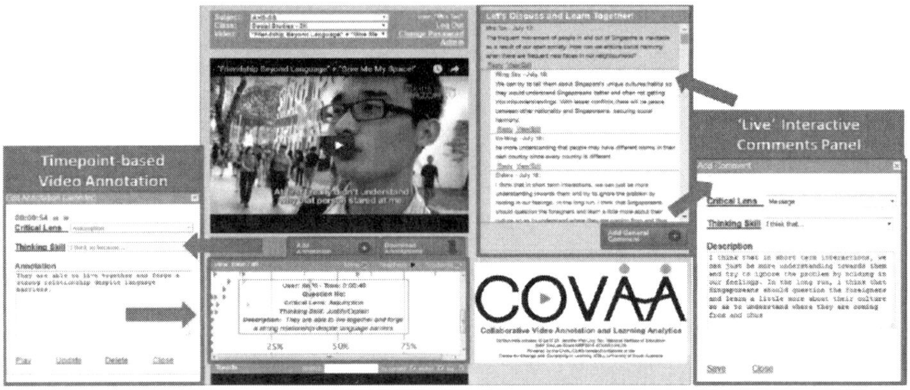

[그림 11-5] 협력적 동영상 분석 소프트웨어(Tan et al., 2018)

CoVAA 이외에도 동영상 사례 분석을 돕기 위한 다양한 소프트웨어가 개발되고 있으며, 학습자들이 동영상을 편집하거나 주석을 달 수 있는 소프트웨어를 사용할 경우 동영상 재생 기능만 있는 소프트웨어를 사용할 때보다 동영상의 내용을 더 깊이 있게 이해하고, 학습자 간의 상호작용이 더 효율적으로 이루어질 수 있다(Zahn et al., 2010). 단순히 동영상 사례만 제공할 경우 학생들이 수동적으로 동영상을 바라볼 수 있는 데 반해서 동영상 분석 도구를 제공하면 보다 능동적으로 동영상에 나오는 장면을 분석하고 다른 학생들과 의견을 공유할 수 있다. 또한 동영상 사례에 주석을 달면, 학교 밖에서 새로운 문제에 직면했을 때 과거에 학습한 동영상 사례를 효과적으로 인출하는 데 도움이 된다. 사례 기반 추론 이론에 따르면, 사람들은 사례를 기억할 때 새로운 문제 상황에서 과거에 학습한 사례를 쉽게 인출할 수 있도록 색인(index)을 붙인다(Kolodner, 1997). 동영상 사례에 주석을 다는 것은 사례를 기억할 때 색인을 붙이는 것과 유사하며, 학생들이 동영상 사례에 주석을 달 때 사례 속에 나오는 문제와 해결안의 구조적 특성을 잘 파악할 수 있도록 교사의 지원이 필요하다. 예컨대, 교사는 학생들이 동영상의 주요 장면에 주의를 기울이도록 안내 질문을 제공하고, 교사가 제공한 범주를 이용하여 동영상 사례를 분석하도록 하며, 학생들이 분석한 주석의 내용에 대해 피드백을 줄 수 있다(Colasante & Douglas, 2016). 그리고 동영상 사례를 분석한 다음에 역할놀이를 통해 학습한 내용을 실제적인 맥락에 적용해 보도록 하는 것도 효과적인 학습과 유추 전이에 도움이 될 것이다.

5. 테크놀로지와 함께하는 모델링

최근 홀로그램과 같은 기술의 발전으로 학생들에게 실물과 매우 유사한 3차원의 모형을 생생하게 제시할 수 있다. 홀로그램은 3차원 영상으로 된 입체 사진으로서 학생들이 직접 관찰하기 어려운 자연현상이나 역사적인 사건을 가상세계와 실세계의 결합을 통해 생동감 있게 보여 줄 수 있다. 예컨대, [그림 11-6]에 제시된 것처럼 인간의 신체 모형을 홀로그램으로 만들고, 학생들이 제스처를 이용하여 3차원 공간에서 신체 부위를 자유롭게 이동하고, 회전하고, 절단하고, 확대 및 축소할 수 있다면 학생들의 흥미를 유발할 뿐만 아니라 신체의 구조와 기능에 대해서 더 잘 이해할 수 있을 것이다.

홀로그램처럼 교사가 제공하는 3차원 모형은 지식을 획득하는 데 효과적일 수 있으나, 학생이 자신의 정신모형을 외적으로 표현하는 데는 많은 제한점을 가진다. 학생이 스스로 자신의 생각을 나타내는 모형을 만들고, 수정하는 것이 유의미 학습

[그림 11-6] 홀로그램을 이용한 심장 모형(https://www.youtube.com/watch?v=7idyNIvVCis)

에 더 효과적일 수 있다. 이러한 목적에서 개념지도(concept map)는 학생이 자신의 지식을 시각적으로 표현하는 데 유용하게 활용될 수 있다(이 책의 5장 참고). [그림 11-7]에서 볼 수 있는 것처럼, 개념지도는 개념을 나타내는 노드(node)와 개념들 간의 관계를 나타내는 링크(link)로 구성되며, 그물망처럼 여러 개의 개념들이 서로 밀접하게 연결되어 있다. 서술적 지식 혹은 기억이 개념지도처럼 의미 연결망으로 구성되어 있기 때문에 학생들이 개념지도를 만드는 과정에서 자신이 알고 있는 것과 모르고 있는 것을 명료하게 알 수 있으며, 개념지도를 수정하고 정교화함으로써 지식을 발전시켜 나갈 수 있다.

필기도구와 종이만 있다면 누구나 손쉽게 개념지도를 작성할 수 있지만, 최근에 개발된 개념지도 소프트웨어는 학생들이 자신의 개념지도가 어떻게 변화했는지를 성찰하고, 인터넷을 통해 다른 학생들과 개념지도를 공동으로 작성할 수 있도록 돕는다. 또한 소프트웨어를 사용할 경우 공간의 제약 없이 개념지도를 확장할 수 있으며, 이미지나 웹페이지와 같은 관련 자료를 개념지도 안에 포함시킬 수 있고, 서로 다른 개념지도의 노드와 링크를 자동으로 비교할 수 있기 때문에 학생들의 개념지

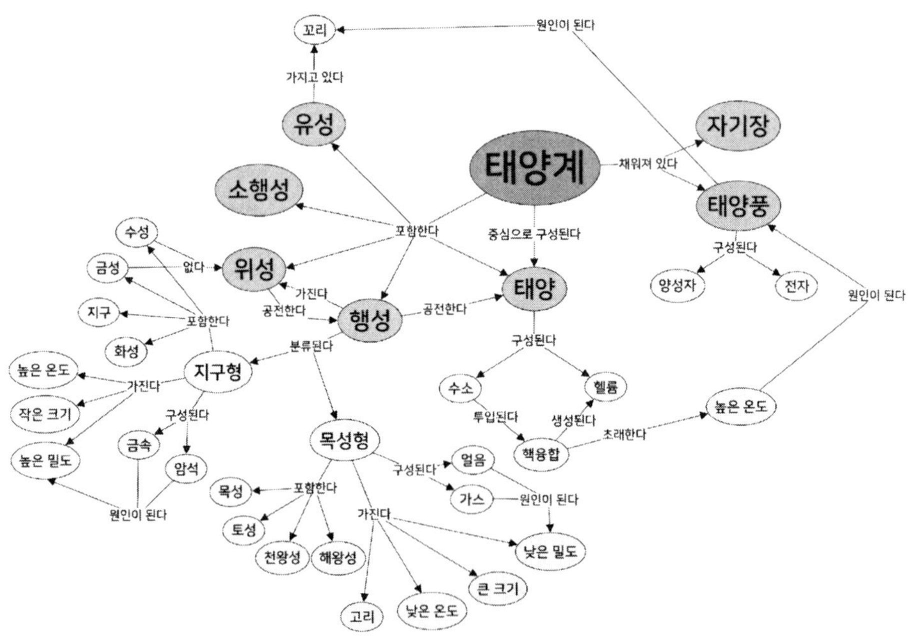

[그림 11-7] CmapTools를 사용해 작성된 개념지도 예시(https://cmap.ihmc.us)

도가 교사의 개념지도와 얼마나 유사한지를 쉽게 파악할 수 있다. 이러한 기능은 개념지도를 학습과 문제해결을 위해 더 효과적으로 사용할 수 있도록 도와준다.

Liu(2011)는 Inspiration(http://www.inspiration.com)이라는 소프트웨어를 이용하여 학생들이 글을 쓰기 전에 개념지도로 글의 개요를 작성하도록 하였다. 학생들은 먼저 개념지도의 주제 혹은 제목을 정하고, 주제와 관련된 아이디어를 생각하고, 글의 중심 아이디어와 관련된 단어와 구를 선택해서 노드를 만들고, 이 노드를 주제와 연결시키고, 글쓰기를 위한 충분한 아이디어와 정보가 모일 때까지 각 하위 주제에 관한 노드와 링크를 반복적으로 만들었다. 이렇게 만들어진 개념지도를 이용하여 글을 작성하였으며, 교사는 학생들이 글을 쓸 때 수시로 개념지도를 참고하도록 하였다. 이렇게 글을 작성하기 전에 개념지도를 작성하는 경우 글쓰기 점수가 유의미하게 향상되었다. 그리고 Cho 등(2014)은 예비교사를 대상으로 CmapTools(https://cmap.ihmc.us)라는 소프트웨어를 이용하여 수업지도안을 작성하기 전에 협력적으로 개념지도를 만들도록 하였다. 예비교사들은 먼저 개별적으로 수업 시간에 어떤 활동을 할 것인지에 관한 개념지도를 만들고, 소그룹에서 각 구성원의 개념지도에 대한 설명을 듣고 개념지도들을 서로 비교한 다음, 협력적으로 그룹의 개념지도를 만들었다. 이 과정에서 개념지도의 노드와 링크에 대한 의미 협상과 서로 다른 개념지도를 통합하기 위한 토론이 이루어졌다. 협력적으로 개념지도를 만드는 활동은 교수설계에 대한 깊이 있는 이해를 도왔으며, 수업지도안의 질을 향상시키는 데 기여하였다.

이러한 연구들은 컴퓨터를 이용하여 개념지도를 만드는 활동이 학습에 효과적이라는 것을 보여 준다. 만약 교사가 학생들이 작성한 개념지도에 적응적으로 피드백을 주고 수정할 시간을 충분히 준다면, 개념지도 작성의 효과가 더 향상될 수 있다. 교사는 개념지도의 특정 노드와 링크에 관한 피드백뿐만 아니라 개념지도의 전체적인 구조와 서로 다른 주제 혹은 하위 주제를 연결하는 크로스 링크(cross-link)에 대한 피드백을 줄 필요가 있다. 크로스 링크는 서로 다른 영역의 지식들을 서로 연결함으로써 관련이 없어 보이는 지식을 통합적으로 이해하고 창의적인 사고를 하는 데 도움이 된다. 예컨대, 가방과 수레바퀴처럼 전혀 관련이 없어 보이는 개념을 서로 연결함으로써 바퀴가 달린 가방이라는 창의적 제품을 만들 수 있었다.

다양한 문제를 해결할 때 모델링이 유용하게 활용될 수 있지만, 특히 디자인 문제를 해결하는 데 모델링이 중요한 역할을 한다. 새로운 집을 건설하거나 상품을 개발하기 전에 최종 산출물의 핵심적인 특성을 가지고 모형을 만들고 고객의 의견을 물어보는 경우가 자주 있다. 디자인 문제는 정답이 존재하지 않기 때문에 고객이나 사용자가 만족하는 산출물을 만들기 위해서 모형 혹은 프로토타입(prototype)을 만들어서 사용성을 평가하고 다양한 관점에서 피드백을 받는 것이 중요하다.

디자인 문제를 해결할 때 학생들은 3차원 디자인 도구와 3D 프린터를 유용하게 활용할 수 있다. 학생들이 디자인 과제를 수행할 때 겪는 가장 큰 어려움 중 하나는 자신의 아이디어를 동료들과 공유하고 검토할 수 있도록 시각화하는 그래픽 리터러시가 부족하다는 점이다(Howland, Jonassen, & Marra, 2012). 특히 점과 선으로 표현되는 2차원 대상과 달리, 입체감을 고려할 필요가 있는 3차원 대상을 적절히 시각화하는 것은 매우 어려운 일이다. 구글의 SketchUp(https://www.sketchup.com)과 같은 3차원 디자인 소프트웨어는 사용자가 2차원의 도형에서 시작하여 직관적인 방식으로 3차원의 물체를 시각화하고 공유할 수 있도록 돕는다. 학생들은 SketchUp에서 자신이 생각한 사물을 창의적으로 디자인할 뿐만 아니라, 그 결과물을 동료 학습자들과 공유하고 논의를 통해 디자인을 지속적으로 개선해 갈 수 있다. 3D 프린터는 학생들의 아이디어가 단지 도면이나 화면 속 가상의 물체에 국한되지 않고, 현실 세계에 구현되고 작동되도록 함으로써 학생들이 실제 테스트를 통해 추가적인 개선 사항을 발견할 수 있도록 돕는다. 특히 최근 보편화되고 있는 오픈소스 기반의 소프트웨어와 저비용 3D 프린터는 비교적 적은 비용으로 짧은 시간 안에 디자인 산출물을 생산하는 것을 가능하게 하며, 이는 학생들이 다양한 형태의 디자인을 실험할 수 있는 환경을 제공한다. 이를 통해 학생들은 실제적인 디자인 문제해결 과정에 참여할 뿐만 아니라, 여러 현실적 제약 조건 속에서 효과적으로 산출물을 개발하기 위해 고민하는 과정에서 창의적인 사고를 기를 수 있다(Sawyer, 2017).

Kostakis 등(2015)은 고등학생들을 대상으로 3D 프린터를 활용하여 시각장애 학생을 위한 도구를 개발하는 디자인 수업을 진행하였다. 학생들은 웹 브라우저 기반의 오픈소스 소프트웨어를 이용하여 그룹별로 시각장애 학생이 사용할 수 있는 도구들을 설계하고 개발하는 작업을 수행하였다. 그 결과, [그림 11-8]에 제시된 것처럼 점자가 새겨진 물 분자 모형, 모래 대신 소리가 나는 물체를 활용한 모래시계, 점자를 이용한 게임 도구 등 다양한 산출물이 개발되었다. 학생들은 디자인 활동에 매

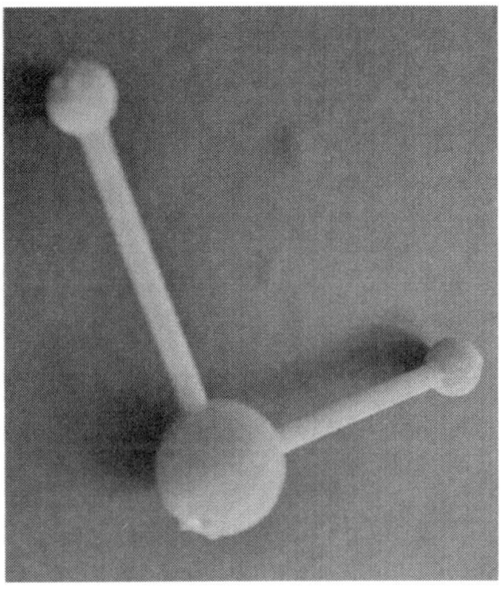

[그림 11-8] 3D 프린터로 제작된 시각장애 학생을 위한 도구(Kostakis et al., 2015, p. 123)

우 적극적으로 참여했을 뿐만 아니라, 다양한 창의적 아이디어를 제안하고 높은 수준의 디자인 산출물을 만들었다. 그리고 최형신과 유미리(2015)는 3D 모델링 소프트웨어인 TinkerCAD(https://www.tinkercad.com)를 활용하여 3D 프린터를 활용한 창의적 디자인 수업을 설계하고 실행하였다. 학생들은 상상하기-만들기-실험하기-공유하기-성찰하기로 구성된 반복적 디자인 절차에 따라 자신의 집을 디자인하는 활동을 수행하였다. 학생들은 3D 프린터를 활용한 디자인 활동에 높은 흥미를 보였으며, 상상력과 창의력이 증진되는 느낌을 받았다고 응답했다. 이와 같이 3D 프린터는 학생들의 창의적 사고를 촉진하고 문제해결력을 기르는 데 효과적으로 활용될 수 있다.

6. 테크놀로지와 함께하는 인과추론

무엇이 원인인지 혹은 결과인지를 추론하기 위해서는 데이터로부터 변인들 간의 양적인 관계를 분석하는 것과 어떻게 혹은 왜 그러한 관계가 나타났는지에 대한 질적인 설명이 필요하다. 그런 이유에서 과학 교과에서는 자연현상에 대한 인과관계를 탐구하기 위한 실험을 중요시하며, 학생들이 실험 전에 결과를 예측하고 실험 후에 관찰한 내용을 설명하도록 한다. 그런데 학생들이 사용할 수 있는 실험실 도구와 시간이 제한되어 있기 때문에 많은 학생이 실험을 통해 반복적으로 가설을 검증하고 인과추론을 하는 것이 현실적으로 어렵다. 이러한 한계를 극복하기 위해서 컴퓨터 시뮬레이션을 인과추론을 위해 활용하는 것이 효과적이다. 시뮬레이션은 실제적인 상황이나 과정을 모방한 것으로서 학생들이 변인을 조작하면, 그에 따라 서로 다른 결과를 보여 준다.

특히 시뮬레이션은 실제 실험실 환경이나 일상생활에서 관찰하기 어려운 현상에 대한 관찰 및 실험을 돕는다는 점에서 매우 유용하다(de Jong, Linn, & Zacharia, 2013). 현실에서 빛의 움직임이나 천체의 운동과 같은 현상을 직접적으로 관찰하는 것은 불가능하거나 무척 어렵다. 시뮬레이션은 복잡한 도구나 절차 없이도 다양한 현상에 대한 관찰과 실험이 가능하기 때문에 실험에 걸리는 비용과 시간을 절약할 뿐만 아니라, 현상의 비가시적인 부분을 가시화함으로써 학생들이 현상에 대한 적절한 정신모형을 구축하고 변인들 간의 관계를 이해하는 데 효과적이다.

웹기반 3차원 그래픽 도구인 Java3D(http://www.oracle.com/technetwork/java/javase)를 활용하여 개발된 OptiLab(Hatzikraniotis et al., 2007)의 경우, 육안으로 관찰이 불가능한 광선을 그래픽을 통해 나타냄으로써 학생들이 빛의 성질을 쉽게 이해할 수 있도록 돕는다. 가상환경 내에서 학생들은 간단한 조작을 통해 물체와 도구들을 움직이고 실험을 수행할 수 있으며, 시점 전환을 통해 다양한 각도에서 실험을 관찰할 수 있다. 실험 결과는 [그림 11-9]와 같이 가상환경 내의 디스플레이로 제시되거나 별도의 그래프로 나타나며, 이를 통해 학생들은 실험 결과에 대한 구체적 관찰과 개념적 해석을 동시에 진행할 수 있다. Olympiou 등(2013)은 Optilab을 활용하여 학생들에게 빛과 색깔을 주제로 한 탐구 수업을 진행했다. 그 결과, 시뮬레이션이 추상적 대상의 외현화를 통해 사전지식 수준이 낮은 학생들의 개념적 이해 향상에 도움을 주는 것으로 나타났으며, 특히 다루는 현상이 복잡할수록 더 큰 효과를 보이는 것으로 나타났다. 최근에는 별도의 소프트웨어 설치 없이 웹상에서 시뮬레이션을 수행할 수 있는 온라인 실험실(online laboratory)이 개발되어 시뮬레이션에 대한 교사와 학생들의 접근성을 높이고 있다. 유럽연합에서 개발한 온라인 실험 플랫폼 Go-Lab(http://www.go-lab-project.eu)은 과학 학습에 사용될 수 있는 500여 가지의 시뮬레이션과 온라인 학습 설계 도구를 제공한다. 이를 통해 교사는 동영상과 텍스트를 통한 내용전달, 시뮬레이션을 통한 실험, 학습한 내용에 대한 성찰을 체계적으로 결합한 온라인 탐구학습을 설계할 수 있으며, 복잡한 인과관계에 대한 학생들의 이해를 효과적으로 촉진할 수 있다.

또한 학생들은 직접 시뮬레이션을 만드는 것을 통해서도 많은 것을 배울 수 있다. 학생들은 직접 시뮬레이션을 만들면서 자신의 정신모형을 점검하고, 현상에 대한 이해를 심화시키며, 이론적 지식을 실제적으로 적용할 수 있다. STELLA(https://www.iseesystems.com)는 사용자들이 직접 시뮬레이션을 구성할 수 있는 소프트웨어로, 학습자들은 시뮬레이션을 구성하는 과정을 통해 시스템에 대한 전체적인 이해를 획득할 수 있다. Korfiatis 등(1999)은 생물학 전공 대학생들을 대상으로 한 강좌에서 STELLA를 활용한 시뮬레이션 구성 활동을 중심으로 수업을 시행한 후 수업의 효과성을 분석하였다. 학생들은 STELLA를 이용하여 생물의 개체 수 변화와 관련된 모형을 설정하고, 모형을 구성하는 변인들의 값을 변화시키며 시스템의 변화와 관련된 메커니즘을 탐색하였다. 그 결과, 전통적인 교수 방법으로 학습한 경우에 비해 개체 수 변화 모형에 대한 수학적 이해가 증가한 것으로 나타났다.

그렇지만 시뮬레이션은 교사나 교수설계자가 제공하는 데이터와 알고리즘에 의존한다는 제한점이 있다. 최근에는 사물인터넷(Internet of Things: IoT)과 센서 기술

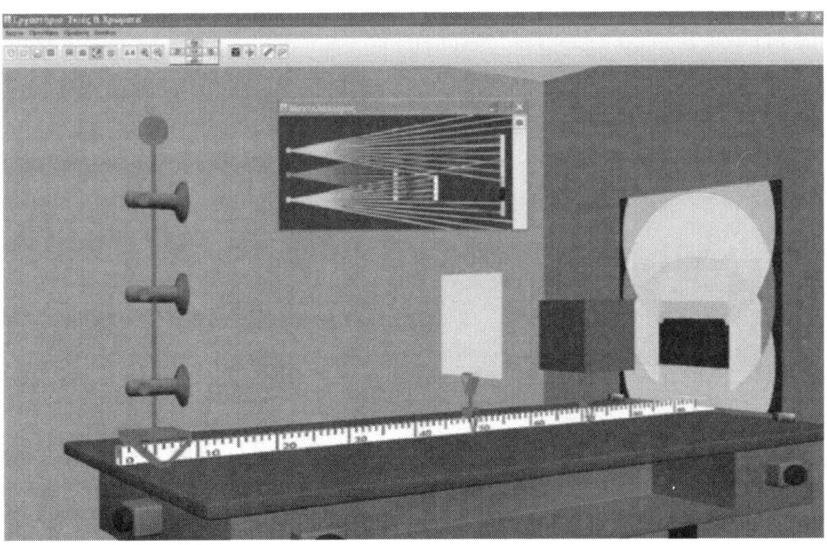

[그림 11-9] 시뮬레이션을 통한 광선 실험(Olympiou et al., 2013, p. 584)

이 발달하면서 학생들이 직접 자신의 생활 주변에서 자료를 수집하고 분석할 수 있는 기회가 증가하였다. 사물인터넷은 정보통신기술을 이용해서 사람과 사물, 사물과 사물을 서로 연결하고 상호 소통하도록 하는 지능형 인프라와 서비스 기술을 의미한다. 사물인터넷 기술을 이용하면 학교나 가정에서 쉽게 찾아볼 수 있는 칠판, 책상, 전등, 텔레비전 등의 사물에 센서, 액추에이터(actuator), 마이크로프로세서, 통신 모듈을 부착함으로써 사물들을 인터넷에 연결하고 교사와 학생들의 요구를 고려한 맞춤형 서비스를 제공할 수 있다. 아직은 사물인터넷을 학교에 적용한 사례가 적으나, 가정, 공장, 농장 등에 적용한 사례는 다수 있다. 예컨대, 사물인터넷을 활용하면, 농장에서 온도, 습도, 이산화탄소 등에 관한 데이터를 센서를 통해 수집하고 분석하여 자동으로 농작물에 물을 주고, 농약을 뿌리고, 온실 창문을 개폐하는 것과 같은 필요한 조치를 취하고 그 결과를 농장주의 스마트폰으로 전달할 수 있다. 이러한 사물인터넷 기술을 인과추론을 위한 교육에 적용한다면, 학교나 일상생활 속에서 온도, 습도, 무게, 거리 등의 자료를 센서를 통해 수집하고 그 변화를 시각화하여 학생들의 스마트 기기로 전달함으로써 자료의 변화에 관한 인과추론을 도울 수 있다(손미현, 조영환, 정대홍, 2018).

해외에서는 센서 기술을 이용하여 학생들이 생활 주변에서 직접 자료를 수집하고 인과추론을 통해 과학적인 판단을 내리도록 돕는 활동이 시도되고 있다. 예컨대, 미국의 North East Water Resource Network(NEWRnet)에서는 중학생들이 실제 과학자들이 사용하는 센서를 이용하여 빗물이 강으로 흘러 들어가는 과정에서 어떤 일이 발생하는지 학습할 수 있는 기회를 제공하였다. 학생들은 캠퍼스 옆에 있는 호수에서 센서를 사용해서 pH, 용존산소량, 온도 등의 수질에 관한 자료를 측정하고, 학교에서 호수로 빗물이 흘러 들어가면 수질에 어떤 변화가 생기는지를 조사하기 위해 실제 도로에 소금물을 뿌리고 그 물이 호수로 흘러 들어가게 한 다음, 수질의 변화를 관찰하였다. 그리고 Zuiker와 Wright(2015)는 일상생활 속에서 초등학생들이 과학을 탐구할 수 있도록 센서를 이용한 정원 가꾸기 프로젝트를 하였다. 네 개의 센서는 햇빛 노출, 땅의 온도, 토양 수분, 토양 비옥도에 관한 자료를 자동으로 측정하여 학생들의 모바일 기기와 웹사이트에 그래프 형태로 자료를 제공하였으며, 센서에서 측정한 값이 특정 기준 이하로 내려가거나 올라갈 경우 학생들이 정원 가꾸기에 필요한 행동을 하도록 메시지를 보냈다. 학생들은 센서를 통해 수집된 자료에 의문을 제기하거나 그 원인에 대해서 토론을 하고 정원 가꾸기 계획을 자료에 기반을 두고 수정하였다. 예컨대, 정원에 물을 주면 일시적으로 토양의 수분을 나타내는 그래프가 뾰족하게 상승하지만 얼마 지나지 않아 다시 낮은 수준의 일직선으로 변하는데, 학생들은 이 그래프로부터 물이 증발하는 현상을 발견하고 그 원인이 지역의 사막기후와 관련이 있다는 것을 추론하였으며, 그에 따라 정원에 물을 주는 횟수를 증가시켰다.

이러한 사례에서 알 수 있듯이, 센서를 중심으로 한 사물인터넷 기술을 활용하면 학생들이 실제적인 맥락에서 자료를 수집하고 그래프를 분석하면서 인과추론을 하고 스스로 가설을 만들 수 있다. 최근에는 PocketLab(http://www.thepocketlab.com)처럼 한 손에 들어갈 만큼 작고 휴대하기 쉬우면서 일상생활 속에서 다양한 자료를 수집하여 저장하고 분석할 수 있는 도구들이 개발되고 있다는 점에서 인과추론을 통한 학습의 기회가 크게 확대되고 있다. 또한 일상생활 속에서 개인적으로 수집한 자료를 인터넷을 통해 다양한 사람과 공유하고 공동의 주제에 대해서 함께 탐구하는 시민과학(citizen science) 플랫폼이 등장하고 있다. 예컨대, Smart Citizen 플랫폼(https://smartcitizen.me)에서는 일반인들이 자신이 살고 있는 도시의 소음, 공해, 습도 등에 관한 정보를 센서로 수집하여 위치 정보와 함께 인터넷에서 공유한다. 이렇게 수집된 수많은 정보를 누구든지 온라인 지도 위에서 한눈에 살펴볼 수 있다. 일반인들이 수집한 자료가 지속적으로 축적된다면 어떤 이유에서 특정 지역에서 소음이나 미세먼지가 더 많은지 등에 관한 과학적 탐구를 하고, 그 결과를 주거환경 개선에 활용할 수 있을 것이다. 학생들이 이러한 시민과학 활동에 적극적으로 참여한다면 과학탐구와 인과추론 능력뿐만 아니라 시민의식도 함양할 수 있을 것이다.

7. 테크놀로지와 함께하는 논증

논증은 비구조 문제를 해결하는 데 매우 중요한 역할을 한다. 정답이 정해져 있지 않은 문제의 경우, 어떤 해결안이 더 타당한지 혹은 효과적인지에 대해서 논증을 통해 비판적으로 검토하는 것이 필요하다. 효과적인 논증을 위해서 자신과 다른 의견 혹은 반론을 충분히 고려하는 것이 필요하지만, 많은 학생이 자신이 지지하지 않는 주장에 대해 반박을 하거나 상반되는 주장을 종합하여 새로운 주장을 만드는 데 어려움을 겪는다. Wolfe와 Britt(2008)에 따르면, 대학생들이 논증 글을 작성할 때 50%의 학생들이 자신의 의견과 다른 의견을 논증 글에 전혀 포함시키지 않았다. 그렇기 때문에 비구조 문제에 대한 논증을 지원하기 위해서는 다양한 관점과 이론, 사례를 기반으로 하여 문제를 이해하고 반론을 고려하여 논증을 작성하도록 안내할 필요가 있다.

서로 상반되는 관점을 고려하며 논증을 하기 위해 비선형적으로 다양한 정보에 접근할 수 있는 하이퍼텍스트를 유용하게 활용할 수 있다(Jonassen et al., 2009; Spiro et al., 1991). 하이퍼링크로 연결된 웹페이지를 학생들이 자유롭게 옮겨 다니면서 다양한 문제와 이론을 학습하고 서로 연관시키면서 보다 유연한 형태로 지식을 획득함으로써 새로운 문제에 직면했을 때 효과적으로 논증을 할 수 있다. 예컨대, Jonassen 등(2009)은 공대 학생들이 윤리적인 딜레마 문제에 대한 논증을 작성하는 것을 지원하기 위해 딜레마 문제에 나오는 이해관계자들의 서로 상반되는 관점과 관련 이론 및 윤리규정을 문제해결을 위해 개발한 웹사이트에서 다수의 하이퍼링크로 제공하였다. 딜레마 문제를 해결할 때는 어느 한쪽을 선택하든지 간에 다른 쪽에서 제기할 수 있는 반론을 충분히 고려하는 것이 필요하기 때문에 다양한 관점, 이론, 자료를 하이퍼링크로 연결하여 웹사이트에서 제공하는 것이 효과적이다.

그리고 학생들이 논증을 하는 과정을 교사가 점검하고 논증에 참여하는 학생이 적거나 논증의 내용이 한쪽으로 편중될 경우에는 적시에 피드백을 제공할 필요가 있다. 이러한 목적으로 온라인에서 수집된 논증에 관한 로그 자료와 텍스트를 분석하고 참여도와 논증 내용에 대한 피드백을 시각화하여 대시보드에서 제공할 수 있다. 조영환, 박현정, 김정연, 석유미, 이신혜(2015)는 대학생들을 대상으로 진행된 온라인 토론활동에서 토론이 종료된 후 개별 학생에게 온라인 토론 참여도, 토론 참여시기, 상호작용 패턴, 토론 글 유형에 대한 시각자료 및 피드백을 제공하고 이에 대해 성찰하도록 했다. 그 결과, 다음 번 토론활동에서 각 영역에 유의미한 향상이 확인되었으며, 피드백의 유용성에 대한 학생들의 인식 역시 긍정적으로 나타났다. 마찬가지로, 해외에서도 학습분석을 이용한 온라인 토론 피드백에 대한 연구가 활발하게 진행되고 있다. Wise 등(2014)은 Starburst라는 토론 플랫폼을 이용하여 학생들이 올린 토론글이 다른 토론글과 어떻게 연결되어 있는지, 다른 학생들로부터 얼마나 많은 관심을 받았는지를 시각화하여 제시하였다. 또한 토론이 종료된 후 개별 학생에게 참여 횟수, 글의 길이 등 참여와 관련된 데이터를 학급 평균과 비교한 결과를 제공했다. 그 결과, 학생들이 보다 분명한 목적을 가지고 토론에 참여하고, 활동에 대한 전략을 수립하며, 다른 학생들의 글을 더 많이 읽었다.

대시보드는 면대면 학습환경에서 실시간으로 학생들에게 피드백을 제공하는 데 활용될 수도 있다. 온라인 협력도구와 연동된 대시보드는 학생들의 활동 상황을 지속적으로 점검하고, 이를 바탕으로 적응적인 피드백을 제공할 수 있다는 점에서 협력학습을 지원하는 데 효과적이다. 학생들은 학습자 대시보드의 시각자료를 통해 그룹의 활동 상황을 직관적으로 파악할 수 있으며, 피드백을 바탕으로 개선점을 논의하고 그룹의 활동을 조절해 나갈 수 있다. 또한 교사는 교수자 대시보드를 통해 학급 전체의 활동 상황 및 문제점을 한눈에 파악하는 것은 물론, 도움이 필요한 그룹을 찾아 필요한 도움을 적시에 제공할 수 있다. van Leeuwen 등(2015)은 협력 상황에서 교사의 적응적 지원을 촉진하기 위해 학습분석을 활용한 실시간 대시보드를 제공하였다. 대시보드는 학생들이 특정 개념을 얼마나 자주 언급하는지, 활동량이 얼마나 되는지를 시각화하여 제시하였으며, 이는 문제 상황에 대한 교수자의 개입을 유의미하게 증가시키는 것으로 나타났다. 특히 교사가 학생 모두에게 주의를 기울이기 어려운 대단위 수업에서 대시보드가 효과적으로 활용될 수 있다.

대시보드를 통해 제공되는 피드백은 많은 경우 논증에 관한 양적인 정보를 제공하는 데는 효과적이지만 논증의 질적인 특성을 분석하는 데 한계를 가지고 있다. 질적인 특성을 분석하기 위해서는 교사가 논증의 내용을 유형별로 분류하고 그 수준을 평가해야 하는데, 이러한 분석을 하는 데 많은 시간과 노력이 소요된다. 이러한 제한점을 극복하기 위해서 최근에는 인공지능을 이용하여 자동으로 논증 글을 분석하는 시스템을 개발하려는 노력이 이루어지고 있다.

Rosé 등(2008)은 머신러닝 기반의 텍스트 분류 소프트웨어인 TagHelper를 활용하여 컴퓨터 기반 협력학습에서의 온라인 토론 데이터를 자동으로 분석하는 작업을 시도하였다. 분석은 연구자들이 사전에 의미 단위로 분절한 토론 데이터를 시스템이 정해진 코딩스킴에 따라 분류하는 방식으로 진행되었다. 코딩스킴은 토론 과정에서 생성된 데이터를 인지적 차원, 사회적 차원, 구조적 차원 등 다양한 차원에서 분석할 수 있도록 설계되었다. 분석에는 기본적인 머신러닝 알고리즘 이외에 각각의 텍스트가 가진 특성들(텍스트의 위치, 텍스트의 구조)이 추가적으로 활용되었다. 시스템의 분류 결과를 연구자들의 분류 결과와 대조한 결과, 약 60~70%의 일치도가 산출되었다. 비록 인공지능을 통한 텍스트 분석이 타당도, 신뢰도, 효율성 측면에서 개선되어야 할 점이 있지만, 자동화된 분석 기술의 발달은 온·오프라인 환경에서의 협력 과정을 실시간으로 분석하고 교사 및 학생에 대한 적응적 지원을 제공하는 데 기여할 것으로 기대된다.

8. 결론

첨단 테크놀로지의 등장은 인간의 삶을 많은 부분에서 변화시키고 있다. 학교 교육에 있어서도 정보통신기기의 발달로 인해 교육내용과 교육방법 및 평가에 있어서 상당한 변화가 일어날 것으로 기대된다. 예컨대, 인공지능의 발달로 가까운 미래에 학생 개개인의 관심과 요구를 고려한 맞춤형 교육이 실현될 수 있을 것이다. 그렇지만 다른 한편으로는 새로운 테크놀로지의 등장에도 불구하고 입시제도와 교사 및 학생의 인식이 변하지 않는 이상 학교 교육의 변화는 미미할 것이라는 회의적인 관점도 있다. 예컨대, 사회적으로 모바일 기기의 보급률은 매우 높은 데 반해서, 학교에서 모바일 기기를 교육목적으로 사용하는 비율은 낮은 편이다. 초등학교 고학년을 대상으로 한 설문조사에서 많은 학생이 스마트폰과 태블릿 PC를 문자 메시지를 주고받거나 의사소통의 목적으로 활용하지만, 정보를 검색하거나 교육목적으로 활용하는 경우는 매우 드물었다(Suk, Cho, & Jeong, 2017). 국제 학업성취도 평가인 PISA의 설문조사 결과에서도 우리나라는 다른 OECD 국가들에 비해서 정보통신기기를 학교 교육에 활용하는 빈도가 매우 낮은 것으로 나타났다.

첨단 테크놀로지의 교육적 활용에 대한 회의적인 시각과 관련하여 과거 새로운 테크놀로지가 등장할 때마다 교육의 혁신이 이야기되었지만, 학교에서 가르치고 배우는 활동에는 질적인 변화가 일어나지 않은 것에 대한 성찰이 필요하다. 이러한 성찰을 토대로 첨단 테크놀로지를 유의미 학습을 위해 활용하고자 할 때 이 장에서 소개한 여러 연구와 사례가 유용하게 활용될 수 있을 것이다. 이 장에서는 Jonassen(2013)이 제시한 학습의 기본 원리에 기반하여 테크놀로지가 어떻게 문제해결, 유추, 모델링, 인과추론, 논증과 같은 학습활동을 증진시킬 수 있는지를 구체적인 사례와 함께 살펴보았다. 이 장에서 논의된 다양한 테크놀로지 기반 학습 혹은 수업이 우리나라 교육을 실질적으로 변화시키도록 하기 위한 체계적인 연구와 실천이 필요하다.

첫째, 교육과 테크놀로지에 관한 인식이 변할 필요가 있다. 지금까지 학교 교육에서는 교사가 교과서에 있는 지식을 잘 조직하여 학생들에게 효과적으로 전달하고 교사의 의도대로 학습이 이루어졌는지를 확인하는 데 많은 관심을 가졌고, 테크놀로지를 지식 전달의 수단으로 인식하는 경우가 많았다. 그러나 구성주의에 따르면, 학습자는 새로운 지식을 그대로 받아들이는 것이 아니라 사전지식과 경험을 바탕으로 자신에게 유의미한 방식으로 해석하고 지식을 스스로 구성한다. 똑같은 교사의 설명을 듣고도 학생들마다 그 해석이 다르고 학습의 정도에 차이가 나는 것은 교사의 설명을 잘못 수용해서가 아니라 학생들이 서로 다른 방식으로 지식을 구성하기 때문이다. 그렇기 때문에 교육의 초점이 '교사가 무엇을 가르치는가?'에서 '학습자가 무엇을 배우는가?'로 이동해야 하며, 테크놀로지 또한 지식의 전달이 아니라 구성적이고 상호작용적인 학습을 촉진하는 도구로 사용될 필요가 있다.

둘째, 교육현장을 중심으로 테크놀로지 기반 학습을 연구할 필요가 있다. Jonassen (2013)이 제시한 학습의 기본 원리는 유의미 학습을 위해 어떤 활동을 중심으로 수업을 설계해야 할 것인지에 대한 방향을 제시한다. 또한 문제해결, 유추, 모델링, 인과추론, 논증 이외에도 자기조절학습과 상호작용처럼 유의미 학습을 위해 필요한 활동들이 있다. 이러한 활동을 촉진하기 위한 학습환경 설계에 대한 연구가 교육현장을 중심으로 체계적으로 이루어질 필요가 있다. 학교 교실이나 온라인 학습환경에서 이루어지는 교수학습활동은 다양한 요소의 영향을 받기 때문에 잘 통제된 실험실에서 도출된 연구 결과를 복잡하고 역동적인 교육 맥락에 적용하기 어려울 수 있다. 그렇기 때문에 교육현장을 중심으로 수업 개선과 이론적 탐구를 병행하는 디자인 기반 연구를 주목할 필요가 있다(DBRC, 2003). 디자인 기반 연구에 따르면, 연구자는 교사와 협력하여 수업을 개선하기 위한 새로운 방법을 개발하고, 교육현장에 체계적으로 적용하고, 그 결과에 따라서 반복적으로 교수학습방법을 수정한다. 이때 개발되는 모형, 프로그램, 소프트웨어 등은 교수학습이론을 기반으로 해야 하며, 다양한 자료를 수집하고 분석함으로써 새로운 처치로 인해 발생하는 학습과정과 결과의 변화를 이론적으로 설명하는 것이 필요하다.

셋째, 첨단 테크놀로지를 교육에 효과적으로 활용할 수 있도록 지원하는 물리적 · 제도적 기반을 구축해야 한다. 생태계적 관점에 따르면, 교실에서 이루어지는 수업은 교사와 학생 간의 상호작용뿐만 아니라 학교, 가정, 사회 등 다양한 층위에 있는 학습환경의 영향을 받는다(조영환, 허선영, 최효선, 김정연, 이현경, 2015). 만약 학교에 무선 인터넷, 컴퓨터, 스마트 기기 등이 갖추어져 있지 않다면, 정보통신기기를 교육목적으로 활용하는 것이 불가능할 것이다. 또한 모든 학교에서 입시 위주 교육을 하고 있다면, 교사가 자발적으로 학습자 중심의 교육을 실시할 가능성이 낮아진다. 이처럼 테크놀로지와 함께하는 유의미 학습을 방해하는 요소를 제거하고 교사와 학습자가 테크놀로지를 적극적으로 활용할 수 있도록 지원하는 것이 필요하다. 해외 선진국과 유럽연합과 같은 국제기구에서는 디지털 역량 혹은 ICT 리터러시를 학생들에게 꼭 필요한 21세기 역량으로 정의하고 관련 정책을 수립하여 실행하고 있다(Voogt & Roblin, 2012). 우리나라 교육과정에서도 디지털 역량 함양을 명시적으로 교육목적에 포함시키고 첨단 테크놀로지를 교육적으로 활용하는 것을 지원하는 정책과 인프라 구축 사업을 실시하는 것이 필요하다.

마지막으로, 테크놀로지를 교육에 효과적으로 활용할 수 있도록 교사의 역량 함양을 위해 노력해야 한다. 교사는 학습과정에 가장 큰 영향을 미치는 사람으로서 교사의 신념과 전문성에 따라서 학생들의 인지적 · 정의적 성장이 크게 달라질 수 있다. 테크놀로지를 효과적으로 교육에 적용하기 위해서 교사는 테크놀로지를 잘 사용할 수 있을 뿐만 아니라 교과내용과 교수학습방법을 테크놀로지와 결합시킬 수 있어야 한다. 이러한 지식을 TPACK(Technological Pedagogical Content Knowledge)이라고 부르며, TPACK에 따라서 교사가 수업에서 테크놀로지를 활용하는 양상이 달라진다(Mishra & Koehler, 2006). 예비교사뿐만 아니라 현직 교사를 위해서도 새롭게 등장하는 테크놀로지를 교수 및 학습을 위해 유용하게 활용할 수 있도록 TPACK 향상을 위한 교육이 이루어질 필요가 있다. 교과의 특성과 교사의 생애주기에 따라서 필요로 하는 역량의 내용과 수준이 다르다는 점을 고려해서 맞춤형 교사연수를 실시해야 할 것이다.

이 장에서 소개한 첨단 테크놀로지는 Jonassen(2013)이 제시한 학습의 기본 원리를 실현하는 데 유용하게 활용될 수 있을 것이다. 학습의 기본 원리와 테크놀로지는 고정된 것이 아니라 지속적인 연구와 개발을 통해서 변할 수 있다. 향후 문제해결, 유추, 모델링, 인과추론, 논증을 포함하여 유의미한 학습활동을 촉진하는 테크놀로지와 학습환경 설계에 관한 연구가 더 활발하게 이루어질 필요가 있다. 그리고 테크놀로지가 교육을 실질적으로 변화시킬 수 있도록 하기 위해서 교육과 테크놀로지에 대한 인식 변화, 현장 중심의 교육연구, 테크놀로지 기반 학습을 위한 물리적·제도적 기반 구축, 교사의 역량 함양을 위한 체계적인 노력이 필요하다.

참고문헌

박지숙, 임성환(2016). 가상체험을 활용한 미술영재의 감상 수업 연구. **조형교육, 60**, 183-207.

손미현, 조영환, 정대홍(2018). 어포던스 관점에서 살펴본 디지털 탐구도구의 역할과 특징: 과학탐구 활동 사례를 중심으로. **현장과학교육, 12**(2), 274-286.

이호준, 하규태, 이상호, 차재광, 김시호(2016). VREscapeSim: 사용자 스스로 체득하는 가상현실 재난 탈출 기능성 게임. **한국차세대컴퓨팅학회 논문지, 12**(4), 125-132.

조영환, 박현정, 김정연, 석유미, 이신혜(2015). 온라인 토론 촉진을 위한 피드백의 역할 탐색. **아시아교육연구, 16**(2), 289-313.

조영환, 허선영, 최효선, 김정연, 이현경(2015). 고등교육 분야 온라인 학습 연구의 동향: 생태계적 접근. **교육공학연구, 31**(4), 725-755.

조영환, 황매향, 김윤강, 김명섭, 홍서연(2015). 3차원 가상세계를 활용한 학교폭력 문제해결 활동의 효과와 개선점: 활동이론을 적용하여. **교육과학연구, 46**(4), 71-97.

최형신, 유미리(2015). 3D 프린팅의 교육적 활용 방안 연구: 창의적 디자인 모델 기반 수업. **한국정보교육학회 논문지, 19**(2), 167-174.

Buckner, E., & Kim, P. (2014). Integrating technology and pedagogy for inquiry-based learning: The Stanford Mobile Inquiry-based Learning Environment (SMILE). *Prospects (UNESCO), 44*(1), 99-118.

Chang, C. S., Chen, T. S., & Hsu, W. H. (2011). The study on integrating WebQuest with mobile learning for environmental education. *Computers and Education, 57*(1), 1228-1239.

Chi, M. T. H., Feltovich, P. J., & Glaser, R. (1981). Categorization and representation of physics problems by experts and novices. *Cognitive Science, 5*, 121-152.

Cho, Y. H., Ding, N., Tawfik, A., & Chávez, Ó. (2014). Computer-supported collaborative concept mapping for learning to teach mathematics. *Journal of Applied Instructional Design, 4*(1), 21-33.

Cho, Y. H., & Huang, Y. (2014). Exploring the links between pre-service teachers' beliefs and video-based reflection in wikis. *Computers in Human Behavior, 35*, 39-53.

Cho, Y. H., Yim, S. Y., & Paik, S. (2015). Physical and social presence in 3D virtual role-play for pre-service teachers. *Internet and Higher Education, 25*, 70-77.

Colasante, M., & Douglas, K. (2016). Prepare-Participate-Connect: Active learning with video annotation. *Australian Journal of Educational Technology, 32*(4), 68-91.

de Jong, T., Linn, M. C., & Zacharia, Z. C. (2013). Physical and virtual laboratories in science and engineering education. *Science, 340*(6130), 305-308.

Design-Based Research Collective. (2003). Design-based research: An emerging paradigm for educational inquiry. *Educational Researcher, 32*(1), 5-8.

Dodge, B. (2001). FOCUS: Five rules for writing a great WebQuest. *Learning and Leading with Technology, 28*(8), 6-9.

Gentner, D., Loewenstein, J., & Thompson, L. (2003). Learning and transfer: A general role for analogical encoding. *Journal of Educational Psychology, 95*(2), 393-408.

Hatzikraniotis, E., Bisdikian, G., Barbas, A., & Psillos, D. (2007). Optilab: Design and development of an integrated virtual laboratory for teaching optics. *Proceedings of the 7th International Conference on Computer Based Learning in Science*, CBLIS, Crete, Greece.

Howland, J. L., Jonassen, D. H., & Marra, R. M. (2012). *Meaningful learning with technology* (4th ed.). Boston, MA: Pearson.

Hung, D., Lee, S.-S., & Lim, K. Y. T. (2012). Authenticity in learning for the twenty-first century: Bridging the formal and the informal. *Educational Technology Research and Development, 60*(6), 1071-1091.

Jonassen, D. H. (1997). Instructional design models for well-structured and ill-structured problem-solving learning outcomes. *Educational Technology Research and Development, 45*(1), 65-94.

Jonassen, D. H. (2013). First principles of learning. In J. M. Spector, B. B. Lockee, S. E. Smaldino, & M. C. Herring (Eds.), *Learning, problem solving, and mindtools: Essays in honor of David H. Jonassen* (pp. 287-297). New York: Routledge.

Jonassen, D. H., & Ionas, I. G. (2008). Designing effective supports for causal reasoning. *Educational Technology Research and Development, 56*, 287-308.

Jonassen, D. H., Shen, D., Marra, R. M., Cho, Y. H., Lo, J. L., & Lohani, V. K. (2009). Engaging and supporting problem solving in engineering ethics. *Journal of Engineering Education, 98*(3), 235-254.

Kanuka, H., Rourke, L., & Laflamme, E. (2007). The influence of instructional methods on the quality of online discussion. *British Journal of Educational Technology, 38*(2), 260-271.

Kapur, M. (2010). Productive failure in mathematical problem solving. *Instructional Science, 38*, 523-550.

Kolodner, J. L. (1997). Educational implications of analogy: A view from case-based reasoning. *American Psychologist, 52*(1), 57-66.

Kolodner, J. L., Owensby, J. N., & Guzdial, M. (2004). Case-based learning aids. In D. H. Jonassen (Ed.), *Handbook of research on educational communications and technology* (2nd ed., pp. 829-861). Mahwah, NJ: Lawrence Erlbaum Associates.

Korfiatis, K., Papatheodorou, E., Stamou, G. P., & Paraskevopoulous, S. (1999). An investigation of the effectiveness of computer simulation programs as tutorial tools for teaching population ecology at university. *International Journal of Science Education, 21*(12), 1269-1280.

Kostakis, V., Niaros, V., & Giotitsas, C. (2015). Open source 3D printing as a means of learning: An educational experiment in two high schools in Greece. *Telematics and Informatics, 32*(1), 118-128.

Kuhn, D. (1991). *The skills of argument*. New York: Cambridge University Press.

Lau, W., Lui, V., & Chu, S. (2017). The use of wikis in a science inquiry-based project in a primary school. *Educational Technology Research and Development, 65*, 533-553.

Liu, P. L. (2011). A study on the use of computerized concept mapping to assist ESL learners' writing. *Computers and Education, 57*(4), 2548-2558.

Merrill, M. D. (2002). First principles of instruction. *Educational Technology Research and Development, 50*(3), 43-59.

Mishra, P., & Koehler, M. J. (2006). Technological pedagogical content knowledge: A framework for integrating technology in teachers' knowledge. *Teachers College*

Record, 108(6), 1017-1054.

Olympiou, G., Zacharias, Z., & de Jong, T. (2013). Making the invisible visible: Enhancing students' conceptual understanding by introducing representations of abstract objects in a simulation. *Instructional science, 41*(3), 575-596.

Rosé, C., Wang, Y. C., Cui, Y., Arguello, J., Stegmann, K., Weinberger, A., & Fischer, F. (2008). Analyzing collaborative learning processes automatically: Exploring the advances of computational linguistics in computer-supported collaborative learning. *International Journal of Computer-Supported Collaborative Learning, 3*(3), 237-271.

Sawyer, R. K. (2017). Teaching creativity in art and design studio classes: A systematic literature review. *Educational Research Review, 22*, 99-113.

Scardamalia, M., & Bereiter, C. (1994). Computer support for knowledge-building communities. *Journal of the Learning Sciences, 3*(3), 265-283.

So, H. J., Kim, I., & Looi, C. K. (2008). Seamless mobile learning: Possibilities and challenges arising from the Singapore experience. *Educational Technology International, 9*(2), 97-121.

Spiro, R. J., Feltovich, P. J., Jacobson, M. J., & Coulson, R. L. (1991). Cognitive flexibility, constructivism, and hypertext: Random access instruction for advanced knowledge acquisition in ill-structured domains. *Educational Technology, 31*(5), 24-33.

Suk, Y., Cho, Y. H., & Jeong, D. H. (2017). Profile analysis of elementary school students' smart device usage. *Educational Technology International, 18*(1), 27-47.

Tan, J. P.-L., Koh, E., Mohamed Ariffin, N. E., Teo, E. Z., Tay, S. H., & Singh, S. (2018, November). A collaborative video annotation and analytics environment (CoVAA) intervention: User experiences and reflections of teacher-practitioners. Paper presented at the 26th International Conference on Computers in Education, Manila, Philippines.

Tawfik, A., & Jonassen, D. (2013). The effects of successful versus failure-based cases on argumentation while solving decision-making problems. *Educational Technology Research and Development, 61*, 385-406.

van Leeuwen, A., Janssen, J., Erkens, G., & Brekelmans, M. (2015). Teacher regulation of cognitive activities during student collaboration: Effects of learning analytics. *Computers and Education, 90*, 80-94.

Voogt, J., & Roblin, N. P. (2012). A comparative analysis of international frameworks for

21st century competences: Implications for national curriculum policies. *Journal of Curriculum Studies, 44*(3), 299-321.

Wise, A. F., Zhao, Y., & Hausknecht, S. N. (2014). Learning analytics for online discussions: Embedded and extracted approaches. *Journal of Learning Analytics, 1*(2), 48-71.

Wolfe, C. R., & Britt, M. A. (2008). The locus of the myside bias in written argumentation. *Thinking and Reasoning, 14*, 1-27.

Wong, L.-H., Chin, C.-K., Tan, C.-L., & Liu, M. (2010). Students' personal and social meaning making in a Chinese idiom mobile learning environment. *Educational Technology and Society*, *13*(4), 15-26.

Zahn, C., Pea, R., Hesse, F. W., & Rosen, J. (2010). Comparing simple and advanced video tools as supports for collaborative design processes. *Journal of the Learning Sciences, 19*(3), 403-440.

Zuiker, S. J., & Wright, K. (2015). Learning in and beyond school gardens with cyber-physical systems. *Interactive Learning Environments, 23*(5), 556-577.

찾아보기

인명

내용

편저자 소개

조규락(Cho, Kyoo-Lak)
Pennsylvania State University 교수체제 박사 졸업
영남대학교 교육학과 교수
관심분야: 구성주의 학습환경 설계, 체화된 인지와 지식표상, 학습데이터과학, 교육기호학

조영환(Cho, Young Hoan)
University of Missouri-Columbia 정보과학 및 학습공학 박사 졸업
서울대학교 교육학과 부교수
관심분야: 온라인 학습, 문제중심학습, 컴퓨터 기반 협력학습, 맞춤형 학습, ICT 기반 교육혁신

저자 소개

김관훈(Kim, Kwan Hoon)
서울대학교 교육공학 석사 졸업
서울대학교 치학연구소 연구원
관심분야: 컴퓨터 기반 협력학습, 협력적 논변, 학습분석, 가상현실

김윤희(Kim, Yoon Hee)
연세대학교 교육공학 박사 졸업
인사혁신처 행정사무관
관심분야: 문제기반학습, 사회적 학습, 비형식 학습, 학습분석

오상철(Oh, Sangchul)
University of Missouri-Columbia 정보과학 및 학습공학 박사 졸업
한국교육과정평가원 선임연구위원
관심분야: 문제해결학습, 개념변화학습, 테크놀로지활용학습, 학습부진학생 지원

이대열(Lee, Daeyeoul)
Purdue University 교육공학 박사과정 재학
관심분야: MOOCs에서 자기조절학습, 영어학습환경에서의 자기조절학습, 온라인 교육, 수업에서의 디지털배지 활용

이현경(Lee, Hyun Kyung)
연세대학교 교육공학 박사 졸업
한국외국어대학교 교육선진화센터 연구교수
관심분야: 교수학습설계, 교육프로그램개발, 교육효과평가, 성인학습

조문흠(Cho, Moon-Heum)
University of Missouri-Columbia 정보과학 및 학습공학 박사 졸업
Syracuse University 교수설계 · 개발 · 평가학과 조교수
관심분야: 온라인 학습에서 자기조절학습, 학습몰입, 테크놀로지의 수업적용, 학습설계, 개발 및 평가

허선영(Huh, Sun Young)
서울대학교 교육공학 박사과정 재학
관심분야: 컴퓨터 기반 협력학습, 협력적 논변, 적응적 협력학습 지원

홍서연(Hong, Seo Yon)
서울대학교 교육공학 박사과정 재학
관심분야: 문제중심학습, 맞춤형 학습

황석원(Hwang, Seokwon)
University of Illinois Urbana-Champaign HRD 박사과정 재학
관심분야: 일터학습에서 MOOCs 활용, 자기주도학습에서 리더와 교수자의 역할, 소셜 미디어 학습, 온라인 학습환경 설계

문제해결과 학습 디자인

-David H. Jonassen 교수님의 연구를 되돌아보며-

Problem Solving and Learning Design:
Essays in Honor of David H. Jonassen

2019년 3월 15일 1판 1쇄 발행
2021년 9월 25일 1판 2쇄 발행

엮은이 • 조규락 · 조영환
펴낸이 • 김 진 환
펴낸곳 • (주) 학지사
04031 서울특별시 마포구 양화로 15길 20 마인드월드빌딩 5층
대표전화 • 02) 330-5114 팩스 • 02) 324-2345
등록번호 • 제313-2006-000265호
홈페이지 • http://www.hakjisa.co.kr
페이스북 • https://www.facebook.com/hakjisabook

ISBN 978-89-997-1748-2 93370

정가 20,000원

이 도서의 국립중앙도서관 출판시도서목록(CIP)은 서지정보유통지원시스템 홈페이지(http://seoji.nl.go.kr)와 국가자료공동목록시스템(http://www.nl.go.kr/kolisnet)에서 이용하실 수 있습니다.
(CIP제어번호: CIP2019002062)